KB253621

문예신서
72

楚文化史

張正明

南宗鎭 譯

東文選

楚文化史

楚文化史

張正明

1987，上海人民出版社

韓國語版 序文

《초문화사楚文化史》 한국어판이 출간됨에 있어 먼저 역자에게 감사드리고, 아울러 독자들에게도 축하를 드린다.

한어漢語로 저술된 《초문화사》를 다른 문자로 옮긴다는 것은 상당한 노력과 정신적 소모가 요구되는 일이다. 이 책의 역자는 한어에 능통한 이외에도 중국의 역사와 문화에 대한 충분한 이해가 있어야만 만족할 만한 성과를 얻어낼 것이다. 평소 면식이 없는 역자가 이런 어려운 일을 잘해 낸다면, 나는 그의 해박하고 정밀한 학식에 깊이 만족하게 될 것이다.

한국과 중국의 문화적 친근 관계는 근원과 역사가 오래 되었기 때문에 한국인들은 중국의 전통 문화를 쉽게 이해할 것이다. 마찬가지로 중국인들은 한국의 전통 문화를 쉽게 이해한다. 이 책을 통하여 알게 되겠지만, 장강 중류에서 일어난 초문화는 대단히 개방적이고 창조적인 성격을 지닌 고대 문화이다. 한국의 독자들이 장차 초문화의 독특한 기풍과 매력에 호감을 갖게 되리라는 것을 나는 믿어 의심치 않는다.

장자莊子는 "큰 지식은 원근을 두루 살핀다 大知觀於遠近"고 하였다. 초문화를 정확히 평가하기 위해서는 반드시 이를 중국 문화 또는 고대 세계 문화의 총체 속에 놓고서 공존하던 다른 문화와 우열을 가려야만 한다.

고대의 중국 문화는 다원복합적인 것으로 그 주체가 되는 화하華夏 문화에 대해 말하자면 이원복합적이다. 여기에서 '이원'이란 간단히 말해서 북방 문화와 남방 문화를 의미한다. 만약 춘추 전국 시대로 한정짓는다면 황하 중·하류 문화와 장강 중·하류 문화를 가리킨다. 북방은 산천이 웅장하고, 남방은 경치가 아름답다. 초楚는 남방의 표준이다. 황제黃帝의 신성함과 염제炎帝의 광괴狂怪함 가운데 초민족은 염제 계통에 속한다. 용龍은 위엄 있고 씩씩하여 왠지 두려움을 느끼게 되고 봉鳳은 빼어나고 아름다워 가까이할 만한데, 초는 용을 억누르고 봉을 발양하였다. 유가儒家는 윤리를 중시하고 도가道家는 철리哲理를 중시하였는데, 초는 도가의 고향이다.《시경詩經》은 바르면서도 꽃과 같고 초사楚辭는 독특하면서도 고운데, 초는 초사의 온상이다.

예로부터 중국의 고대 문화를 논하는 사람들은 대부분 북방을 중시하고 남방을 경시하였으며, 황하를 중시하고 장강을 경시하였다. 또 황제를 중시하고 염제를 무시하였으며, 용을 중시하고 봉을 경시하였으며, 유가를 중시하고 도가를 경시하였다. 따지고 보면 그래도 초사만이《시경》에 필적할 수 있었을 뿐이다. 그러나 초사는 많은 비난 또한 함께 받아 온 반면《시경》은 예로부터 찬양만을 받아 왔다. 지금 생각해 보면 중국의 전통 문화에 대한 잘못된 인식을 바로잡기 위해서라도 초문화를 연구하지 않을 수 없다.

고대의 세계 문화 역시 다원복합적으로, 그 주체가 되는 지중해 지역과 '해중지海中地'[1]의 경우는 이원복합적이다. 여기서 '이원'이란 간단히 말해 서양 문화와 동양 문화를 가리킨다. 기원전 6세기부터 기원전 3세기까지 서양의 그리스 문화와 동양의 초문화는 각각 고대 문화의 정상에 도달하였다. 나는 일찍이 고대의 그리스 문화와 동양의 초문화에 대한 간략한 비교를 통해[2] 그들의 전반적 수준은 우열을 가리기 어려우며, 하나는 서양에서 하나는 동양에서 나란히 빛을 다투었다는 사실을 발견한 적이 있다.

필자는《초문화지楚文化誌》의 서문에서 다음과 같이 언급한 바 있다.

청동 제련과 주조 기술은 초가 그리스보다 높았다. 단철鍛鐵은 그리스가 초에 비해 빨랐지만 가단철可鍛鐵의 경우는 오히려 그리스보다 초가 빨랐다. 초나라와 그 이웃 나라의 기술자들이 비단에 자신들의 다채로운 디자인을 표현해 낼 때, 그리스를 비롯한 그 이웃 나라들은 비단이 어떻게 만들어지는지조차 모르고 있었다. 그리스는 다수의 채색 도병陶瓶을 남겼고 초는 많은 채색 칠기漆器를 남겼는데, 이는 모두 우아하고 화려하여 세상에 널리 알려져 있다. 그러나 공예 기술에 있어서 도병은 칠기만큼 복잡하지 않다. 그리스는 석재가 많고 목재는 적었기 때문에 석조 전당殿堂이 발전하였고, 초는 목재가 많은 반면 석재는 적었기 때문에 목조 대사臺榭가 발전하였다. 배를 부리고 항해함에 있어서 초인은 그리스인에 비견될 수 없지만, 수레를 몰아 적진을 함락함에 있어서 그리스인은 초인의 상대가 되지 못하였다. 석조石雕는 초가 그리스에 미치지 못하나, 목조木雕는 오히려 그리스가 초를 따르지 못한다. 인물을 소재로 한 조형 예술은 그리스가 앞서지만, 음악의 경우에는 초가 우수하다. 철학과 문학의 경우에는 초와 그리스가 각각 나름대로의 특징을 지니고 있다.[3]

재미있는 것은 그리스 문화의 장점이 곧 초문화의 단점이고, 그리스 문화의 단점이 곧 초문화의 장점이라는 사실이다. 예컨대 그리스의 과학 기술은 이론을 중시한 반면 초의 과학 기술은 경험을 중시하였고, 그리스의 철학은 논증을 중시한 반면 초의 경우는 깨달음을 중시하였다. 또 그리스의 예술은 모방적인 반면 초의 예술은 창조적이다. 이는 마치 태극太極의 양의兩儀처럼 이것이 음陰이면 저것이 양陽이고, 이것이 양이면 저것이 음이 되는 것과 같다. 양의의 어느 한 의儀만을 살펴보면 결함이 있을 수밖에 없으며, 전체를 놓고 보아야만 비로소 완전하다고 할 수 있다. 고대 세계 문화의 구조는 바로 이처럼 기묘하다.

15세기 무렵 서양에서는 사회의 새로운 생명이 잉태되어 선각자가 그리스의 문화를 '재발견'함에 따라 문예 부흥 운동이 일어났다. 20세기를 전후한 동양의 중국에서도 사회의 새로운 생명이 잉태됨에 따라 현대 문화에 도움이 될 수 있다. 시대 조류가 15세기 무렵의 서양과는 다르지만 '재발견'의 과정을 통하여 다양한 계시를 얻음으로써 개방의 호기를 확대하고 창조적 예지를 불러일으킬 수 있을 것이다.

무한武漢 동호東湖에서 장정명張正明

〔사진 1〕 승정升鼎
석천淅川 하사下寺 2호묘 출토(하남성 박물관)

〔사진 2〕 존尊과 반盤
수주隨州 뇌고돈擂鼓墩 1호묘 출토(호북성 박물관)

[사진 3] 사산경四山鏡과 수문경獸紋鏡
장사長沙 전국초묘戰國楚墓 출토(호남성 박물관)

〔사진 4〕 제량호提梁壺
강릉江陵 마산馬山 1호묘 출토(형주지구 박물관)

〔사진 5〕 용봉문존龍鳳紋尊
강릉江陵 망산望山 2호묘 출토(호북성 박물관)

〔사진 6〕 투조렴透雕奩
신양信陽 장대관長臺關 1호묘 출토(하남성 문물연구소)

〔사진 7〕 봉룡호문수라단의鳳龍虎紋繡羅襌衣
강릉江陵 마산馬山 1호묘 출토(형주지구 박물관)

[사진 8] 방이배方耳杯와 원이배圓耳杯
강릉江陵 전국초묘戰國楚墓 출토(형주지구 박물관)

〔사진 9〕 원합圓盒
강릉江陵 전국초묘戰國楚墓 출토(형주지구 박물관)

〔사진 10〕 원앙두鴛鴦豆
강릉江陵 우대산雨臺山 427호묘 출토(형주지구 박물관)

〔사진 11〕 호좌봉가고虎座鳳架鼓
강릉江陵 망산望山 1호묘 출토, 사진은 복제품(호북성 박물관)

〔사진 12〕 좌병座屏
강릉江陵 망산望山 1호묘 출토(호북성 박물관)

〔사진 13〕 단두진묘수單頭鎮墓獸
강릉江陵 우대산雨臺山 174호묘 출토, 사진은 복제품(형주지구 박물관)

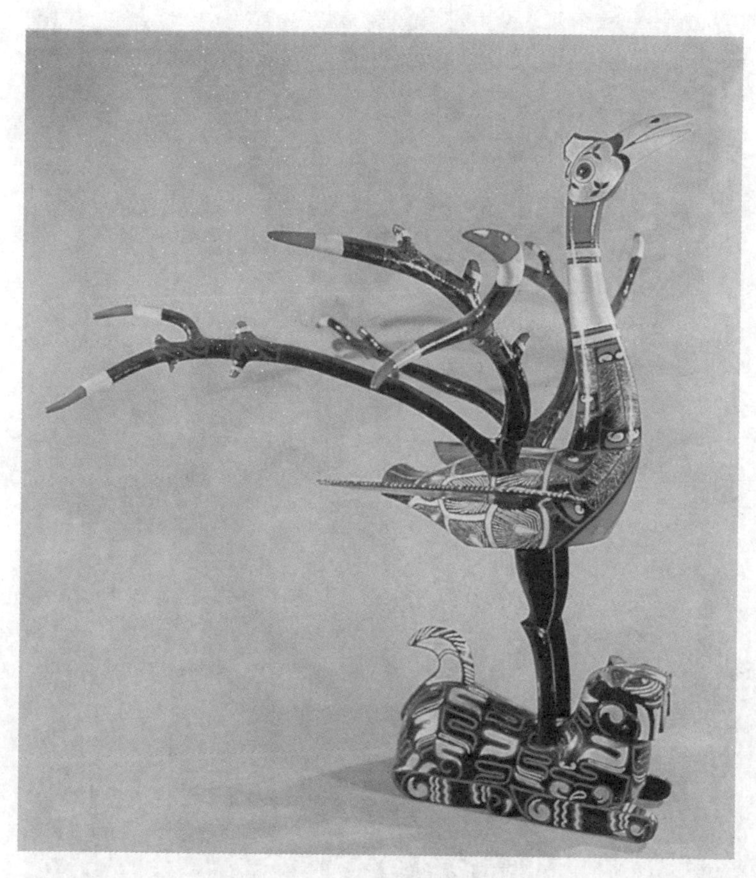

〔사진 14〕 호좌입봉虎座立鳳
강릉江陵 우대산雨臺山 166호묘 출토, 사진은 복제품(형주지구 박물관)

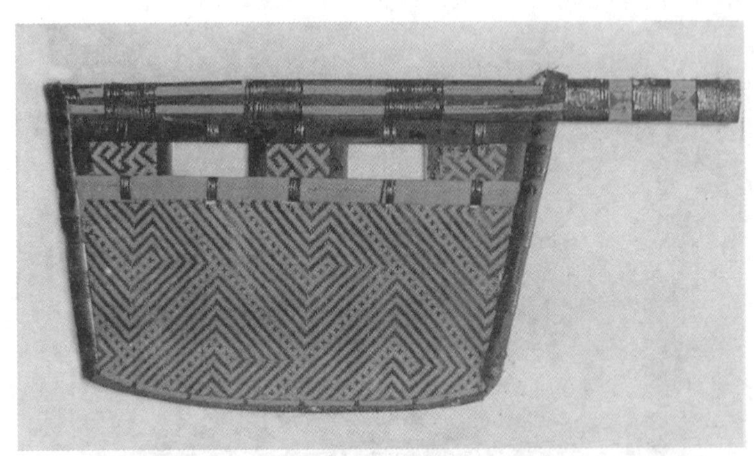

〔사진 15〕 죽선竹扇
강릉江陵 마산馬山 1호묘 출토(형주지구 박물관)

〔사진 16〕 금슬도錦瑟圖
신양信陽 장대관長臺關 1호묘 출토(하남성 문물연구소)

〔사진 17〕 칠상이십팔수도漆箱二十八宿圖
수주隨州 뇌고돈擂鼓墩 1호묘 출토(호북성 박물관)

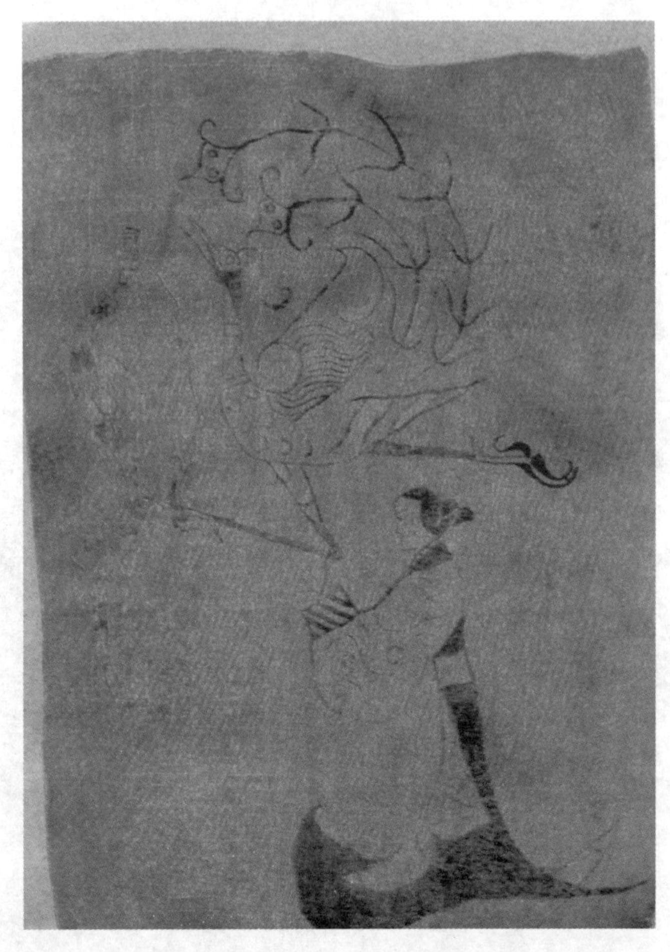

〔사진 18〕 인물용봉백화人物龍鳳帛畵
장사長沙 진가대산陳家大山 전국초묘戰國楚墓 출토(호남성 박물관)

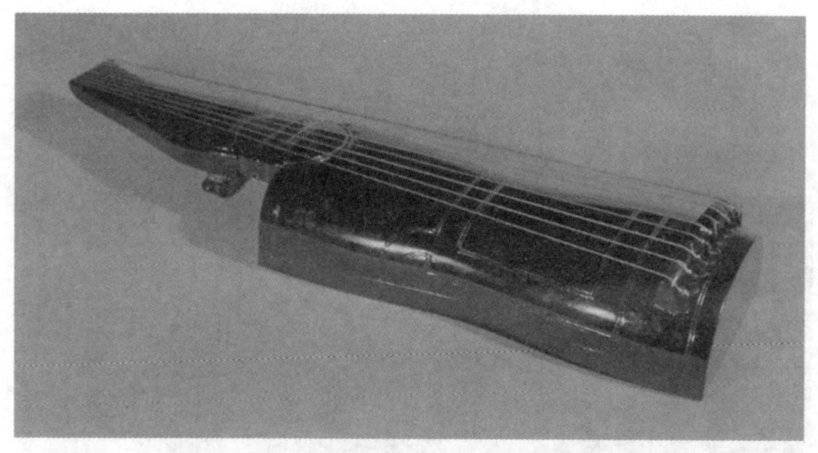

〔사진 19〕 십현금十弦琴
수주隨州 뇌고돈擂鼓墩 1호묘 출토(호북성 박물관)

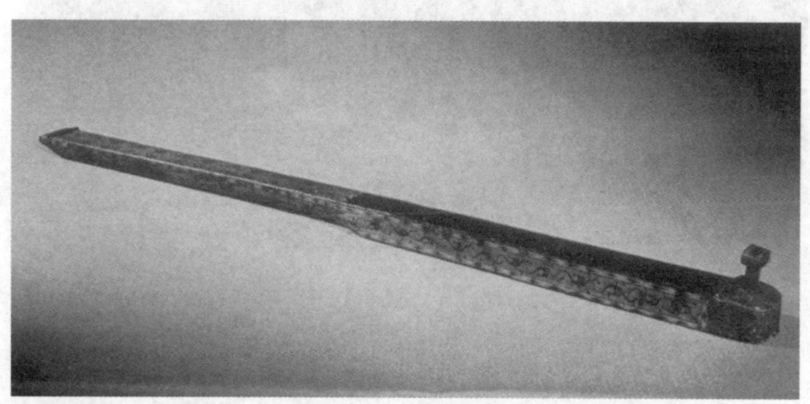

〔사진 20〕 오현금五弦琴
수주隨州 뇌고돈擂鼓墩 1호묘 출토(호북성 박물관)

〔사진 21〕 증후을편종曾侯乙編鍾
수주隨州 뇌고돈擂鼓墩 1호묘 출토(호북성 박물관)

〔사진 22〕 초왕염장박楚王酓章鎛
수주隨州 뇌고돈擂鼓墩 1호묘 출토(호북성 박물관)

차   례

머리말

초楚문화는 초楚나라와 초인楚人으로 인하여 이름을 얻은 주대周代 지역 문화의 하나이다. 초문화는 동쪽으로 맞닿은 오월吳越 문화, 서쪽으로 인접한 파촉巴蜀 문화와 더불어 상고 시대 장강 유역에서 세 떨기 지역 문화의 꽃을 피웠다.

초문화가 처음 그 모습을 드러냈을 당시에는 중원中原 문화의 말류와 초만楚蠻 문화의 잔영이 뒤섞인 것에 지나지 않아 특색도 두드러지지 않고, 수준 또한 높지 못하여 관심의 대상조차 되지 못했다. 춘추 중기는 초문화가 풍운을 만난 시기로, 이때부터 초문화는 새로운 면모를 드러내면서 중원 문화와 각축을 벌였고, 마침내는 우세한 자리를 차지하게 되었다. 이러한 융합, 성장, 발흥, 전화의 과정에 나타난 문화 발전의 법칙은 자못 흥미롭다.

초문화가 형성된 시기로부터 화하華夏 문화는 남과 북의 두 갈래로 나누어졌다. 북방의 갈래인 중원 문화는 마치 지주산砥柱山을 때리며 쏟아져 내리는 황하처럼 웅장하고 기세가 넘치며, 남방의 갈래인 초문화는 흡사 삼협三峽을 꿰뚫고 흘러내리는 장강처럼 아름답고 독특하다. 남과 북, 이 두 갈래의 화하 문화는 상고 시대 중국의 찬란했던 문화를 잘 보여 주는 것으로 시기적으로 대략 일치되는 고대 그리스·로마 문화와 더불어 눈부시게 빛난다.

초문화에 대한 사람들의 관심은 자료가 많아짐에 따라 갈수록 커지고 있다. 1930년대 이전, 사람들이 알고 있던 초문화는 철학에 있어서의 노자·장자와 문학에 있어서의 《장자莊子》·〈이소離騷〉에 지나지 않았다. 그것은 비록 현묘하고 기괴하지만 어차피 꽃병에 꽂힌 뿌리 없는 꽃과 같을 뿐이었다. 세상에 전해지는 한정된 문헌과 부단히 출토되는 문물을 결합하여 초문화에 대해 전면적 연구를 행한 것은 최근 반세기 동안 한 걸음씩 진전된 것이다.

1933년부터 1938년까지, 안휘성 수현壽縣 이가고퇴李家孤堆에 있는 초나라 유왕릉幽王陵은 세 차례 도굴을 당하면서 수천 점의 유물이 출토되었는데, 그 가운데 일부 문물을 소장자가 세상에 공개함으로써 학계의 관심을 모았고, 나아가 '초문화'라는 학술 분야가 탄생하게 되었다.

1940년대초에 호남성 장사시長沙市 자탄고子彈庫의 전국 시대 초나라 고분에서 백서帛書에 씌어진 《월령月令》이 발견되었고, 1940년대말에는 장사시 진가대산陳家大山의 전국 시대 초나라 고분에서 인물용봉백화人物龍鳳帛畵 1점이 출토되었다. 중화인민공화국이 건국되기 이전, 초문화 연구는 비과학적으로 출토된 문물의 이용에 국한되었기에 초나라 기물에 대한 감정과 초의 문자에 대한 고석 작업이 드문드문 있었을 뿐이다.

1951년 겨울부터 이듬해 봄까지 중국과학원 고고연구소 주관으로 장사시에서 전국 시대 초나라 고분 70여 기를 발굴하고, 1952년에는 중남문화부 주관으로 장사시에서 춘추 전국 시대의 초나라 고분 1백50여 기를 발굴하였다. 이로부터 비로소 초문화 유물에 대한 과학적 발굴이 진행됨과 동시에 초문화의 성격과 면모에 대한 깊이 있는 연구 단계로 접어들게 되었다.

1950년대에 초문화 유적이 가장 많이 발견된 지역은 장사시이다. 이밖에 1957년 안휘성 수현에서는 전국 중기의 악군계절鄂君啓節 4매(1960년 當地에서 또 1매가 수집되었다)가 발견되었고, 1957-1958년에는 하남성 신양현信陽縣 장대관長臺關에서 전국 중기의 대형 초나라 고분 2기가 발굴되었는데, 모두 1950년대 초문화 발굴 작업에 있어서의 주요한 수확이었다.

1960년대에는 초나라의 옛 도읍인 영도郢都 기남성紀南城이 자리잡았던 호북성 강릉현江陵縣이 초문화 유적 탐사의 중심이 되어, 강릉현의 태휘관太暉觀·장가산張家山·갈피사葛陂寺·박마산拍馬山·망산望山 등지의 초나라 고분군에서 대량의 귀중한 문물이 출토되었다.

1970년대에는 이전보다 넓은 지역에서 더 많은 초문화 유물이 발견되었다. 호북성 당양현當陽縣 조가호趙家湖에서 발굴된 서주 후기에서 전국 후기에 이르는 초나라 고분 2백97기, 강릉 우대산雨臺山에서 발굴된 춘추 중기에서 전국 중기에 이르는 초나라 고분 5백58기, 하남성 석천현淅川縣 하사下寺에서 발굴된 춘추 중기에서 후기의 초나라 고분 25기, 호북성 대야현大冶縣 동록산銅綠山에서 발견된 주나라 때의 동광銅鑛과 제련 유적지 및 호북성 수주시隨州市 뇌고돈擂鼓墩에서 발굴된 전국 초기의 증후을曾侯乙 고분은 초문화의 내용을 이해하는 데 있어서 대단히 중요한 것들이다.

1950년대부터 1970년대까지 여러 차례에 걸친 검토를 통하여 동주 시기 초나라 고분의 초보적인 연대기적 순서를 세우게 되었고, 아울러 동주 시기 초문화의 고고학적 특징을 대략적으로 이해하게 되었다.

1980년대 전반기의 초문화 유물에 대한 중대한 발견으로는 우선 강릉현 마산馬山 1호 고분에서 출토된 많은 진귀한 사직품과 자수품을 들 수 있다.

고고 발굴 작업의 지속적 진전에 따라 앞으로 더 많은 초문화 유물이 세상에 모습을 드러내리라는 것을 예상할 수 있다.

고고 관계자들이 초문화의 유물에 쌓인 역사의 먼지를 털어내고 그것을 세상에 내놓았을 때, 그 눈부실 정도의 찬란함은 보는 이로 하여금 형용할 수 없는 아름다움을 느끼게 하였다. 고고 관계자들의 발굴은 모든 관련 학문을 초문화 연구의 대열에 동참시키는 너른 길을 열어 놓았다.

초문화라는 것은 단일한 개념이 아니라 크고 작은 두 가지가 한데 결합된 개념이다. 고고학에 있어서의 초문화는 고고 유물로 구체화된 것에 국한되기 때문에 물질 문명이 주가 된다. 그러나 역사학에 있어서의 초문화는 물질 문명과 정신 문화의 결합체인 것이다.

현존 자료에 따르면 초문화는 다음과 같은 여섯 가지 요소를 지닌다고 할 수 있다. 즉 첫째 청동 제련과 주조 기술, 둘째 사직 공예와 자수 공예, 셋째 칠기 공예, 넷째 노자와 장자의 철학, 다섯째 굴원의 시가와 장자의 산문, 여섯째 미술과 악무樂舞가 그것이다. 만약 이 6개의 요소를 6개의 기둥이라고 한다면, 초문화라는 화려한 집은 바로 이 6개의 기둥에 의지하여 지어진 것이다.

초문화의 연원, 초문화의 내용과 외연, 초문화의 발전 단계, 그리고 초문화가 후세 중국 민족의 찬란한 문화 형성과 발전에 기여한 공로 등은 현재 연구가 진행중인 상당히 흥미있는 과제들이다. 이 책에 소개된 것은 작자의 견해일 뿐으로 다행히 적중하는 것도 있겠지만 잘못된 견해 또한 없지 않을 것이다. 이 책을 쓰면서 초문화의 휘황찬란한 성과에 흥분되고, 초문화가 남긴 커다란 영향에 고무되어 가슴속에 쌓인 것을 표현해 내지 않고는 견딜 수 없었다.

이 책의 집필에는 장정명張正明 이외에 도우광塗又光이 제4장 6과 제5장 중의 철학 관련 부분을 집필하였고, 유빈휘劉彬徽가 제3장 5의 초식의 화하 문자 부분과 제4장 8의 자체 부분을 맡았다. 또 왕승리王勝利는 제1장과 제2장 중의 천문과 역법에 관한 단락과 제4장 5의 천문과 역법을 담당하였고, 곽덕유郭德維는 고고 자료의 감정과 고정考訂에 협조해 주었다.

제1장

초문화의 연원

초문화는 강한江漢 일대에서 발생하여 성장하였지만 이 일대에 주된 근원을 둔 것은 아니다.

신석기 시대 강한 일대의 토착민은 전설 속의 삼묘三苗[1]이다. 《전국책戰國策·위책魏策 1》에는 "삼묘족이 거주했던 곳은 좌측으로 팽려호가 있고 우측으로 동정호가 있으며, 문산이 그 남쪽에, 형산이 그 북쪽에 자리하고 있다 三苗之居, 左有彭蠡之波, 右有洞庭之水, 文山在其南, 而衡山在其北"는 오기吳起의 말이 기록되어 있다. 오기는 전국 초기 사람이다. 당시의 팽려는 지금의 파양호鄱陽湖에 해당되고, 동정은 오늘날의 동정호이다. 문산과 형산의 위치는 고금학자들의 여러 차례에 걸친 고증이 일치되지 않으나, 명칭이 서로 뒤바뀐 것이 아니면 남북의 방위가 엇갈린 두 경우를 벗어나지 않을 것이다. 요컨대 하나는 팽려와 동정의 남쪽에, 다른 하나는 팽려와 동정의 북쪽에 있었을 것이다. 오기의 논조에 따르면 강한 일대는 바로 삼묘의 중심 지역인 것이다.

삼묘는 '유묘有苗' 또는 '묘민苗民'으로도 불리는 복잡한 족류이다. '삼묘三苗'의 '삼'은 '구려九黎'[2]의 '구'와 같은데, 이는 그들이 족류가 복잡하고 부족이 많았음을 의미한다. 따라서 삼묘의 문화 유물은 결코 한 가지만이 존재하는 것은 아니다. 강한 일대의 신석기 시대 문화, 즉 대계大溪 문화[3]와 이보다 늦은 굴가령屈家嶺 문화,[4] 그리고 더 이후의 석가하石家河 문화 모두가 삼묘의 문화 유물일 것이다. 《산해경山海經》에는 삼묘를 언급한 부분이 다수 있는데, 그 거주 지역이 서로 일치하지 않는다. 남쪽에 위치한 경우가 많고 서쪽에 위치한 경우는 적은데, 이 또한 족류가 복잡하였던 데 기인한다.

상고 시대에 강한 일대의 부락은 이리저리 옮겨다녔다. 서로 다른 족류 간에 어느 한쪽이 물러나면 다른 한쪽이 들어오고, 어느 한편이 쇠퇴하면 다른 한편이 흥성하는 것은 흔한 일이었다. 이는 신석기 시대의 문화 유물에 있어서 연이은 두 문화 사이에 반드시 전승 관계가 내재하였던 것은 아님을 의미한다. 굴가령 문화는 대계 문화보다 늦게 나왔지만, 그것이 대계 문화에서 배태된 것이라는 충분한 근거는 없다. 나중에 나타난 초문화

의 경우, 그것이 석가하 문화 내지 굴가령 문화에서 잉태되었다는 근거는
더더욱 없다.

초문화의 주된 원류는 초인의 선조인 축융祝融의 부락 연맹에서 찾아야
만 한다. 따라서 시간과 공간을 막론하고, 먼 곳으로부터 이야기를 시작할
수밖에 없다.

《국어國語·정어鄭語》와 《사기史記·초세가楚世家》에는 모두 초인은 축
융의 후예라 하였다. 초인이 축융을 시조로 섬긴 것은 초나라의 제사 의식
에서 명확한 근거를 찾을 수 있다. 《좌전左傳·희공僖公 26년》에는 초나
라의 별봉군別封君이던 기자夔子가 축융祝融과 육웅鬻熊(초나라 임금의 선
조)에게 제사를 지내지 않자, 초인이 대역무도하다고 여겨 군대를 일으켜
기夔나라를 멸망시킨 사적이 기록되어 있다. 이를 통하여 초인의 마음속에
축융이 얼마나 숭고한 자리를 차지하고 있었는지를 알 수 있다. 《좌전·
소공昭公 17년》에 "정나라는 축융의 옛터이다 鄭, 祝融之虛也"라고 하였
는데, 당시의 정나라는 오늘날의 하남성 신정현新鄭縣으로 중원의 중심지
에 자리잡고 있었다. 《국어·정어》의 기록에 의하면 축융의 후예는 모두 여
덟 개의 성姓[5]이 있었다. 축융의 후손 팔성八姓의 중원에서의 분포에 대한
이학근李學勤의 고증은 대체로 틀림이 없다.[6]

《국어·정어》와 《사기·초세가》에는 또 축융은 고신高辛의 화정火正이
라 하였다. 고신은 바로 제곡帝嚳이고, 제준帝俊이며, 제순帝舜이다. 화정
은 생전에 화관火官의 우두머리였다가 사후에는 화관의 신이 된다. 고신
과 축융 사이의 전설상 군신 관계는 고신과 축융을 시조로 섬기던 두 부락
연맹 사이의 주종 관계를 반영한다. 이러한 주종 관계는 축융의 후예에게
깊은 인상을 남겼고, 나아가 초인으로 하여금 고제古帝 가운데 특별히 고
신을 숭배하도록 만들었다. 장사시 자탄고子彈庫의 초나라 고분에서 출토
된 백서帛書에는 "제준이 해와 달을 운행하였다 帝夋乃爲日月之行"라는 구
절이 있다. 제준帝夋은 고신의 별명으로, 제준帝俊이다. 초인은 고신을 우
주의 주재자로 받들었음이 틀림없다.

축융은 화신火神인 동시에 뇌신雷神이기도 하다. 초사楚辭에서 뇌신은 풍
륭豐隆으로, 운중군雲中君으로도 불린다. 고대에는 경순음이 없었기에 오
늘날 경순음으로 발음되는 것을 중순음으로 발음하였다. '축융祝融'과 '풍

룽豐隆'은 음이 서로 비슷한데, 모두 우레 소리를 형상한 말이다.《국어·정어》에는 서주말 정鄭나라의 사백史伯이 "여는 고신씨의 화정이 되어 밝고 큰 천제의 명덕으로 온 세상을 밝게 비추었다. 이 때문에 '축융'으로 불리어졌으니, 아마도 그의 공이 컸을 것이다 夫黎爲高辛氏火正, 以淳燿敦大, 天明帝德, 光照四海, 故命之曰; 祝融, 其功大矣"[7]라고 한 말이 기록되어 있다. 여기서 사백이 찬양한 것은 사실 뇌신이다. 굴원屈原이 지은《구가九歌·운중군雲中君》에는 "밝은 빛 끝없이 사방에 빛나네 爛昭昭兮未央" "해와 달과 함께 빛을 다투네 與日月兮齊光" "아득한 기주를 바라보고도 남아, 사해에 가득 펴져 끝없이 유람하네 覽冀州兮有餘, 橫四海兮焉窮"라고 뇌신을 묘사하였다. 앞서 인용한 사백의 말과 비교해 보면 사실상 동일한 궤에서 나온 것으로 시가화와 산문화의 차이에 지나지 않는다.

초공역박楚公逆鎛에 기록된 오회吳回 역시 축융이다. '뢰雷' 자를 '회回' 자로 썼는데, 아마도 '뢰雷' 자가 정자이고 '회回' 자는 '뢰雷' 자의 간체인 듯하다. 이 또한 축융이 뇌신이기도 하였음을 의미한다.

화신이면서 뇌신을 겸한 축융은 지위가 일신日神에 가깝다. 앞서의 사백은 또 "축융 역시 천지에 광명을 비추어 오곡과 재목을 생육시킬 수 있는 자이다 祝融亦能昭顯天地之光明, 以生柔嘉材者也"라고 하였다. 지상과 하늘의 불덩어리는 모두 생물에게 빛과 열을 가져다 줄 수 있지만 '오곡과 재목을 생육시키는' 것은 천상의 불덩어리인 태양만이 할 수 있다.

고대인들이 알고 있던 천상계의 불로는 영원 불멸의 태양과 우연히 발생되는 번개 이외에 화성火星이 있었다. 화성은 '형혹熒惑'이라고 하는 행성이 아니라 '대화大和'와 '순화鶉火'라고 하는 항성을 가리킨다. 축융이 화신이 된 까닭은 '대화'와 '순화'와도 관계가 있다.

농사는 절기를 따져서 춘종春種·하장夏長·추수秋收·동장冬藏이 절기에 따라 움직인다. 절기가 바뀌는 시점은 천상의 변화로 판별한다. 상고 시대에 화정의 중요한 직무는 '관상수시觀象授時', 즉 대화와 순화의 위치를 관측하여 농시農時를 정하는 것이었다. 고대인들의 성상 관측은 대개 날이 저무는 황혼 무렵에 진행되었다. 관측 대상이 되는 별은 동쪽에서 막 떠오르는 경우에 '혼견昏見'으로 불렸고, 서쪽으로 막 지는 경우에는 '혼복昏伏'으로 불렸으며, 남쪽 한가운데에 떠 있는 경우는 '남중南中'으로 불렀다.

대화는 1등성으로 서양에서는 전갈자리〔Scorpius〕라 부른다. 중국 고대의 항성 구분 체계인 28수 가운데 대화는 심수心宿의 두번째 별로, 줄여서 심수 2라고 부른다. 고대인들이 이 별을 '심心' 또는 '화火'로 명명한 것은 유난히 선홍빛을 지니고 있었기 때문이다. 중원 지역의 봄갈이와 봄파종은 춘분 무렵에 시작하는 것이 적합하다. 고신의 시대에는 대화가 춘분 여러 날 전에 혼견하였다. 이때 중원의 백성들은 들불을 놓아 황무지를 태우고 봄갈이와 파종을 준비하였다. 겨울 동안 잘 보관해 둔 불씨를 끄집어 내어 첫번째로 황무지에 불을 놓은 사람은 화정이었을 것이다.《예기禮記·교특생郊特牲》에는 "음력 3월에 불씨를 끄집어 내어 들판에 불을 놓아 태운다 季春出火, 爲焚也"고 하였다. 이는 주대의 불씨를 내어 황무지를 태우는 '출화소황出火燒荒'의 의식을 설명한 것이기는 하나, 이러한 농경 관습은 아마도 상고 시대에 형성되었을 것이다. 음력 10월에는 대화의 혼복 후에 불씨를 거두어들이는 '납화內火'라는 의식을 거행하였다.

세차歲差[8]로 말미암아 대화의 혼견 주기는 차츰 늦어진다. 기원전 2300년경, 대략 하대 중기 무렵에 대화의 혼견이 춘분 무렵에 있었다. 그후 상대에 이르러서는 대화가 춘분 이후 여러 날이 지나서야 혼견하였다. 만약 이때를 기다린 다음에 화전을 일군다면 너무 늦어지게 된다. 농사철에 차질이 없도록 하고자 화정은 부득이 대화의 혼견 관측에서 순화의 남중 관측으로 바꾸게 되었다. 순화의 원명은 주味로 28수 중의 유수柳宿이다. 이는 새부리 형상을 한 어둡고 작은 군성群星으로 서양에서는 바다뱀자리〔Hydra〕에 속한다. 기원전 1400년경 대략 상대 중기 무렵에는 순화의 남중이 춘분시에 꼭 맞았다. 주성味星은 본래 불과는 전혀 관계가 없는데도 불과 더불어 언급된 것은, 화정이 주성의 남중을 출화出火 시기의 표지로 삼았기 때문으로 보인다. 고신의 화정은 '여黎'이고, 여의 형은 '중重'이다.《국어·초어하楚語下》에 "중은 하늘을 맡아 신들을 모으고 重司天以屬神" "여는 땅을 맡아 백성을 모았다 黎司地以屬民"고 하였다. 또 "요는 중려의 후손 가운데 선인이 했던 일을 잊지 않은 자를 양성하여, 그에게 중려가 맡았던 일을 다시 맡김으로써 하대·상대에 이르렀다. 그러므로 중려씨는 대대로 천지를 맡아 보는 관직을 받아 그 직책을 나누어 관장한 것이다 堯復育重黎之後不忘舊者, 使復典之, 以至于夏商. 故重黎氏世敍天地, 而別其分主者也"라고 하였다. 중과 여는 사실상 모두가 화신火神으로, 하나는 천상계의 불을 관장하고 하나는 인간 세상의 불을 관장하는 것일 뿐이므로 '중려'라고 통칭할 수 있다. 둘이면서도 하나이고, 하나이면서도 둘인 것이다. 《좌전·양공襄公 9년》에는 "옛날 불을 관리하던 화정은 심수 자리의 지방에 봉해지거나 주성 자리의 지방에 봉해져, 백성들에게 불씨를 내고 들이도록 명령했다. 이 때문에 주성을 순화라 하고, 심성을 대화라 하였다 古之火正, 或食於心, 或食於咮, 以出內火. 是故咮爲鶉火, 心爲大火"고 하였다. 이는 화정의 관측 대상이 처음에는 대화였다가 나중에 순화로 바뀌었음을 의미한다. "심수 자리의 지방에 봉해지거나 주성 자리의 지방에 봉해져"는 실제로는 시간상 선후의 차이이다.

이러한 사실을 통해 초인의 선조는 중국 고대에 이름이 알려진 최초의 천문학자로, 그들의 관상수시의 풍부한 경험은 직접적으로 화전 경작의 원시 농업에 기여하였으며, 이 때문에 후대 화신들이 농신을 겸하게 되었음을 알 수 있다.

초인의 선조는 봉鳳으로 토템을 삼았는데, 이에 대하여는《봉투용호도상고석鳳鬪龍虎圖像考釋》에 상세히 설명되어 있다.[9]

춘추·전국 시대에 이르러 초인의 의식 속에 그들의 선조가 토템으로 삼았던 봉은 몽롱한 기억으로만 남게 되었다. 그러나 토템이 지닌 상징적 작용과 신비한 의미는 그대로 간직되어 있었다. 초인의 입장에서 본다면 봉은 지극히 진실되고 착하며 아름다운 신조神鳥이다. 그들의 봉에 대한 사랑과 존숭은 더할 수 없는 정도였다. 초나라의 문물 가운데 봉의 조상雕像과 도상圖像은 헤아릴 수 없을 정도로 많아 주대의 다른 나라와는 비교조차 할 수 없을 정도이다. 초인의 봉은 각양각색의 체형과 자태를 지니지만, 모두가 점잖고 귀티가 나며 위용과 용맹스러움이 돋보인다. 초인은 봉의 인도 아래에서만이 사람의 정신과 혼백이 하늘로 올라가 온 세상을 주유할 수 있다고 여겼다. 때문에 굴원은 〈이소〉에서 "봉새를 저 높이 오르게 하여, 밤낮을 쉬지 않고 달려가네 吾令鳳鳥飛騰兮, 繼之以日夜"라고 노래하였다. 또《장자·소요유逍遙遊》에는 "붕이 남쪽 바다로 옮겨갈 때에는 물결 3천 리를 치면서 회오리바람을 타고 9만 리를 올라가…… 鵬之

徙于南冥也, 水擊三千里, 搏扶搖而上者九萬里……"라고 하였는데, 여기서 말한 붕붕鵬은 바로 대봉大鳳이다.

봉의 원형은 하나 또는 몇 종의 평범한 새로, 산꿩이 주요한 일종으로 보인다. 《윤문자尹文子·대도상大道上》에는 어떤 초나라 사람이 꿩을 봉으로 잘못 알고 비싼 값에 사서 초왕에게 바치려 하였는데, 꿩이 도중에 죽어 버렸다. 그런데도 초왕은 그에게 후한 상을 내렸다는 이야기가 실려 있다.[10] 이런 이야기가 다른 나라가 아닌 초나라에서 나왔다는 것은 결코 우연이 아니다. 봉의 원형이 물론 그토록 아름답고 크고 신비할 수는 없다. 초인은 상상을 통해서 오늘날 우리들이 초나라 문물에서 볼 수 있는 봉의 형상을 만들었다. 이는 그들이 자신들의 조상과 봉이 어떤 친연 관계를 지닌다고 믿어, 자신들이 생각하는 아름답고 좋은 특성을 모두 봉에게 부여하였기 때문이다. 그들의 봉에 대한 숭배는 자기 조상에 대한 존경이며, 봉에 대한 사랑은 자기 민족에 대한 사랑이었다.

선진 시대에는 유독 초나라 사람만이 사람을 봉황에 즐겨 비유하였다. 《사기·초세가》에 초나라 장왕莊王이 진은자進隱者의 질문에 "3년 동안 날지 않다가도 일단 날아오르면 하늘에까지 이르고, 3년 동안 울지 않다가도 한 번 울었다 하면 사람들을 깜짝 놀라게 한다오 三年不蜚, 蜚將沖天. 三年不鳴, 鳴將驚人"[11]라고 대답한 기록이 있다. 후대인들이 즐겨 하는 이 이야기에서 진은자가 초나라 장왕을 새에 비유하자, 장왕은 즉각 새로 자신을 비유하였다. 이 새가 날아올랐다 하면 하늘까지 이를 수 있고, 울었다 하면 사람들을 놀라게 할 수 있다는 것으로 보아 이는 다른 어떤 새도 아닌 바로 봉이라 여겨진다. 《사기·공자세가孔子世家》에 초나라의 미치광이 접여接輿가 "공자 앞을 지나가며 '봉황이여 봉황이여……' 라고 노래한 歌而過孔子曰; 鳳兮鳳兮……" 기록이 있는데, 여기서는 공자를 봉황에 비유하였다. 〈구장九章·회사懷沙〉에서 굴원이 "봉황은 종다래끼 속에 있고, 닭과 따오기가 훨훨 날며 춤추네 鳳凰在笯兮, 鷄鶩翔舞"라고 노래하여 자신을 봉황에 비유하였다. 또 〈이소〉에서는 "지조가 다른 새와 어울리지 않는 건 예로부터 빈말이 아니라네 鷙鳥之不群兮, 自前世而固然"라고 노래하였는데, 여기서 말한 '지조鷙鳥'는 사실 대봉大鳳이다. 《문선文選》에 실린 〈변명론辨命論〉 주에 고유高誘의 '대풍지조大風鷙鳥'라는 말을 인용하였는데, 상고 시대에 '풍風'과 '봉鳳' 두 글자는 서로 통용되었으므로, 대풍大風은 즉 대봉大鳳이다. 〈이소〉에서 굴원은 대봉을 자신에 비유하였다.

봉은 축융의 화신이기도 하다. 《백호통白虎通·오행五行》에 남방의 신 축융은 "정령은 새가 되고, 도깨비는 난새가 되었다 其精爲鳥, 離爲鸞"고 하였는데, '난새'는 곧 봉鳳이다. 이는 한인漢人의 견해로 초인의 전통적 관념에 근거한 것이다. 하나는 시조신으로 삼은 축융이고 하나는 시조의 정령으로 삼은 봉으로, 축융과 봉은 같은 것이다.

축융 부락 연맹이 종속되었던 고신 부락 연맹 역시 새를 토템으로 삼았다. 제준帝夋의 '준夋'자는 바로 새의 상형이다.[12] 초인이 봉으로 토템을 삼았던 것은 고유의 신앙에서 나왔을 수도 있지만, 고신 부락 연맹에서 전해졌을 수도 있다.

문헌에 기록된 하夏나라 흥망의 자취는 완전히 믿을 수 있는 역사라고는 할 수 없다. 그러나 하나라의 존재에 대하여는 이미 몇몇 유적에서 믿을 만한 물증이 나왔다. 《국어·주어상周語上》에는 "옛날 하나라가 흥할 무렵에는 융이 숭산에 강림하였고, 하나라가 망할 즈음에는 회록이 금수에 이틀 밤을 머물렀다 昔夏之興也, 融降於崇山; 其亡也, 回祿信於聆隧"고 하였다. '융融'은 바로 '축융祝融'으로 '융融' 앞에 '축祝'자가 빠졌을 수 있다. '회록回祿'은 화신의 별칭이다. 화신이 사람에게 복을 내리는 것을 축융이라 하고, 화를 내리는 것을 회록이라 한다. 하나라의 흥망과 화신과의 관계가 이처럼 밀접하여, 하인夏人이 고신 부락 연맹과의 싸움에서 승리한 후 축융 부락 연맹이 하나라에 종속되었음을 알 수 있다.

하인은 염제炎帝를 숭배하였기 때문에 후대에는 하우夏禹가 홍수를 다스릴 적에 염제의 딸 요희瑤姬[13]의 도움을 얻은 적이 있다는 이야기가 전해지게 되었다.[14] 염제는 일신日神이다. 《백호통·오행》에는 "염제는 태양이다 炎帝者, 太陽也"고 하였다. 태양 속에 불이 들어 있기 때문에 일신인 염제는 화신을 다스렸다. 《좌전·소공 17년》에는 담자郯子가 "염제는 불을 수호신으로 삼았기 때문에 불을 관장하는 화사가 되었고, 불로 벼슬명을 삼았다 炎帝氏以火紀, 故爲火師而火名"고 기록하였다. 염제와 축융은 본래 관계가 없었다. 그러나 축융 부락 연맹이 하나라에 종속되어 있던 기간이 길었기 때문에 인간의 주종 관계에서 신계神界의 주종 관계로 발전하여 축융은 기꺼이 염제의 아래에 자리하게 되었다. 《여씨춘추呂氏春秋》·《예기禮記》·《회남자淮南子》 등에는 모두 축융은 염제에 종속된 신이라고 하였다. 《사기·사마상여열전司馬相如列傳》의 장수절張守節 〈정의正義〉에는 "축융은 남방 염제의 속관이다 祝融, 南方炎帝之佐也"라고 하였는데, 원문의 '좌佐'라는 말은 하나라 왕조에 대한 축융 부락 연맹의 부용 관계를 분명하게 보여 준다. 장사시 자탄고의 초나라 고분에서 출토된 백서에는 "염제가 축융에게 명하여 사방의 신을 강림케 하였다 炎帝乃命祝融以四神降"는 구절이 있어, 초인 자신도 축융이 염제의 명을 받았다는 사실을 전혀 개의치 않았음을 알 수 있다.

염제는 동쪽 지방에 자리잡고 있던 강인羌人의 선조가 숭배한 신이기도 하다. 《좌전·애공哀公 9년》에 "염제는 불을 관장하는 화사로 강성의 나라는 그의 후손이다 炎帝爲火師, 姜姓其後也"는 사묵史墨의 말이 실려 있다. 강성은 동쪽 지방에 자리잡고 있던 강인이다. 그들의 선조는 더 동쪽에 있던 하인과 이웃하였고, 왕래 또한 빈번하였기 때문에 그들과 같은 신앙을 지닌다는 것은 자연스러운 것이다. 초인의 선조 또한 동쪽의 강인과 거주지가 서로 가까웠을 뿐 아니라 통혼 관계를 맺은 적이 있었다. 《사기·초세가》에 따르면 축융에게는 오회吳回라는 동생이 있었는데, 오회에게는 육종陸終이라는 아들이 있었다. 육종은 여섯 아들을 두었는데 "막내 아들의 이름은 계련으로 미성이었다. 초인은 그의 후예이다. 六曰季連, 羋姓, 楚其後也"《세본世本·제계帝系》(宋衷 注, 雷學淇 校輯本)에 "육종은 귀방씨의 누이 여회에게 장가들어 아들 여섯을 두었다 陸終娶於鬼方氏之妹, 謂之女嬇, 是生六子"고 하였다. 귀방은 동쪽의 강인으로 후세에 외성隗姓이 있었는데, '외隗'는 '회嬇'와 통한다. 초인의 미성은 바로 강인의 혈통이 남긴 흔적이다. 《설문해자說文解字·양부羊部》에 의하면 "'미羋'는 양이 우는 것이다. '양羊'의 부수를 따르고, 상성象聲이다. 기가 솟구치는 것으로 '모牟'와 같은 의미이다 羋, 羊鳴也, 從羊象聲, 气上出, 與牟同意"라고 하였다. 육종과 귀방의 통혼은 하나라 때에 있었다. 때문에 육종의 여섯 아들의 종적은 하·상·주 삼대에 걸쳐 나타나고, 그 이전에는 전혀 보이지 않는다.

강인은 목양牧羊을 주요 생계 수단으로 삼았다. 그러나 초인은 이와 달리 주된 생계 수단이 농사였기 때문에 '생유가재生柔嘉材'의 공이 있는 축융을 숭배하였다.

염제의 신통력은 축융의 신통력보다 한층 컸으며, 그는 가장 오랜 관록을 지닌 농신農神이었다. 《제왕세기帝王世紀》(顧觀光 輯本)에는 "염제는 …… 최초로 사람들에게 농사법을 가르쳤기 때문에 사람들이 그를 신농씨라고 부른다. 또 열산에서 처음 나왔기 때문에 열산씨라 부르기도 한다 炎帝…… 始教天下種穀, 故人號曰神農氏. 又曰, 本起烈山, 或稱烈山氏"고 하였다. 염제는 사실상 상고 시대 사람들이 자신의 먼 조상들이 불을 일으키는 방법을 발견해 낸 것을 신격화하여 이를 태양 숭배와 결합시킨 산물이다. 신농씨는 사람들에게 오곡의 파종법을 가르쳐 준 신이고, 열산씨는 사람들에게 산림을 불태워서 경작하는 방법을 가르쳐 준 신이다. 신농씨가 남긴 발자취는 오늘날의 강한 일대에서 비교적 많이 발견된다. 이는 강인과 초인이 남진하여 강한 일대에 이른 다음 신농씨의 전설을 퍼뜨렸기 때문이다.

앞서 언급하였듯이 축융의 후예는 하나라 때에도 역시 사천지관司天之官이었다. 《좌전 · 소공 17년》에는 노魯나라의 태사太史가 하나라 때 발생한 일식에 대해 언급한 사실을 기록하고 있는데, 《상서尙書 · 하서夏書》를 인용하여 "해와 달이 제자리를 잃자 장님 악사들은 북을 두드리고, 낮은 벼슬아치들은 수레를 타고 내달렸으며, 백성들은 우왕좌왕하였다 辰不集於房, 瞽奏鼓, 嗇夫馳, 庶人走"고 하였다. 소위 '해와 달이 제자리를 잃은 것'은 일식이 발생한 것이다. '장님 악사들이 북을 두드린' 것은, 아마도 후세에 전해지는 천구天狗를 몰아내고 태양을 구한다는 것과 같은 의미일 것이다. '낮은 벼슬아치들은 수레를 타고 내달렸으며, 백성들은 우왕좌왕한' 것은 벼슬아치와 백성들의 두려워하는 모습을 묘사한 것이다. 이는 중국에서 일식에 관한 최초의 기록이다. 《(위)고문상서(僞)古文尙書 · 윤정胤征》의 기록에 따르면, 관민이 두려워한 까닭은 사천司天을 책임진 희화義和가 과음으로 직무를 소홀히 하여 일식의 발생에 대한 예보를 하지 않았기 때문이다.[15] 희화의 《사기 · 역서曆書》에 의하면 "중려의 후손 가운데 선인이 했던 일을 잊지 않은 자 重黎之後, 不忘舊者"이다. 희화의 천문학 지식은 전대의 축융보다 다소 발전하여 일식이 발생할 시간을 추산하기에 충분하였다.

희화에 관해서는 여러 가지 이야기가 전한다. 《사기·역서》의 사마정司馬貞 〈색은索隱〉에는 〈계본系本〉을 인용하여 희화는 황제黃帝가 임명한 점일지관占日之官이라 하고, 《사기·역서》의 원문에는 제요帝堯가 제정한 관직명이라 한다. 또 《상서·요전堯典》에는 희화는 원래 희중羲仲·희숙羲叔·화중和仲·화숙和叔 네 명으로 각각 동서남북과 춘하추동을 관장하였다고 한다. 《산해경·대황남경大荒南經》에는 희화는 여자로 제준帝俊에게 시집 가서 열 개의 태양을 낳았다고 하며, 〈이소〉를 비롯한 몇몇 문헌에는 일어日御, 즉 태양을 위하여 수레를 끄는 신이라고 한다. 모두가 아득한 옛날에 생겨나 후대로 오면서 변형된 신화와 전설이므로 이상할 것은 없다. 요컨대 희화는 축융의 후예로 태양과 불가분의 관계를 지닌다. '희화'라고 합쳐 불러도 되고, '희'와 '화'로 나누어 불러도 된다. 이는 그의 선조 축융을 '중려'라고 불러도 되고, '중'과 '여'로 나누어 불러도 되는 것과 같다. 축융은 원래 일신日神과 동등한 지위를 지녔다. 그 후예가 '점일지관'이 되고, 사천의 책임을 맡은 것은 하나의 전통이 계승된 것이다. 사방과 사시의 관념이 명확하게 생겨났을 무렵, 희화는 네 명으로 분화하여 각각 자신의 자리에서 소임을 맡게 되었다. 더 후대로 내려와 사람들이 희화가 축융의 후손임을 차츰 잊어버리게 되자, 희화는 드디어 열 개의 태양을 낳은 어머니 또는 태양의 거부車夫로 둔갑하게 되었다. 이러한 신화와 전설은 초인에게 가장 많이 보존되고 또 가장 널리 유전되었는데, 이는 축융과 희화가 모두 초인의 선조였기 때문이다.

하인은 일찍이 남방의 삼묘와 충돌한 적이 있었다. 그 결과 하인은 전진하고, 삼묘는 후퇴하게 되었다. 축융 부락 연맹은 이 충돌 속에서 하인을 도왔다. 그들은 삼묘와 하인의 중간에 처하여 적과 동지가 되는 이외에 자연스럽게 남북간 문화 교류의 촉매 역할을 할 수 있었다. 강한 일대의 석가하 문화는 지금으로부터 4천 년 전의 후기에서 5천 년 전에 해당되어 하대와 대체로 일치한다. 비록 위로 굴가령 문화를 계승하였다고는 하지만 용산龍山 문화[16]의 요소를 일부 지니고 있다. 때문에 일찍이 호북 용산 문화라고 불렸으나, 사실은 하夏문화의 영향을 받은 후기 삼묘 문화이다.

상술한 단서를 통해 보면, 초문화의 주된 원류는 삼묘 문화가 아니라 축융 부락 연맹의 '숭화존봉崇火尊鳳'의 원시 농업 문화이다.

하대 말기 은인殷人은 동쪽에서 서쪽으로 이동하여 하왕조를 무너뜨리고 상왕조를 건립하였다. 축융 부락 연맹은 은인의 문화적 훈도를 받은 다음 은인의 무력 공격을 받게 되었다. 그렇듯 사회가 완만히 발전하는 가운데 그들의 부락은 차츰 흩어졌다.

축융이라는 호칭이 생긴 이래로 그들의 부락 연맹은 강력한 이웃들의 위협을 받아 왔다. 하·상 양대에 이르러 그들은 사방으로 강력한 이웃과 충돌하게 되어 분열과 붕괴는 더 이상 피할 수 없는 운명이 되었다. 축융 8성의 분포는 별이 흩어진 형세를 나타내는데, 이는 그들의 부락 연맹이 상고 시대의 민족 이동과 민족간 충돌 와중에 해체되었음을 의미한다. 《국어·정어》에는 축융 8성은 "기성의 곤오·소·고·온·동과 동성의 종이·환룡은 하왕조에게 멸망당했고, 팽성의 팽조·시위·제계는 상왕조에게 멸망당한 것으로 보인다 己姓昆吾蘇顧溫董, 董姓鬷夷豢龍, 則夏滅之矣; 彭姓彭祖豕韋諸稽, 則商滅之矣"고 하였다.

상대에 은인은 축융의 부락들을 '형荊'이라고 불렀다. '형'은 무리지어 자라는 관목灌木의 하나로 모형牡荊으로도 불린다. 축융의 부락들은 상왕조의 남쪽 변경에 분포되어 있었다. 때문에 《시경詩經·상송商頌·은무殷武》에는 "너희 형초의 무리, 남향에 자리하였구나 維汝荊楚, 居國南鄕"라고 하였다. '남향南鄕'은 원래 대별산大別山과 동백산桐柏山의 이북과 복우산伏牛山 이동의 중원 남부를 가리켰으나, 나중에 은인이 남으로 개척해 나감에 따라 남으로 확장되었다. 은인의 남하로 형인이 가장 먼저 공격을 받게 되었다. 주대에 이르러서도 은의 유민들은 자신들의 선조가 남정했던 업적을 잊지 않았다. 《시경·상송·은무》는 바로 그들의 작품으로 그 가운데 이렇게 노래하였다.

날랜 저 은나라 무정 임금은
부월을 휘두르며 형초를 치셨도다.
험준한 그 땅에 깊이도 들어가
오랑캐 무리를 사로잡으셨도다.
撻彼殷武, 奮伐荊楚.

深入其阻, 裒荊之旅.

　형인은 은인의 압박 아래 대부분의 신하들은 복종하고 일부는 달아났다. 은인이 대별산과 동백산의 남쪽까지 밀고 들어가자 한수 동쪽에 남아 있던 삼묘의 후손들은 위협을 느끼게 되었다. 은인의 무력 시위에 위협을 느낀 그곳의 몇몇 부락들은 한수 서쪽으로 이주할 수밖에 없었다. 고고학계에서 말하는 '초식격楚式鬲'은 초기 형태를 지닌 경우, '묘식격苗式鬲' 또는 '만식격蠻式鬲'으로 부르는 것이 더 적절하다. 다만 그것의 성숙된 형태가 후대 초문화의 유물 속에서 발견되기 때문에 '초楚'자를 덧붙였을 뿐이다. 소병기蘇秉琦는 지금으로부터 4천 년 전에서 3천 년 전 사이에 "초식격이 유행하던 중심 지역이 동에서 서로, 악중鄂中 일대에서 악서鄂西 지구로 옮겨 갔다"[17]고 하였다. 이런 세심한 관찰은 상대에 강한 일대에서 민족 이동의 추세를 잘 입증한다. 당시 형인의 잔존 부락은 아직 그 북쪽에 남은 채, 민족 이동의 조류에 휩쓸리지 않았다.

　은인의 천문학 수준은 형인보다 높았던 것으로 보인다. 때문에 상대에는 형인의 추장이 더 이상 중려나 희화와 같은 빛나는 역할을 맡을 수 없게 되었다.

　상말·주초에 형인의 잔존 부락은 대부분 계련季連의 후예인 미성羋姓으로, 이미 서쪽의 단수丹水와 석수淅水 일대로 이동하여 단양丹陽을 중심으로 육웅鬻熊이라는 추장을 두고 있었다. 육웅은 탁월한 정치적 두뇌의 소유자로, 부락을 이끌고 이미 썩어 버린 상왕조를 등지고 바야흐로 흥성하는 주왕조에 의탁했다. 《사기·주본기周本紀》에는 주나라 문왕文王의 재위시에 육자鬻子가 "복속하여 왔다 往歸之"고 하였는데, 이 육자가 바로 육웅이다. 《사기·초세가》에는 "자[육웅]가 문왕을 섬겼다 子事文王"고 하였는데, '자子'는 주나라가 복속해 온 이민족의 추장에게 부여한 봉호로 원시적 작위의 하나이다. 대략 이러한 연유로 육웅은 육자로 존칭되었다.

　육웅이 장년의 젊은 나이에 죽자 그의 아들 웅려熊麗가 추장의 자리를 계승하였다. 웅려의 손자 웅역熊繹은 주나라 성왕成王 때에 초만楚蠻의 땅에 봉해졌다. 그리하여 '초楚'라고 하는 정식의 국호 겸 민족명이 생기게 되었다.

제2장
맹아기의 초문화

초인은 나라를 세운 초기에는 국토가 한쪽에 치우치고 백성들이 빈곤하였으며, 국세가 미약한데다 국위가 낮아서 미처 원시 사회를 벗어나지 못하였다. 때문에 명목상으로는 국가였다고 하지만 실제로는 하나의 부락 연맹에 불과하였으며, 그들의 문화는 주인周人보다 훨씬 뒤떨어져 있었다.

웅역熊繹의 국도 역시 단양丹陽이라고 불렸으나, 이미 단수丹水의 북쪽이 아닌 지금의 만하蠻河 중류에서 상류 쪽으로 치우친 남장현南漳縣 부근의 저산雎山과 형산荊山 사이에 자리잡고 있었다.[1] 초인은 옛날을 그리워하고 조상을 생각해서 도읍을 옮기기는 하였지만, 그 이름을 바꾸지는 않았다.

초문화의 맹아기는 서주 초기에 초나라가 처음 봉해진 때로부터 양주 교체기에 초나라가 성장할 때까지 3세기에 가까운 기간을 거쳤다.

1. 고난의 역정

《사기 · 공자세가》에는 초나라 소왕昭王 때의 영윤令尹 공자 서西가 "초나라의 선조는 주나라로부터 봉읍을 받아 자남 50리라고 불렸다 楚之祖封於周, 號爲子男五十里"고 말한 기록이 있는데, 초문화는 이 작은 지역에서 형성되었다. 주나라 성왕成王이 자신의 통치권이 미치지 못하는 문화가 낙후되고 황폐한 한쪽 땅에 웅역을 봉한 것은 이미 현실화되어 있던 것을 인정한 것에 지나지 않았으며, 정해진 범위 내에서만 활동하게 하려는 의도 또한 없지 않았다. 웅역의 부락민들은 저산과 형산 사이의 외진 고장을 개간하며 소박한 생활을 하였다.

《좌전 · 소공 12년》에는 초나라 영왕靈王 때의 우윤右尹 공자 혁革의 다음과 같은 말을 기록하고 있다.

옛날 우리 선왕 웅역께서는 외진 형산에 살고 계실 때, 누더기를 걸치고 섶나무로 만든 수레를 타면서 풀밭에서 거처하셨습니다. 산림을 헤치고 멀고 험한 길을 오가며 천자를 섬겼는데, 삼가 도호와 극시를 천자께 진공하였습니다.

　昔我先王熊繹, 辟在荊山. 篳路藍縷, 以處草莽. 跋涉山林, 以事天子. 唯是桃弧棘矢, 以共御王事.

"누더기를 걸치고 섶나무로 만든 수레를 타면서 풀밭에서 거처한 것"은 생활이 청빈하고 거처가 황량함을 뜻한다. 원문의 '필로篳路'는 두예杜預의 주에는 '시거柴車'라 하였고, 공영달孔穎達의 소疏에는 '시거'를 형죽荊竹으로 엮은 수레라고 풀이하였다. 《사기·초세가》 배인裴駰의 〈집해集解〉에는 복건服虔의 설을 인용하여 "시거는 깎기만 하고 칠을 하지 않은 나무로 짠다 柴車素木輅"고 하였다. 요컨대 '필로'는 무척 볼품없어서 민간의 시거와 유사한 것이다. '남루藍縷'는 해어진 옷이다. 웅역이 해어진 옷을 입었다는 것은 상당한 과장인 듯하지만, 그가 제하의 임금처럼 그렇게 호사스럽지 않았음은 분명하다. "산림을 헤치고 멀고 험한 길을 오가며 천자를 섬긴 것"은, 웅역이 단양과 호경鎬京 사이를 분주히 오가며 주나라 천자를 위해 힘썼음을 의미한다.

　웅역이 주나라 천자에게 다해야만 했던 직분 가운데 주요한 것으로는 다음 세 가지가 있다.

　첫째, 수료守燎하여 제천祭天하는 것이다. 초인은 화신火神을 숭배하였으며, 그들의 추장은 정통 화사火師였다. 제천을 위해 수료를 하는 화사는 무술巫術에 능통하여 신과 인간 사이를 잘 이어 주어야 한다. 따라서 초인의 추장을 파견하여 화사로 삼는 것은 매우 적합한 것이었다. 《국어·주어중周語中》의 '주나라의 관직 周之秩官'에 대한 기록 가운데 "화사는 감료한다 火師監燎"는 내용이 있는데, '감료監燎'는 바로 '수료'이다. 1977년부터 1979년에 걸쳐 섬서성 기산현岐山縣 봉추촌鳳雛村에서 발견된 주나라 초기 갑골문의 H11:4편에 "其微楚Ç厥燎師氏舟燎"라는 기록이 있는데, 원문의 'Ç'은 '작勺'으로[2] '작灼'의 가차로 보인다. 〈사기·구책열전龜策列傳〉의 사마정 〈색은〉에는 "작灼은 불사르는 것이다 灼, 爲燔也" 하였고, 《예기·제법祭法》에는 "태산의 제단에 섶을 쌓고 불을 지펴서 하늘에 제를 올린다 燔柴於泰壇, 祭天也"고 하였다. 이 갑골편의 전문은 미인微人

과 초인의 추장이 불을 지피면, 사씨師氏가 그것을 넘겨받아 천제天祭를 드렸다는 뜻이다.《국어·진어晉語》에는 "지난날 성왕이 기양에서 제후들과 회맹할 때, 형만이던 초는 모절을 설치하여 망표를 세우고 선비와 함께 수료하였다. 따라서 맹약에는 참여하지 못했다 昔成王盟諸侯於岐陽, 楚爲荊蠻, 置茅蕝, 設望表, 與鮮卑守燎, 故不與盟"고 하였다. 기양의 회맹에서 '수료'는 천제를 지내는 것이었다. 화사의 직무는 제천 이외에 조명照을 맡는 것이었다.《국어·주어중》의 기록에 따르면, 화사는 빈관賓館의 조명을 맡아 보는 직무가 있었다. 초인의 추장은 아직도 이 정도의 일에 차출되는 수준을 넘어서지 못했음을 알 수 있다.

둘째, 포모苞茅를 진공하여 술을 거르는 것이다. '포모'는 '영모靈茅'일 것이다.《사기·봉선서封禪書》에 "장강과 회수 사이에서는 세 개의 등마루가 있는 띠풀로 깔개를 엮는다 江淮之間, 一茅三脊, 所以爲藉也"는 관중管仲의 말이 기록되어 있는데, 원문의 '자藉'는 '신자神藉'로 짐작된다.《사기·효무본기孝武本紀》에 "장강과 회수 일대에서는 세 개의 등마루가 있는 띠풀로 신자를 엮는다 江淮間一茅三脊, 爲神藉"고 하였다. 배인의 〈집해〉에는 맹강孟康의 설을 인용하여 "영모라고 하는 것이다 所謂靈茅也" 하였다. 초 지방에서는 많은 포모가 산출되고 품질 또한 좋았기 때문에 초나라 임금은 주실周室에 포모를 진공하는 의무를 지게 되었다.《좌전·희공僖公 4년》에 관중이 제齊나라 환공桓公을 대신하여 "그대들은 포모를 진공하지 않고, 제사를 받들지 않으며, 축주도 없으니 과인이 이를 징벌하노라 爾貢苞茅不入, 王祭不供, 無以縮酒, 寡人是征"며 초나라를 꾸짖은 기록이 있다. 이는 남을 대신하여 말한 것이지만 옳은 말이었다. 초나라 사신은 부득이 잘못을 인정하여 "조공을 바치지 않은 것은 우리 임금의 잘못입니다. 어찌 감히 바치지 않겠습니까? 貢之不入, 寡君之罪也, 敢不供給"라고 하였다.

'축주縮酒'의 '축縮' 자는 본래 '茜'으로 쓴다.《설문해자·유부酉部》에 '茜' 자를 풀이하여 "예법에는 제사를 드릴 때 띠풀을 묶어서 강신제에 사용하여 울창주를 뿌리는데, 이것이 '茜'이다. 신이 흠향하는 것을 본뜬 것이다 禮祭束茅加於祼圭, 而灌鬯酒, 是爲茜, 像神歆之也"라고 하였다. '茜' 자는 위는 '모茅'이고 아래는 '주酒'로, 축주 의식을 본뜬 것이다. 초인의 추장은 기양의 회맹에서 '수료'를 맡는 한편 '축주'를 관장하였다. 《국어·진어晉語 8》에 "모절을 설치했다 置茅蕝"는 구절이 있는데, 위소韋昭의 주에 "절은 포모를 묶어 세워서 축주에 사용하는 것을 이른다 蕝, 謂束茅而立之, 所以縮酒"고 설명하였다.

초나라 임금은 웅熊으로 성씨를 삼았지만, 초나라 기물에서는 초나라 임금의 성씨인 '웅熊'을 일률적으로 '酓'으로 쓰고 있다. '웅熊'과 '염酓' 두 글자는 소리가 아주 비슷해 통가通假가 가능하다.[3] 금문金文의 '염酓'자는 사람이 술을 마시는 것을 본떴으므로 '신이 흠향하는 것을 본뜬 것'일 수도 있다. 당시 제사와 전쟁은 국가의 두 가지 대사였다. 초나라 임금에게 있어서 포모를 축주에 사용하도록 주나라 왕실에 진공하는 것은 소홀히 할 수 없는 중요한 임무였다.

두체생杜棣生은 "지금도 악서鄂西 지방에는 축주의 유풍이 그대로 남아 있다. 무사巫師들이 이를 주관하는데 땅바닥에 포모를 한 겹 깔고 그 위에 모래를 덮은 다음, 거기에 술을 뿌려 술이 모래와 포모를 거쳐 배어 나오면 신이 흠향하였다고 여긴다. 주나라 때의 축주 방식은 오늘날과는 다르겠지만, 축주의 제법이 3천여 년 동안 단절되지 않고 전해지는 것은 놀라운 일이다. 이는 오랜 원류를 지닌 초나라의 풍속이 장구한 세월 동안 전승되어 온 하나의 사례이다"라고 하였다.

망사望祀에도 포모를 사용하였던 것으로 보인다. 《주례周禮·춘관종백春官宗伯》에 "박수들이 망사를 담당했는데, 먼 곳에 대고 부르면서 건네 주면 곁에서 포모를 사용하여 받고…… 男巫掌望祀, 望衍授號, 旁招以茅……"라 하였으며, 《상서·순전舜典》에는 "산천에 망제를 지냈다 望於山川"고 하였다. 투항 의식에 있어 사직社稷을 상징하는 데 포모를 사용하였다. 예를 들면 《사기·송미자세가宋微子世家》에는 다음과 같은 기록이 있다.

주나라 무왕이 은나라 주왕을 쳐서 항복시켰다. 미자는 은나라의 제기를 군문에 옮겨 놓고, 어깨를 드러내고 얼굴을 줄로 동여맨 채, 왼손에는 희생 양을 끌고 오른손에는 포모를 들고서 무릎걸음으로 나아가 무왕에게 아뢰었다.

周武王伐紂克殷, 微子乃持其祭器造於軍門, 肉袒面縛, 左牽羊, 右把茅, 膝行而前以告.

　요컨대 선진 시기에 있어서 포모의 기능은 상당히 컸다. 초나라 임금이 주나라 왕실에 포모를 진공하는 것은 신성한 직무였다.

　셋째, 도호桃弧와 극시棘矢를 진공하여 재앙을 쫓고 액막이를 하는 것이다. 앞서 공자 혁革의 말을 인용하여 "삼가 도호와 극시를 천자께 진공하였다"고 하였는데, 이는 본래 가난을 호소하는 것이기도 했다. 아무리 초나라 지방의 물산이 풍부하지 못했을지라도 도호나 극시를 천자에게 진공하는 것은 언급할 가치가 없는 사소한 일이 아니다. 도호는 복숭아나무로 만든 활이고, 극시는 가시나무 가지로 만든 화살로, 모두 악귀를 쫓고 재앙을 막는 데 사용된다. 제하에는 본래 이런 풍속이 있었다. 《좌전·소공 4년》에 노나라의 신풍申豐이 얼음을 저장하고 꺼내는 것에 대해 이야기하면서 "얼음을 꺼낼 때는 도호와 극시로 재앙을 제거한다 其出之也, 桃弧棘矢, 以除其災"고 하였다. 후세의 도부桃符[4]·포검蒲劍[5]·애호艾虎[6] 따위의 작용이 도호·극시와 유사하다. 초나라 임금이 주나라 왕실에 도호와 극시를 진공한 것은 첫째 복숭아나무와 가시나무 가지가 초나라 지방에서 대량으로 산출되는 특산물이었고, 둘째 초나라 임금은 축융의 후예로 여전히 신비한 색채를 간직하였기에 그가 진공하는 도호와 극시가 특별히 영험하다고 여겨졌기 때문이었다. 웅역이라는 임금은 사실은 추장이자 대무大巫였음을 알 수 있다.

　단양은 명색이 초나라의 도읍이었다고는 하나 성지城池는 없고 울타리가 있었을 뿐이다. 이는 후세의 극위棘圍라는 것과 유사하다. 북으로는 저산雎山, 즉 지금의 주산채主山寨가 자리잡고, 남으로는 형산荊山, 즉 지금의 형산이 있었다. 단양 지방은 서쪽으로는 산맥이 이어지고, 동쪽으로는 탁 트인 하천이 흘렀다. 지금 만하蠻河라고 부르는 고대의 저수雎水가 서쪽에서 동쪽으로 단양을 관통했다. 저산은 그 일대에 산사山楂나 다래가 많아서 붙여진 이름이고, 형산은 가시나무가 많아서 붙여진 이름이다.[7] 초인은 오랫동안 저산과 형산 일대의 황무지를 개간하며 살았기 때문에 생계가 매우 어려웠다.

　당시 초나라의 주위는 모두 초만楚蠻이었다. 초만에 비해 초나라의 경제력과 군사력은 모두 열세에 놓여 있었다. 다행히 강력한 이웃의 틈바구니에서 생활을 영위해 온 초인은 이런 환경이 그래도 견딜 만했을 것이다. 그들은 신중한 화친 정책을 시행하여 자신들의 보금자리를 건설하는 데 힘을 쏟았다.

초인의 선조는 오랫동안 화하華夏[8]의 선조와 서로 교류함으로써 화하의 선진 문화를 흡수하게 되었다. 때문에 초만에 비해 그들의 문화적 자질은 두각을 나타내게 되었다. 단양 일대는 비록 발달된 지역에서 멀리 떨어져 있었지만 그렇다고 결코 폐쇄되어 있었던 것은 아니며, 신석기 시대 이래로 황하 유역과 장강 유역 사이의 고대 문명이 서로 끊임없이 교류되던 지역이었다.[9] 앙소 문화[10]가 남방으로 확장되어 악서鄂西 북쪽까지 이르렀고, 그후 굴가령 문화가 북쪽으로 예서豫西의 남쪽까지 확장되었으며, 그보다 더 이후의 하남 용산 문화가 또 악서 북쪽까지 미쳤다. 1958-1962년에 걸쳐 발굴된 호북성 운현鄖縣 청룡천靑龍泉 유적지는 하층부는 앙소 문화에 속하고, 중층부는 굴가령 문화에 속하며, 상층부는 용산 문화의 특징을 지닌 석가하 문화에 속한다. 그 겹겹의 관계는 바로 남북 문화가 서로 뒤섞인 지하의 증거물인 것이다. 초기의 초나라는 예서 남쪽에 가까운 악서 북쪽에 자리잡고 있었기 때문에 초인은 자신의 문화적 전통을 바탕으로 화하와 만이의 장점을 두루 취하기에 유리했다. 단양 일대는 매우 깊고 외진 곳이기는 하였지만, 그곳의 자연 조건이 초나라의 생존과 발전에 있어서는 유리하게 작용하였다. 서쪽으로는 험난한 천혜의 요새로 가로막히고 동쪽으로는 들판이 펼쳐 있어서 물러나면 아무 탈 없이 모일 수 있었고, 나아가면 공격하여 성과를 얻을 수 있었다. 형산에는 동광銅鑛이 있었고, 형산 아래에는 염광鹽礦이 있었다.[11] 초인은 비록 수가 적고 초나라는 작았지만, 화하 선진 문명의 요소를 끌어들인 것은 마치 좋은 씨앗이 비옥한 남쪽 땅으로 날아와 떨어진 것과 같았다.

웅역이 계승한 사업은 육웅이 개창한 것이다. 초인은 육웅에 대한 고마움을 마음에 간직하고 엄숙하게 그의 제사를 받들었다.

육웅은 상말·주초의 이름난 추장으로 주나라 왕실로부터 상당히 극진한 대우를 받았다. 《사기·주본기周本紀》에는 주나라 문왕文王이 "하루 종일 밥 먹을 겨를도 없이 인재들을 접견하였다 日中不暇食以待士"고 하고,

또 "태전·굉요·산의생·육자·신갑대부 등이 모두 복종해 왔다 太顚閎
天散宜生鬻子辛甲大夫之徒皆往歸之"고 하였다. 태전·굉요·산의생 세 사
람은 주나라 초기의 중신들이고, 신갑대부는 상나라를 버리고 주나라로 달
려가 공경의 지위에 오른 사람이다.

　육웅은 그들과 동렬로, 역시 대단히 중요한 인물이었다.[12] 육웅은 도가道
家의 선구자로 전해진다. 비록 실제 근거는 없지만 여기에는 이유가 있다.
도가는 초나라에 뿌리를 두고 초나라에서 흥성하였다. 때문에 육웅의 유
교遺敎는 도가의 학설과 부합되는 구석이 있었을 것이다. 후세의 초인은
육웅을 존숭하여 그에게 도가의 창시자라는 영예를 바친 것이다. 초인이
토템에 대한 신앙에서 출발하여 평범한 새를 봉황으로 꾸며낸 것과 좋은
대조를 이룬다.

　육웅과 그의 후인들은 아마도 조상 전래의 천문학 지식과 역법 지식을
잊지 않았을 것이다. 그러나 그들은 중려와 희화가 관상수시하던, 대를 물
려 오던 직분은 버렸다. 그들이 대대로 전해 오던 이 직책을 계승한 것은
초인과 원류는 같으나 달리 발전해 간 형인 부락의 추장이었다. 《상서·요
전堯典》에 조성鳥星·화성火星·허성虛星·묘성昴星의 사중중성四仲中星
이 기록되어 있다. 조성은 장수張宿 1로 서양 명칭은 바다뱀자리〔Hydra〕이
고, 화성은 심수心宿 2로 전갈자리〔Scorpius〕이며, 허성은 허수虛宿 1로 물
병자리〔Aquarius〕이고, 묘성은 묘수昴宿로 황소자리〔Taurus〕이다. 축가정竺
可楨의 연구에 따르면 《상서·요전》에 기록된 사중중성은 상말·주초의 천
상天象으로, 사실 여부를 고찰할 수 없는 당요唐堯의 시대와 시기적으로
멀지 않을 것이다.[13] 따라서 사중중성과 희중·희숙·화중·화숙은 실제로
관련이 없으며, 초인이 발견하였을 가능성 또한 없음을 알 수 있다.

　주나라 성왕이 친정親政하면서 주공周公은 중상모략을 당하자 초나라
로 달아나 화를 피했는데, 《사기·노주공세가魯周公世家》와 〈몽염열전蒙恬
列傳〉에 사적이 실려 있다. 후에 근거 없는 소문이 사라지자 주나라 성왕
은 사람을 보내 주공을 돌아오도록 하였다. 아마도 이런 관계가 있었기에
웅역이 비로소 자신의 지위를 공고히 할 수 있었을 것이다.

　어쨌든 초창기의 초나라는 보잘것 없고 약소하였음을 알 수 있다. 만약
전성기의 초문화가 아름다운 봉황이라고 한다면, 성장기에 놓여 있던 초문

화는 막 알을 깨고 나온 새끼봉황에 지나지 않는다. 때문에 평범한 새와
비교하여 전혀 눈에 띄지도 않고 날지도 울지도 못한 채 깊은 계곡의 둥
지 속에 엎드려 있을 뿐이어서, 후일 마침내 큰 나무 위로 날아오르리라고
는 아무도 생각지 못했다.

2. 형산·저산에서 강한 평원까지

초인은 저산과 형산 사이에서 약 1세기 반에 걸친 각고의 세월을 보내
면서 차츰 강성해졌다.

웅역熊繹으로부터 5대가 지나 웅거熊渠에 이르렀다. 웅거는 담력과 용
기가 있었던 것으로 정평이 났는데, 한漢나라 때에 이광李廣이 바위에 화
살을 쏘아 화살깃까지 박혔다는 것과 비슷한 이야기가 후세에 전해진다.[14]
이 이야기는 초나라의 청동 제련과 주조 기술의 발달을 다양하게 반영한
다. 웅거는 군대의 정비와 군사 장비의 경량화에 탁월한 업적을 남겼다. 그
는 강한 일대에서 크게 민심을 얻고, 주나라 이왕夷王 때에는 중원의 혼란
을 틈타 만이蠻夷를 토벌함으로써 초나라의 국토를 넓히고 만이의 문화를
흡수하는 서막을 열었다.

초나라와 이웃해 있던 만이로는 초만楚蠻이 주위를 둘러싸고 있었고, 서
남쪽에는 복인濮人[15]과 파인巴人[16]이, 동남쪽에는 양월揚越[17]이 각각 자리
잡고 있었다.

초만은 초 지방에 자리잡고 있던 오랑캐로, 그들의 주체는 삼묘의 후예
들이다. 초나라의 동쪽에는 등鄧·노융盧戎·나羅가 남북 방향으로 늘어서
있었는데, 웅거 때에는 아직 초인이 그들을 무력으로 다스리지 못하여 감
히 전쟁을 벌이지는 못하였다. 초나라 남쪽으로 장강에 이르기까지는 옛
장수漳水 유역으로, 당시 동쪽 구석에 있던 권權나라를 제외하고는 경전에
나오는 나라 이름은 없다. 다만 "장강 유역에 초만이 있었다 江上楚蠻"(복
인·파인·양월의 흩어진 부락을 그 안에 포괄함)고 기록되어 있을 뿐이다.

초인의 남정南征은 단양에서 출발하여 동쪽으로 지금의 남장현南漳縣
무진武鎭 일대를 거쳐, 남쪽으로 돌아서 의성현宜城縣 이당李璫 근처에 이

른 다음 아래쪽으로 곧장 내려갔던 것으로 추측된다. 연도의 지세가 평탄하고 교통이 편리하였기 때문에 그곳의 초만은 비교적 일찍 초나라에 복속되었다. 초만이 초인에게 미친 문화적 영향은 주로 도기의 형태면에서 나타난다. 그러나 웅거가 주나라 이왕夷王 때 대대적으로 토벌한 것은 초만이 아닌 주로 복인의 용庸과 양월의 악鄂이었다.

용庸은 작은 나라로 지금의 호북성 죽산현竹山縣 일대에 위치하였다. 거주민은 복인이 다수였고, 용과 초나라 사이에는 약간의 복인 부락이 남아 있었다. 그들은 난을 피해 이주한 것으로, 부락마다 각각 자신들의 우두머리를 두고 상대방의 통치에는 간여하지 않았다. 호북성 방현房縣 칠리하七里河의 신석기 시대 취락 유적지에는 발아撥牙[18]와 엽두獵頭[19]의 풍속이 공존했던 흔적이 남아 있다. 이는 월인越人의 영향을 받은 복인 선조가 남긴 문화 흔적으로 보이는데, 용과 초 사이에 자리잡고 있다.[20] 웅거의 서정西征은 복인의 거주 지역에서 어려움을 겪었다. 아직까지 복문화가 초문화에 영향을 주었다는 증거는 발견되지 않았다.

양월揚越은 양수揚水에서 얻어진 이름이다. 양수는 강한 평원 중부에 자리잡고서 한수와 장강을 연결한다. 양월은 양수 동쪽과 남쪽의 월인을 가리킨다.[21] 《사기·초세가》에는 웅거가 양월을 정벌하고 "악에 이르렀다 至於鄂"고 하였는데, 악鄂은 지금의 호북성 악주시鄂州市로 양월의 경제적 중심지였다.[22] 원래는 악후鄂侯의 영지였는데, 주나라 이왕이 악나라를 멸망시키자 초인이 이에 편승하여 침입한 것이다. 양월이 초인에게 미친 문화적 영향은 대량의 황동을 공급하여 초나라의 청동 제련 및 주조업을 촉진한 점이다. 악에서 남쪽으로 멀지 않은 곳, 지금의 대야현大冶縣 동록산銅綠山 일대에는 당시 최대 규모였던 것으로 짐작되는 황동 산지가 있었다. 황동은 당시 최고의 전략물자였다. 웅거는 황동의 유혹 때문에 장강의 험한 풍파를 무릅쓰고 멀리 군사를 파견하여 악으로 쳐들어 갔던 것으로 보인다. 초인이 일단 들어가자 그곳의 동광은 더 이상 양월의 진귀한 보배도 주나라 왕실의 독점물도 아닌 초인이 손에 넣을 수 있는 물건이 되었다. 이는 초나라의 진흥에 막대한 공헌을 하였다.[23]

웅거는 맏아들 강康을 구단왕句亶王에, 둘째아들 홍紅을 악왕鄂王에, 막내 집자執疵를 월장왕越章王에 각각 봉했다. 《사기·초세가》의 기록에 따르면, 세 왕은 "모두 장강 유역의 초만 땅에 봉해졌다 皆在江上楚蠻之地"
고 한다. 주나라 여왕厲王이 즉위하자, 웅거는 주나라가 초나라를 토벌할
까 염려하여 세 아들의 왕호를 떼어 버렸다. 구단句亶은 배인의 〈집해〉에
는 장형張瑩의 설을 인용하여 강릉江陵에 있었다고 하며, 악鄂은 동악東
鄂을 가리키는 것으로 추측된다. 월장의 위치는 구체적으로 밝히기 어려
우나 현존 자료에 따르면, 지금의 호북성 자귀현秭歸縣이 믿을 만하다.[24]

《사기·초세가》에 "웅거는 '우리는 만이이므로 중국의 호시를 사용할 수
없다' 하였다 熊渠曰: 我蠻夷也, 不與中國之號諡"고 기록하였다. 이것이 웅
거가 세 아들을 모두 왕에 봉한 이유이다. 사실 초인은 선진 시대의 민족
구성에 있어서 차지하는 지위가 매우 특수하였다. 서주 시대에는 '비하비
이非夏非夷' 즉 화하도 만이도 아니었고, 춘추 시대에는 '역하역이亦夏亦
夷' 즉 화하이기도 하고 만이이기도 하였으며, 춘추 말기에 이르러서야 정
식으로 화하에 동화되었다. 이는 장정명張正明의 《선진 시대의 민족 구성
과 민족 관계 및 민족 사상 先秦的民族結構·民族關係和民族思想》에 자세
히 설명되어 있다.[25]

서주말 동주초에 약오若敖·소오霄敖·분모蚡冒가 잇달아 초나라의 임
금자리를 계승하였다. 약오는 재위 27년, 소오는 재위 6년, 분모는 재위 17
년으로 도합 꼭 반세기가 된다. 후세 사람들은 흔히 소오를 계산에 넣지
않고, 약오와 분모만을 함께 일컫는다. 《좌전·선공宣公 12년》에 "약오와
분모는 누더기를 걸치고 섶나무로 만든 수레를 타고 산림을 개간하였다
若敖蚡冒篳路藍縷, 以啓山林" 하였고, 《좌전·소공 23년》에는 "약오와 분모
는 무왕과 문왕의 시대에도 국토가 사방으로 동을 넘지 못했다 若敖蚡冒,
至於武文, 土不過同"고 하였다. 사방 1백 리가 동同이 되고, 사방 1천 리가
근圻이 된다. "국토가 사방으로 동을 넘지 못했다"는 것은 사방 수백 리는
되지만 사방 1천 리는 못된다는 의미이다. 약오와 분모의 시대에도 초인
은 여전히 고난을 헤치며 국가를 건설하였지만, 이미 사방 수백 리에 이
르는 국토를 지니게 되었다. 그들은 용병의 방향을 여전히 남쪽 선을 위주
로 하였기 때문에 이 시기의 초문화 유물은 지금의 저하沮河와 장하漳河
의 중류와 하류에 집중되어 있다.

초인과 그 선조는 자신들보다 강대하고 진보된 화하에 붙어 있었기 때

문에 자연스럽게 화하의 문화를 흡수할 수 있었다. 오랜 세월이 지난 다음 서로의 문화적 면모는 눈에 띄게 비슷해졌을 뿐 아니라 나아가 완전히 닮게 되었다. 물질 문명에 있어서는 더욱 그러했다. 맹아기의 초문화는 발굴된 유물을 통해 보면, 화하 문화와 확연히 구분되는 큰 차이가 없기 때문에 상당히 구분하기 어렵다. 다만 화하 문화와 만이 문화가 교류하고 융합되면서 초문화는 비로소 고고학적 유물에 있어서 작은 특징들을 드러내게 되었다. 그러나 초문화는 결국 화하 문화와 만이 문화 사이에 주된 원류를 두고 있다. 즉 축융 부락 연맹의 '숭화존봉崇火尊鳳'의 원시 농경 문화가 초문화의 발전 방향을 좌우한 것이다. 만약 이와 같은 주된 원류가 없었다면 강한 지구가 화하화되던가 만이화됨으로써 초문화가 나타나지는 않았을 것이다. 마치 장강이 원류가 주류나 지류와 서로 이어지면서도 구분되기 때문에 원류를 논한다면 길이만을 보면 되지만, 주류와 지류는 수량까지도 셈해야 하는 것과 같다. 초문화는 원류는 축융에게로 소급되고 화하 문화가 주류를 이루며, 만이 문화가 지류를 형성하여 이 세 가지가 서로 합류되면서 이루어진 것이라고 할 수 있다.

호북성 당양현當陽縣 조가호趙家湖에서 발굴된 서주말 동주초의 초나라 고분에서 나온 기물은, 그 종류와 형태가 동시기 중원의 것과 대동소이하지만 초문화의 유물임은 의심의 여지가 없다. 마치 콩과 박을 엇섞어 심었을 때, 콩이나 박의 싹 몇 개가 막 땅을 뚫고 나올 때는 확실히 구분하기 어렵지만 경험 많은 농부는 한눈에 구분해 내는 것과 같은 것이다.

조가호는 당양현 동남쪽의 저하와 장하의 동쪽에 위치하고 있다. 서주말 동주초에 그 북쪽에 위치했던 당시의 초나라 도읍 단양과는 직선 거리로 약 1백30킬로미터 떨어져 있었고, 남쪽으로는 후대의 초나라 도읍인 영성郢城이 직선 거리로 40킬로미터 떨어져 있었다. 초인은 북에서 남으로 이주하였는데, 이곳이 자연적인 중계점이었다. 1975년 겨울부터 1979년 가을까지 조가호 남쪽과 동쪽의 여섯 개 고분구에서 초나라 고분 2백97기가 발굴되었다. 그 결과를 살펴보면 이곳은 서주 말기부터 전국 중기까지 초인의 취락지였다.

고응근高應勤과 왕광호王光鎬 두 사람이 집필한 《당양 조가호 초나라 고분의 분류와 분기 當陽趙家湖楚墓的分類與分期》에는,[26] 조가호의 2백97기 초나라 고분을 갑류·을A류·을B류·병류의 네 가지 유형과 7기로 분류하였다.

갑류 묘 25기는 중형묘로 1관1곽이며, 동제 예기禮器가 출토되었다. 을A류 묘는 1백24기로 소형묘이다. 그 가운데 1관1곽이 1백5기이고, 단관무곽單棺無槨이 19기로 동제 예기는 전혀 출토되지 않았다. 을B류 묘는 87기로 역시 소형묘이다. 그러나 일률적으로 단관무곽이며, 역시 동제 예기는 출토되지 않았다. 병류 묘는 61기로 더러는 단관單棺을 갖춘 것도 있고, 대자리로 시신을 싸기만 한 것도 있는데, 전혀 부장품이 나오지 않았다.

7기로 나눈 분기는 대단히 세밀하다. 제1기는 서주 말기, 제2기는 서주 말기 후엽을 각각 상한선으로 끌어올려 논란의 여지가 많다. 다행히 조가호의 초나라 고분은 시기적으로 초기부터 말기까지 빠짐없이 무리를 이루어 이어져 있다. 뿐만 아니라 시기순으로 북쪽에서 남쪽으로 대체로 일치된 방향을 보이며 나란히 배열되어 있다. 문화적 내용으로 볼 때, 앞의 두 시기와 나중의 다섯 시기간의 연속성은 의심의 여지가 없다. 가장 관심을 모으는 것은 초문화 맹아기의 후반과 대략 일치되는 제1기와 제2기의 것이다.

갑류 묘의 제1기는 양주의 교체기부터 춘추 초기까지로, 전체 고분군을 놓고 보면 제2기에 해당된다. 묘식墓式은 정방형에 가까운 장방형의 수혈식竪穴式 흙무덤으로 중원에서 흔히 보이는 묘식을 따랐다. 장구葬具는 1관1곽으로 중원의 '사士' 계층의 관곽 '재중再重'의 규격에 해당된다.[27] 관의 몸체는 가로와 세로로 각각 두 번씩 삼밧줄로 묶었는데, 이는 중원에서 말하는 '관속棺束'에 해당된다. 부장된 동제 예기로는 정鼎과 궤簋가 있다. 청동정은 가장자리의 선이 꺾어지고 귀가 달려 있으며, 배부분이 홀쭉하게 들어가고 밑바닥이 둥글며 반원통 모양의 발이 달려 있다. 또 얇은 원형에 맨바탕으로, 배부분에만 볼록한 반달 무늬가 한 바퀴 빙 둘러 장식되어 있다. 이런 특징은 양주의 교체기에 중원에서 유행한 '절연부이정折沿附耳鼎'과 약간 다를 뿐이다. 청동궤는 덮개가 있고, 배부분이 홀쭉하면서도 바깥쪽으로 상당히 튀어나와 기풍이 중원의 동시기 동류 기물과 엇비슷하다. 고응근과 왕광호는 "청동정과 청동궤의 전체적 형태는 지역적으로 인접하고 시기적으로 같은 증曾나라의 동기에 한결 가깝다"고 하였다. 도제 예기로는 정鼎·궤簋·격鬲·관罐·두豆가 있는데, 궤·관·두를 기본 조합으로 한다. 형태는 비록 지역적 특색이 있지만 중원의 기존 격식을 벗어나지 않으며, 중원과 현저하게 다른 점은 한결같이 표면이 검다는 점뿐이다.

을A류 묘의 제1기는 시기적으로 갑류 묘의 제1기와 같다. 묘식은 갑류 묘와 같으나 묘갱이 작은 편이다. 장구도 대부분 갑류 묘와 같으나 곽실槨室이 일반적으로 작다. 동제 예기가 나오지 않았으며, 도제 예기의 종류와 형태 역시 갑류 묘에서 출토된 것과 완전히 일치하지는 않는다. 기본 조합은 격鬲·우盂·관罐·두豆이다. 관과 두는 갑류 묘에서 출토된 것과 일치한다. 우는 갑류 묘에서는 나오지 않은 것이지만 역시 표면이 검으며, 중원의 우와 대동소이하다. 격은 갑류 묘에서 출토된 것과는 달리 홍갈색으로, 긴 모가지에 말린 모양의 가장자리 선은 양주 교체 시기 중원의 격과는 전혀 다르며 상대 격의 특색을 지니고 있다. 추족錐足은 높은 편으로 양주 교체 시기 중원의 격과는 다르며, 만풍蠻風을 상당히 갖추고 있다.

을B류 묘의 제1기의 연대는 고응근과 왕광호는 일단 서주 말기로 판단하였다. 출토된 도기는 격·우·관 위주로 모두 벽돌색을 띤다. 격은 모가지가 길고 가장자리 선이 말린 모양으로 을A류 묘 제1기의 격과 유사하다. 그러나 아가리가 작고 밧줄 무늬가 거친 편이며, 송곳 모양의 관족款足이 더 높아 만풍을 지니고 있다. 우는 배부분이 둥그스름한데, 을A류 묘 제1기의 우는 배부분이 푹 꺼져 들어갔다. 관은 모가지가 길지만, 을A류 묘 제1기의 관은 모가지가 짧다.

을B류 묘의 제2기는 시기적으로 을A류 묘의 제1기에 해당된다. 격은 말린 모양의 가장자리에 짧은 모가지를 하고 있으며, 추족의 높이가 제1기의 송곳 모양의 관족과 같다. 우는 배부분이 깊어져서 윗부분이 지나치게 드러나 대략 어깨 부위가 꺾어진 중원의 기풍을 지닌다. 관의 경우도 배부분이 지나치게 드러나 갑류 묘와 을A류 묘에서 출토된 어깨 부분이 꺾어진 관의 기풍에 접근하였다.

을B류 묘는 춘추 전국 시대 교체기에 이르러서는 드문드문해지고, 전국 중기에 이르면 더 이상 찾아볼 수 없다는 주목할 만한 추세를 보인다.

병류 묘는 부장품이 출토되지 않아 연대 추정이 어렵다. 병류 묘는 을

류 묘와는 같고 갑류 묘와는 달리 조가호의 남쪽에 위치하고 있다.

상술한 몇 가지 유형이 지니는 차이는 묘주의 신분 차이를 나타내는 것임에 틀림없다. 갑류 묘의 묘주는 신분이 높은 편이지만 대부 계급에는 오르지 못한 정도이고, 을B류 묘의 묘주는 신분이 낮은 편이지만 몰락한 정도는 아닌 등급이다. 을A류 묘의 묘주는 대부분 1관1곽이며 통상 병기 따위가 부장된 것으로 보아서는 갑류 묘의 묘주와 비슷하거나 약간 떨어지는 정도이고, 동제 예기가 부장된 것으로 보아서는 을B류 묘의 묘주와 비슷하거나 약간 높았던 것으로 짐작된다. 그리고 병류 묘의 묘주는 대부분 가난뱅이들임이 분명하다.

상술한 갑·을A·을B 세 유형의 차이는 묘주가 속한 종족상의 차이를 보여 주기도 한다. 갑류 묘의 부장품은 대부분 순수한 중원 기풍에 속하여 묘주가 초인일 것으로 추측되며, 을A류 묘의 부장품은 주식周式이 만식蠻式보다 많아 역시 초인일 것으로 보인다. 그러나 을B류 묘는 만식의 부장품이 주식보다 많아 묘주가 토착 만이일 것으로 추정된다.

상술한 비교 고찰을 통하여 다음과 같이 추론할 수 있다. 갑류 묘의 묘주는 국인國人 가운데 하등 부락의 귀족으로, 화하 문화의 영향을 받아 점차 이에 익숙해졌다. 화하에 대한 자괴감과 만이에 대한 우월감으로 결국 그들은 화하의 예제禮制를 모방하였다. 을A류 묘의 묘주는 국인 중의 평민과 가세가 기운 하등 부락의 귀족으로, 화하 문화의 영향을 깊이 받기는 하였으나 만이와 비교적 접근해 있었기 때문에 만이 문화의 요소를 받아들였다. 을B류 묘의 묘주는 대개 토착 만이로 국인과 상대하여 말하자면 야인野人으로, 평민과 같은 지위였다.[28]

사후에 묘지의 규모에 차등이 생기는 것은 계급 사회에 있어서 묘주 생전의 사회적 지위를 재현하는 것이다. 만약 조가호에 있는 양주 교체기의 무덤 가운데 어떤 유형은 묘주가 노예주 또는 농노주였고, 어떤 유형은 묘주가 노예 또는 농노였다고 하기에는 증거가 부족하다. 다만 당시는 이미 국인과 야인, 부귀와 빈천이 나누어지고, 또 소수의 노예·농노와 유사한 소작농, 헐벗은 평민들이 존재하는 원시 사회가 해체되고 계급 사회가 형성되는 과정이었다고 할 수 있을 뿐이다.

서주 초인의 문화적 면모에 대해서는 거의 알려져 있지 않다. 이는 두 가지 이유가 있다. 하나는 전해 오는 문헌 기록이 너무 부족하기 때문이고, 또 하나는 출토된 문물이 적기 때문이다. 당시 초나라 사회의 발전 속도는 여전히 더디었고, 초인은 주대의 많은 민족 사이에서 자립하려는 신념이 그리 크지 못했다. 그들은 화하 문화를 부러워하여 흉내냈을 뿐 새로운 것을 만들어 낼 용기는 아직 없었다. 그들이 만이 문화를 알게 된 것은 그리 오래 되지 않았고 이해 또한 깊지 못했기에 낯선 느낌과 하찮다는 의식이 잔존하고 있었다. 때문에 그들의 문화를 받아들이기를 달가워하지 않았다. 초인은 화하 문화와 만이 문화를 융합하려는 작은 시도도 하였지만 약오와 분모의 대에 이르도록 새롭고 독창적인 경지를 열지는 못하였다.

조가호 갑류 묘는 두향頭向이 모두 남쪽을 향하였고, 을A류 묘 역시 대부분 남쪽을 향하고 있어 동주 시기 초나라 하층 귀족묘 및 평민묘와 일치되지만 주나라 무덤과는 상반된다. 따라서 갑류 묘와 을A류 묘에 부장된 기물의 풍격이 중원과 같을지라도 묘주가 속한 민족은 주나라와는 다름을 알 수 있다. 문화의 유형이 민족의 부류와 완전히 일치되는 것은 아니다. 몇몇 민족의 고고학 유물은 문화적 면모가 극도로 일치됨을 보여 주는가 하면, 반대로 같은 민족의 몇몇 지파가 제각각 특색 있는 문화적 면모를 지니기도 한다. 교통이 불편했던 시대와 지역에는 더욱 이런 현상이 나타나기 쉽다. 조가호 을B류 묘는 두향이 대부분 서쪽을 향하여 묘주가 주인周人이나 초인과는 다른 민족임을 알 수 있다. 초나라 상층 귀족묘의 두향이 동쪽을 숭상한 것에 대하여는 다음장에서 설명하겠다. 사후 두향이 동쪽을 향한 것은 미성인 계련季連의 후예이고, 남쪽을 향한 것은 하층의 초인과 초만이며, 서쪽을 향한 것은 파화巴化된 초만이다.[29] 을B류 묘는 춘추 시대에 점차 줄어들다가 전국 시대로 접어들어서는 차츰 사라져 토착 만이가 이주해 온 초족楚族과 서서히 동화되었음을 보여 준다.

초문화의 맹아기에 속하는 청동기로는 조가호 갑류 1기 초나라 고분에서 출토된 것 이외에 楚公逆鎛 1점, 楚公豪鐘 4점, 楚公豪戈 1점이 전한다. 楚公豪는 고문자 학자들의 고증으로는 빠르게는 웅거熊渠, 늦게는 웅거의 5대손인 웅의熊儀, 즉 약오若敖라고 한다. 자형과 자음으로 보면 두 가지 설은 모두 나름대로의 근거가 있지만, 모두 작은 단서에서 출발된 것이므로 시비를 판별하기는 어렵다. 楚公逆은 약오의 아버지인 웅악熊咢으로 '逆'

자는 실제로는 '咢'이 된다. 楚公逆鎛과 楚公家鐘은 중원의 동시기 동류 기물에 비해 평범하지만, 이는 초인이 주조한 기물로 당시 초나라의 청동 제련과 주조업이 이전보다 상당히 발전하였음을 알 수 있다. 풍한기馮漢驥의 감정에 따르면 楚公家戈는 파촉식巴蜀式의 戈이다. 이는 정교한 기술로 만들어진 것으로 楚公家는 이를 얻자 보물로 삼고, 거기에 "楚公家秉戈"라는 다섯 글자를 새겨넣었다.

초창기의 초문화는 청동기만을 놓고 본다면 주문화의 범주에 속한다고 할 수 있다. 그러나 이 경우는 전체를 보지 못하는 폐단을 지닐 수밖에 없다. 초인은 결국 주나라 사람이 아니기 때문에 민족 진흥기에 이르러 그들의 문화는 자신의 특색을 눈에 띄게 보여 줄 수 있었던 것이다.

제3장
성장기의 초문화

　주나라 평왕平王 31년(기원전 740년), 분모蚡冒가 죽자 아우 웅통熊通이 분모의 아들을 죽이고 대신 즉위하였다. 웅통은 즉위한 지 37년 되던 해에 무왕武王이라 자호하였다. 무왕이 죽자 아들 문왕文王이 즉위하였다. 문왕은 즉위하던 해에 영郢으로 도읍을 옮겼는데, 당시는 주나라 장왕莊王 8년(기원전 689년)이었다.

　초나라의 영도郢都는 시기에 따라 여러 개가 있다. 그 가운데 첫번째 영도는 지금의 호북성 의성현宜城縣 지역으로 추측되는데 고대의 저수雎水, 즉 오늘날의 만하蠻河 북쪽에 해당된다.[1] 이 지역은 한수의 중류를 앞에 두고, 북쪽으로 남양南陽 분지를 바라보고, 동쪽으로 수조 주랑隨棗走廊을 굽어보며, 남쪽으로 강한 평원을 조감하고, 서쪽으로 형저荊雎의 산지를 옆에 끼는 장강과 회수를 연결하는 요충지였다. 초나라가 영도를 통치의 중심으로 삼은 것은 중원의 제하를 넘보는 한편 한수 이북의 여러 희성姬姓 나라들을 주무르고, 파巴·복濮·만蠻·월越을 통제하기에 유리하였기 때문이었다.

　무왕은 권權·주州·요蓼 등의 나라를 멸망시켰고, 문왕은 무왕의 유지를 계승하여 등鄧·신申·식息 등의 나라를 병탄하여 초나라의 군사적 위엄을 나라 밖까지 떨쳤다. 《사기·초세가》에는 제齊나라 환공桓公이 처음으로 패자覇者를 칭할 무렵, 문왕이 통치하던 초나라 역시 강대해졌다고 기록되어 있다.

　문왕의 2대 후인 성왕成王에 이르러서는 국토를 더욱 확장하여 동쪽으로는 여수汝水에 접근하고, 서쪽으로는 무산巫山까지 이르렀다. 《사기·초세가》에는 성왕 때에 "초나라의 국토는 사방 1천 리에 달했다 楚地千里"고 하였다.

　성왕의 2대 후인 장왕莊王에 이르러서는 초나라의 패업을 확립하여 주나라의 교외에서 무력으로 시위하고, 주실周室 구정九鼎의 대소경중에 대해 물은 적이 있었다.[2]

　장왕으로부터 6대가 지나서 소왕昭王에 이르렀다. 소왕 10년, 즉 주나라 경왕敬王 14년인 기원전 506년에 오나라와 초나라의 충돌이 전에 없이 격렬해졌다. 오왕 합려闔閭(闔廬)가 오원伍員·손무孫武 등과 함께 대대적으로 초나라에 침략하여 기이한 책략으로 승승장구하며 영도에 입성하자, 소왕은 도읍을 버리고 난을 피해 달아났다.

초문화의 성장기는 웅통熊通이 자리를 계승한 춘추 전기 중엽에 시작되어 오나라 군사가 영도에 입성한 춘추 중엽까지 약 2백3,40년간 지속되었다.

고분과 유적지의 연대를 정확하게 감정하기는 어렵다. 따라서 아래에서는 출토된 기물을 거론할 때 더러는 부득이 춘추 시대라는 광범한 시기로 초문화의 성장기를 대신 가리킬 수밖에 없다. 이 시기 초나라의 학술에 대해서는 자료가 부족하므로 일단 보류하였다가 나중에 한꺼번에 소개하겠다.

1. 초문화 발생의 기틀

서주 말기 정鄭나라 사백史伯이 환공桓公에게 천하의 대세를 논하면서 남방에 대해 "축융은 미성에게서 흥할 것입니다. 融之興者, 其在芈姓乎" "주나라가 쇠퇴한다면 필시 흥성할 것입니다 若周衰, 其必興矣"[3]라 하였다. 나중에 이 말은 사실로 입증되었다. 사백은 대단한 선견지명을 지닌 인물이었다.

초인은 분모에서 웅통으로 바뀔 무렵, 원시 사회에서 계급 사회로 넘어가는 과도기로 접어들었다.

사회의 발전 단계에 있어서 초인은 본래 제하보다 낙후되어 있었다. 초인이 원시 사회의 종착지에 이르렀을 무렵, 그들은 제하의 뒤에서 보조를 맞추기조차 어려운 역사적 상황에 부딪혔다. 제하는 앞서 있었을 뿐 아니라 강대하였고, 그들의 노예제는 최고조에 이르러 더 이상 지탱되기 어려운 지경이었다.

초인은 제하의 흡인력과 배척력이 엇갈리는 가운데 역사의 정상적인 궤도를 벗어났다. 가족 제도의 배태기에 노예제의 모습을 지녔는가 하면, 농노제의 모습 또한 지니고 있었다. 심지어 마르크스가 "후대의 사회와 국가에서 광범하게 발전한 모든 반항성의 축소된 모습을 지니고 있다"[4]고 지적한 것과 같았다. 초인은 이러한 배태기를 거친 이후 노예제가 비록 궁정과 귀족 가문 내에서 지속되었지만 농노제가 현읍縣邑의 이사里社[5]에서 쑥쑥 발전하였다. 초나라의 이상하리만큼 빠르고 맹렬한 확장 과정 속에서 부역제賦役制의 보급에 따라 농노제가 초나라의 주요 현읍을 뒤덮었기 때문에 노예제는 시종 크게 발전할 수 없었다.

복복僕·대대臺·신신臣·첩첩妾 등으로 불린 초나라의 노예는 '서인庶人'의 서열에 끼지 못하는 '소인小人'이었고, 농노와 기타 소작농은 '서인' 중의 '야인野人'이었다. 평민은 '서인' 중의 '국인國人'이었고, 귀족은 왕王·대부大夫·사士를 그 안에 포괄하는 '군자君子'였다.

마르크스는 "어떤 형태의 사회에 있어서든 항상 하나의 특정한 생산 양식이 다른 모든 생산 양식을 지배하는 지위와 영향력을 지배한다. 따라서 그것의 관계 역시 다른 모든 관계의 지위와 영향력을 지배한다. 이는 모든 것을 두루 비추는 빛〔普光〕이 다른 모든 색채를 그 속에 묻음으로써 각각의 특징을 똑같이 바꿔 버리는 것과 같다"[6]고 하였다. 초나라의 왕권王權은 족권族權과의 대립과 통일 관계 속에서 늘 주된 갈등을 일으켰고, 커다란 충돌을 거치며 어떤 곡절을 겪든 결국은 왕권의 승리로 종막을 고하였다. 이는 초인이 왕권을 편애하였기 때문이 아니라, 왕권의 경제적 기초가 강성한 농노제에 있었던 반면 족권의 경제적 기반은 허약한 노예제에 있었기 때문이다. 만약 무왕 이후 초나라 사회의 보광普光은 무엇인가라고 묻는다면, 그것은 농노제였다고 대답할 수밖에 없다.[7]

한 민족이 독자적 길을 개척하여 독창적 문화를 창조할 수 있는가는 그들이 문화적 독창성을 발휘할 수 있는가에 달려 있다. 이러한 문화적 독창성의 실질은 바로 역사적 독창성이다. 그것은 개성이지만 공통성은 개성으로부터 구체화되는 것이다. 이러한 문화적 독창성의 발휘 정도는 대체로 사회 생산력의 제고 및 민족 자부심의 증가와 비례한다. 초나라의 경우 제하의 발전 모델을 신중하게 지키느냐, 아니면 자신의 독자적 길을 찾느냐 하는 것은 생존이 달린 절박한 문제였다. 만약 초나라가 기꺼이 제하의 뒤를 따르려 하였다면, 강국이 약국을 침탈하고 대국이 소국을 무력으로 짓밟던 시대에 있어서, 아마도 그들은 전국 시대에 이르기도 전에 춘추 시대의 지도상에서 사라지고 말았을 것이다. 다행히도 초인은 독자적 길을 걸음으로써 약소국에서 강대국으로 발돋움하였을 뿐 아니라, 많은 부분에서 낙후되었던 것에서 앞장서 이끄는 입장이 되어 선진 시대의 역사에 남다른 자취를 남겼다. 역사적 전환기에 초인이 보여 준 창조성은 바로 초문화의 원동력이다.

《사기·초세가》에 기록된 바에 의하면, 초나라의 웅거와 웅통 두 임금은 일찍이 "우리는 만이다 我蠻夷也"라고 한 적이 있다. 웅거가 이 말을 한 의도는 "중국의 호칭과 시호를 쓰지 못한다 不與中國之號謐"는 것이었고, 웅통의 의도는 "주나라 왕실이 자신들의 호칭을 높여 주기를 요청함에 請王室尊吾號" 있었다. 표현은 다르지만 그들의 바람은 같다. 그러나 시기적으로 차이가 있고, 당시 국세의 강약이 존재한다. 웅거는 마음을 떠보는 정도였다. 그는 주나라가 군대를 이끌고 자기 나라를 정벌할까 두려워하였다. 그러나 웅통의 경우는 공공연한 협박이다. 그는 "내게 있는 낡은 갑옷을 입고 중국의 정치를 살피고자 한다 我有敝甲, 欲以觀中國之政"고 목청을 돋우었다. 웅통은 스스로 무왕武王이라 이름하여 제후가 왕을 칭하는 선례가 되었다. 제하의 입장에서 보면 이는 자신의 분수를 넘어서는 행위였다. 그러나 종족·나라간의 관계에 있어서 나중에 일어나 출중한 자는 모두 참월僭越에 있어 과감하다. 1백 년이 지난 다음 초나라 장왕莊王은 주실周室 구정九鼎의 대소경중을 물었다. 그 의도는 《좌전·선공 3년》 두예杜預의 주에 말하였듯이 "주실에 압력을 넣어 천하를 손아귀에 넣으려는 의도를 드러낸 것 示欲偪周取天下"이다. 이는 참월로 끝나는 것이 아니라 그 행위가 대역에 가깝다. 요컨대 당시 초나라는 정상적 법도를 벗어난 행동이 적지 않았다. 이는 초인이 사회 형태와 국가 체제에 있어서 지위를 뛰어넘고 일반적 격식을 깨뜨리는 데 과감하였던 데서 비롯된 것으로, 초문화는 비로소 성장기로 진입하게 된 것이다.

초문화의 성장에 유리했던 역사적 조건은 근본적으로는 두 가지에 지나지 않는다. 하나는 앞서 언급한 원시 사회에서 계급 사회로 넘어가는 과도기에 처했던 특수한 환경과 과정이다. 다른 하나는 다음에 언급할 초인이 선진 시대의 민족 구성에 있어서 차지한 특수한 지위와 그들이 행한 특수한 역할이다.

초문화 형성기의 초인은 화하로부터는 만이로 취급되었고, 만이로부터는 화하로 간주되었다. 마치 이솝 우화에서 박쥐가 날짐승에게는 들짐승으로 취급당하고 들짐승에게는 날짐승으로 여겨진 것과 같다. 성장기의 초문화 역시 이와 유사하다. 초인 자신은 화하로 자처하기를 즐겼지만 주실과 알력이 생겼을 때는 기꺼이 만이로 자처하였다. 장기간에 걸쳐 "화하도 아니고 만이도 아니며, 화하이기도 하고 만이이기도 한 非夏非夷, 亦夏亦夷" 입장 때문에 초인의 민족적 편견은 비교적 적었으며, 이와 상응하여 초나라의 민족 정책은 상당히 진보적이었다.

제하는 전쟁에서 사로잡은 적을 노예로 삼았는데, 융적戎狄을 사로잡아 노예로 삼는 경우가 특히 많았다. 소우정小盂鼎의 명문에는 주나라 강왕康王 때 귀방鬼方을 정벌하여 "1만 3천81명을 사로잡았다 俘人萬三千八十一人"고 기록하고, 아울러 노획한 말·수레·소·양과 병기해 놓았는데, 사람의 수가 말·수레·소·양을 합친 것보다 많다. 《좌전·선공 15년》에는 "진나라 임금은 환자〔荀林父〕에게 적의 신하가 거느렸던 1천 호의 땅을 상으로 내렸다 晉侯賞桓子狄臣千室"고 하였는데 역시 놀라운 기록이다.

초나라는 무왕으로부터 시작하여 많은 중소 규모의 나라를 멸망시켰다. 그러나 초인은 사로잡은 사람들을 노예로 부리는 것에는 그다지 관심이 없었다. 멸망시킨 나라에 대해 초인은 그들의 공실公室을 옮기고, 종묘를 보존하며, 그들의 강토에 현縣을 설치하고, 그들의 신하와 백성을 위무하고, 그 나라의 현능한 인물을 등용하는 것이 관례였다. 만이의 경우라 하더라도 역시 관대하게 다루었다.

춘추 시대의 민족 사상은 대체로 다음과 같은 세 유파가 있었다.

첫째, 관자管子를 대표로 하는 유파이다. 근본 주장은 "융적은 승냥이와 이리 같으므로 욕심을 채워 주어서는 안 되며, 제하는 가까이할 만하므로 위급할 때 버려두어서는 안 된다 戎狄豺狼, 不可厭也. 諸夏親暱, 不可棄也"[8]는 것이다.

둘째, 공자를 대표로 하는 유파이다. 근본 주장은 "오랑캐는 화하를 치거나 어지럽히지 못한다 裔不謀夏, 夷不亂華"[9]는 것이다.

셋째, 초나라의 많은 군신을 대표로 하는 유파이다. 근본 주장은 "만이를 위무하여…… 제하에 복속시킨다 撫有蠻夷…… 以屬諸夏"[10]는 것이다.

첫번째 유파의 민족 사상은 춘추 중기에 화하의 대국들이 '존왕양이尊王攘夷'의 기치 아래 패업을 이룩한 수요에 부합된다. 두번째 유파의 민족 사상은 춘추 후기에 화하 소국들이 대외적인 안정을 취하고 대내적인 자존自存에 힘썼던 필요에 부합된다. 세번째 유파의 민족 사상은 초나라가 국토를 넓히고 화하·만이와 혼연일체가 되어 강대국 건설에 매진하였던 필요에 부합된다. 서로 비교해 보면 초나라 유파의 민족 사상이 사회의 발전과 민족의 융합, 그리고 중국의 통일에 가장 도움이 컸다. 때문에 춘추 중기부터 전국 중기까지 초나라의 판도 확대, 재부財富 증식, 정국 안정, 군사력 증강, 문화적 번영은 다른 나라가 미칠 수 없는 정도였다.[11]

전체적으로 보면 화하는 만이에 비해 발전되었지만, 만이 역시 자신의 장점이 있었기 때문에 모든 면에서 화하만 못했던 것은 결코 아니다. 초나라의 경우는 화하와 만이의 중간에 끼여 있었기 때문에 화하와 만이의 장점을 동시에 취하여 사용하는 것이 유일하고도 현명한 방법이었다. 초나라의 선택이 바로 그러했다.

초인은 원시 사회에서 계급 사회로 넘어가는 과도기라는 특수한 환경과 그들이 선진 시대의 민족 구성에 있어서 독특한 지위를 지니고 있었다. 따라서 여러 가지 객관적 조건은 초나라가 반드시 밝은 미래를 향해 간다고 장담할 수 없었다. 초나라가 신속하게 문명대국이 될 수 있었던 이유는, 그들의 주관적 조건으로는 임금과 백성 모두가 굳건히 생존을 도모하고 발전을 추구하는 전통을 바탕으로 자신들의 특수한 환경을 역사적 독창성으로 잘 각색하고, 또 자신들의 특수한 위치를 만이와 화하의 문화와 교류 융합시킴으로써 낡은 것을 밀어내고 새로운 것을 창출하는 데 뛰어났기 때문이었다.

2. 초문화 발전의 과정
—— 만이와 화하의 장점을 본받아 새로운 창조를 추구함

주나라의 동천東遷 이후 제하는 대통일·소분열의 국면에서 소통일·대분열의 국면으로 전환되었다. 주나라 천자는 군사적 맹주로서의 실질적 능

력을 상실하여 주공周公의 동정東征이나 소공昭公의 남정南征 같은 빛나는 장거는 더 이상 연출될 가능성이 없었기에 초인 역시 더 이상 중원의 위협을 두려워할 필요가 없게 되었다. 강한 일대의 작은 나라들은 서로 연합하지 않은 채 가끔씩 결속력 없는 임시 군사 동맹이 만들어질 뿐이었고, 그 형세 또한 오합지졸에 불과했다. 다만 증曾(隨)나라만이 한양 제희의 수장으로[12] 초의 동진에 커다란 장애가 되었다. 무왕 말년에 초나라는 대대적으로 군사를 일으켜 증나라를 정벌하고, 증나라로 하여금 굴욕적인 강화 조약에 서명하게 하였다. 이로부터 초나라의 한양 제희에 대한 영향력은 주나라를 넘어섰다. 초나라 성왕 32년(기원전 640년)에 증나라는 초나라에 반항하도록 한수 동쪽의 소국들을 책동함으로써 초나라의 공격을 불러들였고, 결국 초나라의 부용국이 되고 말았다. 또한 백복百濮·군만群蠻·백월百越은 많은 부락이 있었으나 세력이 분열되고 보잘것 없어 아주 맥없이 초나라에 멸망당하고 말았다.

초나라는 무서운 속도로 확장하면서 문치文治로 기초를 확립하고 무공으로 천하를 개척하였다.

초나라는 정치적으로 만이와 화하를 하나로 묶고 문화적으로 만이와 화하를 하나로 융합하는 매개가 되었다. 화하와 만이의 문화가 서로 뒤섞이면서 초문화는 성장기로 접어들었다. 초문화의 일련의 중대한 성과는 모두 화하와 만이의 장점을 본받아 새로운 창조를 추구한 결과이다. 몇 가지 예를 들면 다음과 같다.

초식의 도기——화하와 만이 문화의 융합물

초인은 강한 평원으로 진출한 이후 토착 초만楚蠻의 영향을 받아 문화적 면모가 눈에 띄게 달라지기 시작하였다. 고고학 자료에 의하면 이런 변화는 먼저 도기에서 구체적으로 나타났다.

대략 서주 후기로부터 전국 중기까지 초인의 주요한 조리 기구는 고퇴추족高腿錘足의 홍도승문격紅陶繩紋鬲으로, 고고학계에서 '초식격楚式鬲'으로 불리는 것이다. 소병기蘇秉琦는 다음과 같이 밝히고 있다.

이를 '초식격'으로 부르는 이유는 기본 구조와 특징이 중원에서 유행한 '은식격殷式鬲'이나 '주식격周式鬲'과는 다른 별도의 계통을 이루기 때문이다.

'은식격'은 정주鄭州 이리강二里崗과 안양安陽 은허殷墟 등 상대 유적지에서 출토된 도격陶鬲을 대표로 하는 격이다. 기본 구조와 특징은 복부腹部와 족부足部가 하나로 이어지고 발과 발 사이의 당부襠部가 분명하게 구분되며, 수직 각도에서 보았을 때 밑바닥이 국화과의 꽃잎 세 개가 한데 어울린 듯한 모양을 보이는 점이다.

'주식격'은 관중關中과 낙양洛陽 일대의 주대 유적지에서 출토된 도격을 대표로 하는 격이다. 기본 구조와 특징은 복부와 족부가 하나로 이어지고 그 이어진 밑부분이 위로 올라가 있으며, 발과 발 사이의 당부가 활 모양이고(때문에 '별당瘪襠'으로도 불림), 수직 각도에서 보았을 때 복족腹足의 밑부분이 구면삼각형球面三角形을 이루는 점이다.

'초식격'은 강한 지구 상·주(東周를 포괄함) 시기의 유적지와 고분에서 출토된 풍부한 특색을 지닌 격이다. 기본 구조와 특징은 다음과 같다. 복부와 저부底部가 하나로 이어지고, 공족空足은 속과 겉의 두 부분으로 이루어져 있는데 속은 윗부분이 약간 오목한 원추체로 복부와 저부에서 안에서 밖으로 밑바닥을 뚫고 나가며, 겉부분은 발의 밖에서 내부를 바짝 감고 있는 공심空心의 원추체이다. 발은 기체의 안에서 복벽腹壁을 뚫고 나온 수나사에 암나사를 끼워 기체의 내·외 양면에서 복벽에 굳게 맞물려 놓은 듯하다. 발과 발 사이의 당부는 실제로는 기체의 복저이며, 공족은 무척 낮아서 있는 듯 없는 듯하다.

이상 기본 구조가 다른 세 가지 격은 각각의 발전 순서를 지니고 있다.[13]

격鬲은 고고학적 관점에서 보면 중국 상고 문명의 전형적 기물이자 독특한 표지이다. 격은 황하 중류의 용산 문화에서 처음 나타나 차츰 확산되었다. 강한 지구에서는 일찍이 석가하 문화에서 격류의 규형鬶形 기물[14]과 가형斝形 기물[15]이 출현하였지만 명실상부한 격은 상대의 황피黃陂 반룡성盤龍城 이리강二里崗 문화에 이르러 비로소 나타났는데, 한수 동쪽의 격이 기풍을 선도했다고 할 수 있다. 반룡성의 상대 유적지에서 출토된 격은 은

식격 이외에 약간의 맹아형 초식격이 있다. 무한시武漢市 방응대放鷹臺와 기춘蘄春 모가취毛家嘴의 서주 유적지에서도 역시 약간의 맹아형 초식격이 출토되었다. 그러나 서주 후기까지 한수 동쪽의 맹아형 초식격은 여전히 성숙된 초식격으로 발전되지 못하였다. 그것은 은인과 주인이 초만의 도기 문화를 무시했기 때문이다. 한수 서쪽의 상황은 한수 동쪽과는 사뭇 다르다. 그곳의 맹아형 초식격은 늦게 출현하였고 발견된 것도 많지 않다.

당양當陽·지강枝江·강릉江陵 일대에서는 서주 중기 이전까지 홍도추족관형정紅陶錘足罐形鼎을 주요한 조리 기구로 삼았다. 서주 후기에 이르러 남하한 초인이 오랜 망설임 끝에 초만이 다수를 차지하고 쌀을 주식으로 하는 환경에 적응하기 위하여, 화하의 도기 문화와 초만의 도기 문화를 한데 섞어 초만과 함께 홍도추족관형정에 약간의 개조를 더함으로써[16) 비로소 성숙된 형태의 초식격이 나오게 되었다.

이후 초나라의 세력이 신장됨에 따라 성숙된 형태의 초식격은 한수 서쪽에서 동쪽까지 확대되었고, 강한 지역에서 한수와 회수 일대로 전파되었다. 초문화 성장기에 있어서 초식격은 형태상 발이 약간 높던 것에서 더 높게 바뀌어 주식격이 발이 약간 낮던 것에서 더 낮게 변화한 것과는 정반대의 추세를 보였다.

초식격의 출현과 형성 과정은 3단계로 나눌 수 있다. 제1단계는 '용하변이用夏變夷'로 화하의 선조들이 만든 격류鬲類의 기물을 초만이 받아들인 것이다. 제2단계는 '용이변하用夷變夏'로 만이가 자신의 관형정罐形鼎의 전통을 바탕으로 격의 형태를 개조하여 맹아형 초식격을 만들어 낸 것이다. 제3단계는 만이와 화하를 한 화로에 넣고 녹이는, 즉 초인과 초만이 화하의 격과 만이의 격이 지니는 형태·제작 기술·성능 등을 두루 파악하여 "초만이나 화하와는 다르면서도 두 가지 특징을 두루 지닌 非此非彼, 亦此亦彼" 성숙된 형태의 초식격을 만들어 낸 것이다. 다른 초식 도기의 출현과 형성 과정 역시 초식격과 마찬가지이다. (그림 1 참조)

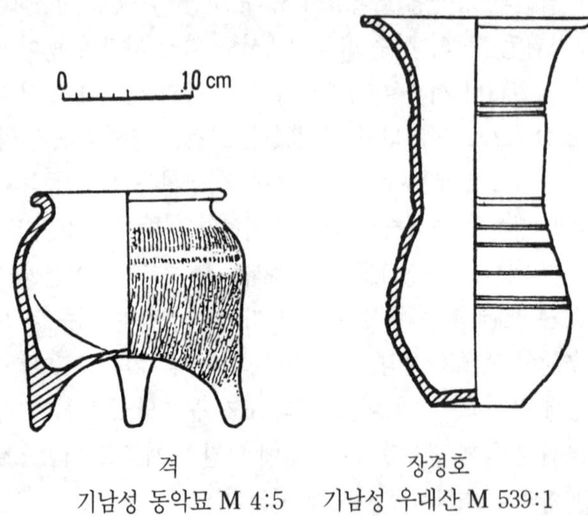

격   장경호

기남성 동악묘 M 4:5   기남성 우대산 M 539:1

〔그림 1〕 초식 도기

　장경호長頸壺 역시 초인 특유의 도기이다. 초나라 고분에서 나온 것 가운데 가장 연대가 빠른 것은 춘추 후기의 것으로 초문화 성장기의 후반에 해당된다. 장경호의 모형母型은 신석기 시대 굴가령 문화의 장경고권족호長頸高圈足壺이다. 이밖에 춘추 초기와 중기의 초나라 고분에서 출토된 도관陶罐 역시 굴가령 문화와 석가하 문화의 고령절견관高領折肩罐과 전승 관계를 지닌다. 또 춘추 중기와 후기의 초나라 고분에서 나온 도두陶豆는 굴가령 문화의 누공권족두鏤空圈足豆에서 변천되어 나온 것이다.[17]

　초나라 인구의 다수를 차지하는 평민이 일상 생활에서 사용한 도기는 동기나 칠기보다 훨씬 많았다. 초나라 도기의 특이한 종류와 특수한 형태는 초인의 일상 생활에 있어서의 수요와 정취를 잘 보여 준다.

화전 경작과 관개 농업 —— 화하와 만이의 잡거 지역에서 성행함

　제1장에서 소개하였듯이 축융 부락 연맹은 원래 도경화종刀耕火種〔화전 경작〕에 뛰어났다. '도경화종'은 후대에 생긴 말이고, 그것의 원시적 형태는 기실 '부경화종斧耕火種'이었다. 부斧는 처음에는 석부石斧였는데, 상

대부터 동부銅斧로 바꿔 사용한 것으로 보인다. 부경화종을 행한 식량 작물은 조[粟]가 주종을 이루었다. 상고 시대 황하 유역의 문명은 사실 조와 더불어 발전해 왔다.

황하 유역의 조와 나란히 발전한 것은 장강 유역의 벼[稻]로, 상고 시대 장강 유역의 문명은 벼와 함께 발전해 왔다고 할 수 있다.

조는 북방에서 남방으로 전해졌고, 벼는 남방에서 북방으로 전해졌다. 상고 시대의 남북 교류는 농업에 있어서는 조와 벼의 교류라고 할 수 있다. 초인의 선조가 살던 중원 지구에서는 늦어도 상대에 이미 벼를 심게 되었지만, 아직 보급 단계는 아니었다.

초인이 나라를 세운 초기에 형산과 저산 일대에서는 여전히 화전 경작이 생업이었다. 조의 파종에 대하여 그들은 정통했다. 나중에 초인이 강한 평원을 향해 남북 방향으로 확장됨에 따라 벼는 조를 대신하여 초나라의 주요한 식량 작물이 되었다.

일찍이 신석기 시대에 강한 평원에는 이미 벼 재배가 성행하여 굴가령과 석가하 등 유적지의 홍소토에서 볍씨가 대량으로 발견되었다. 정영丁穎의 연구에 의하면 이 지방에서 신석기 시대에 심었던 벼는 낟알이 비교적 큰 갱도粳稻로, 그 모양은 오늘날 남방에서 재배하는 갱도와 비슷하다.[18]

선진 시대 강한 평원의 벼 재배 기술에 관한 문헌 자료와 실물 자료는 모두 극히 드물다. 그러나 부족한 자료나마 근거로 삼고 서한 시대의 상황을 보태어 거슬러 올라간다면 그래도 그 대략을 알 수 있다.

《사기·평준서平準書》에는 원정元鼎(기원전 116년-기원전 110년) 연간에 "산동 지방은 수재로 여러 해 동안 기근이 들어 사방 1,2천 리 안에서 사람이 사람을 잡아먹는 일이 벌어지기도 하였다. 천자께서 이를 안타까이 여기고 조령을 내려 '강남 지방에서는 마른 잎을 불태워 논을 일구고, 물을 대어 김을 매니, 지금 굶주린 백성들은 물길을 타고 장강과 회수 일대로 살 길을 찾아가고, 원한다면 정착해 살도록 하라'고 하였다 山東被河災, 及歲不登數年, 人或相食, 方一二千里. 天子憐之, 詔曰: 江南火耕水耨, 今饑民得流, 就食江淮間. 欲留, 留處"는 기록이 있다. 또 《사기·화식열전貨殖列傳》에는 "초와 월 지방은 땅이 넓고 사람이 드물며 쌀밥에 생선국을 먹는다. 더러 마른 잎을 불태워 논을 일구고 물을 대어 김을 매며, 장사치를 기다리지 않아도 나무 열매·풀 열매·소라·조개 등이 모두 풍족하다. 지역적으로 먹거리가 풍성하여 기근 걱정은 없지만, 이 때문에 게을리 삶을 도모하고 저축이 없어 가난한 사람들이 많다. 이런 까닭으로 장강과 회수의 남쪽은 춥고 굶주리는 사람이 없지만 큰 부자도 없다 楚越之地, 地廣人希, 飯稻羹魚, 或火耕而水耨, 果隋蠃蛤, 不待賈而足, 地勢饒食, 無饑饉之患. 以故呰窳偸生, 無積聚而多貧. 是故江淮以南, 無凍餓之人, 亦無千金之家"고 하였다. '강남江南'은 회수 이남 초·월의 땅을 가리킨다. '화경수누火耕水耨', 즉 마른 잎을 불태워 논을 갈고 물을 대어 김을 매는 농사법은 서한 시대에 처음 생긴 것이 아니라 그 유래가 오래 되었을 것이다. 배인裴駰의 《사기집해史記集解》에 응소應劭의 말을 인용하여 "풀을 불태우고 물을 대고 벼를 심으면 풀과 벼가 함께 자라난다. 키가 7,8치쯤 자라면 풀을 모조리 뽑아 버리고 다시 물을 대면 풀은 죽고 벼만 자라게 되는데 이것을 '화경수누'라고 한다 燒草, 下水種稻, 草與稻幷生, 高七八寸, 因悉芟去, 復下水灌之, 草死, 獨稻長, 所謂火耕水耨也"고 설명하였다.

응소의 해석은 정확하다. 다만 설명이 좀 자세하지 못할 뿐이다. '화경火耕'은 남방과 북방에 모두 존재하나 '수누水耨'는 남방에만 존재한다. 화경은 북방과 남방의 산간 지역에서 오랜 세월 동안 이용되었고, 수누는 강을 끼고 있는 남방의 고장에서 오랜 기간에 걸쳐 이용되었다. 북위北魏 가사협賈思勰의 《제민요술齊民要術》에는 남방에서는 수누를 이용하고 북방에서는 화경을 이용하였던 벼의 재배 상황이 기록되어 있다. 이 책의 권2 〈수도水稻〉에 소개된 화경수누에 대한 설명은 매우 자세하고 정확하다. 그 원문에는 다음과 같이 소개하고 있다.

벼는 다른 것 없이 해를 바꿔 가며 돌려짓는 것이 작황에 좋다. 농지는 상류에 가까운 곳을 선택한다. 3월에 파종하는 것은 이른 파종이고, 4월 상순에 파종하는 것은 시기적으로 적절하며, 4월 중순에 파종하는 것은 때늦은 것이다. 먼저 물을 빼고 열흘쯤 지난 다음 땅을 10여 차례 갈고 땅을 고른다. 그런 다음 종자를 골라 물에 담가 사흘을 묵힌 다음 물기가 흐르면 광주리에 받쳐 물기를 빼고, 다시 사흘을 묵히면 싹이 돋는다. 두 푼쯤 싹이 오르면 1묘에 3되씩 파종을 하고, 처음 사흘 동안은 사람이 직접 새를 쫓는다. 벼가 7,8치쯤 자라면 묵은 풀이 다시 자라나는데, 낫을 물에 재워 베어낸다. 풀이 모조리 죽고 벼싹이 차츰 자라나면 다시 김을 매고, 김매기가 끝나면 물꼬를 터서 물을 빼 뿌리가 튼튼히 자리잡도록 볕을 쪼이고, 물의 정도를 가늠하여 물을 댄다. 벼가 영글기 전에 다시 물을 빼고, 상강 무렵이 되면 추수를 한다. 북쪽 고원 지대에서 자연 늪지 없이 도랑을 대서 농사를 짓는 경우에는 2월이 되어 얼음이 풀리고 땅이 마르면 불을 지르고 땅을 간 다음 곧장 물을 댄다. 열흘이 지나 흙덩이가 물에 풀리면 나무로 두드려 고르게 펴준다. 앞서와 마찬가지 방법으로 파종하고, 7,8치쯤 자라면 김을 매고 물을 대고 수확한다. 밭의 크기는 관계가 없으며 질에 맞추어 물을 고르게 대기만 하면 된다.

稻, 無所緣, 唯歲易爲良. 選地, 欲近上流. 三月種者, 爲上時; 四月上旬爲中時; 中旬爲下時. 先放水, 十日後, 曳陸軸十遍. 地旣熟, 淨淘種子, 漬經三宿, 漉出, 內草篅中裛之. 復經三宿, 芽生. 長二分, 一畝三升, 擲. 三日之中, 令人驅鳥. 苗長七八寸, 陳草復起, 以鎌侵水芟之, 草悉膿死. 稻苗漸長, 復須薅. 薅訖, 決去水, 曝根令堅. 量時水旱而漑之. 將熟, 又去水. 霜降, 穫之. 北土高原, 本無陂澤, 隨逐隈曲而田者. 二月, 冰解地乾, 燒而耕之. 仍卽下水. 十日, 塊旣散液, 持木斫平之. 納種如前法. 旣生七八寸, 拔而栽之. 漑灌收刈, 一如前法. 畦呼大小無定, 須量地宜, 取水均而已.

화경수누의 경작 방식은 황무지나 1,2년 놀린 땅에 적용하여 "해를 바꿔가며 돌려짓는 것이 좋다." 따라서 이는 '토지가 넓고 인구가 적은' 것을 전제로 한다. 고대에 남방은 북방에 비해 토지는 넓고 인구는 적었다. 서한 시기에 이르면 남방에서는 벼를 심는데 화경수누의 방법을 전혀 사용하지 않게 되었다. 《사기·화식열전》에 기록된 "더러 마른 잎을 불태워 논을 일구고 물을 대어 김을 매며"의 '더러'는 '일부 지방'을 의미한다. 이른바 '화경'은 잡초를 불태워 버리는 것이고, '수누'는 낫을 물에 재워 잡초를 베고 손으로 잡초를 뽑는 한편 물로 잡초를 썩혀 버리는 것이다.

춘추 시대 초나라는 아직 논 경작에 이경犁耕이나 우경牛耕의 방법을 쓰지 않았다.[19] 화경수누는 쟁기를 댈 필요 없이 소에 보습을 씌워 물에 잠긴 논을 이리저리 돌아다니기만 하면 파종할 수 있었다. 화경수누를 하는 논은 파종만 하면 되고 모내기를 할 필요가 없다. 당시 초인은 이미 동제 도끼·괭이·낫 등을 가지고 있었다.[20] 화경수누의 경우 이런 몇 가지 농기구 외에 가래와 보습 정도를 더하면 충분하였다.

화경수누는 오늘날의 관점에서 보면 물론 낙후된 것이다. 그러나 상고 시대에는 이경이 아직 널리 보급되지 못했고, 또 황무지가 많고 비료가 적었기 때문에 화경수누는 토지에 따라 적합하게 벼농사를 발전시킬 수 있는 좋은 방법이었다. 따라서 낙후되었다고 볼 수는 없다. 서한 시기에 이르기까지 계속하여 화경수누법을 이용한 강남 지방은 '기근 걱정이 없었기' 때문에 한나라 무제武帝는 산동의 이재민에게 그리로 가서 생계를 도모하도록 하였고, 심지어는 그들이 거기에 정착하여 살도록 허용하였다.

초나라의 곡물 생산량과 비축량은 넉넉한 편이었다. 초나라 장왕莊王 3년(기원전 611년), 초나라에 대기근이 들자 산간 지방 이족夷族들이 사방에서 소란을 피우고 만족蠻族과 백복百濮이 용인庸人들의 선동으로 반란을 일으켰다. 초나라 군사가 용庸을 정벌하는데, 영도에서 여廬까지는 각자 식량을 휴대하고, 여에서 용까지는 "곳간을 풀어 나누어 먹으면서 振廩同食" 진인秦人과 파인巴人의 지원 아래 일거에 용을 멸망시켰다.[21]

기근이 든 해에도 공창公倉에는 비축된 여분의 양곡이 있었다는 것은 초나라의 농업이 민생과 군량에 공급할 정도로 발달했음을 의미한다. 초나라의 농업 발전은 초나라가 초만·양월·회이와 화하의 농업 생산 경험을 모아 이를 토질에 더욱 적합하게 함으로써 지력을 충분히 이용하는 한편 남도북속南稻北粟의 이점을 취했기 때문이다.

초인은 남북 농업 문화의 정수를 널리 흡수하고 종합적으로 이용한 바탕 위에서 축피관전築陂灌田의 수리 공정을 이루어 냈는데, 이는 고대 중국의 농업 발전에 있어서의 커다란 공헌이다.

상고 시대의 벼농사는 반드시 지형의 고저에 따라 저수 또는 인수引水의 방법으로 물을 댔다. 이것이 바로 《주례周禮·지관地官·도인稻人》에 "웅덩이를 파서 물을 저장하고 제방을 쌓아 물을 가두고 도랑을 파서 물을 흘려 밭도랑에 고르게 대고 밭두둑 사이에 물을 넣었다 봇도랑으로 물을 뺀다 以潴畜水, 以防止水, 以溝蕩水, 以遂均水, 以列舍水, 以澮寫水"고 한 것이다.

 남방은 벼가 주요한 양식 작물이었고 당시에는 화전 경작이 성행하였기 대문에 수리에 대한 필요성이 한층 절실했다. 때문에 일찍부터 저수지를 파고 물을 트는 경험을 쌓기 시작하였다. 이 방면에 있어서 화하는 만이에 뒤떨어졌다.

 초나라 경내의 초만·양월·회이는 모두 수리에 뛰어났다. 그러나 그들의 수리 사업은 모두 규모가 작은 것으로 몇 가구 또는 한 마을의 수요를 충족시킬 수 있을 뿐이었다. 엄격히 말해서 아직 사회적 성격을 지닌 공사는 아니었으며, 가족 내지 마을 성격의 작업일 뿐이었다. 장왕 때에 이르러 손숙오孫叔敖가 기사피期思陂를 완성함으로써 비로소 사회적 성격을 지닌 농업용 수리 사업이 나타나게 되었다.

 손숙오는 위오蔿敖로 나중에 손孫 땅에 녹전祿田을 받아 손숙孫叔으로 불리게 되었다.[22] 일찍이 그는 관직 없이 기사期思(지금의 하남성 淮濱縣 남쪽)에 살았던 적이 있다. 때문에 《사기·순리열전循吏列傳》에는 그를 "초나라의 처사 楚之處士"라 하였고, 《순자荀子·비상非相》과 《여씨춘추呂氏春秋·찬능贊能》에는 "기사의 평민 期思之鄙人"이라 하였다.

 위씨蔿氏는 분모蚡冒의 후손으로 초나라의 오래 된 대가문의 하나이다. 손숙오의 아버지 위가蔿賈는 일찍이 각종 공사를 주관하는 공정工正을 지냈다. 또 손숙오의 형 위애렵蔿艾獵은 영윤令尹을 역임한 적이 있는데, 기沂라는 곳에 성을 쌓을 때 탁월한 재능을 발휘하였다. 《좌전·선공 11년》에 사적이 실려 있다. 손숙오는 아마도 부형의 지도를 받아서 그 또한 공사의 설계, 시공과 관리에 능력을 보였던 것 같다. 나중에 강왕康王 때에는 위애렵의 손자인 위엄蔿掩이 사마司馬를 맡아 부부賦를 거두도록 명을 받아 탁월한 수완을 보였다.

 손숙오가 기사피를 맡아 완성한 것은 《회남자淮南子·인간훈人間訓》에 처음 나온다. "손숙오는 기사피에 가두어 둔 물을 터서 우루의 들판에 대었다. 장왕은 그가 영윤의 재목이라는 것을 알았다. 孫叔敖決期思之水, 而灌雩婁之野. 莊王知其可以爲令尹也"

 '피陂'는 원래 한수와 회수 일대의 방언 어휘로 추측된다. 《방언方言》 권6에 "진·초·형·양 등지에서는 '피'라 한다 陳楚荊揚曰陂"고 하였다.

'피'라는 지명은 대부분 한수와 회수 사이에 있다. '피'의 본래 뜻은 '사파斜坡' 즉 '비탈'로 연못이나 늪가를 가리키기도 한 것 같다. 예를 들면 《시경·진풍陳風·택피澤陂》에는 이렇게 노래하였다.

> 연못을 둘러막은 저 비탈에는
> 부들풀 연꽃이랑 질펀도 하네.
> 彼澤之陂, 有蒲與荷.

나중에는 제방과 저수지를 가리키기도 하였다. 《설문해자·부부阜部》에 "'피'는 제방이다. '타沱'라고도 한다 陂, 阪也. 一曰沱也"고 하였고, 또 "비탈진 것을 '판阪'이라고 한다. 제방이라고도 하고, 산비탈이라고도 한다 阪, 陂者曰阪. 一曰澤障, 一曰山脅"고 하였다. 《주례》의 "웅덩이에 물을 저장하고 以瀦畜水"라는 구절에 대하여 정중鄭衆은 '저瀦'를 "흐르는 물을 가두는 제방이다 畜流水之陂也"라고 주를 달았다. 왕념손王念孫은 《광아소증廣雅疏證》 권9하에서 "《설문해자》에 '피陂'는 '타沱'라고 하였는데, '타'는 '지池'와 같다. 《월령》 주에 "물을 가두어 두는 것을 '피陂'라 하고, 땅을 파서 물을 대는 것을 '지池'라 한다"고 하였다 說文; 陂, 沱也. 沱與池同. 月令注云; 畜水曰陂, 穿地通水曰池"고 설명하였다.

초인은 벼를 재배한 역사가 오래 된 남방 민족에게서 저수지 파는 기술을 배웠으며, 나아가 이를 개선하고 새로운 것을 만들어 냈다. 손숙오가 만든 기사피는 하천물을 끌어들인 것이 특징으로, 그 이전의 저수지는 대부분 빗물을 받아 두거나 도랑물을 끌어들이는 데 지나지 않았다. 나중에 초인은 하천물을 막아서 끌어들이는 기술을 확산시켰다. 예를 들면 《국어·오어吳語》에는 초나라 영왕靈王이 장화대章華臺를 만들 때, 오원伍員이 "대궐에 석곽을 쌓고 한수를 끌어들여 순임금을 본떴다 闕爲石郭, 陂漢, 以象帝舜"고 하였는데, 위소韋昭의 주에 "순임금이 묻힌 구의산은 그 산세가 물길이 언덕을 휘감고 돈다. 때문에 이를 본떠 한수를 막아 석곽을 감싸도록 만들었다 舜葬九疑, 其山體水旋其丘, 故雍漢水使旋石郭, 以象之也"고 하였다.

우루雩婁는 지금의 하남성 고시현固始縣 동남쪽에 해당된다. 기사피의 관개 면적은 너무 넓어 설명하기 어렵다.《한서漢書·지리지상地理志上》에 여강군廬江郡의 속현屬縣 가운데 우루가 있다고 기록하였는데, 원주原注에 "결수는 북쪽으로 흘러서 요수에 이른 다음 회수로 들어간다. 또 관수 역시 북쪽으로 흘러 요수에 이른 다음 결수로 들어간다 決水北至蓼入淮, 又有灌水, 亦北至蓼入決"고 하였다. 결수決水는 지금 사하史河라 부르고 관수灌水는 지금의 관하灌河로, 모두 북쪽으로 흐르다가 오늘날의 사하와 관수에 합류되어 북쪽의 회수淮水로 유입된다. 결수·관수로 부른 것은 손숙오가 기사를 '터서〔決〕' 우루의 들판에 물을 '댄〔灌〕' 것을 기념한 것인 듯하다. 기사는 원래 장蔣나라의 도읍으로 초나라가 장나라를 멸망시키자 초나라의 현읍이 되었다. 기사는 회수 중류에 위치한 초나라의 요충지이다. 관수는 기사현을 경유하므로 '기사지수期思之水'는 아마도 관수인 듯하다. 결수는 심현沈縣을 통과하고, 우루는 결수 유역에 위치하여 초나라로 편입된 뒤에는 심현에 속했을 것이므로 관수와는 애초에 관계가 없다. 따라서 기사피는 관수의 중류 또는 상류에 위치해 관수를 끌어들여 동쪽으로 나뉘어 흐르게 함으로써 결수의 부족을 메웠다.《수경水經·결수決水》에 "결수는 여강 우루현 남쪽의 대별산에서 흘러 나와 우루현 동쪽을 거쳐 북쪽으로 흐른다 決水, 出廬江雩婁縣南大別山, 北過其縣東"고 하여, 우루의 들판은 결수의 서쪽에 있었음을 알 수 있다. 역도원酈道元의 주에 "관수는…… 여강 금란현 서북쪽의 동릉향 대소산에서 발원하는 주수이다 灌水…… 導源廬江金蘭縣西北東陵鄉大蘇山, 卽注水也"라고 하였다. '주수注水'는 일찍이 기사피의 물줄기를 나누는 공사에서 생긴 이름이다.

　기사피의 수리 공사는 지금 보면 소규모에 불과하다. 그러나 전국 시대에 있어서는 중형 규모로 칠 수 있으며 춘추 중기에 있어서는 대형에 해당된다. 기사피의 의미는 규모에 달려 있는 것이 아니라 중국 최초의 사회적 성격을 지닌 농업용 수리 사업이라는 데 있다.

　기사피의 효과는 상당했다. 우선 장왕이 만족스러워했고, 후대 사람들이 이를 두고두고 생각했기 때문에 여기에는 적지 않은 수식어가 보태어질 수밖에 없었다. 그러나 명석한 군주인 장왕을 만족시키기 위해서는 반드시 좋은 효과가 요구되었다.

　기사는 희성姬姓의 봉국이기는 하나 원래 회이의 땅에 속한 지역이었고,

또 남쪽으로 월인이 자리잡아 만이와 화하가 서로 접촉하는 곳이었다.

청동 제련과 주조 기술——양월과 화하의 기술을 두루 채용함

중원에서 청동기 시대는 대략 기원전 2천년 전후인 하대 후기에 시작되었다. 상대와 서주를 거쳐 춘추 초기까지 초인의 청동 제련과 주조 기술은 중원에서 전해진 것으로, 춘추 초기 이전에는 객관적 조건의 제약으로 그 수준이 중원보다 훨씬 낮았다.

주나라는 한수 이동과 한수 이북의 여러 희성의 제후들을 나누어 봉하고, 그들에게 장강 이남 지방을 잘 진압 방비토록 하고는 이들을 '한양제희漢陽諸姬'라 이름하였다.

'한양제희' 가운데 가장 큰 나라는 증曾나라였다. '증曾'이라는 이름은 동기의 명문에 나타나며 문헌에서는 대부분 '수隨'로 불린다. 최근 10년 동안 호북성 수주시隨州市(과거에는 隨縣으로 불렸음)·경산현京山縣·조양현棗陽縣 및 하남성 신야현新野縣 등지에서 적지 않은 증나라의 동기가 출토되었는데, 그 가운데 1978년 수주시 뇌고돈擂鼓墩에서 발견된 1호 고분에서 출토된 동기가 특히 많다. 그밖에 출토 지점이 불분명한 채 전해지는 증나라의 동기가 있다. 이런 증나라의 동기는 뇌고돈 1·2호 고분에서 출토된 것 가운데 연대가 비교적 늦은 것을 제외하고는 대부분 서주 후기와 춘추 초기의 것이다. 그 수량과 품질은 모두 이미 발견된 동시기의 초나라 동기를 능가하며, 형태와 장식 무늬는 모두 중원의 기풍에 속한다.[23] 이는 춘추 초기까지도 초나라는 청동 제련과 주조에 있어서 여전히 한양제희의 우두머리격인 증나라보다 뒤떨어져 있었음을 의미한다. 초인은 춘추 초기 이전에는 심지어 월인에게도 뒤떨어져 있었다.

호남성 안인현安仁縣 하고산何古山 신석기 유적지에서 발굴된 기물은 월문화의 특징을 지니고 있는데, 여기에서는 청동제 관管과 패牌가 발견되었다. 오명생吳銘生의 연구에 따르면, 이 유적지는 시기적으로 중원의 상대에 해당된다. 따라서 상대에 그 지역의 월인이 이미 청동 제련과 주조 기술을 손에 넣었음을 알 수 있다.

1983년까지 호남성에서 출토되고 수집된 서주 시대의 동기는 모두 62점으로 악기가 46점, 용기容器가 16점을 차지한다. 고지희高至喜의 연구에 따르면 요鐃 22점, 용종甬鐘 18점, 박鎛 6점의 악기는 월문화의 기풍을 지니는데 모두 그 지역 월인 장인이 만든 것이다. 용기의 경우는 기룡문뢰夔龍紋罍 1점, 마문궤馬紋簋 1점, 방죽제궤형기倣竹制簋形器 1점, 변형기룡문정變形夔龍紋鼎 2점, 기룡문대정夔龍紋大鼎 1점 등 모두 6점으로, 역시 그 지역의 월인들이 주조한 것이다.

춘추 시대에 호남 지방 월인의 청동 주조 기술은 부단히 발전하였다. 춘추 초기의 청동기를 예로 들면 자흥현資興縣 구시가지의 351호 고분에서 출토된 동정銅鼎 1점은 세워진 귀, 기둥 같은 발, 곧은 복벽腹壁, 평탄한 바닥에 월인이 즐겨 사용한 직선 무늬와 곡절 무늬가 있는데 중원과 초나라의 동시기 기물과는 기풍이 다른 춘추 초기의 전형적인 월식정越式鼎이다.

이밖에 호남성에서 출토된 형태와 무늬가 모두 특이한 춘추 시대의 청동 비수, 검신이 편평한 청동 단검, 쌍견雙肩의 청동 월월鉞, 횡단면이 '인人'자 모양인 괄도刮刀, 수술이 달린 모矛 등도 모두 전형적인 월의 무기이다.[24]

호북성 대야현大冶縣 동록산銅綠山은 늦어도 주나라 초기부터는 동 생산지 가운데 하나였다. 동록산을 중심으로 북쪽으로 영산현英山縣, 남쪽으로 통성현通城縣, 서쪽으로 무창현武昌縣, 동쪽으로 황매현黃梅縣·양신현陽新縣과 강서성 구강시九江市까지에서는 이미 수십 군데의 고대 문화 유적지가 발견되었다. 시기적으로는 신석기 시대에서 춘추 전국 시대의 교체기까지로 문화적 내용을 살펴보면 그 주체는 월인으로 짐작된다. 이 지역의 월문화 유물은 다른 지역의 월문화 유적과 비교하여 같으면서도 차이점을 지닌다. 전형적인 도기는 각조족격刻槽足鬲·대이언帶耳甗·장방형누공두長方形鏤孔豆로 대부분 두드려 찍은 국숫발 무늬가 있는데, 동부 양월의 유물로 보이며, 호남성 상수湘水 유역의 남부 양월의 문화와 계통이 같다. 특이한 것은 대야현의 고대 문화 유적지에서는 거의 모두 제련한 동제 유물이 발견된다는 점이다. 뿐만 아니라 동록산 동북쪽 비탈의 춘추 시대 동제련 유적지에서 발견된 대량의 도기 조각 역시 월문화의 특징을 지니고 있다. 따라서 상고 시대 동록산 주위의 거주민은 양월이었다고 할 수 있으며, 적어도 당시의 채광부는 양월인이 위주였다고 할 수 있다.

1984년 광제현廣濟縣 소재지 동쪽의 장강 수로에서 배를 소통시키기 위한 준설 작업을 하던 중, 강바닥 약 6미터 지점에서 청동 용종甬鍾 23점과 청동 구조句鑃 2점이 발견되었다. 일차적인 연구 결과, 서주 후기에서 춘추 중기에 만들어진 용종은 대야현·강소성 진강시鎭江市·광동성 청원현淸遠縣·광서장족자치구 공성현恭城縣 등지에서 출토된 것과 유사하고 구조는 오·월 특유의 것으로, 두 가지 모두 월문화 유물로 밝혀졌다. 용종과 구조는 동록산과 인근 지역에서 생산된 동으로 만든 것으로 추측되는데, 풍부한 양과 뛰어난 품질은 양월의 청동 제련과 주조 기술 수준을 잘 보여준다. 제작된 연대와 기풍은 초나라가 성왕成王 이전에는 동록산 일대의 고대 동광을 아직 확실하게 손아귀에 넣지 못했다는 유력한 물증이 된다.[25]

양월의 청동 제련과 주조 기술은 본래 은인殷人에게서 전수받은 것으로 보인다. 상대에 은인은 남쪽으로 대별산大別山을 넘고 장강을 건너 동정호洞庭湖를 지나 자신들의 청동 문화를 남방에 전했다. 호북성 황피현黃陂縣의 반룡성 유적은 상문화의 유물이다. 호남성 상강湘江 유역에서는 상대의 많은 동기가 출토되었는데, 그 가운데 일부에는 봉鳳 무늬와 '𠂤'·'戈' 등 부족의 족휘族徽가 있다. 호북성 동록산 부근에서도 여러 곳의 상대 제련 유적지와 기타 유적지가 발견되었는데, 역시 '𠂤'라는 족휘가 있는 동기가 출토되었다. 따라서 이들 지방에는 일찍이 상나라의 주둔군과 이주민이 있었고, 그들이 양월의 청동 제련과 주조 기술 발전에 크게 공헌하였음을 알 수 있다. 춘추 초기까지 양월은 청동 제련과 주조 기술에 있어 여전히 초인을 선도하였다.

초나라의 청동 제련과 주조업은 웅거熊渠 때에 동록산을 포함한 악鄂 땅을 정벌하여 원료 공급지를 확보함에 따라 일차적인 발전을 하게 되었다. 무왕과 문왕이 즉위하여서는 점차 많은 나라를 멸망시키면서 적지 않은 동기를 노획하게 되었다. 그러나 초나라의 청동 제련과 주조업이 비약적으로 발전한 것은 성왕 때에 이르러서이다.

성왕은 무왕과 문왕이 한양제희를 위엄으로 복종시킨 업적을 이어받아 북쪽으로 현弦과 황黃 두 나라를 거두어들여 대별산의 남북을 잇는 길목을 손아귀에 넣음으로써 동록산 일대는 초나라의 세력권 내로 들어갔다.《사기·초세가》에는 초나라 성왕 때의 다음과 같은 일을 기록하고 있다.

주나라 천자에게 사신을 보내 예물을 올리자 주의 천자는 제사 고기를 내
리면서 "너희 남방 이월들의 반란을 잘 다스려 중원의 나라들을 어지럽히지
않게 하라"고 당부하였다. 당시 초나라의 국토는 사방 천리에 이르렀다.

　　使人獻天子, 天子賜胙, 日; 鎭爾南方夷越之亂, 無侵中國. 於是楚地千里.

'이월夷越'은 양월과 강한 일대의 '초만楚蠻'을 가리킨다. 또《사기·제
태공세가齊太公世家》에는 "초나라 성왕은 처음 형만을 장악하고는 이적으
로 자처하였다 楚成王初收荊蠻有之, 夷狄自置"고 기록하였다. '형만荊蠻'
은《사기·오태백세가吳太伯世家》에 기록된 '형만'과 같은 의미로 '월인越
人'을 가리킨다.[26]

　사방 1천 리가 되는 초나라의 국토는 동록산과 그 인근 지역을 포함하
였을 것이다. 양월의 반란은 초인의 점령에 대한 반항일 가능성이 있다. 나
중에 양월 지구의 형세가 비교적 안정되어 초나라가 그곳에서 효과적인 통
치를 행하였음을 알 수 있다.

　1977년과 1978년, 호북성 황피현 노대산魯臺山에서 서주 시기의 고분 5
기와 동주 시기의 고분 30기가 발견되었다.[27] 이 35기의 고분에 나타난 유
물의 변천 과정은 초인이 언제 악동鄂東을 차지했는지에 대한 분명한 정보
를 제공한다.

　5기의 서주 시기 고분은 진현일陳賢一의 연구에 따르면[28] 출토된 28점의
동제 예기 가운데 형태가 중원이나 관중의 동시기 동류 기물과 유사한 것
이 대략 10분의 9를 차지한다. 출토된 도기는 현재 14점이 복원되었는데,
그 가운데 형태가 중원이나 관중과 같은 것이 3분의 2에 가깝다. 동기에
나타난 도철饕餮 무늬[29]·기夔 무늬[30]·쌍미룡雙尾龍 무늬·우레 무늬·구
름 무늬·둥우리 무늬·대각운對角雲 무늬·유정乳丁 무늬 등과 도기의 대
부분을 차지하는 많은 밧줄 무늬, 그리고 부가된 퇴적 무늬·반달 무늬 역
시 중원이나 관중의 같은 동시기 기물에서 흔히 보이는 것이다.

　노대산 서주 시대 문화 유물은 상·주 두 문화가 융합된 것임을 보여 준
다. 그 가운데 상문화의 요소가 주문화의 요소에 비해 두드러진다. 예를 들
어 묘제墓制에 있어서 장방형의 묘갱과 요갱腰坑, 묘실에 설치된 2층의 대
臺, 묘 바닥에 주사朱砂를 깐 것과 동기에 있어서 정鼎·언甗·궤簋·고

觚·작작爵·존尊·로卤·과戈·모矛를 주종으로 하고, 구름우레 무늬·도철 무늬·기룡 무늬·둥우리 무늬 등을 주요 무늬로 장식한 것은 반룡성의 초기 상문화 유물과 악동의 후기 상문화 유물에서 고루 나타난다. 30호 고분에서 나온 동기가 가장 많은데, 그 가운데 방정方鼎 4점에는 모두 명문이 있다. 표본 M30:3에는 '公大□□姬龛障彝'라는 명문이 있고, 표본 M30:4에는 '公大史□姬龛寶□□'라는 명문이 있으며, 표본 M30:6에는 '□乍寶障彝'라는 명문이 있다. 또 표본 M30:1인 원정圓鼎에는 '長子狗作父乙障彝'라는 명문이 있다. '공대사公大史'는 유계익劉啓益이 진몽가陳夢家의 말을 인용하여 주나라 강왕康王 때의 필공畢公 고高라고 하였는데, 믿을 만한 견해이다.[31]

방정 4점은 모두 공대사가 자신의 애첩을 위해 만든 잉기媵器[32]이다. 이 지방에서 이처럼 눈에 띄는 가문은 희성姬姓이 아니다. 원정의 명문에 따르면 묘주는 '장자長子'라고 불린 임금으로 이름은 '을乙'인 것 같다. 날〔日〕로 이름을 삼는 것은 은인殷人의 습관이다. 따라서 묘주는 주인周人과 혼인 관계를 맺은 은인의 후예이거나 남방 어떤 방국方國의 군주일 것으로 추측된다. 아무튼 초인은 결코 아니다.[33]

36호 고분에서 출토된 자두瓷豆 2점과 부근의 동시기 유적지에서 발견된 우레 무늬와 바둑판 무늬가 있는 소량의 도기 및 동시기 석회석 광구에서 발견된 자루 달린 도격陶鬲 조각 1점은 모두 양월과 오·월 문화의 영향을 받은 흔적으로 보인다. 아직도 초문화의 영향은 보이지 않는다.

노대산 일대는 장강 중류의 요충에 자리잡고 서쪽으로는 한수와 운수溳水를 끼고 동쪽으로는 장강을 끌어안고 있다. 초인이 동록산과 그 주변 지역으로 진출함에 있어서 노대산 일대는 반드시 거쳐야 되는 지역이다. 앞서 기술한 5기의 고분을 통해 보면 서주 시기에 초인은 아직 정식으로 이 지방을 점령한 적은 없었다.

노대산 동주 시기의 고분 30기는 춘추 중기에서 전국 후기에 속한다. 도고조塗高潮의 연구에 따르면,[34] 중원과 관중의 기풍을 지니고 있을 뿐 아니라 지역적 특색 또한 갖추고 있는데 초식楚式이 우세를 보인다. 뿐만 아니라 이는 후기로 갈수록 더욱 확연해진다. 춘추 중기와 후기에 속하는 고분은 도기의 조합이 격鬲과 쌍이관雙耳罐을 위주로 한다. 격은 이미 초식격의 범주에 속한다. 쌍이관은 형태가 중원·당양當陽·강릉江陵 일대 등 초나라 중심지에서는 사라지고 관중의 서주 전기 고분에서 출토된 동류의 기물과 유사하여 관심을 모으는데, 이는 실로 주문화의 표본이 된다.

춘추 후기의 고분에서 격·쌍이관과 함께 출토된 I식의 두豆는 그 형태가 다른 곳에서는 볼 수 없는 특징을 지닌다. 대략 춘추 시대에서 전국 시대로 넘어가는 시기의 무덤으로, 토기의 조합은 과도적 형태를 잘 반영하고 있다. 즉 격鬲·두豆·발鉢·호壺가 있으며, 비교적 일찍 출현한 쌍이관은 이미 사라졌고 좀 늦게 나온 정鼎은 아직 보이지 않는다. II식의 두는 초나라 양식이다. I식의 호는 목이 짧아서 흔히 발견되는 초나라 양식과는 다르다.

전국 시대의 고분에서 보이는 도기의 조합은 정鼎·두豆·호壺를 위주로 하며, 격과 쌍이관은 사라지고, 돈형기敦形器와 방鈁이 가끔 발견된다. 정·두·방은 모두 초나라 양식에 속하며, 호는 목이 점점 길어져서 초나라의 기풍이 차츰 농후해진다. 돈형기는 초나라 고분에서 출토된 돈敦과 유사하지만 발과 손잡이가 없다. 이는 춘추 중기부터 노대산 지역에 대한 초문화의 영향력이 점차 커져 전국 후기에 이르러서는 그 지역의 문화적 면모가 이미 철저하게 초화楚化되었다고 볼 수 있는 근거가 된다.

노대산 동주 시기 고분의 발굴 결과, 초인이 성왕 때 악동에 진주하여 그곳을 점거하였다는 유력한 물증을 얻게 되었다.

상고 시대에는 청동의 생산과 제련 및 주조가 통상 한 곳에서 이루어진 것이 아니라 채광된 다음 제련지로 옮겨지고, 제련된 다음에는 다시 다른 곳으로 옮겨져 주조되었다. 동록산 부근에서 발굴된 초나라 고분은 현존 자료에 의하면 모두 전국 시대에 속하는 것들이다. 춘추 시대의 것도 있을 듯하지만 아직은 좀더 검토할 필요가 있다. 이런 상황은 춘추 시대에 동록산에서 채광과 제련에 종사한 사람들이 양월인이 주종을 이루었고, 어쩌면 모두 양월인이었을지도 모른다는 것을 의미한다.

초나라는 동록산과 부근 지역을 점령한 다음, 양월의 제련 기술과 중원의 주조 기술을 결합하여 품질 좋은 청동기를 대량으로 생산할 수 있게 되었다. 따라서 초나라는 당시 가장 많은 청동기를 보유하고, 또 가장 훌륭한 청동기를 생산하는 나라가 될 수 있었다. 초나라가 얻은 이익은 무엇보다도 이것이 가장 컸다.

초나라는 성왕 17년(기원전 655년)에 현弦나라를 멸망시켰고, 성왕 24년 (기원전 648년)에는 황黃나라를 멸망시켰다. 현과 황 두 나라가 초나라에 게 멸망당한 것은, 초나라가 동록산과 그 일대에 대한 통치를 공고히 하기 위해 북쪽 일선에서 실시한 군사 작전이 크게 성공하였음을 의미한다. 이 사건의 파장은 결코 작지 않았다. 이로부터 초나라 군사는 장비가 크게 개 선되어 마치 호랑이가 날개를 단 격이 되었다.

황나라를 멸망시킨 3년 후, 초나라 군사는 처음으로 멀리 출정하여 서徐 나라를 정벌하였다. 이에 제하는 놀란 나머지 즉시 회맹을 갖고 여厲나라 를 정벌함으로써 서나라를 구원하려 하였으나 실패하고 말았다. 초나라 군 사는 계속 전진하여 누림婁林(지금의 안휘성 四縣 동북쪽)에서 서나라의 군 사를 격파하였다.

다시 3년이 지나 "정나라 임금이 처음으로 초나라에 조회하였다. 초나라 임금은 그에게 쇠를 선물하였는데, 곧 이 일을 후회하여 그와 '선물한 쇠 를 병기 제작에 사용하지 말 것'을 약속하였다. 그리하여 종 세 개를 주조 하였다. 鄭伯始朝於楚, 楚子賜之金, 旣而悔之, 與之盟曰; 無以鑄兵, 故以鑄 三鐘"[35] 정나라 임금은 문공文公이고, 초나라의 임금은 성왕이다.

동록산의 광산에서는 일찍이 수 차례에 걸쳐 하나에 1.5킬로그램에 달하 는 고대의 원병형圓餅形 동괴가 발견되었다. 초나라 성왕이 정나라 문공에 게 선물한 쇠는 바로 이런 황동괴였을 것이다. 당시 선물한 황동괴로 종을 만든다면 세 개를 만들 수 있을 뿐이지만, 만약 과戈·모矛·검劍·극戟을 만드는 데 쓴다면 수량이 상당할 것이다. 때문에 초나라 성왕은 정나라 문 공에게 "쇠를 병기 제작에 사용하지 말 것"을 다짐토록 요구한 것이다. 동 은 당시 으뜸가는 전략물자였다. 따라서 동록산과 그 일대에 대한 점령은 초나라의 국력 강화에 중요한 역할을 하였음을 알 수 있다.

이로부터 초나라 임금은 사치스러워지기 시작했다. 진晉나라 공자 중이 重耳는 도망중에 초나라를 지나다가 융숭한 대접을 받았다.《국어·진어 晉語 4》에는 "초나라 성왕은 주나라의 예법에 따라 구헌[36]의 예를 행하여 궁중 뜰에 군사들이 가득 도열했다 楚成王以周禮享之, 九獻, 庭實旅百"고 기록하였는데, 위소韋昭의 주注에 "구헌은 상공이 받는 예이다. 정실은 뜰에 도열하는 것이다. 백은 성수이다 九獻, 上公之享禮也. 庭實, 庭中之陳也. 百, 擧成數也"라고 설명하였다. 이는 제후를 접대하는 예법으로 중이에게 는 결코 가당치 않은 것이었다. 같은 편에는 또 다음과 같은 기록이 있다.

잔치를 마치고 초나라 임금이 중이에게 "공자께서 만약 진나라 임금의 자리를 되찾게 된다면 내게 어떻게 보답하시겠소?"라고 묻자, 중이는 이렇 게 대답했다. "여인과 옥·비단은 이미 임금께서 갖고 계시고, 날짐승·들 짐승·상아와 가죽 따위는 임금의 나라 안에서 생산됩니다. 그것이 진나라 까지 몫이 돌아오는 것은 임금께서 쓰시고도 남는다는 것인데, 또 무얼 가 지고 보답하겠습니까?"

既饗, 楚子問於公子曰; 子若克復晉國, 何以報我. 公子再拜稽首對曰; 子女 玉帛, 則君有之. 羽旄齒革, 則君地生焉. 其波及晉國者, 君之餘也. 又何以報.

중이의 말은 인사치레이지만 당시 초나라가 진나라보다 부유하였음은 분명하다.

초나라는 성왕 이후로 양월과의 관계가 친밀해지기 시작하였다. 《설원 說苑》 권9에 초나라 장왕이 "왼쪽에는 양희를 끼고 오른쪽에는 월희를 끼 고 左伏揚姬, 右傭越姬"라 하였는데, 양희는 양월의 계집이고, 월희는 월의 계집이다. 이는 초와 월 두 나라의 관계에 있어 매우 상징적 의미를 지닌다. 초나라와 양월의 관계는 갈수록 좋아졌고, 초나라는 점점 많은 동을 확보 하게 되었다.

원료와 완제품이 나란히 증가함에 따라 초나라는 점점 많은 황동괴를 소 유하게 되었고, 주조한 청동기 역시 증가하였다. 풍부한 주조 경험은 초인 의 주조 기술을 신속히 발전시켜 제하를 앞지르게 되었다. '청출어람,' 초 문화는 바로 그렇게 발전하였다.

1978년과 1979년 하남성 석천현淅川縣 하사下寺에서 발굴된 춘추 중기 에서 후기에 이르는 9기의 대형 및 중형의 초나라 고분에서는 약 4백여 점 의 청동기가 출토되었다. 이들 청동기는 대략 춘추 중기에 이르러 중원에 보급된 분형 주조법과 용접 기술이 초나라에 보급되었고, 초나라가 중원 에서는 선례가 없던 밀랍법蜜蠟法 내지 누연법漏鉛法을 사용한 주조 기술을 개발하였으며, 중원보다 늦지 않은 시기에 황동 상감 기술을 이용하였고, 중원에서 볼 수 없는 독창적인 흑칠黑漆 상감 기술을 가지고 있었음을 보여 준다.[37]

초인은 선진 문물을 접하면 편견 없이 이를 습득하려고 노력했다. 이러한 심리는 오래도록 지속되었다.

호북성 양번시襄樊市 산만山灣의 춘추 시대 초나라 고분에서 등공승정鄧公乘鼎과 상약부보上都府簠가 출토되었고,[38] 하남성 석천현 하사의 춘추 시대 초나라 고분에서는 파식검巴式劍·요자지용극鄝子之用戟·상약공보上都公簠·채후보蔡侯簠·여왕종呂王鐘이 발굴되었다.[39] 국속國屬과 족속族屬이 다른 이 기물들은 초인의 보기寶器와 애완물로, 초나라의 문화 정책과 초인의 문화적 소양을 잘 보여 준다. 초문화의 성장기 전체를 놓고 본다면, 중원과 기타 지역의 청동기는 더 이상 초인의 숭배 대상이 아니었다. 따라서 과거 파촉식巴蜀式 동검에 '楚公豪秉戈'라고 새겨넣은 것과 같은 예는 더 이상 나타나지 않게 되었다.

이 시기의 초인은 신념을 갖고 미래를 지향했다. 청동기를 주조함에 있어서 그들의 준칙은 모방이 아닌 창조였다. 그들은 자신의 전통과 심미적 기준에 따라 자신의 기풍을 표현하고자 노력했다. 그리하여 남다른 특색을 지닌 청동기가 나왔고, 초나라의 청동기는 엄연하게 일가를 이루게 되었다. 이런 성과는 주조에 뛰어난 제하와 제련에 뛰어난 양월도 미칠 수 없는 것이었다.

밖으로는 남의 장점을 두루 취하고, 안으로는 자신을 독려하여 독특한 기풍을 창조한 것, 이것이 초나라 청동기 발전의 과정이자 나아가 초문화 발전의 길이었다.

제도와 풍속——만이와 화하의 사이에 놓인 초의 제도와 풍속

부락 연맹의 단계를 벗어난 이래로 보잘것 없던 초나라의 전장 제도는 무왕 때부터 차츰 틀을 갖추기 시작했다.

초나라의 임금은 원래 '오敖'라고 칭했다. 왕일王逸의 《초사장구楚辭章句·천문天問》에는 "초인은 성년이 되지 않은 나이로 임금의 자리에 오른

자를 '오敖'라고 불렀다 楚人稱未成君者爲敖"고 하였다. 후대 사람들은 '오'라고 불린 초나라 임금이 반드시 요절하거나 비명횡사한 것이 아니라는 점에 비추어 왕일의 견해가 옳지 않다고 여겼다. 예를 들어 약오若敖는 27년간 재위에 있었고, 소오霄敖 역시 천수를 누렸다. 이는 확실히 타당성이 있다. 적어도 성년이 되지 않은 나이로 임금 자리에 오른 사람만을 '오'라고 불렀던 것은 아님을 알 수 있다. 그러나 왕일의 주장이 전혀 근거 없는 것은 아니다. 이른바 "성년이 되지 않은 나이로 임금 자리에 오른" '오'는 기실 임금 자리를 계승하지 않은 초인 부락 연맹의 군사적 수장이다.[40] 임금으로 봉해진 다음에 '오'는 '자子'로 불렸으며, '공公'·'후侯'·'백伯' 등으로 불리기도 하였다. 자·공·후·백 등 여러 가지 호칭으로 불린 예는 주원周原의 갑골문과 초나라 기물의 명문에 나타난다.

웅거熊渠는 한동안 자신의 세 아들을 각각 '왕王'에 봉했지만 머지 않아 왕호를 떼어 버렸다. 초나라 임금이 '왕'으로 칭한 것은 웅통熊通이 '무왕武王'이라 자호한 데서 비롯되었다.

무왕은 간단하고 소박하면서도 완비된 관제와 병제兵制를 마련하고 계급 통치의 국가 조직을 건립하였다.

초나라 관제는 형식상으로는 제하와의 공통점은 적고 차이점은 크다. 예를 들어 초나라 관제는 '윤尹'이라는 명칭이 많은 점이 하나의 큰 특징이다. 관직명에 '윤'자를 붙이는 것은 상나라에서 비롯된 것이지만, 초나라의 경우는 주나라를 본뜬 것 같다.

서주 시기에는 지위가 대단히 높고 실권이 큰 '윤'이 있었다. 예를 들어 황천윤皇天尹은 태보太保와 병칭되었음이 작책대재作册大鼒의 명문에 보인다. 곽말약郭沫若의 고증에 따르면 황천윤은 서주 초기의 소공召公이다.[41] 초나라는 영윤슈尹을 재상의 지위에 두었는데, 기실 황천윤과 비슷하다. 그러나 초나라의 관제는 고관에서 말직에 이르기까지, 중앙에서 지방에 이르기까지 소수의 예외가 있었을 뿐 대개 '윤'이라고 하여 독특한 체계를 이루었다. 이는 당시 초인이 독립성과 존엄성을 추구하여 의도적으로 자기 방식을 추구한 데서 비롯되었는데, 무왕이 선언한 "우리는 자신의 것을 존중한다 我自尊耳"는 정신에 근거한 것이다.[42]

'현縣' 역시 주나라 고유의 것이다. 그러나 주나라의 현은 본래 왕기王

畿 주변의 먼 곳에 대한 통칭으로, 행정 구역의 단위는 아니었다. 명실상부한 행정 구역으로서의 현은 초나라에서 처음 나타났는데, 초나라의 현은 만이蠻夷 지역에서 처음 만들어졌다. 나중에 다른 나라들도 정도의 차이는 있으나 초나라의 선례를 모방하여 현 제도를 추진하였다.

제하가 보편적으로 거병車兵을 두고 있을 무렵, 초나라는 여전히 중원의 융인戎人과 마찬가지로 보병步兵을 두었다. 따라서 초나라의 병제는 제하의 오랜 제도를 모방할 방법도 없었고, 모방할 필요도 없었다.

초나라 군사의 주수主帥는 막오莫敖라 하였다. 나중에 대사마大司馬·좌사마左司馬·우사마右司馬가 설치되어 대사마가 막오보다 지위가 높아졌다. 거병을 설치한 다음에 중군中軍은 '광廣'을 전투 부대의 단위로 삼았다. 초나라의 작전에는 더러 만인蠻人의 엉성한 편제와 허술한 진법이 참작되기도 하였다. 초나라 병제의 이런 특징 역시 만이와 화하의 병제가 어울려 형성된 것이다.

이밖에 봉작封爵·식읍食邑·예법禮法 등에 있어서도 춘추 시대의 초나라 제도는 특색을 갖추었다. 예를 들어 왕과 사士 사이의 등급인 대부는 명확한 계층이 없었다. 또 춘추 시대의 초인은 관官은 있으되 작爵이 없었으며, 봉읍封邑을 받은 자는 식읍의 크기에는 차이가 있으나 작질爵秩에는 차이가 없었다. 아울러 모든 봉읍은 특별한 경우를 제외하고는 3대 이상 세습할 수 없었다. 장례에 사용하는 열정列鼎은 상층 귀족들만 사용하는 승정升鼎과 세면 도구로 사용하는 소구관형정小口罐形鼎을 제외하고는 대개 짝수를 사용하여 제하에서 홀수를 사용한 것과는 정반대이다.

요컨대 초문화의 성장기에 만이와 화하 사이에 놓여 있던 초인은 흔히 의식적으로 화하이기도 하고 만이이기도 하며, 화하도 아니고 만이도 아닌 개성을 드러내었는데, 그 속에서 강렬한 자존심과 독창성을 엿볼 수 있다. 이는 대단히 귀중한 자질이다.

정신 문화에 있어서 초인은 오랫동안 화하의 영향을 받아 왔다. 그들이 화하에서 가장 먼저 본받은 것은 언어와 문자이다. 춘추 시대에 초인은 초어楚語를 사용하였지만 화하의 언어를 갈수록 많이 이해하게 되었다. 국가 간의 교류에 있어서 초나라의 귀족들은 대개 화하의 언어를 할 줄 알았고, 그것도 제법 유창하게 구사했다. 문자의 경우 초인이 사용한 것은 화하의 문자 한 가지뿐이었다. 화하 문자의 도움을 빌려 초인은 비로소 화하 정신 문화의 꽃과 열매를 따서 자신의 문화를 살찌울 수 있었다. 화하의 문자가 통용됨에 따라 초인의 의식 구조는 나날이 화하와 닮아 갔다.

늦어도 성왕 때에 초나라 귀족들은 이미 화하의 중요한 문헌들을 숙지하게 되었다. 그들은 중원의 귀족들과 마찬가지로 흔히 경전을 인용하여 시비를 가리고 이해를 밝히고 의문을 해결하고 방법을 모색하였다. 그들이 가장 흔히 인용한 것은 《시경詩經》·《서경書經》과 군지軍志로 그들의 정치적 이상, 도덕적 규범, 군사 전략과 전술이 기본적으로 화하와 일치함을 알 수 있다. 사실상 초인은 이미 제하의 반열에 비스듬히 몸을 들여 놓고 있었다. 제하는 명분상으로만 초인은 아직 "우리와 같은 무리가 아니다 非我族類"고 하였을 뿐이다.

그러나 초인의 심리적 특성은 강렬하게 표현되어 나왔다. 초인은 강한 지역으로 이주하여 오랫동안 지내면서 자신도 모르게 만이와 월인의 풍속에 영향을 받았다. 또한 그들은 하늘과 땅, 신과 인간을 이어 주는 존재라고 믿었던 자신들의 조상을 잊지 못했다. 때문에 그들의 정신 문화는 중원의 정신 문화에 비해 풍부한 원시적 요소, 자연의 분위기, 신비감과 낭만적 색채를 지니고서 차츰 남방의 유파를 형성하였다.

다수의 초인은 화하의 언어를 구사할 줄 알았지만 평소에는 초의 언어를 사용했다. 초나라에서는 화하 문자가 통용되었으나 초인이 사용한 화하 문자는 별도의 일체一體였다. 초인은 화하의 많은 이론을 받아들였지만 초나라의 현실에 맞도록 고쳐서 사용하였다. 예를 들어 정치 사상에 있어서 충군忠君과 애민愛民을 강조한 점, 군사 사상에서 있어 외선外線 작전에 치중한 점, 민족 사상에 있어서 만이와 화하의 융합을 주장한 점 등은 모두 독특한 것이다. 또 사회 습속에 있어서 오랫동안 쇠퇴할 줄 모르는 무풍巫風이 있었고, 예술 기풍에 있어서는 강인하고 빼어난 것을 섬세하고 아름다운 것과 결합시키고자 노력했다. 이러한 것들은 정신 문화에 있어서 나타나는 초식楚式·초파楚派·초풍楚風이다. 당시 중원의 입장에서 보면 초楚는 남南이고, 남은 곧 초였다. 정鄭나라의 유씨游氏 가운데 이름이 초楚이고 자가 남南인 사람이 있었다. 이는 하나의 사례이다. 진晉나라 장수 광曠이 남풍南風 때문에 대적하지 못하여 초나라 군사를 점쳤더니 불리한 점

괘가 나왔다. 이 또한 하나의 사례이다. 초인 종의鍾儀가 진晉나라에 사로
잡혔을 때, 그가 쓴 초관楚冠이 남관南冠으로 불리고, 그가 연주한 초나라
악곡이 남음南音으로 불린 것이 또 하나의 예이다. 따라서 초식·초파·초
풍은 바로 남식南式·남파南派·남풍南風이기도 하다.

　앞서 예거한 몇몇 사실은 초문화가 민족 문화 교류의 산물임을 보여 준
다. 만약 초문화는 북방의 화하 문화와 남방의 만이 문화가 서로 어울려 이
루어진 것이라고 한다면, 이는 그다지 정확한 설명이 아니다. 화하와 만이
의 두 문화 가운데 화하의 문화는 주가 되고 만이의 문화는 종이 된다. 이
는 초문화의 성격을 판단함에 있어서 대단히 중요하다. 더욱이 화하와 만
이 두 문화의 결합, 좀더 정확하게 말해서 두 문화의 융합은 초나라의 집
권 통치와 개방 정책에 힘입은 것이다. 만약 이런 촉매가 없었다면 화하
문화는 화하의 문화로 존재하고, 만이 문화는 만이의 문화로 존재하였을
것이다. 그렇지 않다면 "화하의 문화를 수용하여 만이의 문화를 변화시키
거나 用夏變夷" "만이의 문화를 수용하여 화하의 문화를 변화시키기는 用
夷變夏" 하였을지라도 초문화가 형성되지는 않았을 것이다. 사실 초인의
역할은 촉매 작용에만 국한되지는 않는다. 그들 자신이 지녔던 문화적 전
통과 심리적 소양은 초문화의 특색을 형성하는 데에 결정적 역할을 하였
다. 따라서 좀더 명확하게 말하자면 성숙된 형태의 초문화는 맹아 형태의
초문화를 본원으로 하여 초나라 국토의 확장과 국민의 증가에 따라 초나
라의 통치와 개방 정책의 선도 아래에서, 화하 문화를 주로 삼고 만이 문화
를 종으로 삼는 문화 교류와 융합의 과정에서 발전한 것이다.

　"만이의 문화를 끌어안아 撫有蠻夷" "제하의 문화에 부친 以屬諸夏" 것
은 거대한 초나라의 기백이자 찬란한 초문화의 기백이다. 이런 기백이 없
었다면 다른 민족의 문화를 받아들이지 않고 거부하였을 것이다. 따라서
자신의 문화에 대한 신선한 자극을 놓침으로써 정체에 빠지고 말았을 것이
다. 초문화가 급속하게 성장할 수 있었던 것은 초나라가 장기간에 걸쳐 만
이와 화하를 융합시키는 노선을 걸었기 때문이다.

3. 황동과 청동

《사기·초세가》에는 초나라 장왕莊王이 주나라 교외에서 군대를 열병하고 주실 구정九鼎의 대소경중을 물은 사실을 기록하였는데, "초나라는 칼날만을 녹여도 충분히 구정을 만들 수 있다 楚國折鉤之喙, 足以爲九鼎"고 하였다. 주실의 구정은 왕통王統과 국조國祚를 상징하는 보물 중의 보물이다. 따라서 제후는 그 대소경중을 물을 수 없는 것이다. 그런데도 초나라 장왕은 그것을 물어보았다. 그는 5대조 웅통熊通이 이루지 못한 "중국의 정치를 살피는 觀中國之政" 뜻을 실현할 역량이 충분하다고 자부하였음을 알 수 있다. 당시 동의 보유량과 국가의 강약은 대체로 정비례하였다. 초나라는 동 생산량이 가장 많았기 때문에 장왕은 교만하고 기세등등했다. 당시 초나라가 소유한 무기를 모두 녹인다면 기실 구정을 만드는 것쯤은 문제가 아니었을 것이다.

성왕 중엽 이후 초나라의 주요한 황동 제련 기지는 지금의 동록산 일대에 있었고, 청동 주조 기지는 영도를 비롯하여 그밖의 큰 고을에 있었다. 장왕 이후로 대략 춘추 중기와 후기 무렵에 초나라의 동기 생산은 채광과 제련에서 주조와 용접에 이르기까지 모두 화하를 추월하고 오·월을 능가하여 열국의 수위를 차지하게 되었다.

채광과 제련

동록산의 고대 동광은 현재 중국에서 발견된 것 가운데 연대가 가장 빠르고 규모가 가장 크며 가장 잘 보존된 것이다.

중국 사회과학원 고고연구소는 일찍이 동록산 고대 동광에서 출토된 갱목·배판背板·목탄·착병鑿柄 및 용광로의 노벽爐壁·내벽內壁·노기爐基·금문金門 등 표본에 대하여 탄소 측정과 열석광熱釋光 기술을 이용하여 연대를 측정한 바 있다.[43]

XI호 광상鑛床 6호로의 목탄, 즉 표본 ZK559는 탄소 측정 결과 지금으로부터 3205±400년 전의 것으로 상대 후기 내지 서주 초기에 해당되는 것으로 밝혀졌다. 그러나 함께 발견된 기물의 연대가 이보다 늦어 의문을 갖게 한다. 이 XI호 광상은 각종 흔적을 통해 보면 연대가 확실히 빠르다. 10호로는 두 가지 열석광 연대 측정 데이터가 나왔는데, 금문 표본 TK68은 2895±305년 전의 것이고, 노벽 표본 TK67은 3014±320년 전의 것으로 모두 상대 후기에서 서주 초기에 해당된다.

1983년 여름부터 1985년 여름까지 황석시黃石市 박물관은 XI호 광상에 대하여 다시 5백여 일에 걸친 발굴 작업을 진행하였는데, 출토된 기물과 지층간의 관계에 근거하여 일단 이 지역의 고대 수갱竪坑은 서주 초기에서 중기에 이르는 것으로 추정하였다.[44] 연대가 더 앞서는 고대 수갱은 없었는가 하는 문제는 아직 결론을 내릴 단계가 아니다. 동록산 부근의 상대 유적에서 동을 제련한 유적이 발견된 것으로 보아 동록산 고대 동광이 처음 채광된 시기가 상대 후기까지 거슬러 올라갈 가능성도 있다.

동록산 고대 동광이 계속적으로 채굴된 연대의 하한선은 대략 양한 무렵이다. 예를 들어 I호 광상 24선 폐갱도의 표본 ZK561은 탄소 측정 결과 2075±80년 전의 것으로 추정된다. 가석柯錫 태촌太村 2호로의 노벽은 표본 3점을 채취하여 열석광 연대 측정을 한 결과 TK14-1은 1877±153년, TK14-2는 1769±102년, TK14-3은 1913±189년 전으로 각각 측정되었다. 동록산의 고대 동광 제련터에서는 아직도 수·당 시대의 유물과 송대의 용광로가 발견되고, 또 동록산은 지금까지도 채광되고 있어서 언제까지 채광이 가능할지는 알 수 없다.

이제까지 발견된 고대의 수갱과 용광로는 대부분 춘추 전국 시대의 것이다. 예를 들어 I호 광상 12선 폐갱도에서 나온 표본 ZK297 부형동착斧形銅鑿의 목제 자루는 탄소 측정 결과 2485±75년 전의 것으로 측정되었고, 수륜교정법으로는 2530±85년 전의 것으로 측정되었다. I호 광상의 24선 폐갱도의 표본 W.B.79-36 갱목과 표본 W.B.79-37 철부鐵斧의 목제 자루는 탄소 측정 결과 각각 2600±130년 전과 2575±175년 전의 것으로 측정되었다. 가양 태촌 1호로의 표본 TK11-2 내벽은 2447±240년 전의 것으로 판명되었다. 표본 TK11-3의 내벽은 2278±205년 전이고, 표본 TK12 노기는 2374±142년 전의 것으로 각각 측정되어, 출토된 기물을 통하여 볼 때 주로 채광된 시기는 역시 춘추 전국 시대에 해당된다. 앞서 초나라가 성왕 무렵에 동록산 일대를 점령한 사실과 연관시켜 판단해 보면, 동록산의 고대 동광은 초나라의 통치 아래 황금기를 구가하였음을 알 수 있다.

본절에서 소개하려는 것은 동록산 초기의 수갱과 용광로로, 이는 시기적으로 대략 초문화의 성장기인 춘추 시대에 해당된다. 황석시 박물관, 동록산 고고박물관, 중국 사회과학원 고고연구소 동록산 공작대와 하내夏鼐·은위장殷瑋璋·노본산盧本珊·화각명華覺明·주보권周保權 등의 발굴보고서와 논문을 주된 근거로 삼는다.[45]

'동록銅綠'이라는 산 이름은 "소나기가 몰아칠 때마다 동가루가 마치 눈꽃과 콩알마냥 토석 위에 흩뿌리는 每驟雨過時, 有銅綠如雪花小豆點綴土石之上"데서 유래하였다. 노인들의 말에 따르면 이곳은 "옛날 동이 생산되던 곳 古出銅之所"[46]이다. 산 속에는 풍부한 동과 철의 광상이 있을 뿐 아니라, 금·은·코발트 등이 함께 매장되어 있음이 탐사 결과 밝혀졌다. 1965년에 고대의 채광터가 발견되었고, 1973년에는 고대 동광터에서 대형 부형동착이 발견됨으로써 비로소 학계의 주목을 끌게 되었다.

이 고대 광구鑛區는 서남쪽에서 동북쪽까지의 길이가 약 2킬로미터이고, 넓이는 약 1킬로미터이다. 이 지역의 산봉우리는 모두 해발 1백 미터 이하이다. 고대인들은 장기간에 걸친 모색과 광산 탐사의 경험을 통하여 빈광貧鑛은 버리고 부광富鑛을 취할 수 있었다. 예를 들어 VII호 광상의 1호 지점은 대리암과 화성암층의 접촉대로 암석이 분쇄되므로 채굴이 용이하다. 그밖의 고대 수갱의 위치 또한 이와 마찬가지이다. 산화 작용에 의하여 동의 품위는 아래로 내려갈수록 차츰 높아진다. 산화 작용이 일어나는 지대의 광석의 동 함량은 보통 5-6퍼센트이고, 부분적으로는 10-20퍼센트이며, 심지어 그 이상이기도 하다.

고대 동광은 원래 지면에서 수직으로 40-50미터 가량 파들어간다. 이것이 수갱이다. 수갱은 파들어 가다가 부광을 만나면 주변으로 수평갱을 파들어간다. 수갱이든 수평갱이든 굴진하는 한편 튼튼하게 목조 귀틀을 설치하여(그림 2 참조) 응집력을 모아 줌으로써 붕괴나 매몰을 방지하였다. VII호 광상 1호 지점을 예로 들면 초기의 수갱 목조 귀틀은 네 개의 목재를 장부에 끼워맞춘 네모난 틀을 하나씩 연결하여 만들었다. 두 개의 숫장 부목은 직경 6센티미터 정도인 원목의 양끝을 쪼개 만들고, 두 개의 암장 부

목은 직경 10센티미터 내외의 원목을 마주 쪼개서 머리 가까이에 각각 장
부 홈을 파서 만들었다. 귀틀의 안지름은 약 60센티미터 정도이다. 암장부
의 두 끝은 뿔처럼 쪼개서 수갱의 벽에 쐐기를 박아넣어 귀틀을 고정시키
기 좋도록 만들었다. 귀틀과 귀틀의 거리는 약 40센티미터로 세워 놓은 네
개의 작은 원목과 위아래 두 개씩 서로 마주한 두 귀틀의 네 각을 이용하
여 새끼줄로 묶어서 이었다. 수갱의 네 벽은 대부분 풀줄기를 넣은 고령토
를 발랐는데, 어떤 부분에는 대나무 자리를 집어넣기도 하였다. 어떤 수갱
에서는 대나무 밧줄이 암장부 목에 걸려 있는 것을 볼 수 있다. 이 대나
무 밧줄은 아마도 귀틀을 튼튼히 하는 역할을 하고, 또 위아래에서 작업을
하기에 편리하도록 하는데, 오늘날 수갱의 기중 장치와 유사하다.

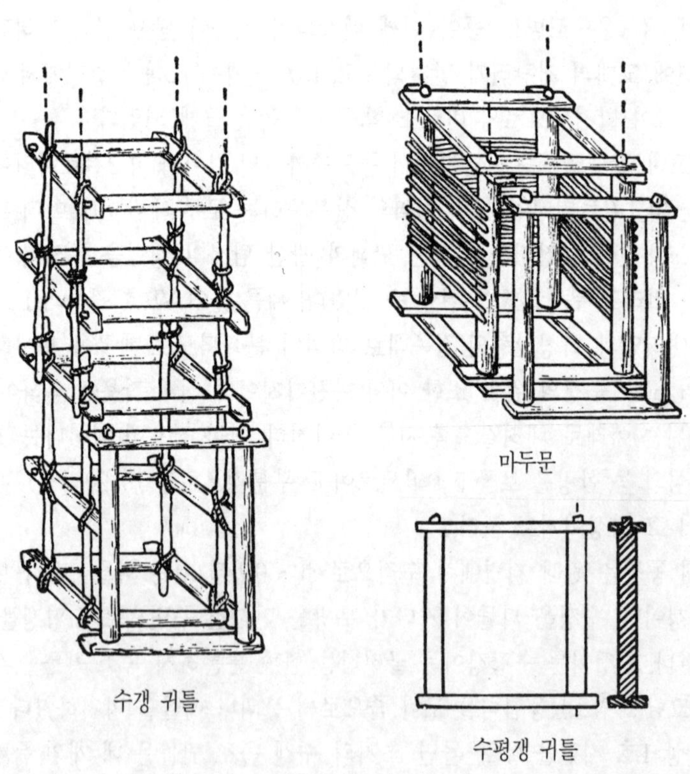

〔그림 2〕 동록산 고대 동광의 초기 수갱 귀틀

수갱의 바닥 부분과 수평갱이 서로 이어지는 부분에는 대개 마두문馬頭門을 설치하였다. 그러나 설치하지 않은 경우도 있다. 마두문은 입방형의 귀틀로 양쪽 끝에 장부를 만든 네 개의 원목을 사용하여 위아래 각 네 개씩의 횡목을 뚫어 서로 연결하여 만들었다. 마두문의 높이는 수평갱의 높이와 일치한다. 마두문의 네 면 가운데 수평갱과 통하는 면은 트여 있고, 통하지 않는 면들은 나무 막대를 나란히 배열하여 배판을 설치하였다. 하나의 마두문은 일반적으로 하나의 수평갱과 이어지는데, 더러 두 개의 수평갱과 연결되는 경우도 있다. 만약 수갱의 바닥 부분에 마두문이 설치되어 있지 않다면, 바닥 부분의 두 개의 방형 귀틀을 약간 개조하여 지주대를 세워서 문의 형태로 만들었다. 그러나 그 튼튼한 정도가 마두문에는 미치지 못하기 때문에 느슨해지지 않도록 대나무나 밧줄로 단단히 묶었다. 어떤 수갱의 경우는 밑바닥이 수평갱과 통하지 않는데, 이는 부근 광석의 품위가 낮아 채광 가치가 높지 않기 때문에 폐광시킨 것으로 추정된다.

수평갱은 대부분 수평 갱도를 만드는데, 간혹 약간 경사지게 만든 경우도 있다. 갱도는 광맥의 방향과 배수를 고려하여 구불구불하게 나아간다. 수평갱 역시 목조 귀틀이 있는데, 마치 수갱의 귀틀을 옆으로 뉘어 놓은 모양이다. 양쪽 지주대는 양끝에 장부를 만든 원목으로, 위로는 장부 홈의 마루에 이어지고 아래로는 장부 홈 바닥의 들보에 이어진다. 귀틀과 귀틀간의 거리는 약 1미터 정도이고, 두 개의 이웃한 귀틀 사이에는 3-5개의 나무 막대를 횡으로 보태 배판을 만들었는데, 어떤 부분은 암벽 표면에 풀줄기를 섞은 고령토를 바르기도 하였다. 윗부분은 대개 나무 막대를 고르고 빽빽하게 연결하여 정판頂板을 삼았는데, 나무 막대의 방향은 수평갱의 진행 방향과 일치한다. 수평갱의 높이는 약 1미터이고 폭은 80센티미터 정도이다.

광맥을 따르기 위하여 수평갱은 흔히 주갱도 이외에 지갱을 파들어가기도 하였는데, 한쪽 옆 또는 양옆에서 다시 수평갱을 파들어갔다. 수평갱이 급하게 꺾어져 본 갱도와 만나는 지점에는 보통 정판의 나무 막대를 십자로 교차 배열하였다.

수평갱의 어떤 곳은 바닥에서부터 아래로 수갱을 파들어가기도 하였다. 이런 수갱은 갱구가 지면과 직접 통하지 않으므로 '맹수갱盲竪坑'이라고 할 수 있다. 하내와 은위장은 맹수갱은 대부분 깊은 부위로 광석을 파들어 갈 때 사용되었으나, 일부는 지하수를 저장하는 용도로 쓰였을 가능성도 배제할 수 없다고 하였다.

갱도는 보통 몇 개의 수갱을 중심으로 그보다 많은 수평갱을 부채꼴로 파 들어가고, 또 수평갱의 바닥 부분에 약간의 맹수갱을 파 들어가는 구조 이다. 예를 들어 VII호 광상의 1호 지점은 이런 구조이다. 일곱 개의 수평 갱이 세 개의 수갱을 둘러싸고 부채꼴로 뻗어 나가고, 거기에 일곱 개의 맹 수갱이 더해져 있다. (그림 3 참조) 이런 구조는 채굴의 효율을 높이기에 유리하다.

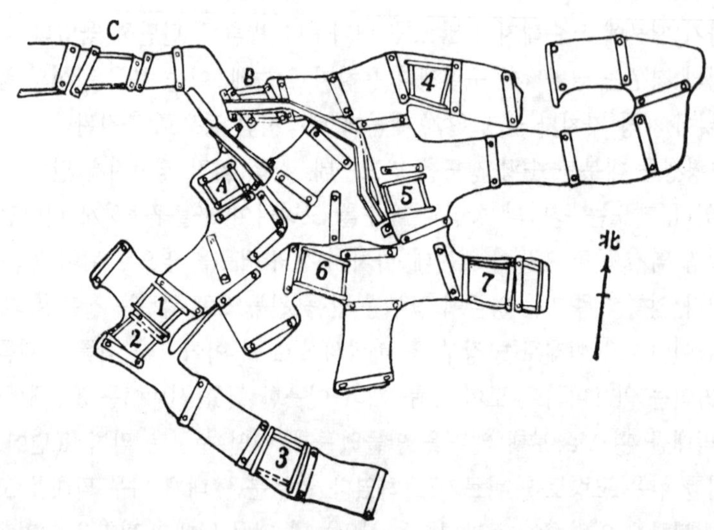

〔그림 3〕 동록산 고대 동광 VII호 광상 1호 지점 수갱의 평면도
'1-7: 맹수갱' 'A-C: 수갱'

고고학자들은 수평갱을 탐사하면서 왕왕 갱도를 메우고 있는 점토·폐 목재·폐석과 철광석 등의 혼합물을 발견하였다. 이는 갱도를 폐쇄할 당시 의 매몰로 생긴 것이 아니라 갱도 폐쇄 전에 인위적으로 만들어진 것이다. 일부 갱도가 서로 이어지는 곳은 인위적으로 나무 막대와 고령토를 사용 하여 막아 버렸고, 심지어 원래는 단일 갱도임에도 막아 버린 흔적이 있는 곳도 있다. 이런 충전물은 갱도 안에서 바로 선별하여 처리하는 것이 편리

할 것이다. 이처럼 막고 메워 버린 것은 다음과 같은 세 가지 목적이 있다.

첫째, 부광을 운반하고 빈광과 폐석·폐목 등으로 폐갱도를 메움으로써 운반상의 작업량을 줄일 수 있다.

둘째, 일찌감치 폐갱도를 폐쇄하고 메우면 깊은 곳에 위치한 작업장까지 맑은 공기를 흘려보내기에 유리하다.

셋째, 작업장의 빈 공간에 생기는 압력을 줄임으로써 채굴 작업의 안전성을 높일 수 있다.

광상 내에는 배수 설비가 상당히 잘 갖추어져 있다. 어떤 수평갱의 바깥쪽에는 굵은 나무에 홈을 파서 만든 수조水槽가 있는데 일부 폐갱에도 이런 목조가 놓여 있다. 목조와 목조가 맞닿는 부분에는 고령토를 발라서 물이 새는 것을 방지하였다. 수갱 또는 본갱本坑을 거치는 목조는 위에 나무판을 붙여서 암조暗槽를 만드는데, 물은 경사를 따라 배수갱이나 저수창으로 흘러든다. 이밖에 또 일종의 배수로가 있는데, 이는 폐갱과 전용 배수로이다.

수갱 내에서는 적지 않은 나무 바가지와 손잡이가 달린 나무통이 발견되었다. 나무 바가지는 나무통에 물을 퍼넣는 데 사용한 것으로, 나무통에 물을 채운 다음 수갱에서 끌어올려 갱 밖으로 운반할 수 있었을 것이다.

갱도의 충전물 속에서는 조명에 사용된 것으로 보이는 짤막한 대나무 통발 몇 개와 불에 탄 흔적이 발견되었다.

당시 채광에 사용된 공구는 청동제 부형착斧形鑿이 주종을 이루었는데, 출토된 청동 부형착의 표본은 무게가 3.5킬로그램이다. 이밖에 채광에 사용된 공구로는 나무삽·대광주리, 선형船形의 나무말〔木斗〕·나무통·나무바가지·나무 갈고리 등이 있다. (그림 4 참조)

비교적 큰 광석은 경험에 따라 눈으로 선광하였으며, 광토鑛土는 선형의 목두나 대광주리에 담아 물에 씻은 다음 중력을 이용하여 선광하고, 이에 따라 굴진 여부를 결정하였을 것으로 추정된다.

체취한 광석은 대광주리에 담아 나무 갈고리를 매단 동아줄로 수갱을 통해 갱 밖으로 끌어올린다.

동록산 고대 동광의 수갱 갱도 하나하나는 상고 시대의 동 채광 장면을 생생하게 보여 준다. 당시 광부는 좁고 어둡고 부족한 산소와 넘치는 지하수 속에서 허리를 구부리고 무릎을 낮추고서야 간신히 굴진할 수 있는 갱도 속에서 일했다. 그들은 손과 두뇌를 함께 써서 깊이 파들어가 꼼꼼히 선광하여 한 광주리 한 광주리 고품위의 동광석을 땅 위로 올려보냈다. 얼마나 훌륭한 사람들이며 얼마나 뛰어난 업적인가!

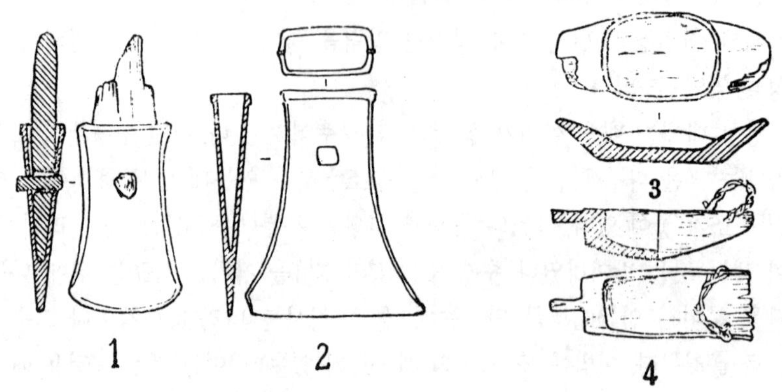

〔그림 4〕 동록산 고대 동광 초기 채광 공구
1·2)청동 부형착 3)선형 목두 4)나무 바가지

고고학자들은 이 수갱들을 발굴 탐사하는 동안 수직 갱도가 무너져 사람이 다친 흔적은 발견하지 못했다. 당시 광산 노동자들의 노동 여건이 좋았다고 하기는 어렵지만 이는 당시로서는 그래도 가장 좋은 조건이었던 셈이다. 초나라의 발달한 청동 문화는 사람의 생명을 아이들의 유희처럼 여기는 폭정의 승리가 아니라 광산 노동자들의 생존을 위한 지혜의 결정이라고 하겠다.

동록산 고대 광구의 초기 용광로는 주로 XI호 광상에서 발견된다. 지금까지 XI호 광상에서는 10기 이상의 용광로가 발견되었는데, 열석광 측정과 지층 및 출토된 기물에 따르면 모두 춘추 시대의 것으로 추정된다.

용광로는 모두 수로竪爐로 구조와 외형이 대부분 엇비슷하다. 노기爐基·노항爐缸·노신爐身의 세 부분으로 구성되며, 외형은 원뿔형이다. (그림 5 참조)

노기는 당시의 지표 아래에 있으며 원통 모양이다. 원통 안에는 돌멩이와 점토를 채워 지면과 서로 같거나 약간 높게 만들었는데, 지름이 1.5-1.6

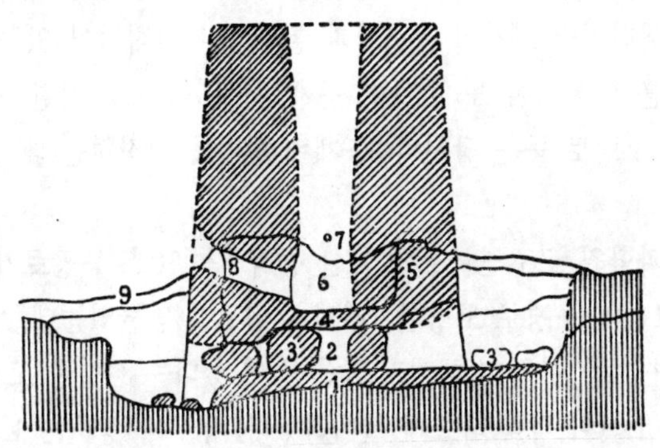

〔그림 5〕 제10호 연동수로 구조 복원도
1)노기 2)풍구 3)풍구 받침돌 4)노항 바닥 5)노벽 6)노항
7)풍안 8)금문 9)작업면

미터이고 높이가 20센티미터 정도이다. 내부에는 'T'자형 또는 '一'자형
의 홈이 있는데, 이는 풍구風溝로 방조구防潮溝라고도 부른다. 풍구는 벽면
에 고령토를 바르고 불에 구우면 재질이 단단해진다.

　노항은 노기 위에 쌓았다. 그 절단면은 타원형 또는 장방형을 보이는데,
장축長軸은 노기의 횡구橫溝와 수직을 이룬다. 장축은 길이가 약 70센티미
터이고, 단축短軸은 약 40센티미터이며, 노항의 높이는 약 30센티미터이다.
단축의 앞쪽 끝 벽면에는 금문金門이라고 하는 아치형의 문을 설치하였다.
금문의 바닥은 10° 정도 비스듬하게 안쪽으로 40센티미터 가량 내려갔는
데, 바깥 넓이는 약 27센티미터이고 안쪽 넓이는 약 40센티미터 정도이다.
노항의 안쪽 벽과 금문 안쪽의 일부분에는 고령토와 석영사를 위주로 한
내화재를 발랐다.

　풍구風口(風眼)는 장축의 꼭대기에 한 개 또는 한 쌍이 있는데, 노항이
파손되었기 때문인지는 단정하기 어렵다. 4호로의 풍구는 지름이 약 5센티
미터로 직통식直筒式이다. 경사가 19°로 바깥은 높고 속은 낮다. 이런 형태
의 풍구는 자연풍에만 의존할 수는 없으므로 반드시 송풍기가 필요하다.

　노신은 태반이 무너져 내려 전체 높이는 알 수 없고, 노벽의 두께는 40센
티미터 정도이다.

　용광로 주변의 작업면에서는 몇 가지 흔적이 발견되었다. 천막을 칠 때

기둥을 세웠던 자리, 광석을 깨는 데 사용된 돌모루와 돌공이, 돌모루 주변의 지름 3-4센티미터 크기의 동광석과 철광석이 퇴적되어 있는 크고 작은 얕은 구덩이를 비롯하여 도제 관罐, 동제 자귀, 동괴, 제련한 동 부스러기, 철광석 가루, 고령토 등은 당시의 동 제련 상황을 짐작하는 데 중요한 단서가 된다.

중국 사회과학원 고고연구소 동록산 공작대는 10호 용광로가 발견된 현장 부근에 고대의 용광로 모방한 2기의 실험로를 만들었는데, 노신의 높이와 풍구의 개수 등 아직 밝혀지지 않은 점이 있다는 사실을 고려하여 2기의 실험로를 노신이 각각 다르게 설계하였다. 풍구의 경우는 1호로에는 한 개를 설치하고, 2호로에는 두 개를 설치하였다. 이미 밝혀진 각 부분과 여러 가지 사항들은 모두 고대의 용광로와 똑같게 만들고자 노력하였다.

고대 용광로를 본뜬 2기의 실험로가 완성된 다음, 서로 다른 기상 조건 아래에서 두 차례 실험을 진행하였다. 1호로의 실험시에는 쾌청하고 바람이 없는 날씨로, 소형 전기 송풍기로 바람을 불어넣었다. 그러나 풍구가 하나뿐이어서 풍압과 풍량이 그래도 부족하였다. 때문에 목탄이 충분히 연소되지 못하여 황동 약 2킬로그램이 제련되어 노항 밑바닥에 쌓인 다음 이내 연동로가 식어 버렸다. 2호로의 실험시에는 흐리고 비가 오는 날씨에 미풍이 불었다. 소형 전기 송풍기 한 대를 사용하여 두 개의 풍구로 동시에 바람을 불어넣었다. 약 10시간 30분에 걸친 제련 과정은 순조롭게 진행되었다. 광석과 용제 1천3백여 킬로그램과 목탄 6백여 킬로그램을 투입하여 모두 14차례 불순물을 걸러내고 두 차례 동을 받아내면서 총 1천 킬로그램의 황동을 제련하였다. 황동은 순도가 94-97퍼센트이고, 불순물은 평균 동 함유량이 0.837퍼센트인 것으로 실험 결과 밝혀졌다.

이 두 차례의 실험은 대단히 의미 있는 것이다. 1호로의 실패와 2호로의 성공은 모두 설계 의도에 부합되어 각각의 특징을 잘 드러냈다고 할 수 있다. 실험 결과 다음과 같은 사실이 입증되었다.

동록산의 춘추 시대 수로에서 사용한 제련 기술은 산화된 동광석을 환원하여 제련하는 방법이다. 풍압과 풍량이 충분하기만 하면 정상적인 제련이 가능하며, 용광로의 용화대에 충분한 온도가 보존되면 광석은 괴광塊鑛이건 분광粉鑛이건 품위에 관계 없이 황동을 제련할 수 있다. 불순물과 황동은 모두 금문을 통해 배출되는데, 불순물은 금문 윗부분의 구멍으로 밀려 나오고 동은 가라앉아 금문 아랫부분의 구멍으로 밀려 나온다. 이런 수로는 한 차례 사용 후에 용광로를 부숴서 동을 꺼내는 것이 아니라, 계속해서 원료를 투입하고 불순물을 밀어내고 간간이 중단하여 동을 끄집어 내면서 지속적으로 제련이 가능하다. 용광로 하나는 하루에 평균 동 함량이 12퍼센트인 광석 3천 킬로그램을 투입한다면, 정상적인 상황에서는 약 3백 킬로그램의 황동을 제련할 수 있다.

노본산과 화각명은 "동록산의 춘추 시대 수로는 열효율이 높고 수명이 길며, 처리량이 크고 검사와 수리가 간단하며 조작이 편리하다는 장점이 있다"고 하였다.

동록산의 춘추 시대 수로는 지금까지 중국에서 발견된 풍구가 설치되고, 노항의 절단면이 타원형인 고대 용광로 가운데 연대가 가장 빠른 것이다. 철 제련 기술과 동 제련 기술은 계승 관계를 지닌다. 따라서 동록산의 춘추 시대 수로는 당시 중국 최고의 동 제련 기술을 대표할 뿐 아니라, 전국 시대에서 진·한 시기에 이르는 철 제련 기술의 제고에 훌륭한 토대가 되었다.

동록산 고대 광구의 많은 지점을 뒤덮고 있는 고대의 제련 불순물은 종종 그 두께가 1미터를 넘는다. 화학 실험 결과 평균 동 함량이 0.7퍼센트이고, 철 함량이 50퍼센트 정도로 밝혀져 이것이 동 제련에 따른 불순물임을 알 수 있다. 그곳에 남아 있는 불순물은 약 40만 톤으로 추산되는데, 이는 고대에 제련된 황동이 10만 톤에 육박한다는 의미로 놀라운 수치이다. 이 가운데 전국 시대 이후와 서주 시대의 것이 상당수 포함되어 있다 하더라도 대부분은 춘추 시대의 것이다. 초나라는 이처럼 대량의 황동을 소유함으로써 그것이 경제에 미치는 영향을 무시할 수 없게 되었다.

초나라는 이곳의 동광만을 소유하였던 것은 결코 아니다. 《국어·초어하 楚語下》에는 왕손어王孫圉가 "초나라에는 금·재목·대나무·화살 등이 산출되는 운련도주라는 숲이 있다 有藪曰雲連徒州, 金木竹箭之所生也"고 한 말이 기록되어 있다. 운련도주는 강한 평원에 있었고, '금金'은 동을 가리킨다. 왕손어가 이 말을 한 시기는 춘추 말기이지만 운련도주에서 동이 처음 산출된 시기는 확실히 이보다 빠르다. 물론 동록산과 비교할 때, 운련도주에서 산출된 동은 훨씬 적었다. 성왕 이후로는 초나라가 점령한 여

수汝水 이남 지방에서도 동이 생산되었다. 《관자管子·경중갑輕重甲》에는 "여수와 한수의 남쪽 지역에서 동이 산출된다 金出於汝漢之右衢"고 하였다. 그러나 이 지역의 산출량 역시 동록산의 생산량보다는 적었다.

주조와 용접

상대와 서주 시대의 청동 주조터는 태반이 중원 지방에 자리잡고 있다. 그러나 당시 동광과 함께 있었던 황동 제련터는 아직 중원 지방에서는 발견되지 않았다. 당시 중원의 동광은 여기저기 흩어져 있던 소규모 광산들로 폐광된 지 오래 되어 종적이 묘연해진 것으로 추측된다. 춘추 시대의 동광은 현재 발견된 것으로는 동록산과 그 인근 지역을 제외하면 춘추 시대의 것으로 추정되는 내몽고자치구 소오달맹昭烏達盟 임서현林西縣의 대정大井뿐이다.[47]

주목할 만한 것은 동록산이 만이의 지역에 위치하고 있고, 대정은 융적의 지역에 자리잡고 있다는 점이다. 늦어도 춘추 시대에는 이미 중원의 동광석이 고갈되어 만이와 이적의 지역에서 황동을 생산하고 화하에서 청동 완제품을 만드는 분업이 이루어졌다. 이는 민족적 성격을 띤 분업이자 지역적 성격을 지닌 분업이다. 아무튼 제련 기술과 주조 기술을 화하와 만이·융적이 공유하였기 때문에 결과적으로 앞서 언급한 것과 같은 분업이 생기게 된 것이다.

주나라 때 제하의 동기 명문에는 '부금俘金'의 기록이 적지 않게 나온다. '부금'은 오늘날 구어로는 '동을 빼앗다'는 말이다. 동을 탈취한 지역은 회이의 지역이 다수를 차지한다. 회이는 남쪽으로는 오·월과 양월이, 북쪽으로는 제하가 있었다. 제하는 직접 오·월로 가서 동을 빼앗을 수는 없었지만, 간접적으로 오·월과 양월에 붙어 있는 회이로 가서 동을 탈취할 수는 있었다. 당시 회이에 대한 제하의 전쟁은 당당한 구실 이면에 기실 동을 탈취하는 것이 주된 동기였다. 동을 빼앗는 것 이외에 '헌금獻金'이 있었다. 전쟁에서 이긴 쪽은 동을 빼앗고, 진 쪽은 동을 바쳤다. 屖敖毁銘에는 "융적이 공자 아보에게 1백 수레의 동을 바쳤다 戎獻金于子牙父百車"고 하였는데,[48] 이는 비교적 연대가 빠른 자료이다. 《시경·노송魯頌·

반수泮水)에는 "회수 오랑캐를 항복시키니…… 숱한 보물 안고 와서, 큰 거북에 상아와 남금을 바치네 旣克淮夷,…… 來獻其琛, 元龜象齒, 大賂南金"라 하였는데, 이는 비교적 연대가 늦은 자료이다. '남금南金'은 바로 남방에서 생산한 동을 가리킨다.

초나라가 동록산과 인근 지역을 점령한 후, 그곳에서 생산되는 황동은 초나라가 농단하는 전략 물자가 되었다. 그러나 한수 동쪽의 상황은 안정되지 못하여 초나라의 동 산지 통치에 커다란 위협이 되었다. 초나라 성왕 32년(기원전 640년)에 증나라, 즉 수나라는 한수 동쪽의 제후들을 선동하여 초나라에 반란을 일으켰다. 초나라는 영윤이던 공자 문文을 주수主帥로 삼아 증나라를 토벌하여 "큰 전과를 거두고 개선하였다. 取成而還"[49] 이로부터 증나라는 초나라의 꼭두각시가 되고 말았다.

증나라는 가장 남쪽에 위치한 희성의 제후국으로 주나라 왕실과의 관계가 상당히 친밀하여 공실의 자제들은 자칭 "주나라 임금의 후손 周王孫"이라고 하였다.[50]

앞서 지적하였듯이 서주 후기에서 전국 초기까지 증나라는 청동 주조 기술에 있어서 초나라를 앞섰다. 기원전 640년, 초나라가 증나라를 멸망시키지 않은 채 '큰 전과를 거두고 개선한' 것은 평범한 결정이 아니었다. 여기에는 다음의 세 가지 이유가 있었다.

첫째, 초나라 성왕이 증나라의 도움으로 자신의 형을 죽이고 즉위하였기 때문에 증나라에 대한 감사의 마음이 있을 수밖에 없었다.

둘째, 한수 동쪽 제후들의 향배가 증나라에 의해 좌우되었기 때문에 초나라가 부용국인 증나라만을 좌지우지하면 한수 이동의 부용국들을 통제하기가 쉬워진다. 이 경우 대대적으로 정벌하지 않고서도 동록산 일대의 안정과 확실한 황동 운반로를 확보할 수 있게 된다.

셋째, 증나라의 청동 주조 기술은 바로 초나라가 필요로 하는 것이었다. 때문에 닭을 잡아서 알을 얻기보다는 닭을 길러서 알을 받는 편이 나았다. 이는 나중에 초나라에 뜻밖의 이익을 가져다 줌으로써 초나라의 이런 결정이 현명하였음이 입증되었다. 《좌전·희공僖公 28년》에 따르면, 진晉나라의 난정자欒貞子가 "한수 북쪽의 희성 제후들을 초나라가 모두 집어삼켰다 漢陽諸姬, 楚實盡之"고 말했다. 이는 초나라 성왕 40년의 일로, 당시 장강과 회수 사이에 있던 증나라와 그밖의 희성의 제후국들이 모두 초나라의 부용국이 되었다.

황동은 주석을 일정 비율로 섞어 제련해야만 견고한 청동으로 만들 수 있다. 《상서·우공禹貢》의 기록에 따르면, 구주九州 가운데 형주荊州와 양주揚州만이 '금3품 金三品'을 진공하였다. '금3품'은 동·금·은으로 동이 주종을 이룬다. 주석을 진공한 지방은 형주와 양주 두 곳 이외에 예주豫州가 있었다. 대개 동과 주석의 산지는 모두 강남江南에 위치하였다고 할 수 있다. 강남은 이사李斯의 〈간축객서諫逐客書〉에 "강남 지방의 동과 주석 江南金錫"이라고 한 그 강남으로 실제로는 회수 이남 지역을 가리킨다. 성왕 중기 이후 초나라는 동과 주석의 주요 산지를 독점하였다고 할 수 있다.

동과 주석이 대량으로 산출되고 주조 기술 수준 또한 높아짐에 따라 초나라의 청동기 생산은 자연스럽게 다른 나라들을 선도하게 되었다.

1978-1979년에 걸쳐 석천현 하사의 초나라 고분에서 출토된 청동기는 춘추 중기와 후기 초나라의 청동 주조와 용접 기술 수준을 짐작하게 한다. 이와 관련된 주요 자료로는 하남성 박물관, 석천현 문관회淅川縣文管會, 남양지구南陽地區 문관회, 단강고구丹江庫區 문물발굴대와 장검張劍, 탕문홍湯文興 등이 작성한 발굴 보고서와 논문이 있다.[51]

하사의 초나라 고분은 출토된 청동 예기의 수량과 규격 및 기우奇偶를 통해 보면 2호 고분이 주묘主墓이고, 1호·3호 고분은 2호 고분의 배장묘이다. 1호·2호·3호 고분에서 모두 '楚叔之孫佣'이라는 기물의 명문이 발견되어 2호 고분의 묘주가 붕佣임을 알 수 있다. 유위초兪偉超와 이가호李家浩 등은 붕은 영윤 위자풍蔿子馮이라고 여겼는데[52] 신빙성 있는 견해이다. 초숙楚叔은 위자풍의 조부 위가蔿賈가 아니라 위씨蔿氏의 시조인 위장蔿章인 듯하다.[53]

2호 고분에서 나온 승정升鼎은 복부의 명문에 정을 만든 사람이 공자 오午, 즉 영윤 공자 경庚이라고 기록하고 있다. 그러나 덮개에 있는 명문에는 붕佣이 만들었다고 되어 있다. 아마도 공자 경이 죽은 후에 붕이 이를 손에 넣었던 것 같다. 위자풍은 초나라 강왕康王 12년(기원전 548년)에 죽었고, 공자 오는 강왕 8년(기원전 552년)에 죽어서 4년밖에 차이가 나지 않는데, 그 시기는 춘추 후기 초엽에 해당된다.

하사 초나라 고분에서 나온 청동기의 주조 기술은 상당히 성숙되어 초나라가 춘추 중기에 이미 이런 기술을 지녔던 것으로 보인다.

하사 초나라 고분에서 나온 청동기는 대개 분형 주조법으로 만든 것이다. 소량의 기물과 격鬲에 연결된 격족鬲足, 기물의 덮개, 손잡이 등의 부속물만이 청동 주조의 초보 기술인 혼주법渾鑄法으로 만들어졌을 뿐이다. 분형 주조법은 몸체와 몸체에 연결된 부속품을 한꺼번에 주조하는 것이 아니라, 먼저 귀와 발 등을 만들어 몸체의 거푸집에 상감해 넣은 다음 함께 주조하여 완전한 기물을 만들기도 하고, 먼저 몸체를 주조한 다음 부속품을 그 위에 주조하여 붙이기도 한다.

춘추 시대에는 먼저 부속품을 주조한 다음에 몸체를 주조하는 방법이 분형주조법의 주류를 이루었다. 하사의 청동기는 대부분 몸체와 부속품을 각각 주조한 다음, 다시 동이나 주석을 용접제로 하여 이를 용접하였다. 이런 새로운 기술은 당시 초나라의 분형주조법이 새로운 단계에 들어섰음을 보여 준다.

1호 고분에서 나온 55호 대정大鼎의 경우는 덮개가 없고 아가리가 지나치게 크며, 얇은 배에 바닥이 편평하고 발이 발굽 모양이며, 커다란 귀가 가장자리에 붙어 있고 가장자리 아래에는 6마리의 짐승이 투조되어 있다. 정의 전체 높이는 60센티미터이고, 무게는 68킬로그램이다.

탕문흥湯文興은 "대정의 주조 흔적을 통하여 정신鼎身은 6개, 정저鼎底는 4개의 거푸집이 각각 모여 만들어졌고, 정족鼎足은 3개의 거푸집을 조합하여 만들었음을 알 수 있다. 정체鼎體·정족·정이鼎耳는 각각 별도로 주조된 다음 다시 한데 용접하였다. 정체에는 쇳물 주입구가 바닥 부분에 만들어져 있어 정저를 위로 향하고 쇳물을 부어넣었음을 알 수 있다. 별도로 바닥 부분의 거푸집이 합쳐진 자리에는 3개의 버섯 모양의 장부가 있고, 정체에 6개의 거푸집이 합쳐진 자리에 6개의 쇳물 배출구가 있다. 이는 정족과 투조된 6마리의 짐승을 용접하기 위하여 일부러 만든 것이다. 정이는 속이 비어 있고, 높이가 12센티미터에 무게가 4.5킬로그램이며, 각각의 정이는 6개의 거푸집을 합쳐서 만든 것이다. 정이는 귀받침을 매개로 정체와 마주하여 주조하여 붙이는 방법을 사용하였다……"고 하였다.

탕문홍이 지적한 용접 방법은 다음의 세 가지가 있다.

첫째, 장부를 끼워맞추는 방법이다. 정의 바닥 바깥쪽에 있는 3개의 장부는 정체를 주조할 때 함께 만드는데, 맞머리못의 역할을 하도록 설계한다. 용접 전에 미리 정족의 심형心型을 둥글고 움푹하게 만든다. 용접시에는 먼저 3개의 정족을 평탄하고 적당한 위치에 내려 놓고, 3개의 장부와 정족을 서로 대응시켜 용접제가 둥글고 움푹한 속으로 들어가게 한다. 그런 다음에 다시 정체를 일으켜 3개의 장부를 그 속에 밀어넣고, 용접제가 식으면 즉시 용접한다. 자세히 살펴보면 여기에는 주석이 용접제로 사용된 듯하다.

둘째, 주물을 배출구로 밀어내는 방법이다. 정벽에 있는 6개의 주출공鑄出孔은 장방형으로 속은 넓고 겉은 좁다. 용접시에 먼저 짐승을 새긴 주물 구멍을 주출공에 잘 맞추고 견고하게 두드린 다음 주출공의 속 구멍으로 쇳물을 부어넣는다. 대정은 출토 당시에 6개의 투조된 짐승이 모두 떨어져 버렸다. 이는 애초에 용접하는 두 동건銅件을 동시에 가열해야 하는 과정을 생략한 채, 주출공의 속이 넓고 겉이 좁은 구조를 이용하여 튼튼하게 용접하고자 하였으나, 결국 용접액과의 온도 차이가 너무 크고 주출공 벽이 너무 얇아서 오래 갈 수 없었기 때문이다. 그러나 이 대정이 부장되기 전에는 6개의 투조된 짐승이 떨어지지 않았다. 결국 주물공이 게으름을 피워서라기보다는 그들이 가열 공정 하나를 줄이는 것이 지하에 매장된 채로 얼마나 견딜 수 있는지를 검증하지 못했기 때문이라고 해야 할 것이다.

셋째, 귀받침을 매개로 한 특수한 방법이다. 귀받침은 속이 차 있는 특수 청동 부속품으로 받침마다 3개의 장부가 있다. 그 중 하나는 위로 정이를 끼워넣을 수 있고, 다른 두 개는 정의 모난 아가리 가장자리 안과 아가리 가장자리 아래 배의 벽면에 각각 끼워넣을 수 있다. 용접은 세 단계를 거친다. 먼저 위로 향한 장부를 정이에 밀어넣어 심형을 약간 긁어낸 다음, 정이의 안쪽에 쇳물을 부어넣고 정이와 귀받침을 용접한다. 그 다음 아래로 향한 두 개의 장부를 암·수틀 사이에 집어넣고 정체를 만들 때 장부를 정체에 붙인다. 끝으로 장부의 노출 부분을 평평하게 갈아 마무리한다. 귀받침의 두께는 정벽의 두께와 비슷한데, 이는 냉각 속도의 차이에 따른 왜력으로 말미암아 주조 부위가 뒤틀리는 것을 막기 위한 것이다.

55호 고분에서 나온 대정에 투조된 여섯 마리의 짐승은 주조선이나 단조 또는 용접의 흔적이 전혀 없다. 겉모양이 완전할 뿐 아니라 정교하고 아름답다. 이는 분형 주조한 것이 아니라 밀랍법이나 누연법으로 만든 것으로 추정할 수 있다.

중국에서 밀랍법이 처음 사용된 시기는 문헌상으로는 중고 시기로 거슬러 올라갈 수 있을 뿐이다. 그러나 호북성 수주시 뇌고돈 증후을 고분에서 대반동존帶盤銅尊이 출토된 이후, 비로소 사람들은 전국 초기에 이미 밀랍법에 의한 주조 기술이 있었을 가능성을 확인하게 되었다. 또 얼마 후에 하사 초나라 고분의 동기가 출토됨으로써 밀랍법이 처음 나온 시기가 훨씬 이전인 춘추 시대까지 거슬러 올라갈 수 있게 되었다.

밀랍법은 먼저 밀랍으로 형태를 만들고, 거기에 진흙과 내화재를 발라 굳히면 거푸집이 된다. 그런 다음 밀랍을 녹여 거푸집 밖으로 흘러 나오게 하고, 쇳물을 부어 기물을 제작한다.

현존 자료에 따르면 중국에서 밀랍법 주조 기술은 초나라에서 처음 만들어진 것으로 보인다. 그러나 여기에는 의문의 여지가 있다. 밀랍은 재질이 물러 40°에서 부드러워지고 63-67°가 되면 녹아 버린다. 뇌고돈 증후을 고분에서 나온 동존銅尊과 하사 초나라 고분에서 나온 동금銅禁에 투조된 부가 장식은 유난히 복잡하고 정교하여 물성物性이 안정되고, 입체적 무늬가 완전하고 아름다운 밀랍 형태를 만들기가 상당히 어렵다. 때문에 이지위李志偉는 밀랍법이 아니라 누연법을 사용하였을 것이라고 추측하였다.[54]

누연법은 쉽게 용해되는 금속의 일종인 납을 거푸집의 원형을 만드는 재료로 삼는다. 당초 실제 사용된 것이 밀랍법인지 누연법인지는 복원을 통한 실험을 해봐야만 판단할 수 있다.

성왕 중엽 이후, 초나라는 청동 제련과 주조에 있어서 상대적으로 좋은 조건을 갖추게 되었고, 여기에 섬세함과 특이함에 치우쳐 있던 초인의 심미 의식이 보태져 그들의 주조 기술자들이 밀랍법이나 누연법을 발명했으리라는 사실을 짐작할 수 있다. 초문화의 성장기에 있어서 초나라의 청동 주조 기술 수준은 세계 일류였다.

앞서 소개한 것은 동정銅鼎 하나에 나타난 주조와 용접 기술일 뿐이다. 이런 기술은 하사 초나라 고분에서 출토된 여타 동기에서도 볼 수 있는데 응용의 정도가 다를 뿐이다. 밀랍법이나 누연법은 비록 널리 응용되지는 않지만 투조된 짐승에서만 볼 수 있는 것은 아니다. 예를 들어 2호 고분에서 나온 동금銅禁은 위아래에 22개의 투조한 짐승과 사방에 층층의 투조된 구름 무늬가 있는데 기술 수준이 믿기 어려울 정도로 뛰어나다. 또 1호 고분에서 나온 동잔銅盞은 둥근 정수리와 귀·발이 모두 투조된 것으로, 역시 대단히 정교하고 아름답다.

오랜 세월이 흐른 뒤에 하사는 단강丹江 댐에 수몰되어 수위에 따라 드러났다 잠겼다 하게 되었고, 수류에 부딪히고 씻기면서 표토가 점점 무너져 내려 마침내 일부 고분은 물을 방류했을 때에만 그 입구가 드러나게 되었다. 다행히 석천현 문관회 직원에게 발견되어 비로소 그 속에 있던 귀중한 유물들을 다시 볼 수 있게 되었고, 나아가 역사의 의문 몇 가지가 풀리게 되었다.

4. 초 기물의 기풍

초나라 기물의 기풍을 소개하자면 다행스러움과 안타까움이 엇갈린다. 반세기 가까이 지하에서 발굴된 초문화 유물은 풍부하고 정교하여 발굴 보고서의 기록이 마치 숱한 보물을 진열해 놓은 듯하다는 것은 다행스러운 점이다. 그러나 지금도 땅 속 깊이 잠들어 있는 초의 문화 유물은 이루 헤아릴 수 없을 정도로 아직 발견되지 않은 것이 이미 발견된 것보다 훨씬 많다. 때문에 문헌 기록의 도움으로 미비를 메운다 하더라도 남겨진 공백은 적지 않다는 점은 유감이다. 돌이켜보면 춘추 시대의 초나라 왕릉은 전혀 발견되지 않았고,[55] 영윤의 무덤 역시 단 하나가 발견되었을 뿐이다. 때문에 앞으로 도굴 당한 적이 없는 초나라 왕릉이나 영윤 무덤 몇 개가 발견된다면, 분명 초나라 기물의 기풍에 대해 한 걸음 나아가 이해할 수 있게 될 것이다. 현재로는 한쪽만으로 전체를 개괄해야 한다는 우려를 금할 수 없다.

초문화 성장기의 생산 도구는 현재 발견된 것은 1백 개에도 미치지 못한다. 이는 그것이 본래 매우 적었기 때문이 아니라 생산 도구는 부장되지 않는 것이 관례였고, 또 목제 도구는 쉽게 부패하고 동제 도구는 망가졌을 때 다시 녹여서 귀중한 쇠의 낭비를 막았기 때문이다. 하사의 초나라 고분 25기는 1기의 주묘에서만도 26점의 청동 도구가 발견되었다. 24기의 배장묘와 순장묘에서는 단 1점의 생산 도구도 발견되지 않았다. 단지 주묘에만 약간의 장식이 보태어진 소량의 청동 도구가 있을 뿐인데, 이는 묘주가 생전에 거느렸던 농노와 노예가 공들여 만든 것이다. 배장묘와 순장묘의 묘주는 일가의 가장이 아니므로 무덤에 생산 도구를 부장하는 것은 필요치 않다.

이 시기 초나라 고분에서 출토된 생산 공구로는 곽钁·부斧·분錛·겸鎌·삭削·추錐 등이 있는데, 모두 청동제이다. 이들 공구의 형태는 대체로 동시기 중원의 동류 기물과 차이가 없다. 유독 대거치帶鋸齒의 동겸銅鎌(하사 2호 고분에서 나온 2점, 산만 2호 고분과 11호 고분에서 각각 발견된 1점)만이 남방의 특색을 지니고 있는데, 벼를 수확하는 데 사용된 것으로 보인다. 국토가 서로 맞닿고 상인이 왕래하던 나라들 사이에서 생산 도구의 민족적 특성과 지역적 기풍은 그다지 두드러질 수 없다.

거구車具와 마구馬具도 형편은 마찬가지이다. 하사 거마갱車馬坑에서 발견된 초나라 귀족 수레의 잔적은 중원 여러 나라의 귀족들이 타던 수레와 크게 다르다고 하기는 어렵다. 우리가 관심을 갖는 것은 성장기 초문화의 수준과 기풍이다. 따라서 수준이 뛰어나지 않고 기풍이 선명하지 않은 생산 도구·거구·마구 등에 대하여는 언급할 필요가 없다.

초나라의 칠기漆器는 아주 독보적인 수준에 이르렀다. 그러나 현재 발견된 것은 대부분 초문화 전성기의 유물이다. 초문화 성장기의 칠기는 아직 완전한 실물이 발견되지 않았다. 하사 2호 고분의 거마갱에서는 수레 6량이 발견되었으나 모두 썩어 버려 남아 있는 암갈색의 칠 흔적을 통해 원래 칠목漆木으로 만들었음을 알 수 있을 뿐이다. 하사 초나라 고분에서 나온 동기들은 흑칠이 상감되어 있다. 산만山灣의 춘추 시대 초나라 고분에서는 검정 바탕에 붉은 채색을 한 칠피漆皮, 옻칠을 한 녹각鹿角, 썩어 버린 칠기의 흔적이 발견되었다. 이로써 초나라는 춘추 중기와 후기에 이미 옻칠 기술이 상당히 발달하였으나 칠기의 수량이 그리 많지는 않았음을 알 수 있다.

　의창지구宜昌地區 박물관의 고응근高應勤 관장은, 1984년 발굴된 춘추 후기의 당양當陽 조가강曹家崗 5호 고분에서 출토된 칠슬漆瑟 2점 가운데 1점은 꽃무늬가 대단히 정교하고 아름다워 매우 보기 드문 것이나 안타깝게도 이 역시 파손된 것이라고 보고하였다.

　전성기의 초문화에서는 먼저 칠기에 대해 소개하겠다. 본론에 앞서 몇 가지 단편적 자료들을 거론한 것은 마치 이른 봄날의 꽃소식과 꾀꼬리의 노랫소리가 온갖 꽃들이 만발하고 뭇새들이 짝지어 몰려오는 늦은 봄이 다가옴을 알리는 것과 같기 때문이다.

　본절에서는 유물이 비교적 많고 특색이 선명한 예기와 병기에 대해 중점적으로 소개하겠다.

예 기

　예기禮器는 크게 동제 예기와 도제 예기 두 종류로 나뉜다.

　귀족 무덤에 부장된 예기는 주로 동제 예기로, 하사 1호·2호·3호 고분에서 출토된 동제 예기는 수량이 많고 눈부시게 다채롭다.

　정鼎은 동제 예기 가운데 수위를 차지한다. 주대의 지역 문화에 있어서 동제 예기의 기풍은 정에 집중적으로 표현된다. 초나라의 정은 형태의 변화가 풍부한 독특한 계통을 지니고 있어 초식정楚式鼎이라고 부를 수 있다. 초식정의 형태에 대해 전반적으로 분석한 고숭문高崇文의 논문은 참고할 만한 가치가 크다.[56] 하사와 산만의 초나라 고분에 대한 발굴보고서 역시 빼놓을 수 없는 중요한 자료이다.[57]

　춘추 초기의 초식정은 조가호趙家湖의 초나라 고분에서만 보이는데, 가장자리가 구부러지고 귀가 달린 특징은 서주말 동주초 중원의 동류 정과 유사하다. 엄격히 말해 이는 약간 초화楚化된 주식정周式鼎이다. 그러나 춘추 중기로 접어든 이후 이런 형태의 정은 모가지는 좁아지고 정체의 어깨 부위는 굽어지고, 정족이 점차 높아지고, 정벽이 차츰 곧아졌다. 또 어떤 것은 둥근 덮개가 더해져 전체 기물의 윤곽이 복잡해지고, 소박하던 모습에서 점차 정교해지는 등 중원과는 기풍을 달리하면서 명실상부한 초식정이 되었다. 이런 형식의 속경절견정束頸折肩鼎은 조가호·산만·하사의

초나라 고분에서 모두 발견되어 초나라에서 이미 유행하였음을 알 수 있
다. 서徐나라와 정鄭나라에도 이런 유형의 정이 있는데, 이는 초나라의 것
을 본뜬 것으로 추측된다.

　요컨대 춘추 중기 초나라 고분에서 처음 나타나는 정은 중원의 동시기
정과는 현저히 다른 기풍을 지닌다. 단 하나의 예외가 있다. 바로 가장자
리가 구부정하고 매우 큰 귀가 달린 절연치이정折沿侈耳鼎이 그것으로, 이
는 동시기 중원의 동류 정을 그대로 빼닮았다. 그러나 절연치이정은 춘추
중기를 지나며 사라졌다. 이는 초인이 이미 중원의 기류器類와 기형器型을
모방, 답습하는 데에 만족하지 않게 되었음을 의미한다.

　춘추 중기에 처음 나타난 초식정으로는 우정于鼎과 승정升鼎이 있다. 우
정은 형태가 조금 특수하다. '盥' 라고 자명하였는데, 고고학계에서는 이것
을 '우정于鼎' 으로 부른다. (그림 6 참조)

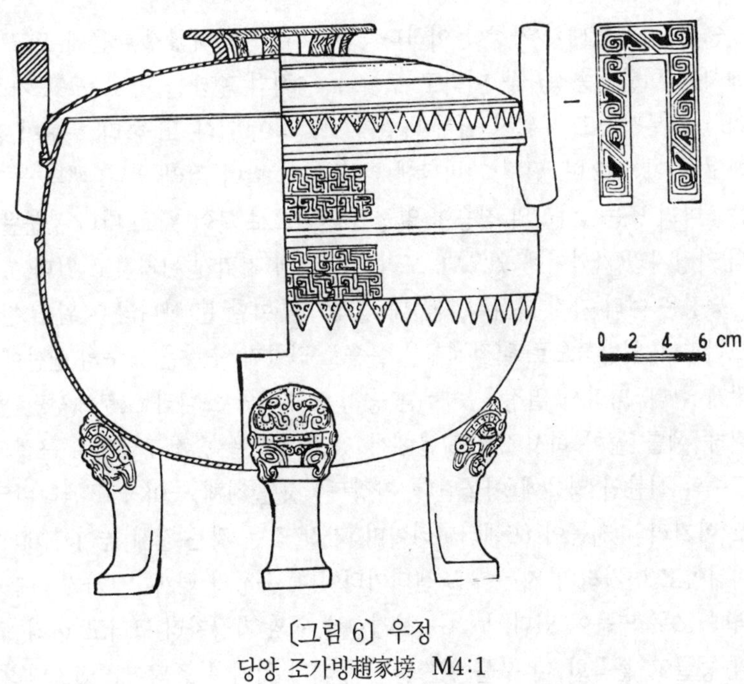

〔그림 6〕 우정
당양 조가방趙家埓 M4:1

　춘추 시대의 우정은 개정盖鼎, 즉 덮개가 달린 정으로 속이 깊고 바닥이

둥글고 귀가 달리고 굽 모양의 발이 달려 있다. 이는 중원의 개정과 같은 특징이다. 그러나 동시기 중원의 개정은 일반적으로 모서리에 볼록하게 나온 홈이 없고 배가 둥그스름하던 것에서 차츰 둥글넓적하게 바뀐 반면, 우정은 모서리에 볼록하게 나온 홈이 있고 배가 둥그스름한 것과 둥글넓적한 것의 중간 모양이다. 전체적인 조형을 보면 우정은 동시기 중원의 개정보다 정교하고 아름답다.

　하사 1호 고분에서 나온 우정 10점은 대정對鼎이 4쌍이고, 단정單鼎이 2점이다. 대정은 매 쌍마다 크기와 형태가 동일하다. 그 가운데 가장 큰 한 쌍은 6개의 둥근 정수리 받침이 있고, 덮개와 배에 섬세한 무늬가 있으며, 발에 짐승 무늬가 새겨져 있다. 정의 전체 높이는 46.5센티미터이고, 아가리의 지름은 47.7센티미터이다. 다른 세 쌍은 크기가 차례대로 줄어든다. 이 우정 10점은 모두 정교하게 주조한 것으로, 이같은 짜임새는 상당히 보기 드문 것이다.

　승정은 그 형태가 가장 특이하다. '鼎'이라 자명하였기 때문에 고고학계에서는 이를 '승정升鼎'이라고 부른다. 승정의 형태는 높고 크고 가장자리가 구부정하고 세워진 귀가 바깥쪽으로 뻗어 있다. 또 허리 부분이 잘록하고 속이 얕으며, 편평한 바닥에 굽 모양의 발이 달려 있다. 배의 둘레에는 6마리 또는 4마리의 짐승이 일정한 간격으로 붙어 있고, 머리 부분은 정의 가장자리 가까이에 있으며, 꼬리는 바닥에 가깝게 위치하고 있다.

　승정은 여러 가지 초식정 가운데 형태가 특이할 뿐 아니라 지위 또한 두드러진다. 일반적으로 열정列鼎은 홀수로 만들며, 수량은 묘주의 신분에 걸맞게 한다. 따라서 열정을 이루는 승정은 대형의 초나라 고분에서만 발견된다. 예를 들어 하사 2호 고분에서 나온 열정은 승정 7점으로 구성되어 묘주의 신분인 영윤에 어울린다. 가장 큰 것은 전체 높이가 67센티미터이고 아가리의 지름이 66센티미터이며, 가장 작은 것은 전체 높이가 60센티미터이고 아가리의 지름이 58센티미터이다. 승정의 덮개·모가지·배·내벽에 모두 명문이 있다. 무늬는 복잡한데 귀와 가장자리 그리고 허리 부분의 둥글고 볼록한 띠 부분에는 꽃잎 무늬가 얇게 부조되어 있고, 다리 부분에는 짐승 모양의 돌출 부분에 6마리의 기夔와 용龍이 양각되어 있다. 이 열정은 전국 초기 증후을 고분의 열정보다 2개가 적지만, 장엄미는 오

히려 앞서 성장기 초문화의 기백을 보여 준다. (사진 1 참조)

춘추 중기와 후기 무렵에 처음 나타난 초식정은 관형정罐形鼎으로 평평한 덮개 내지 에워싸는 듯한 덮개가 있다. 아가리 언저리가 곧고 작으며 어깨가 넓고 배는 둥글다. 바닥은 둥글고 어깨 위에는 곧은 귀가 붙어 있으며, 짐승 얼굴이 새겨진 굽 모양의 낮은 발이 달려 있다. 하사 1호·2호·3호 고분에서 발견된 3점이 연대가 가장 빠른데, 그 가운데 3호 고분에서 나온 것은 '욕흥浴興'이라고 자명하였다. 이처럼 아가리가 작은 정은 중원에서는 보이지 않는 것으로, 역시 전형적인 초나라 양식이다.

정 이외의 동제 예기로는 잔盞·보簠·욕부浴缶·존부尊缶·반盤·이匜·궤簋·격鬲·돈敦·감鑑·화盉 등이 있다. 이들 기물의 형태는 중원의 동시기 동류 기물과 비교하여 어떤 것은 공통점이 많은 반면 어떤 것은 차이점이 많다.

독특한 특색을 지닌 잔盞을 예로 들면 '잔盞'이라고 자명한 예기는 초나라에서만 발견되었다. 잔은 동제 예기 가운데 모양이 특이한 네 가지 기물 가운데 하나로 여러 가지 명칭으로 불렸다. 잔은 정과 같은 형식의 기물이지만 정과는 다른 다음과 같은 주요한 특징을 지닌다.

덮개 위에 4개의 고리가 달려 있고, 덮개 아가리 가장자리에 4개의 고리 걸이가 있으며, 윗배에 고리와 크기가 비슷한 4개의 고리 끼우개가 달려 있다. 4개의 고리 사이의 간격은 일정하며, 고리 걸이와 고리 끼우개 또한 마찬가지이다. 고리, 고리걸이, 고리끼우개는 위아래의 대응이 서로 어긋나기도 하고, 3개의 발은 유난히 낮아서 궤簋와 유사하다. 하사 1호 고분에서 출토된 잔은 매우 정교하게 만든 것으로 둥근 머리받침과 고리걸이, 그리고 발 부분에 모두 투조된 화려한 장식물이 달려 있다. 정흔인程欣人과 유빈휘劉彬徽는 잔의 출토 지점, 제작 연대, 명문을 고찰하여 다음과 같은 결론을 내렸다. 잔은 초나라 양식의 기물로 춘추 중기에서 후기까지 초나라 일대에서 유행하였다. 중원에도 이와 유사한 기물이 있었지만 잔이라고 자명하지 않았고, 유행하지도 않았으며, 형태 역시 초나라의 잔과는 약간 다르다.[58]

이밖에 구형돈球形敦·수두제량화獸頭提梁盉(鐎壺)·환뉴기족반環紐器足盤·평저착지이平底着地匜 등도 초나라의 기풍을 상당히 농후하게 지니고 있다.

춘추 시대 초나라 고분에서 나온 동제 예기는 대부분 귀족들이 일상 생활에서 사용하던 것이다. 흔히 사용된 흔적을 볼 수 있는데, 이 역시 주목할 만한 특징의 하나이다.

이 시기 초나라 동기에서 볼 수 있는 무늬로는 절곡竊曲 무늬·반리蟠璃 무늬·반훼蟠虺 무늬·변형 도철饕餮 무늬(獸面 무늬)·밧줄 무늬·고리 무늬·이중 고리 무늬·구름 우레 무늬·우레떼 무늬·비늘 무늬·기와 무늬·요철 반달 무늬·유정乳丁 무늬·소용돌이 무늬·꽃잎 무늬·S자 무늬·조개 무늬·새 무늬·코끼리 머리 무늬 등이 있다. 이는 모두 중원에서 흔히 볼 수 있는 문양이다. 그러나 표현 형식, 조합 관계, 장식 수법 등에 있어 중원에서는 보기 드문 특징이 많다.

하사에서 발견된 동제 예기는 절곡 무늬가 다수를 차지한다. 절곡 무늬는 모양이 특이하여 어떤 것인지 알 수 없다.《여씨춘추·적위適威》에 “주나라 정에 새겨진 절곡 무늬는 기다란 모양으로 위아래가 모두 구부정하다…… 周鼎有竊曲, 狀其長, 上下皆曲……”(원문의 ‘有’ 자는 손장명孫鏘鳴의 《고주보정高注補正》에 따라 ‘著’ 자로 바로잡아야 함)고 하였다. 일설에 ‘절竊’은 ‘离’의 번문으로 ‘离’은 벌레의 상형이라 한다.[59] 설령 이 설이 옳다 하더라도 절곡 무늬에 표현된 것이 무엇인지는 알 수 없다. 그러나 무늬의 일종이라고 한다면 이는 구체적 형상에서 추상으로 발전하여 곡선미를 다른 무늬보다 잘 표현할 수 있도록 발전된 것이다.

산만에서 나온 동제 예기는 반리 무늬가 다수를 차지한다. 반리 무늬 역시 추상적 정도가 상당히 높지만 그래도 실물이 무엇인지는 알 수 있다. 반리 무늬는 부분적으로는 절곡 무늬와 비슷하다.

초나라 동제 예기의 무늬는 중원의 동제 예기에 비해 구성이 훨씬 복잡하고 수법 또한 다양하며 선이 한결 부드럽다. 괴이한 모습이 나타나기는 하지만 사나운 모습은 볼 수 없다. 때문에 보는 이로 하여금 친근감은 느끼지만 두려움을 느끼게 하는 않는다.

동제 예기의 상감에는 중원에서는 황동과 터키석을 많이 사용하였고, 초나라에서는 흑칠을 주로 사용했다. 하사에서 출토된 동정 가운데 어떤 것은 흑칠을 상감해 넣은 무늬의 오목한 부분이 밝고 깨끗하여 돌출된 부분을 장엄하고 화려해 보이게 한다. 이와 같은 흑칠 상감 기술은 중원의 동기에서는 발견된 적이 없다.

초나라의 동제 예기는 여러 지역에서 부조浮雕·원조圓雕·투조透雕 등의 기법을 운용하여 장식하였다. 덮개·귀·고리·권정圈頂·고리걸이·손잡이·발 등의 부속물에는 이런 기법이 훨씬 폭넓게 운용되었는데 중원의 동제 예기가 따를 수 없을 정도로 잘 발달하였다. 이런 조각 기법은 용龍이나 호虎 따위의 부수적으로 장식된 짐승에 집중적으로 운용되었다. 그 가운데 밀랍법이나 누연법으로 만들어진 짐승 모양은 당시의 기술과 예술이 하나로 융합된 것이다.

이 시기의 도제 예기는 일반 평민의 무덤과 하층의 귀족 무덤에서 주로 발견된다. 명기明器가 매우 많은 양을 차지하는데, 재질이 거칠고 엉성하다. 일상 생활 용기 또한 적지 않은데, 이는 재질이 그런 대로 탄탄하다.

춘추 초기와 중기의 도제 예기는 격鬲·발鉢·관罐·두豆가 주종을 이룬다. 이 가운데 발은 평민들만 사용하던 것이고, 격·관·두는 상하 계층이 모두 사용한 것으로 보인다. 이밖에 동제 예기를 본떠 만든 도제 예기로 정鼎과 궤簋가 있는데, 이는 귀족들만이 사용한 것으로 순수한 명기에 속한다. 춘추 후기로 내려와 동제를 본뜬 도제 예기의 종류가 바뀌어 돈敦으로 궤를 대체하게 되었는데, 이 역시 명기이다. 같은 시기에 장경호長頸壺가 나타났는데, 이는 일상 생활 용기이다. 소량의 발과 관을 제외한 나머지 도제 예기에는 장식 무늬가 없다.

초나라 도제 예기의 특수한 기풍은 주로 형태에서 나타난다. 초식격의 특이한 구조는 이미 본장 제2절에서 소개한 바 있다. 이와 관련하여 다른 도제 예기를 살펴보면, 그 형태가 세로로 길어지고 가로로 좁아지는 추세를 발견할 수 있다. 예를 들어 격·두·정의 발은 낮던 것에서 높게, 관의 배는 두툼하던 것에서 홀쭉하게, 관의 모가지는 짧던 것에서 길게 각각 변화하였다. 특히 전형적인 것은 전체적으로 긴 장경호가 만들어졌다는 점이다. 도제 예기의 전체적인 기풍은 수려하고도 점잖다.

앞서 언급한 기물 조형상의 발전 추세는 동제 예기에서도 나타난다. 그러나 도제 예기처럼 그렇게 보편적인 것은 아니다. 예를 들어 절연부이정折沿附耳鼎은 원래 중원의 동류 정을 모방한 것으로, 춘추 중기에 이르러 변화가 생겼다. 아래부터 올라가며 살펴보면 발이 높고 벽면이 곧고 모가 지가 좁고, 밖에 권정이 하나 더해져 수려하게 바뀌었다. 그러나 이런 예는 흔치 않다. 흔히 보이는 우정于鼎은 몸체와 덮개가 길게 바뀌거나 홀쭉하게 변화하지 않았다. 승정升鼎의 경우는 거꾸로 위에서 내려가며 살펴보면 몸체가 가로로 넓어지고 세로로는 짧아졌을 뿐 아니라 덮개가 없다. 각종 정의 공통적인 발전 추세는 발이 짧던 것에서 높게 변화했다는 점뿐이다.

초인은 동제 예기에 있어서 호리호리하고 말쑥함을 추구한 것이 아니라 정교한 체형과 풍부하고 화려한 무늬를 추구하였다. 그러나 정교하면서도 좀스럽지 않고 화려하면서도 천박하지 않다. 또 정교하면서도 엄숙함을 잃지 않고 화려하면서도 은은한 맛을 잃지 않았다. 우아하고 고상하다는 특징은 도제 예기에 있어서도 마찬가지이다.

병 기

초나라의 병기는 무왕과 문왕의 시대에는 아직 뛰어났다고 할 수 없다. 무왕은 몇 차례 수隨나라를 친 적이 있는데, 한번도 제대로 수나라를 격파하지 못했다. 그 이유는 무엇인가? 병력이 부족했기 때문인가? 아니다. 군대의 사기가 높지 못했기 때문도, 전략과 전술이 형편 없었기 때문도, 군량과 마초馬草가 부족했기 때문도 아니다. 자세히 살펴보면 그 근본적인 원인은 병기가 상대보다 못했기 때문이었다. 당시는 동과 주석의 보유량과 주조 기술의 수준에 따라 병기의 수준이 결정되었다.

성왕 때에 이르러 초나라의 동과 주석 보유량은 비로소 수나라를 넘어서게 되었고, 주조 기술 또한 수나라를 능가하게 되었다. 이에 초나라의 병기는 양적으로 충분히 수나라를 압도할 수 있게 되었고, 질적으로도 수나라에 필적할 만하게 되었다. 수나라는 장강과 회수 사이의 희성의 제후국 가운데 가장 강대한 나라로, 초나라는 수나라를 복종시킨 다음에는 중원의 제하와 자웅을 겨룰 만하게 되었다.

다음에 소개하는 병기는 모두 춘추 중기와 후기 초나라의 병기이다. 이 시기 초나라 고분에서 출토된 청동제 병기는 양적으로 풍부할 뿐 아니라 질적으로도 우수하다. 현재 발견된 것으로는 과戈·모矛·극戟·수殳·검

劍·월鉞·비수匕首·족鏃이 있다. 이 가운데 과와 모가 주종을 이루고, 극과 수는 아직 발견된 것이 많지 않으며, 검 역시 마찬가지이다. 월은 의장용에 지나지 않고, 비수는 실용과는 거리가 있는 듯하며, 족은 출토된 수량이 제법 많다.

초나라의 과·모·극은 길고 날카롭다는 특징이 있다. 하사 8호 고분에서 나온 극 1점은 손잡이의 길이가 30센티미터를 넘고, 2호 고분에서 나온 모 1점은 창날 부분의 길이가 역시 30센티미터를 넘는다. 일반적으로 과는 손잡이가 20센티미터 가량이고, 모는 15센티미터 정도이다. 과는 대체로 창날의 등이 불룩 솟아 있고, 모는 대체로 창날의 등이 불룩하고 피를 받아 내리는 고랑이 만들어져 있다. 모는 창날이 세 갈래로 나 있는 것을 수殳〔三枝槍〕라고 구분해 부르는데, 살상력이 한층 뛰어나다. 상층 귀족들이 사용한 모는 장식에 상당히 공을 들였다. 예를 들어 하사 초나라 고분에서 나온 긴 모는 창대에 구름 무늬를 가득 주조하였고, 창날에 꽃무늬를 투조한 것도 있다. 가장 짧은 방공유격모方銎有格矛는 격자에 수면獸面 무늬를 주조해 놓았다. 상층 귀족들이 사용한 모와 극은 모두 명문이 있는데 금을 상감하여 명문을 한 것도 있다.

하사 초나라 고분에서 나온 검은 단 2점으로 모두 파식검巴式劍과 비슷하다. 산만의 춘추 시대 초나라 고분에서 발견된 검 역시 2점이다. 그 가운데 하나는 버들잎 모양의 단검으로 역시 파식검이며, 다른 하나는 칼날 조각으로 검신의 형태는 알 수 없다. 강릉 우대산의 춘추 시대 초나라 고분에서 출토된 검 11점 가운데 10점은 춘추 후기의 것이고, 1점만이 춘추 중기의 것이다. 이 시기 초나라는 검 제작에 있어서 여전히 오·월에 뒤떨어져 있었다. 이는 다음과 같은 두 가지 원인이 있다.

첫째, 오·월의 검 주조 기술은 원래부터 매우 뛰어나 초나라가 한순간에 따라잡기 어려웠다.

둘째, 오·월은 도병徒兵〔步兵〕이 많고 거병車兵〔戰車兵〕은 적었다. 도병에게는 검이 최고의 무기였기 때문에 오·월은 검 제작 기술의 제고에 각별한 노력을 기울였다.

문헌에 기록된 선진 시대의 보검은 모두 오·월에서 만든 것이고, 당시의 검 제작 명인 역시 모두 오·월 사람이다. 《주례·동관고공기冬官考工

記》에는 "오나라와 월나라의 검은 그 지역을 벗어나면 제대로 만들어지지 못했다…… 吳奧之劍, 遷乎其地而弗能爲良……"고 하였다. 월나라에서 만든 검이 오나라에서 만든 것보다 훨씬 뛰어났다. 때문에 《신서新序》 권1에는 "검은 월나라에서 난다…… 夫劍産於越……"고 하였다.

아주 일찍부터 전해 오는 다음과 같은 이야기가 있다.

구치자歐治子라는 월나라 사람이 보검 다섯 자루를 만들었는데, 그 가운데 하나가 잠로지검湛盧之劍으로 나중에 오나라 임금 합려闔閭의 손에 들어갔다. 잠로지검은 합려가 무도한 것을 싫어하여 공중으로 떠올라 영도로 날아가서는 초나라 소왕의 침대 위에 떨어졌다. 소왕이 깜짝 놀라 풍호자風胡子라는 사람에게 어떻게 된 일인지를 물었다. 풍호자는 "잠로지검은 무도한 것을 떠나 유도有道한 데로 가는 품성을 지니고 있습니다. 구치자가 죽자 사람들이 온 나라 안의 좋은 금과 주옥을 가지고 가서 이 검을 사고자 하였으나 살 수 없었습니다. 이제 오나라 임금 합려가 무도하기 때문에 도가 있는 임금께로 날아온 것입니다"라고 대답하였다. 합려는 잠로지검이 초나라 소왕의 손아귀에 들어갔다는 소식을 듣고 발끈 노하여 손무孫武·오원伍員과 함께 군사를 이끌고 초나라를 공격하였다.[60]

이 희한한 이야기는 초인이 꾸며냈을 것이다. 이는 춘추 후기에 이르러서도 초나라가 검 제작에 있어 여전히 오·월에 뒤떨어져 있었음을 의미한다. 오나라와 초나라는 회수 중류에서 여러 대에 걸쳐 한 치의 양보 없이 각축을 벌였다. 쌍방은 피차 갖가지 구실이 있었지만 결국 장강과 회수 사이의 동과 주석을 쟁탈하기 위한 것이었다.

먼 곳까지 이르는 병기는 화살뿐이다. 활은 쉽게 부러지기 때문에 이 시기의 완전한 실물은 아직 발견되지 않았다. 화살촉은 두 가지 형태가 있다. I식은 쌍인현雙刃型으로 양쪽 날에 날개깃이 뒤로 스쳐가듯 하고, 거꾸로 난 갈고리가 있으며 몸체가 편평하다. II식은 삼릉형三稜型으로 거꾸로 침이 돋아 있고 몸체가 가늘고 길다. 문헌 기록에 따르면 초나라의 화살대도 매우 훌륭했다. 《주례·동관고공기》에 "초나라의 화살대는 재질이 훌륭하다 荊之干, 材之美者也"고 하였다.

초인은 활쏘기에 뛰어났다. 웅거熊渠는 화살을 바위에 쏘아 화살깃까지 박힌 사실로 후세에 이름을 남겼고, 양유기養由基는 활솜씨가 웅거보다도 더 뛰어났던 듯하다. 전설적인 이야기는 일단 밀어두고 정사의 기록을 예로 든다면 《좌전·성공 16년》에는 다음과 같은 사적이 기록되어 있다.

진晉나라와 초나라의 언릉鄢陵 싸움에서 진나라 장수 여기呂錡가 초나라 공왕共王을 쏘아 눈에 상처를 입혔다. 공왕은 사람을 시켜 양유기를 불러오게 하여 그에게 화살 두 개를 주며 여기를 쏘아 죽이도록 하였다. 양유기가 화살 하나를 여기의 목에 명중시키자 여기는 그 자리에서 거꾸러졌다. 양유기는 남은 화살 하나를 들고 초왕에게 복명하였다.

월인越人은 활을 잘 쏘지 못했다. 《오월춘추吳越春秋》 권5에 따르면 범여范蠡가 "진음이라는 활의 명수 善射者陳音"를 구천勾踐에게 천거하였는데, 진음은 초나라 사람이었다. 범여는 진음을 천거하면서 다음과 같이 말했다.

황제 이후에 초나라에는 호보가 있었는데 ……어려서부터 활쏘기를 익혀서 백발백중이었습니다. 그 도가 예에게 전수되었고, 예는 방몽에게 전하였으며, 방몽은 초나라의 금씨에게 전하였습니다.
黃帝之後, 楚有弧父 ……爲兒之時, 習用弓矢, 所射無脫, 以其道傳於羿, 羿傳逢蒙, 逢蒙傳於楚琴氏.

이는 전설이지만 초나라 사람들 자기 민족의 활솜씨가 세상에서 으뜸이라고 믿었음을 보여 준다.

초나라의 갑옷과 방패는 대단히 유명하다. 최초에는 나무 갑옷〔木甲〕과 나무 방패〔木盾〕가 주종을 이루었으나, 춘추 후기에 이르러서는 가죽 갑옷〔革甲〕과 가죽 방패〔革盾〕를 사용하게 되었다. 《좌전·성공 16년》에는 양유기와 반당潘黨이 활로 갑옷을 쏘는 시합을 하였는데, 모두 일곱 겹으로 된 갑옷의 피혁을 뚫었다 한다. 그때 보통 병졸들은 아직 가죽 갑옷을 착용하지 못했다. 《좌전·정공 4년》에는 오·초 두 나라의 백거柏擧에서의 싸움

에서 초나라의 대부 무성흑武城黑이 "오나라는 나무로 만들었고, 우리는
가죽으로 만들었으니 오래 끌어서는 안 된다. 속히 싸우는 편이 유리하다
吳用木也, 我用革也, 不可久也, 不如速戰"고 한 기록이 있다. 과거에는 '나
무로 만든 것'과 '가죽으로 만든 것'은 모두 전투용 수레(戰車)를 가리킨
다고 하였으나 사실은 그렇지 않다. 이는 갑옷과 방패를 가리키는 것이다.[61]
당시는 병졸들도 가죽으로 만든 갑옷을 입고 방패를 사용하였을 것이다.
날씨가 좋지 않아 가죽이 젖는 경우에는 쉽게 뚫어지기 때문에 오히려 나
무로 만든 것만 못하다. 때문에 무성흑은 속전속결을 요구한 것이다.

문헌 기록으로 초나라 사람들은 무소 가죽과 악어 가죽으로 갑옷을 만들
었다고 한다. 확실히 그럴 가능성은 있지만 실물은 아직 발견되지 않았다.
1984년 당양 조가강 5호 고분에서 출토된 연석합금개갑鉛錫合金鎧甲은 동
함유량이 아주 적기 때문에 쉽게 뚫어지지 않는데, 선진 시대의 방어용 병
기로는 처음 발견된 것이다.

초나라에도 마갑馬甲이 있었다. 춘추 후기의 산만 2호 고분에서는 약 1
백여 개의 칠편漆片이 발굴되었다. 이는 장방형·정방형 또는 불규칙한 형
태로 매 조각마다 두 겹으로 되어 있고, 사방으로 4개 내지 10개의 작고 둥
근 구멍이 있는데, 마갑 조각으로 추측된다.

초나라가 전거戰車를 사용한 역사는 중원의 여러 나라에 비해 훨씬 늦
다. 그러나 초나라의 거병車兵은 대단히 빠른 속도로 성장하였다. 기원전
597년 진晉·초간의 필邲의 싸움에서 초나라 거병의 위력이 유감 없이
발휘되었다. 《좌전·선공 12년》에 초나라의 "전거와 병졸들이 들이쳐 車馳
卒奔" 진나라 군사가 크게 패했다고 기록되어 있다. 진나라의 일부 거병은
달아나던 중 웅덩이에 빠져 도저히 빠져 나올 수 없었다. 결국 추격해 온
초나라 군사들이 전거 앞의 가로목을 빼내고 깃발을 풀어 말의 멍에에 꽂
은 다음 간신히 빠져 나왔다. 초나라 군사들이 진나라의 군졸들을 풀어 주
자 진나라 군졸들은 머리를 숙이면서 "우리는 귀국이 여러 차례 달아났던
것만 못하오 吾不如大國之數奔也"라고 하였다. 이 말은 당신들 초나라는
늘 달아났기 때문에 웅덩이에서 수레를 끄집어 낸 경험이 있지만, 우리는
이런 경험이 없다는 의미이다. 물론 이는 변명에 불과하다. 그러나 이 사건
은 초·진 두 나라는 전거의 형태와 구조가 비슷하였고, 초나라가 진나라

에 비해 손색이 없었으며, 초인의 전거를 부리는 솜씨 또한 훌륭하였음을 의미한다. 곤경에 빠진 적군의 패잔병을 풀어 준 사실은 초인의 기백을 잘 보여 준다.

초나라 군사에게는 소거巢車라는 것이 있었다. 이는 누거樓車라고도 하는데,《좌전·선공 15년》과《좌전·성공 16년》에 다음과 같은 사적이 보인다. 초나라 장왕이 군사를 이끌고 송宋나라 도성을 에워싼 다음 진晉나라 사신 해양解揚을 누거에 태우고 성 안의 송나라 사람들에게 크게 소리쳤다. 언릉 싸움에서 초나라 공왕共王은 대재백大宰伯 주리州犁를 대동하고 소거에 올라 멀리 진晉나라 영채營寨에서 군사들이 군령軍令을 전달하여 모여들더니 장막을 치고 걷고, 수레에 오르내리는 광경을 보았다. 따라서 이 수레는 대단히 높은 것으로, '소巢' 또는 '루樓'라고 이름한 것은 곧 높다는 의미임을 알 수 있다. 초나라의 소거는 문헌에 나타나는 최초의 소거이다. 소거라는 보기 드문 병거兵車는 초인이 고안해 낸 것으로 추측된다.

초인은 강한 평원에 진출한 이후 곧 배를 다루는 데 익숙해졌다. 무왕 말년에 수隨나라를 치고 차수溠水에 부교를 가설한 적이 있었다. 당시의 부교는 배를 연이어 만든 것으로 보인다. 나중에 초나라는 주사舟師를 조직하여 복인濮人·오인吳人에 대항하였다. 그러나 당시 초나라의 조선 기술은 오·월에 미치지 못했다. 초나라 군사는 오나라 임금의 전용선인 여황餘皇을 노획하고 신기하게 여겨 병졸을 보내 잘 지키도록 하였는데, 뜻밖에도 방비가 허술한 틈을 탄 오인들에게 되빼앗기고 말았다.

요컨대 초나라의 병기는 주나라 때 다른 여러 나라의 병기와 비교해 종류가 가장 잘 갖추어지고 크고 정교하게 제작되어 거전車戰에 적합할 뿐 아니라, 보전步戰과 수전水戰에서의 수요도 만족시킬 수 있었다.

악 기

초인은 자신의 목숨을 돌보지 않고 적에게 달려드는 맹렬한 투지를 지녔으면서도 음악을 감상하고 노래를 부르는 정취 또한 넉넉하게 지니고 있었다. 더구나 제사를 전쟁과 동등한 큰일로 여겼기 때문에 예와 음악 역시 소홀히 할 수 없는 것이었다. 때문에 대형의 초나라 고분에서는 늘 예기·병기와 더불어 악기가 출토된다.

춘추 시대 초나라는 청동제 악기를 사용하였는데, 뭉뚱그려 말한다면 종 鐘 한 가지가 있었을 뿐이다. 요鐃·정鉦·탁鐸 따위는 아직 실물이 발견되지 않았다. 문헌상으로는 정은 기록되어 있으나 요와 탁은 기록되어 있지 않다. 초나라의 종은 웅장하고 음색이 뛰어나며 조형미 또한 훌륭하다. 종은 다시 용종甬鐘·유종鈕鐘·박종鎛鐘 세 가지로 나누어지고, 또 각각 큰 것에서 작은 것까지 순서가 뒤바뀔 수 없는 정연한 조합 관계를 지니기에 편종編鐘으로도 불린다.

하사 1호·2호·3호 고분에서 출토된 편종은 모두 4틀 52개로 다음과 같이 구성되어 있다.

1) 용종: 1틀 26개. 가장 큰 것은 높이 1.22미터 무게 160.5킬로그램이고, 가장 작은 것은 높이 24센티미터 무게 3.1킬로그램이다.

2) 유종: 한 틀에 9개씩 모두 2틀. 가장 큰 것은 높이가 21.2센티미터이다.

3) 박종: 1틀 8개. 가장 큰 것은 높이가 26.3센티미터이다.

종을 주조하는 데에는 특별히 어려운 점이 있다. 종의 형태는 투조한 동금銅禁이나 동존銅尊처럼 그렇게 복잡하지는 않기 때문에 밀랍법이나 누연법 같은 세밀한 기술은 필요하지 않다. 그러나 동과 주석의 배합 비율은 예기나 병기와는 다르다. 배합 비율이 적합하지 않으면 심각한 결과를 초래하므로 사소한 하자가 있더라도 음질이 떨어질 수 있다. 주조에는 그다지 큰 노력이 필요하지는 않지만 주조 전에 반드시 각각의 종의 서로 다른 음향을 잘 설계하고, 종마다 다른 틀을 만들어야 한다. 이때 만약 작은 실수라도 하게 되면 음질이 조화를 잃어 사용하지 못하게 될 수 있다. 이것이 바로 어려운 점이다.

고대인들은 오늘날과 같은 과학적인 계측기기가 없었으므로 경험에 의지할 수밖에 없었다. 따라서 음률에 대한 깊은 지식, 예민한 감각, 난숙한 가공 기술이 없으면 만들 수 없었다.

하사 1호 고분에서 나온 유종은 현대 기술로 측정한 결과 음질이 가장 좋은 편종으로 판명되었는데,[62] 그 측정 결과는 다음과 같다.[63]

순 서		1	2	3	4	5	6	7	8	9
번 호		20	21	22	23	24	25	26	27	28
隧音	音高	D	E	G	A	B	E	A	B	E
	瀕率	300	334	386	440	496	650	880	996	1360
鼓音	音高	*F	*G	B	*C	D	G	*C	*D	G
	瀕率	378	402	496	540	600	800	1120	1250	1464

이 편종의 9개의 유종은 형태와 장식 무늬는 똑같으며 다만 치수가 차례대로 줄어들 뿐이다. 직뉴直鈕는 장방형이고, 무부舞部는 무수중선舞修中線을 경계로 양쪽에 각각 대칭을 이룬 반리 무늬가 있다. 정부鉦部의 사방 주변과 전부篆部의 위아래 가장자리에는 밧줄 무늬가 있고, 전부에는 변형 수면獸面 무늬가 있다. 1매가 6조로 나누어지고, 1조는 각 3개이다. 매가 나선형인 것은 중원과 같다. 수부隧部에는 위아래 서로 겹친 두 겹의 변형 수면 무늬가 있는데, 위층은 좁고 아래층은 비교적 넓어 들쭉날쭉한 것이 제법 운치가 있다. 정부와 고부鼓部에는 9개 모두에 명문이 있다. 고鼓의 안쪽 벽에는 조음조調音槽가 있다. 조음조는 주조물을 줄로 갈아 만든 바닥이 둥글고 얕은 고랑으로 모양과 깊이가 차이가 나는데, 바로 여기에 묘한 원리가 담겨 있다. 매 종마다 수부와 우고右鼓의 두 가지 음이 있다. 9개의 종에는 수부에 다섯 개, 우고에 일곱 개의 음이 있다.

황상붕黃翔鵬은 "이 편종은 서주 시대의 편종과 비교하여 우羽·궁宮·각角-치徵·우羽-궁宮을 바탕으로 최저음인 치徵와 궁宮과 각角의 중간인 상商을 더 만들었다. 아울러 치徵와 상商이 수음隧音이 될 때, 고방부鼓旁部를 3도 큰 음정으로 조절하여 전체 음정의 계열을 7성 내지 6성 음계를 연주할 수 있도록 하였다"고 하였다.[64]

중원의 동시기 편종, 예를 들어 후마侯馬 13호 고분에서 나온 편종과 비교하여 하사 1호 고분에서 나온 편종은 주조 기술과 음악적 성능이 모두 뛰어나다.

초인은 수면 무늬를 즐겨 사용하지는 않았다. 가끔 사용하였으나 대부분은 변형 수면 무늬이다. 이는 시대적 기풍과 관계가 있는데, 서주 중기 이후 수면 무늬는 이미 쇠퇴하여 중원에서도 보기 어려워졌다. 이는 다른 한 편으로 민족 심리와도 관계를 지닌다. 초인은 일상 생활에서 위압감과 억압감을 주는 형상과는 전혀 어울리지 않는다. 하사에서 나온 편종에 보이는 수면 무늬는 모두 변형된 것이다. 그 이전 중원에서 유행하던 수면 무늬는 쉽사리 삼엄하고 험악한 느낌을 주었다. 변형 수면 무늬의 경우는 모양이 이미 상당히 달라져서 험악하고 음침한 모습은 사라진 반면, 뱀처럼 구불구불한 곡선미가 더해져 눈과 마음을 즐겁게 한다.

종은 경磬과 짝을 이룬다. 종의 소리는 크고 낭랑하며 경은 맑고 깨끗한데, '금성옥진金聲玉振'이라는 말은 바로 이를 두고 한 말이다. 그러나 옥玉으로 만든 경은 보기 어려우며 석경石磬이 흔히 사용되었다. 고대의 '팔음八音'은 금金이 첫번째이고 석石이 두번째인데, 금은 종을 가리키고 석은 경을 의미한다.

하사 초나라 고분에서 나온 편경編磬 3틀은 매틀 13매로 모두 규석硅石으로 만든 것이다. 편종과 마찬가지로 매틀은 큰 것에서 작은 것 순으로 달려 있는데 형태는 똑같다. 아쉽게도 대부분 파손되어 애써 복원하여 시험삼아 두들겨 봤지만 이미 제 음이 나지 않았다.

팔음에는 금·석 이외에 토土·혁革·사絲·목木·포匏·죽竹이 있다. 《국어·초어하楚語下》에 오거伍擧가 초나라 영왕靈王의 물음에 "금·석·포·죽 金石匏竹"이라고 대답한 기록이 있는데, 이는 팔음의 처음과 마지막을 취하여 팔음 전체를 대변한 것이다. 춘추 시대 초나라에는 팔음이 고루 갖추어졌다.

토·혁·사·목·포·죽 따위의 악기는 오랫동안 땅에 묻혀 있으면 쉽게 썩기 때문에 출토된 실물은 극히 드물다. 당양 조가강 5호 고분에서 나온 칠슬漆瑟 2점은 간신히 보존된 보배이지만 정도의 차이는 있으나 이 또한 썩어 버렸다. 채색된 하나는 이미 복구할 방법이 없고, 채색되지 않은 다른 하나도 복구가 어려운 상태이다.

하사 1호 고분에서 나온 배소排簫 1점은 무척 뜻밖의 것이다. 이는 돌로 만든 것으로, 만약 대나무로 만든 것이었다면 일찌감치 흙으로 변해 버렸을 것이다. 고고학사상 석제 배소는 최초로 발견된 것이다. 이 배소는 13개의 음관音管이 있는데, 가장 긴 것은 15센티미터이고 가장 짧은 것은 3센티미터이다. 관벽管壁의 두께는 1밀리미터이고, 인접한 두 관 사이의 간격은 1밀리미터가 채 되지 않는다. 그 윗부분에는 양각한 너른 띠가 빙 둘

러 감겨 있고 두드린 흔적이 남아 있는데, 죽제 배소를 본뜬 것이다. 일곱
번째 관은 취구 부분이 망가져 아쉬움을 준다. 12개의 관은 모두 소리를
낼 수 있어서 당시 초인이 듣던 음악을 들어 볼 수 있다.

배소는 '참치參差'라고도 부른다. 굴원의 〈구가九歌·상군湘君〉에 다음
과 같이 노래하였다.

> 임 오실까 그래도 안 오시니
> 참치를 불며 서서 내 누구를 그리리
> 望夫君兮未來,
> 吹參差兮誰思.

5. 화하화된 초의 언어와 초식의 화하 문자

화하화된 초의 언어

협의의 초인楚人은 초족인楚族人으로 초어楚語를 사용하며, 광의의 초
인은 초나라 사람으로 언어와 민족 구성이 복잡하다.

《좌전·장공莊公 28년》에 초나라의 영윤 공자 원元이 6백 승乘의 군사
를 이끌고 정나라를 정벌하러 나서 오랜 행군 끝에 정나라 도성 외곽에
이르렀는데, 내성內城의 성문이 열린 채로 있기에 의심이 들어 "공자 원이
'정나라가 군사를 매복시켜 놓고 있다'고 초어로 말하였다 楚言而出, 子元
曰; 鄭有人焉"는 기록이 있다.[65]

《춘추春秋》의 전傳에 '초어'에 대해 명확하게 언급한 것은 이것이 처음
이다. 공자 원이 주위 사람들과 초어로 대화한 것은 자기들이 무슨 이야기
를 하는지 정나라 사람들이 알아듣지 못하게 하려는 의도였음에 틀림없다.
초어와 하어夏語는 서로 통하기가 쉽지 않았음을 알 수 있다.

그러나 초인과 제하의 사람들이 대화할 때 반드시 통역을 거쳤음을 증
명할 만한 충분한 근거는 없다. 외교상의 자리는 일단 논외로 치자. 왜냐하
면 설령 통역을 거쳐야 했더라도 경전經傳에서 기록하지 않았을 수 있기

때문이다. 전쟁터에서 적군과 아군이 갑자기 서로 부딪쳐 말을 주고받게 되면 쌍방이 서로 알아들을 수 있어야만 한다. 화급한 전쟁터에서 통역자를 찾을 겨를이 있었겠는가?

필邲에서의 싸움에서 초나라 군사는 세 사람을 전거戰車 1량에 태워 상대에게 싸움을 걸도록 보냈다. 이때 허백許伯이 수레를 몰고, 악백樂伯이 왼쪽에 오르고, 촬숙攝叔이 오른쪽에 탔다. 그들이 싸움을 걸고 막 돌아오려는데 진晉나라 군사가 세 갈래로 나뉘어 그들을 추격했다. 악백은 활로 왼쪽으로는 말을 쏘고, 오른쪽으로는 사람을 쏘았다. 화살 단 한 대가 남게 되었을 때, 마침 놀란 고라니 한 마리가 달려갔다. 악백은 즉시 그 화살로 고라니의 등을 명중시켰다. 촬숙은 전거에서 내려 고라니를 잡아 앞에 있던 진나라 장수 포규鮑葵에게 바치며 "사냥 때가 아니라서 바칠 짐승이 저희 땅에 오질 않으니 이것을 여러분의 상에 올리겠습니다 以歲之非時, 獻禽之未至, 敢膳諸從者"라고 하였다. 그러자 포규는 부하들에게 더 이상 추격하지 말도록 하면서 "왼쪽에 탄자는 활을 잘 쏘고, 오른쪽에 탄자는 언변이 뛰어나다. 훌륭한 사람들이다 其左善射, 其右有辭, 君子也"[66]라 하였다. 포규가 촬숙의 말을 알아들었음이 분명하다.

언릉의 싸움에서 초의 공윤工尹 양襄과 진晉의 신군좌新軍佐 극지郤至가 말을 주고받았던 것도 서로 알아들었기 때문이다. 이와 유사한 예는 적지 않다. 초인과 진인이 모두 두 가지 언어에 능통하였다고 할 수 있겠는가? 분명 그럴 수는 없었을 것이다. 비교적 현실적인 판단은 아마도 많은 초인이 초어와 하어에 모두 능통하였고, 적어도 초나라의 귀족들은 그러했으리라는 것이다. 《좌전·장공 28년》에 특별히 공자 원과 그의 부하가 "초어로 말했다"고 기록한 것은 반대로 그들이 하어를 할 줄 알았으나, 상대가 알아듣지 못하게 하려는 의도로 하어를 사용하지 않았을 뿐임을 의미한다.

춘추 시대의 초어는 하어와는 다른 어떤 특징이 있었는가? 이는 자료 부족으로 사실 뭐라고 말하기 어렵다. 《방언方言》과 《설문해자說文解字》를 비롯한 각종 문헌 자료에 기록된 초어의 어휘는 모두 5백 개 정도이다. 이는 한나라 때의 초 지방 방언 어휘로, 이를 통하여 춘추 시기 초어의 모습을 추정하기는 매우 어렵다. 예를 들어 《방언》 권10에 "煤는 불로, 초에서 전화된 말이다. 제나라에서 불을 '烜'라고 하는 것과 같다 煤, 火也, 楚轉語也. 猶齊言烜, 火也"고 하였다. '煤'의 독음은 '회眸'와 같고 '烜'의 독음은 '훼毀'와 같아 그 차이가 아주 미미하다. 춘추 시기의 초인 역시 불을 '煤'라고 하였는지는 알 수 없다.

경전에 기록된 춘추 시기의 초어 어휘로는 '막오莫敖'·'형시荊尸'·'질황絰皇'·'몽夢'·'곡穀'·'어토於菟'·'반班' 등 10개도 되지 않는다. 이 가운데 '막오'는 관직 이름이고, '형시'는 달[月] 이름이며, '질황'은 궁궐문의 이름이고, '몽'은 수풀·늪·언덕이 있는 들판을 가리킨다. 이는 초나라 본바닥의 말로 하어로 해석하려 든다면 그 의미를 명확히 옮길 수 없다.

《좌전·선공 4년》에는 "초인들은 젖을 '곡穀'이라 하고, 호랑이를 '어토於菟'라고 한다 楚人謂乳穀, 謂虎於菟"고 기록되어 있다. 성왕 때 투곡어토鬪穀於菟라는 유명한 영윤이 있었다. 전하는 바로는 그는 태어난 지 얼마 되지 않아 들판에 버려졌는데, 호랑이가 그에게 젖을 물리는 것을 누군가가 보았다 하여 이런 괴상한 이름이 붙었다고 한다.

진사림陳士林의 연구에 의하면 '곡穀'은 고대 월어越語이고, '어토於菟'는 고대 이족彝族의 언어로, '곡어토穀於菟'는 복합 어휘이다.[67] 진짜 초어로는 호랑이를 '반班'이라고 하는데, 《한서漢書·서전敍傳》에 나온다. 투곡어토에게는 투반鬪班이라는 아들이 있었는데, 어음상으로는 부자의 이름이 다르지만 의미상으로는 똑같다.

초어와 하어는 본래 두 가지 서로 다른 민족의 언어였다. 초인이 오랫동안 제하와 교류하면서 제하의 문자를 사용하고 제하의 전적을 읽음으로써 많은 초인이 하어를 익히게 되었고, 초어 역시 점차 하어에 가까워졌을 것이다.

오늘날 한장어계漢藏語系에는 한어漢語 이외에도 장면어藏緬語·장동어藏侗語·묘요어苗瑤語의 세 어족이 있다. 상고 시대에 이 세 어족의 언어를 사용한 사람들은 장면어족이 서쪽에, 장동어족이 동남쪽에, 묘요어족이 중남부에 각각 분포하였다. 강한 일대에서 한회漢淮 일대까지는 바로 고대에 장면어·장동어·묘요어가 하어·초어와 서로 접촉하고 교류하던 중심 지역이었다. 따라서 초어 내에 다른 언어의 성분이 섞이는 것은 당연한 것이었다.

투곡어토가 태어난 운鄖의 토착민은 아마도 호랑이를 숭배하는 파인巴
人이었을 것이다. 때문에 호랑이가 버려진 아이에게 젖을 먹였다는 소문
이 있자 운부인鄖夫人이 이를 듣고 서둘러 사람을 시켜 버렸던 아이를 다
시 안아 오게 하였던 것이다. 호랑이를 숭배하는 파인은 대부분 호북성 서
남쪽의 청강清江 유역에 취락을 이루어 거주하였으며, 소수는 운을 비롯한
다른 지방에 흩어져 있었다. 오늘날 청강 유역의 토가족土家族은 그곳에
남아 있던 파인의 후예로 짐작되는데, 이들은 호랑이 숭배의 풍속을 그대
로 간직하고 있다.

토가어土家語는 이어彝語의 지류에 속한다. 그렇다면 파어巴語는 당연
히 고대 이어와 가깝다. 운 땅의 토착민은 파인이므로 그들이 호랑이를
'어토'라고 부른 것은 쉽게 이해된다. 운 땅은 양수揚水에서 그다지 멀지
않다. 양수의 양안兩岸은 양월揚越의 집단 거주지로, 양월은 바로 양수 때
문에 생긴 이름이므로 운 땅 부근에도 양월인이 있었을 것이다. 그렇다면
운 땅 사람들이 양월의 영향을 받아 젖을 '곡穀'이라 한 것 역시 쉽게 이
해된다.

투곡어토는 호랑이의 일종이므로 초어로 그 아들도 호랑이라는 이름을
갖게 되었다. 반고班固는 투반의 후손으로 초인이 호랑이를 '반班'이라고
하였다는 사실을 알고 있었으나, 그 역시 경전에 기록된 '어토'를 부정할
수 없었기에 《한서·서전》에는 두 가지를 모두 기술하여 "초인은 ……호
랑이를 '어도於檡'라 한다 楚人……謂虎於檡"(顏師古의 주에 '檡'는 '菟'로
도 되어 있다"고 함)고 하고, 또 "초인은 호랑이를 '반班'이라 한다 楚人謂
虎班"고 하였다. 전국 시대 이후 초어는 더욱 하화夏化되어 남방의 하어를
이루면서 더 이상 호랑이를 '반班'이라 부르지 않게 되었다. 《방언》권8에
는 "호랑이를 진·위·송·초 일대에서는 더러 '이부'라고 부른다. 강회의
남쪽 초 땅에서는 '이이'라고 부르는데, 더러 '어토'라고도 부른다. 함곡관
동·서 지방에서는 간혹 '백도'라고도 부른다 虎, 陳魏宋楚之間或謂之李父,
江淮南楚之間謂之李耳, 或謂之於檡, 自關東西或謂之伯都"고 하였다. '반班'
은 이미 보이지 않는다. '이부'·'이이'·'백도'는 모두 호랑이에 대한 민
간의 속칭이다. '어토'가 있기는 하나 이 역시 '간혹 그렇게 부르는' 것에

지나지 않으며, '간혹' 그렇게 부른 사람들은 기실 파인이었다.

언어에 있어서도 초인은 동서남북을 연계하고 화하와 만이를 융합하는 역할을 하였는데, 이는 후세 남방과 북방의 통일에 중요한 의미를 갖는다.

초식의 화하 문자

초의 문자는 중원에 두루 퍼져 주나라 때에는 각 나라와 민족 사이에 통용되던 문자이다. 이는 은인殷人이 창제하고 주인周人이 계승한 화하의 고문자로 초인에 의해 초 땅에 이식됨으로써 남방의 특수한 성분과 기풍을 갖게 되었다.

현재 알려진 최초의 초 문자는 서주 후기의 초나라 동기인 楚公豪鐘·楚公豪戈와 楚公逆鎛의 명문이다.[68]

楚公豪鐘은 모두 4점이고, 楚公逆鎛은 1점으로 모두 대대로 전해 내려온 기물이다. 명문은 간단하지만 종래 훌륭한 평가를 받아 왔다. 완원阮元과 오대징吳大澂은 "웅장하다 雄"거나 "기이하다 奇"는 말로 칭송하였는데,[69] 그 비범한 진수를 잘 이해했다고 하겠다.

楚公豪戈는 1959년 호남성에서 발견되었다. 그 형태는 파촉식巴蜀式의 과戈로 '楚公豪秉戈'라는 명문 다섯 글자가 있다.

명문이 있는 춘추 초기의 초나라 동기는 지금까지 두 차례에 걸쳐 모두 5점이 발견되었다. 첫번째는 1969년 호북성 지강현枝江縣 백리주百里洲에서 考叔脂父簋 2점과 寏公孫將父匜 1점이 출토된 것이고, 두번째는 1975년 하남성 남양시南陽市 서관西關에서 신공팽우보申公彭宇簠 2점이 발견된 것이 그것이다. 이 5점의 동기에는 각각 30자 정도의 명문이 있는데, 문자체가 서주 후기의 동기 6점의 명문과 유사하다. 신공申公은 초나라의 현공縣公이었던 것 같으며, 寏公 역시 마찬가지인 것으로 추측된다. 초나라는 무왕 이전에는 현윤縣尹이 없었고, 문왕 이전에는 현윤을 공公으로 부르지 않았다. 따라서 앞서 열거한 5점의 동기는 춘추 초기 말엽, 즉 초문화 성장기 초엽의 기물임을 알 수 있다. 앞으로 더 많은 춘추 초기의 명문이 있는 초나라 동기가 발견될 가능성은 있지만 수량은 그리 많지 않을 것이다. 당시 초나라는 문명 시대로 접어든 초기였기 때문에 문자가 그다지 널리 사용되지는 않았다.

춘추 중기 이후로 초나라의 동기는 늘어났으며 장문의 명문이 있는 동기 또한 늘어났다. 하사 1호와 2호 고분에서 나온 왕자오정王子午鼎[70]과 왕손고종王孫誥鐘은 초문화 성장기의 초문자를 연구함에 있어서 중요한 자료이다.[71]

초문화의 특수한 기풍은 춘추 중기에 형성되기 시작하였다. 당시의 초문자는 춘추 초기 이전의 초문자와 비교하여 큰 차이가 있다. 즉 자체가 길고 머리는 쳐들리고 꼬리는 길게 끌리는 경향을 보이며, 필획의 변화가 풍부하고 파절波折과 곡선이 많아 예술 문자의 면모를 보인다. 예를 들어 하사 2호 초나라 고분에서 나온 왕자오정의 명문과 산동성 거남현莒南縣 대점大店 2호 고분에서 출토된 편종의 명문에서 다섯 글자를 뽑아 대비시켜 보면 다음과 같다.

	하사下寺 M2	대점大店 M2
子		
之		
自		
作		
其		

이런 부류의 초문자는 필획이 비교적 심하게 굽어 벌레 모양을 보이는데, 후대 사람들이 말하는 '충서蟲書'[72]의 초보적 형태를 보여 준다.

충서 이외에 조서鳥書가 있다. 조서는 춘추 후기의 초엽 내지 중엽에 형성되었으며 조전鳥篆 또는 조주鳥籀로도 불린다. 이는 전서篆書를 기초로 필획을 더하여 새의 형상을 본뜬 것으로 장식미가 풍부하다. 왕자오정의 명문 가운데는 초기 조서에 속하는 몇몇 글자가 나타난다. 예를 들어 '용用' 자는 '　' 으로 썼는데, 아랫부분에 더해진 필획은 엉성한 새 모양을 보여 준다. 왕자오정보다는 늦으나 전국 시대 이전의 것인 왕손어과王孫魚戈의 명문에도 '용用' 자를 '　' 으로 썼는데, 아랫부분의 새 모양은 머리·몸통·꼬리·부리가 모두 그려져 성숙한 조서로 탈바꿈되었다. 왕손어과의 명문은 모두 6자로[73] 마치 조서를 보는 것 같다. 모양을 본떠 보이면 다음과 같다.

조서가 어느 나라에서 처음 만들어졌는지는 아직 정론이 없다. 그러나 초가 아니면 오·월일 것이다. 지금 알려져 있는 조서로 쓴 명문이 있는 최초의 초나라 기물과 오·월의 기물은 어느것이 먼저 만들어진 것인지 판단하기 어렵다. 춘추 중기에서 후기로 넘어갈 무렵에 월나라의 문화 수준은 오나라에 비해 뒤떨어져 있었고, 오나라는 초나라보다 낙후되어 있었다. 춘추 후기의 상황 역시 별 차이가 없었다. 초나라에는 이미 많은 문헌이 있었다. 초나라 영왕靈王이 언급한 〈삼분三墳〉·〈오전五典〉·〈팔색八索〉·〈구구九丘〉 등이 그 예이다. 그러나 월나라의 문헌은 아직 알려진 것이 없다. 오·월의 정계를 주무르던 오원伍員·백비伯嚭·범여范蠡·문종文鍾은 모두 초나라에서 망명한 인물이다. 세상에 전해지는 명문이 있는 동기는 초나라의 기물이 많고 월나라의 것은 적다. 왕자오정 같은 초나라 기물의 명문은 전서가 조충서鳥蟲書로 발전해 가는 본보기로, 명문이 있는 동시기 동류의 오·월의 기물은 전혀 발견되지 않았다. 초인은 봉鳳을 존중하고 사랑하였으며, 뭇 날짐승에 대해서도 월인들보다 한층 애호하였다. 조서의 새 모양이 복잡한 것은 초나라 기물에 나타나는 봉 무늬와 매우 비슷하고, 간단한 것은 변형 봉 무늬와 흡사하다. 그렇다면 조서는 초나라에서 창조되었을 가능성이 월나라보다 훨씬 높다.

초나라 문자는 남방 문자의 표준으로 그 기풍은 북방 문자와는 현저한 차이를 보인다. 곽말약郭沫若은 "남방의 문자는 화려한 수식을 중시하고 대체로 수려하며, 북방의 문자는 사실을 중시하고 대체로 혼후하다"[74]고 하였다. 또 호소석胡小石은 고문자의 자체에 대하여 "두 파로 나누면 북방은 제나라가 중심이 되고 남방은 초나라가 중심이 된다…… 제나라와 초나라의 서체상의 차이는 전자가 정돈되고 가지런한 반면, 후자는 유창하고 화려하다. 정돈되고 가지런한 것은 정교하고 엄숙하게 변화한 반면 유창하고 화려한 것은 기괴하게 변화한 다음에는 더 이상 알아볼 수 없게 되었다" 하고, 또 "제나라와 초나라는 비단 서체에 있어서 뿐 아니라 용운에 있어서도 차이를 지닌다"고 하였다.[75] 이는 모두 적합한 평론이다.

초인의 형상 사유는 자유롭고 낭만적이며 분방하고 괴탄한 전통을 지니고 있어서 표면적으로 드러나는 것은 모두 독특한 매력을 지닌다. 서체 역시 마찬가지이다.

6. 초인의 관습과 풍속

《안자춘추晏子春秋·내편內篇·문상問上》에 "옛날에는 백리가 떨어지면 관습이 다르고, 천리가 떨어지면 풍속이 달랐다 古者, 百里而異習, 千里而殊俗"고 하였다. 초인은 동·서·남·북의 한가운데에 위치하고 화하와 만이의 사이에 끼여 있어서, 그들의 관습과 풍속은 화하·만이와 공통점을 지니는 동시에 차이점을 지니고 있었다. 따라서 본절에서는 차이점을 중심으로 소개할 것이지만 때로는 공통점을 언급하지 않을 수 없다.

붉은색, 동쪽과 왼쪽을 숭상함

초인은 자신들이 일신日神의 먼 후예이자 화신火神의 적손이라고 확신하여, 이로부터 특수한 기풍이 조성되었다.

태양 속에는 불이 있고, 불은 적색이다. 때문에 초나라의 풍속은 붉은색을 숭상한다. 《묵자墨子·공맹公孟》에 "옛날 초나라 장왕은 화려한 관에 갓끈을 늘이고 붉은색의 소매 너른 포의를 입고 나라를 다스렸는데, 나라가 잘 다스려졌다 昔者, 楚莊王鮮冠組纓, 絳衣博袍, 以治其國, 其國治"고 하였다. 원문의 '강의絳衣'는 붉은색의 의복이다. 이는 초인이 붉은 복색을 숭상한 데 대한 최초의 기록이다. 건축물과 기물에서도 붉은색을 귀하게 여겼다. 《국어·초어상楚語上》에 오거吳擧가 영왕靈王이 건축한 장화대章華臺가 '동루彤鏤'의 아름다움을 지녔다고 한 말을 기록하였는데, 위소韋昭의 주에 "'동'은 붉은 칠을 한 기둥을 이른다 彤, 謂丹楹"고 설명하였다.

붉은 것을 숭상하는 초인의 기풍은 시들 줄 모르고 지속되었기 때문에 초문화가 성장기를 지나 전성기와 쇠퇴기에 이르러 그 상황이 어떠했는지도 알 수 있다.

강릉의 마산馬山 1호 초나라 고분은 시기적으로 전국 중기에 해당된다. 발굴된 많은 의복류와 침구류는 도안이 복잡하고 채색이 곱고 아름다운데, 붉은색을 주된 색채로 한다. 각 지역의 초나라 고분에서 출토된 칠기漆器는 검은 바탕에 붉은 채색을 하였는데, 이런 예를 벗어나는 경우는 극히 드물다. 회양淮陽의 초나라 거마갱은 전국 후기의 것으로, 거기에서 발굴된 전기戰旗는 모두 타는 듯한 붉은빛이다.

물론 초나라의 일반 평민들은 일상 생활에서 결코 붉은색 의복만을 입고 붉은색 기물만을 사용하였던 것은 아니다. 붉은색을 숭상한 것은 붉은색을 귀하게 여겼다는 의미이다. 따라서 만약 온통 붉은 것 투성이라면 붉은 것은 가치가 떨어지게 된다. 초나라의 농사꾼·시골 노인·길쌈하는 아낙·시골 노파·죄수 등은 아마도 붉은색으로 자신의 집을 치장하기는 어려웠을 것이다.

주나라 사람 역시 붉은색을 숭상하였다.《예기·단궁檀弓》에 "하후씨는 검은 것을 숭상하였고…… 은나라 사람들은 흰색을 숭상하였으며…… 주나라 사람들은 붉은색을 숭상하였다…… 夏后氏尙黑…… 殷人尙白…… 周人尙赤……"고 하였다. 또《여씨춘추·응동應同》에는 "문왕 때에 이르러 하늘에 불덩이가 나타나더니 붉은 새가 단서를 물고 주사에 모여들었다. 문왕은 '화기가 이기리라'고 하였다. 화기가 이겼기 때문에 붉은색을 숭상하고 불을 섬겼다 及文王之時, 天先見火, 赤鳥銜丹書集於周社. 文王曰;火氣勝. 火氣勝, 故其色尙赤, 其事則火"고 하였는데 무척 현묘한 이야기이다. 사실 주나라 사람이 붉은색을 숭상한 것은 희성姬姓이 강성姜姓과 대대로 혼인하였던 것에서 비롯되었다. 강성은 염제炎帝를 숭상하였는데 염제는 적제赤帝로도 불린다. 초인의 '배일숭화拜日崇火'는 주나라 사람보다 훨씬 심했다.

주나라 사람도 붉은색을 숭상하였지만 동쪽과 왼쪽을 숭상하지는 않았다. 그러나 초인은 붉은색을 숭상하였을 뿐 아니라 동쪽과 왼쪽도 숭상하였다.

《공자가어孔子家語·문례問禮》에 "자리에 앉을 때는 남쪽을 향해 앉고, 죽은 자의 머리는 북쪽을 향하도록 안치하는 것은 모두 자신들의 발원지를 향하는 것이다 坐者南向, 死者北首, 皆從其初也"라 하여 주나라 사람의 습상習尙을 언급하였다. 주나라 사람의 무덤에서 발견된 시골尸骨은 일반적으로 머리가 북쪽을 향하고, 다리는 남쪽을 향하고 있다.

초인의 경우는 이와 다르다. 《신서新序》권1에는 초인이 진秦나라 사신을 접대하는 광경을 다음과 같이 기록하고 있다.

소해휼이 정예로운 병사 3백 명을 뽑아 서문 안에 도열하게 하고, 동쪽으로 향한 단 하나, 남쪽으로 향한 단 넷, 서쪽으로 향한 단 하나를 각각 만들었다. 진나라의 사자가 이르자 소해휼은 "그대는 손님이니 상위인 동면의 단에 오르십시오"라고 하였다. 영윤인 공자 서가 남면하여 오르고 태종인 공자 오가 그 다음에, 섭공인 공자 고가 그 다음에, 사마인 공자 반이 그 다음에 각각 자리하였다. 소해휼 자신은 서면의 단에 자리하였다.

昭奚恤發精兵三百人, 陳於西門之內, 爲東面之壇一, 爲南面之壇四, 爲西面之壇一. 秦使者至, 昭奚恤曰; 君, 客也, 請就上位東面. 令尹子西南面, 太宗子敖次之, 葉公子高次之, 司馬子反次之, 昭奚恤自居西面之壇.

'상위인 동면'은 서쪽에서 동쪽을 마주하고 앉는 존귀한 자리이다. 초인은 동쪽을 마주하고 앉는 것을 가장 존귀하게 여겼다. 이는 해가 동쪽에서 떠오르기 때문에 존귀한 자가 태양을 마주하고 앉아야 한다는 데서 비롯된 것 같다.

초나라 공족의 무덤은 두향이 동쪽을 향하고 있다. 묘향 역시 두향과 마찬가지로 동쪽을 향하고 있다. 여기에는 두 가지 의미가 담겨져 있을 것이다. 첫째 일신의 먼 후예로서 해가 뜨는 동쪽을 향해야 한다는 것이고, 둘째 화신의 적손으로서 최초에 화신이 거처하던 동방을 향해야만 한다는 것이다. 다만 화신이 거처한 동방은 초나라 지역의 동방이 아니라 중원의 동부, 즉 옛날 고신씨高辛氏가 거처하던 곳이라는 점을 부연해 둘 필요가 있다. 앞서 기술한 두 가지 의미는 결국 하나의 의미로 합쳐지는데, 바로 《예기·단궁》에 "여우는 죽을 때 자기가 태어난 언덕을 향해 머리를 둔다 狐死正丘首"는 것이다. 나중에 굴원은 이런 뿌리 깊은 민족 심리를 생동감 넘치게 묘사하였다. 굴원은 〈구장九章·애영哀郢〉에서 "새들은 날아날아

고향으로 돌아가고, 여우도 죽을 땐 제 태어난 언덕으로 머리를 둔다네 鳥飛返故鄕兮, 狐死必首丘"라고 노래하였다.

하사의 춘추 시대 초나라 고분은 영윤 가족의 무덤군으로 묘향이 동쪽이 아닌 서쪽을 향하고 있으나 동쪽을 위주로 하고 있다. 주묘는 2호 고분으로 묘주는 붕佣, 즉 영윤 원자풍원薳子馮이다. 묘향은 79°로 동쪽에서 북쪽으로 치우쳐 있다. 관 내부의 동쪽끝 가까운 곳에서 치아 하나가 발견되었는데, 이는 두향이 동쪽을 좇았던 흔적으로 짐작된다. 두상頭箱은 곽실의 동쪽에 있고, 예기는 모두 두상에 넣어져 있다. 묘향이 서쪽을 향한 것도 있다. 1호 고분의 경우는 묘향이 259°로 묘갱의 서쪽으로 치우친 곳에서 치아 4개가 발견되었는데, 이를 근거로 두향 역시 서쪽을 향했다고 추정할 수 있다. 1호 고분은 배장묘로 묘주는 미성羋姓이 아닌 초나라로 시집 온 진秦나라 여성으로 장례시에 진나라의 풍속을 따랐기 때문에 두향이 서쪽을 향한 것으로 추측된다.

이성異姓의 귀족, 동성의 하층 귀족과 평민이 묻힐 때의 두향은 공족과는 다르다. 초나라의 대다수 평민은 본래 초만이었다. 초만의 주체는 삼묘三苗의 후예이다. 삼묘는 본래 남방에 있었으며, 일찍이 북쪽으로 중원에 이르기는 하였지만 다시 남쪽의 강한 일대로 돌아왔다. 원래 초인의 하층 귀족과 평민은 지위가 중층 이상인 귀족과는 날로 거리가 멀어졌고, 초만과는 날로 가까워져 나중에는 초만과 혈통이 섞이고 풍속이 같아지게 되었다. 따라서 그들은 죽은 사람을 매장할 때 대부분 초만의 풍속을 따라 두향을 남쪽으로 향하였는데 이 역시 "자신들의 발원지를 향한 從其初也" 것이다.

산만의 동주 시기 초나라 고분 33기의 묘향은 남쪽을 향한 것이 31기로 두향이 묘향과 일치한다. 이 31기의 고분의 규격은 모두 봉분이 크지 않다. 단 2기만이 쌍관1곽묘이고 나머지는 모두 1관1곽묘·1관무곽묘·무관무곽묘이다. 묘주는 대부분 평민이며 일부는 하층 귀족으로 추정된다. 유독 1호 고분은 묘향이 서쪽을 향하는데, 이는 소형의 병류묘이다. 그 속에서는 어떤 장구葬具도 발견되지 않았고 하찮은 도기 몇 점이 부장되어 있었을 뿐이다. 1호 고분의 묘주는 본래 초인이 아니라 초나라 경내로 흘러 들어온 진나라 사람으로 추정된다.

고대인들은 방위를 이야기할 때, 동·서·남·북의 구분 이외에 좌·우의 구분을 두었다. 주나라의 풍속은 오른쪽을 숭상하였고, 초나라의 풍속은 왼쪽을 숭상하여 서로 상반되었다.

《좌전·환공桓公 8년》에 수隨나라의 계량季梁이 "초나라 사람들은 왼쪽을 높게 친다 楚人上左"고 한 말을 기록하고 있는데 확실히 그러했다. 초나라의 직관에 있어서 좌사마左司馬와 우사마 가운데 좌사마가 높았고, 좌윤左尹과 우윤의 경우는 좌윤이 높았다. 또 좌령左領과 우령, 좌사左史와 우사 역시 좌가 위였다. 초나라의 3군三軍은 주력인 중군中軍 이외에 좌군과 우군 가운데 좌군이 위였다. 초나라 임금의 친위군은 좌광左廣과 우광으로 나뉘는데, 본래는 각각 반나절씩 근무토록 정했으나 필邲의 전투가 발발함에 따라 좌광을 우위로 하였다. 초나라의 풍속은 동향을 가장 높이고 남향을 그 다음으로 쳤는데, 남향은 동향보다 왼쪽이다. 왼쪽을 숭상하는 기풍은 여기에서 유래하였다.

조상 숭배, 애국, 충군

조상을 기리는 마음, 애국심, 충군忠君의 마음은 고대 어떤 민족에게나 있던 것이지만 초인은 더욱 두드러져 기풍을 이룰 정도로 크게 성행하였다. 이는 초인의 남다른 경력에서 나온 것이다.

초인의 선조는 강력한 이웃에게 둘러싸인 채, 완강하게 생존을 도모하면서 수천 년의 세월을 견뎌왔다. 초인은 메마르고 구석진 곳에서 굳세게 발전을 추구하면서 수백 년의 세월을 지냈다. 이로부터 초인은 민족의 이익을 가장 중요하게 여기는 마음을 키우게 되었다.

역대로 초인에 대한 평가는 칭송과 비난이 엇갈려 왔다. 치켜세우는 사람들은 "무를 숭상하였다 尙武" 하였고, 깎아내리는 축들은 "전쟁을 좋아했다 好戰"거나 "싸움질을 즐겼다 喜鬪"고 하였다. 때문에 초나라 고분에서 발견된 많은 병기는 초인이 전쟁을 좋아했다는 물증이 되었다. 그러나 초인은 무武를 숭상했다고 하는 것이 정확하다.

강왕康王 원년에 고주皋舟에서 전투가 있었는데, 초나라 군사는 패배하고 말았다. 또 3년에 잠판湛阪에서 전투가 있었는데, 초나라 군사는 또 패배하고 말았다. 5년에 이르러 강왕은 더 이상 참지 못하고 영윤이던 공자 경庚에게 사람을 보내 이렇게 말했다.

나라 사람들은 내가 나라를 맡았으면서도 군사를 내지 않으니 죽은 후에 선조들처럼 예우를 받을 수 없다고 하오. 내가 임금자리에 오른 지 5년이 되었는데도 아무 이유 없이 군사를 내지 않는다면, 나라 사람들은 혼자 편안히 지내면서 선군의 유업을 잊었다고 할 것이오. 대부는 어떻게 했으면 좋겠는지 잘 생각해 보시오.

國人謂不穀主社稷而不出師, 死不從禮. 不穀卽位, 於今五年, 師徒不出, 人其以不穀爲自逸而忘先君之業矣. 大夫圖之, 其若之何.[76]

강왕이 공자 경에게 군사를 출동시키도록 요구한 것이 옳은 판단이었는가는 일단 덮어두더라도 "나라를 맡았으면서도 군사를 내지 않으니 죽은 후에 선조들처럼 예우를 받을 수 없다"는 말은 관심을 기울일 만하다.

이와 같은 예법은 제하에서는 들어 본 적이 없던 것으로, 이는 초인이 확실히 상무의 전통을 지녔음을 보여 주는 것이다. 열국이 다투는 시대에 무를 숭상하지 않았다면 초인이 어떻게 생존을 도모하였겠는가? 또 무를 숭상하지 않았다면 초나라가 어떻게 발전할 수 있었겠는가? 상무의 전통은 초인의 분발한 민족 정신을 보여 주는 것이다.

초인은 선조의 위대하고 풍부한 공적을 회고하며 그들의 사소한 것까지 아끼는 마음으로 자기 선조가 처음 발흥한 지역을 성지로 삼았다. 때문에 그들은 옛 거주지의 지명으로 새 거주지를 명명하는 관습이 있었다. 육웅鬻熊은 초나라의 기초를 다진 선조로 단수丹水와 석수淅水 사이에 위치한 단양丹陽에 거주하였다. 그의 증손 웅역熊繹은 형산荊山과 저산雎山 사이로 이주하고 나서도 그곳을 단양으로 명명하였다. 웅거熊渠의 적자인 웅지熊摯는 별도로 기夔 땅에 봉해졌으나 역시 자신의 거주지를 단양이라 이름하였다. 나중에 지금의 호북성 지강현枝江縣에 또 하나의 단양이 있었는데, 이는 서주 시대에 그곳으로 이주한 초인이 남긴 지명일 것이다. 그밖에 지금의 안휘성 당도현當塗縣에 또 하나의 단양이 있는데 전국 시대에 그곳으로 이주한 초인이 남긴 지명인 듯하다.

영郢이라는 지방은 무왕 때 이미 초나라의 부도副都에 상당하는 지위를 지닌 주요 거점이 되었다. 때문에 무왕 말년 내지 문왕 초년에 영으로 천도하였을 때 이름을 단양으로 바꾸지 않았다. 나중에 초나라 도읍은 여러 차례 옮겼다. 그러나 새로 옮겨 간 도읍은 대개 영이라는 이름을 그대로 사용하였다. 이 때문에 지금의 호북성 의성현宜城縣에 위치한 영, 호북성 종상현鍾祥縣에 위치한 영, 호북성 강릉현江陵縣에 위치한 영, 하남성 회양현淮陽縣에 위치한 영, 안휘성 수현壽縣에 위치한 영, 안휘성 부양현阜陽縣 북쪽에 위치한 영(考烈王 10년부터 22년까지 초나라의 도읍이었던 鉅陽) 등이 있다.

제하에도 지역을 옮기면서 이름을 바꾸지 않은 사례가 있다. 그러나 흔치 않을 뿐 아니라 초인이 하나가 둘이 되고 둘이 셋, 넷, 다섯이 된 것과는 다르다. 이는 조상을 기리는 그들의 마음이 초인처럼 깊고 간절하지 못했기 때문이다.

초인은 애국과 충군에 관련된 많은 감동적인 사적을 남겼다. 그들은 약소국을 강대국으로 바꾸어 놓은 영광스러운 역사를 지녔다. 이로부터 그들은 강렬한 민족적 자부심과 자존심을 키워 나갔다. 임금과 상하의 신하들 대부분이 마찬가지였다. 예외도 있었지만 흔치는 않다.

초나라의 통수는 치명적인 군사적 패배를 당했을 경우, 흔히 스스로 목숨을 끊어 국민과 임금에게 사죄하였다. 공자나 왕손 같은 귀한 사람들과 영윤이나 사마의 지위를 지닌 사람들도 허물을 감추고 목숨을 구걸한 사례는 매우 드물었다.

무왕은 자기 아들 굴하屈瑕에게 라羅를 정벌토록 하였는데, 굴하는 패배를 거듭하자 목을 매어 자결하였다.

성복城濮에서의 전투에서 초나라의 속현이던 신申과 식息의 군사적 손실이 극심했다. 이에 성왕은 사람을 파견하여 영윤이던 공자 옥玉에게 "대부인 그대가 만약 나라로 돌아온다면 신 땅과 식 땅의 노인네들을 무슨 면목으로 대하겠소? 大夫若入, 其若申息之老何"77)라고 하였다. 공자 옥은 즉시 방성方城 밖에서 목을 매어 자결하였다. 사마이던 공자 서西 역시 허물을 인정하고 목을 맸는데 뜻밖에도 줄이 끊어져 땅바닥에 떨어졌다. 공교롭게도 마침 성왕이 보낸 사면관이 당도하여 간신히 죽음을 모면했다.

언릉鄢陵의 전투에서 중군의 사마이던 공자 반反이 술에 취해 일을 그르쳤다. 공왕은 사람을 보내 그를 질책하고, 아울러 그에게 관용을 베푼다는 뜻을 전했다. 그러나 영윤이던 공자 중重은 공자 옥이 스스로 목숨을 끊은 선례를 빌려 공자 반을 각성시키자 반은 자결하고 말았다.

강왕康王 때 영윤이던 공자 낭囊이 오吳나라 군사에게 패배하였다. 그는 군대를 정비하여 귀환하던 중 복검하여 자결하였다. 그는 죽으면서도 국사를 잊지 않고 사마이던 공자 경庚에게 반드시 영도에 성벽을 쌓을 것을 당부하였다.

평왕平王 때에 오나라 사람이 초나라 변경에 잠입하여 평왕이 버린 부인을 데리고 갔다. 사마이던 원월薳越이 그를 추격하였으나 놓치고 말았다. 원월은 "임금의 부인을 놓쳤으니 죽어야 마땅하다 亡君夫人, 不可以莫之死也" 하고는 그 자리에서 목을 매어 자결하였다.[78]

평민의 애국적인 의행義行도 매우 감동적이다. 오나라 군사가 영도에 침입하자 소왕昭王은 달아나 버렸다. 초인은 "목숨을 돌보지 않고 함께 용감하게 침략자에게로 달려가 팔을 걷어붙이고 대항하였다. 당시 장수는 없었으며 병졸들이 줄줄이 자기 목숨을 바쳐서 오나라 군사를 물리치고 초나라의 국토를 수복하였다. 相率而爲致勇之寇, 皆方命, 奮臂而爲之鬪. 當此之時, 無將, 卒以行列之, 各致其死, 却吳兵, 復楚地"[79] 당시 도양열屠羊說이라는 상인이 줄곧 소왕을 보필하였다. 사태가 일단락되고 나자 소왕은 도양열에게 높은 관직과 후한 상을 내리고자 하였다. 그러나 그는 사양하고 본래 자신이 하던 양고기 장사를 계속하였다.

나라를 보위하고 임금에게 충성하는 초인의 자발적 행동은 민족적 자존심과 자부심을 자연스럽게 보여 주는 것이다.

초나라 임금의 현우賢愚는 똑같지 않다. 원대한 일을 행한 임금은 어떤 일을 할 때 반드시 사직을 중시하였다. 평범한 임금 또한 사직을 욕되게 하는 일은 감히 하지 않았다.

문왕이 파인巴人과의 전투에서 패하고 돌아오자 대혼大閽이던 육권鬻拳은 그를 궁에 들어오지 못하게 제지하였다. 문왕은 하는 수 없이 군사를 옮겨 황黃나라를 격파하고 개선하였지만 중도에 병으로 죽고 말았다. 육권은 문왕을 안장하고 나서 즉시 자결하였다.

공왕은 언릉에서 패배하였는데 죽는 날까지 이를 부끄러워하였다. 임종 무렵에 그는 대부들에게 자신이 죽거든 '영靈'이나 '려厲' 같은 나쁜 시호를 자기에게 붙여 줄 것을 요구하였다.

포학한 영왕靈王은 초나라의 도읍 영도에서 멀리 떨어진 곳에서 궁중에 정변이 일어났다는 소식을 듣고 어찌할 바를 몰라 하였다. 우윤이던 공자 혁革이 그에게 다른 나라로 피신할 것을 건의하였지만 그는 거절하면서 그것은 자충수일 뿐이라고 하였다. 영왕은 단신으로 영도를 향하다가 중도에 목을 매어 자결하였다.

초나라의 법률적 전통으로는 한 개인이 죄를 지어 벌을 받게 되더라도 처자를 연좌하지는 않았다. 설령 한 가문이 반란을 획책하였다가 실패하였더라도 그 가운데 나라에 충성한 자가 있는가를 살폈으며, 잘잘못을 가리지 않고 모조리 처형하지는 않았다. 예를 들어 약오若敖의 가족은 반란을 일으켰다가 장왕莊王에게 진압되었다. 이 가족의 성원인 투극황鬪克黃은 마침 제나라에 사신으로 갔다 돌아오던 중 송나라를 지날 무렵 이 소식을 듣게 되었다. 누군가 그에게 초나라로 돌아가지 말 것을 권했지만, 그는 임금의 명을 저버릴 수 없다고 하며 초나라로 돌아왔다. 그는 장왕에게 복명하고 나서 직접 집행관인 사패司敗를 찾아가 구금되었다. 그러나 장왕은 그에게 예전대로 본래 직책인 잠윤箴尹을 맡겼다.

투극황의 후손인 투성연鬪成然은 교만 방자하여 평왕에게 죽임을 당했다. 그러나 평왕은 그의 아들 투신鬪辛을 그대로 운공鄖公으로 삼았다. 후에 평왕의 아들 소왕이 난리를 피해 달아나던 중 운현鄖縣을 지나게 되었다. 이때 투신의 아우 투회鬪懷가 소왕을 죽여 아버지의 원수를 갚으려 하였으나 투신이 제지하였다. 투신은 투회에게 "임금이 신하를 토벌하는데 누가 감히 임금을 원수삼을 수 있겠는가? 임금의 명은 곧 하늘의 명이다. 하늘의 명으로 죽는다면 누구를 원수로 삼을 수 있겠는가? ……네가 꼭 일을 저지르고야 말겠다면 내가 너를 죽일 것이다 君討臣, 誰敢仇之. 君命, 天也. 若死天命, 將誰仇 ……必犯是, 余將殺汝"[80]라고 하였다. 이는 하나의 전형적인 사례이다. 형식상으로는 특수성을 지니지만 내용상으로는 어떤 보편성을 지니고 있다.

《좌전·소공 32년》에는 "예로부터 사직에 받들어지는 주인이 늘 일정하게 정해져 있었던 것은 아니며 군신의 자리가 늘 일정하게 정해져 있었던 것은 아니다 社稷無常奉, 君臣無常位, 自古以然"라는 진晉나라 사묵史墨의 말을 기록하고 있다. 이는 제하의 보편적인 사고를 대변하는 것이다. 그러나 초인은 이와는 정반대로 사직은 언제나 일정하게 받들어지는 것이고, 군신은 항상 정해진 자리가 있다고 생각하였다.

중원의 제하와 비교할 때 초나라 왕실은 특별히 강대하고 왕권은 특별히 공고하였다. 이는 경제 구조, 정치 체제, 사고 방식 등 몇 가지 요인이 있다. 사고 방식에 있어서는 초인의 예사롭지 않은 애국심과 충군의 열정이 주요한 요인이었다. 나중에 초나라의 적국조차도 이런 이치를 분명히 깨닫게 되었다. 전국 말기에 편찬된《여씨춘추·고의高義》에는 다음과 같은 기록이 있다.

형 땅의 오랑캐가 나라를 세워 42대가 지나는 동안, 일찍이 건계와 백공의 난리가 있어 정양과 주후로 피신한 적이 있었다. 그러나 지금은 만승의 대국이 되었으며, 공자 낭과 같은 신하를 두고 있다. 공자 낭과 같은 절개는 비단 한 세대에만 머무는 신하가 아니다.

荊之爲荊四十二世矣, 嘗有乾溪, 白公之亂矣, 嘗有鄭襄, 州侯之避矣, 而今猶爲萬乘之大國, 其時有臣如子囊與. 子囊之節, 非獨屬一世之人臣也.

무속 숭배

당초 원시 사회 속에서 한가로이 생활하던 초인은 비범한 상상력으로 모자라는 지식을 잘 메워 나갔다. 상상 속에서 그들은 화신火神의 자손이 되었고, 영웅적인 용기와 믿음을 지니게 되었다. 초나라 사회는 원시 사회로부터 직접 나온 것으로, 초인의 정신 생활은 여전히 여기저기에서 농후한 신비적 분위기가 나온다. 자신이 살고 있는 세계에 대하여 그들은 익숙한가 하면 낯설기도 하여 친근함과 소원함을 동시에 느꼈다. 하늘과 땅, 신과 인간, 자연과 인간, 금수와 인간 사이에 모두 기이하고도 특수한 연계를 지니고 있었기 때문에 쉽게 이해할 수 있을 듯하면서도 이해하기 어렵다.

생존 투쟁 속에서 그들에게는 무巫라고 하는 전지전능에 가까운 인도자가 있었다. 주대에는 어떤 민족이나 부락을 막론하고 모두 무가 있었다. 제하 가운데 우인虞人·하인夏人·은인殷人의 후손은 무풍이 주인周人보다 성했고 초인은 더 심했다. 이는 각 나라에서의 무의 지위를 살펴보면 명백해진다.

무는 신통력에 따라 대무大巫와 小巫로 나뉘었고, 지위에도 고하가 있었다. 그들은 일반인과는 다른 천품과 교양을 지녀야만 하였다. 이는 관사보觀射父가 초나라 소왕昭王에게 말한 다음과 같은 것이다.

정기와 신명 두 가지를 지켜서 이것을 공경하고 중정하게 할 수 있는 사람은 자신의 지혜를 천지에 부합시키고 신통력으로 먼 것도 훤히 헤아릴 수 있으며, 눈으로 그것을 널리 살피고, 귀로 그것을 철저하게 들을 수 있습니다. 이렇게 된다면 신명이 강림하게 되는데, 남자의 경우는 격이라 하고 여자의 경우는 무라고 합니다.

民之精爽不携貳者, 而又能齊肅衷正. 其智能上下比義, 其聖能光遠宣朗, 其明能光照之, 其聰能聽徹之, 如是則明神降之, 在男曰覡, 在女曰巫.[81]

초나라의 소무는 여성이 대부분을 차지하였고, 대무는 모두 남자였다. 비록 '남격여무南覡女巫'라는 구분이 있지만 '무巫'로 통칭할 수 있다.

초나라에서 일찍이 무로 세습 관직을 삼던 관씨觀氏는 원래 약인都人이었다. 약都은 진秦나라와 초나라 사이에 있던 작은 나라로 한동안 진나라에 속해 있다가 결국은 초나라에 멸망당했다. 무왕은 약을 정벌하고 장수로서 상당한 재능을 지닌 약인 관정보觀丁父를 사로잡아 1군의 통수인 군솔軍率로 삼았다. 관정보는 주州나라와 요蓼나라를 공략하여 멸망시키고, 수隨나라와 당唐나라를 위협하여 항복을 얻어내고, 나아가 만족蠻族들을 정벌하는 싸움에서 공을 세웠다. 관정보의 후손은 점복을 보좌하여 복윤卜尹의 시종관이 되었다. 평왕平王은 즉위하여 관종觀從이 자신을 옹립하는 데 공을 세웠기에 그에게 직접 관직을 고르게 하였다. 관종은 선조가 점복을 보좌했다는 이유로 복윤을 선택하였다. 관사보는 관종의 적자가 아니면 관종의 근친임이 분명하다. 후일 왕손어王孫圉가 진晉나라에 사신으로 갔을 때 조간자趙簡子가 그에게 "초나라가 백형百珩이라는 옥패玉佩를 국보로 삼은 지가 몇 대나 되었소?"라고 묻자, 왕손어는 초나라는 이제껏 백형을 국보로 삼은 적이 없으며 초나라 제일의 국보는 관사보이고, 두번째 국보는 좌사左史 의상倚相이며, 세번째 국보는 운련도주雲連徒洲라 불리는 너른 들판이라고 대답하였다.

대부이던 관사보는 당시 초나라에서 최고의 대무였다. 관사보가 국보로 받들어졌으니 초나라에서 무의 지위가 어느 정도였는지 알 수 있다. 소왕은 세상사에 의문이 생기면 관사보에게 가르침을 청하였고, 제사에 대해 이해되지 않는 구석이 있어도 역시 관사보에게 자문을 구하였다. 관사보는 소왕에게 제사의 작용은 "효도를 밝히고 자손을 번창시키고 국가를 위무하고 백성을 안정시키는 것으로 昭孝息民, 撫國家, 定百姓" "임금에서 백성에 이르기까지 누군들 엄숙하고 공손하게 신에게 치성드리지 않을 수 있겠습니까? 自公以下至於庶人, 其誰敢不齊肅恭敬致力於神"[82]라고 언급하였다. 관사보는 "훈사를 만들어 제후들과 교제할 수 있었다. 能作訓辭, 以行事於諸侯"[83] 이로써 그의 지위가 복윤을 능가하였음을 알 수 있다.

초나라 공족의 자제들 역시 대무의 신분이었다. 일찍이 신공申公이 된 굴무屈巫는 자가 영靈으로, '영靈' 은 '무巫' 의 별칭이다. 장왕莊王과 공왕共王 때에 신공은 가장 큰 현공縣公 가운데 한 사람으로 지위가 사마에 비견되었다.

초나라의 무는 흔히 의원이기도 하였다. "무팽은 의원이 되었고, 무함은 점쟁이가 되었다 巫彭作醫, 巫咸作筮"[84]고 전해 온다. 무팽과 무함은 바로 초인이 숭배하던 두 명의 신무神巫로 '팽함彭咸' 으로 합칭되는데, 이는 굴원이 지은 부賦에 나온다. 공자는 일찍이 "남쪽 지방 사람이 하는 말에 '사람이 항심이 없으면 '무의'도 될 수 없다'고 하는데 훌륭한 말이다 南人有言曰; 人而無恒, 不可以作巫醫. 善夫"[85]라고 하였다. '남쪽 지방 사람'은 초인을 가리킨다.

무와 의는 한 몸에 두 가지 임무를 지녔기에 '무의巫醫'라고 할 수 있다. 그들이 반드시 항심恒心을 지녔다면 북방 사람인 공자가 그들을 칭찬한 것도 당연하다. 초인에게 있어서 무는 귀신과 교감할 수 있을 뿐 아니라 생사를 맡길 만한 존재였다. 따라서 초나라 민간에는 소무가 대단히 많았음이 분명하다.

제하의 무는 초나라의 무에 비해 지위가 훨씬 떨어져 소무가 대무처럼 여겨졌다고 할 수 있다. 미微라는 초나라의 무가 제나라로 망명해 예관裔款의 소개로 제나라 경공景公을 알현하였다. 미는 경공에게 "임금께서는 명신의 주재자요, 제왕의 임금이십니다. 그러나 임금께서 즉위하신 지 7년이 지나도록 세상사가 크게 나아지지 못한 것은 명신이 이르지 않아서입니다. 바라건대 오제에게 치성을 드려 임금의 덕을 밝히십시오 公, 明神主之, 帝王之君也. 公卽位有七年矣, 事未大濟者, 明神未至也. 請致五帝以明君德"라고 하였다. 제나라 경공은 그의 말에 현혹되어 그에게 "머리 숙여 재배하였다. 再拜稽首" 안자晏子가 들어가 경공에게 "현인을 버리고 무를 등용해서는 棄賢而用巫" 안 된다고 간언하고 아울러 "초나라의 무를 동쪽으로 추방하고, 예관을 구속할 것 東楚巫而拘裔款"을 건의하였다. 제나라 경공은 안자의 말에 따라 미를 제나라의 동쪽 지방으로 내쫓고 예관을 구금하였다.[86] 초나라의 미가 술수를 부리다 낭패를 당한 것은 제하에서는 초인처럼 그렇게 무를 숭배하지 않았음을 의미한다.

초인이 귀신과 교감하는 수단으로는 제사와 점[卜筮]이 있었다.

제사의 대상은 대단히 많다. 천자가 제사해야만 하는 대상은 뭇신과 만물에 이르렀고, 제후는 성신星辰·산천·조상께 제사를 드려야만 했다. 초나라 왕실에서 특별히 중시한 것은 조상과 대천大川에 대한 제사였다.

초나라 임금의 종묘와 궁실은 서로 이어져 있어서 모문茅門을 통해 들어가야만 했다. 《한비자韓非子·외저설우상外儲說右上》에는 다음과 같은 기록이 있다.

초나라 장왕에게 '모문의 금법'이 있었는데, 거기에는 "신하·대부·공자들이 입조할 때 말발굽이 낙숫물 자리를 밟는 경우는 정리가 그의 끌채를 잘라내고 그 거부를 벤다"고 규정하였다. 이때 태자가 입조하던 중 말발굽이 낙숫물 자리를 밟자 정리가 그의 끌채를 잘라내고 거부를 베었다. 태자는 노하여 들어가 왕에게 눈물을 흘리며 "저를 봐서 정리를 베어 주십시오"라고 하였다. 장왕은 "법은 종묘를 공경하고 사직을 존숭하기 위한 것이다. 법질서를 확립하고 명령을 준수하여 사직을 받들 수 있는 자는 나라를 믿고 맡길 만한 신하이다. 어찌 죽일 수 있겠는가?"라고 대답하였다.

荊莊王有茅門之法曰; 群臣大夫諸公子入朝, 馬蹄踐霤者, 廷理斬其輈, 戮其御. 於是, 太子入朝, 馬蹄踐霤, 廷理斬其霤, 戮其御. 太子怒, 入爲王泣曰; 爲我誅戮廷理. 王曰; 法者, 所以敬宗廟, 尊社稷, 故能立法從令, 尊敬社稷者, 社稷之臣也, 焉可誅也.

여기에서 거론한 '법'은 일반적인 법 전체를 가리키는 것이 아니라 '모문의 금법'만을 가리키는 것으로 보인다. 만약 일반적인 법 전체를 가리키는 것이라면, 설령 억지로 '사직을 존숭하고'라는 말과는 연결하더라도 '종묘를 공경하고'라는 말과는 관계가 없다. 예를 들어 초나라의 '복구僕區의 금법'은 전적으로 도둑을 다스리기 위한 법으로 도둑을 숨겨 주는 자는 도둑과 동일하게 처벌한다고 규정하였다. 이는 '종묘를 공경하는' 것과는 아무 관계가 없다. '모문의 금법'은 궁실 이외에도 대실大室의 종묘를 가리키는 것일 수 있다. 종묘의 신성함은 말할 필요도 없다. 때문에 장왕은 특별히 '모문의 금법'을 입법한 것이다.

말발굽이 낙숫물 자리를 밟지 못하도록 규정한 것은 말이나 수레가 문설주 아래에 이르지 못하도록 금지한 것이다. '모문의 금법'을 위반한 태자는 나중에 공왕共王으로 즉위한 웅심熊審으로 보인다. 당시 웅심이 '모문의 금법'을 어겼던 데는 특별한 이유가 있었다. 《한비자·외저설우상》에는 다음과 같이 기록되어 있다.

초나라 임금이 태자를 급히 불렀다. 초나라의 법에 수레는 모문을 드나들 수 없도록 규정되어 있었는데, 마침 비가 내려서 뜰에 웅덩이가 파여 있었기 때문에 태자는 수레를 몰고 그대로 모문에 당도하였다. 정리가 "수레는 모문을 들어올 수 없습니다. 이는 법을 어기는 것입니다"라고 하였다. 이에 태자는 "임금께서 급히 찾으시니 웅덩이를 피해 갈 겨를이 없다" 하고는 그대로 말을 달리게 하였다. 정리는 창을 치켜세워 말을 찌르고, 그 끌채를 잘라 버렸다……

楚王急召太子. 楚國之法, 車不得至於茅門. 天雨, 廷中有潦, 太子遂驅車至於茅門. 廷理曰; 車不得至茅門, 非法也. 太子曰; 王急召, 不得須無潦. 遂驅之. 廷理擧殳而擊其馬, 敗其駕……

정리는 초나라 궁정의 집법관이다.《설원說苑》권14에도 이 일을 기록하고 있다. 그러나 태자의 모문 진입을 저지한 사람은 경慶이라는 소사少師로 되어 있다. 본래는 같은 일인데 이리저리 전해지면서 서로 다른 이야기가 만들어진 것이다. 모문의 '모茅'는 '영모靈茅'일 것이다. 평범한 띠풀이라면 초인이 그것을 장엄한 대문 위에 씌워 놓지는 않았을 것이다.

산천에 제사드리는 것을 망제望祭 또는 망사望祀라고 한다. 소왕은 일찍이 "하·은·주 삼대 동안 천자는 제후에게 제사 지내는 범위를 명하였다. 제후는 자기 경내의 산천에 제사 지내는데, 장강·한수·저수·장수는 초나라가 제사 지내야 할 곳이다. 화와 복이 내리는 것은 이를 벗어나지 않는다 三代命祀, 祭不越望. 江漢雎漳, 楚之望也. 禍福之至, 不是過也"[87]고 하였다. 장강·한수·저수·장수는 초나라 경내를 흐르는 네 줄기 큰 강이다. 초나라 임금은 통상 대천에만 제사 지내고, 명산에는 제사 지내지 않았던 것 같다. 이는 강한 지역은 강이 많고 산은 적었기 때문으로 보인다. 필에서의 전투에서 장왕은 황하에는 제사를 지냈지만 하남河南의 명산에는 제사를 지내지 않았다.

공왕共王은 적자 없이 서자만 다섯을 두었다. 신을 청하여 그 가운데 "사직을 맡을 主社稷" 태자를 가리기 위하여 "대천에 성대하게 제를 올렸다. 大有事于群望"[88]

초인은 음사淫祀로 이름이 났다.《백호통白虎通·오사五祀》에 "제사를 지내야 할 대상이 아닌데도 제사 지내는 것을 '음사'라고 한다. '음사'는 복을 가져오지 않는다 非所當祭而祭之, 名曰淫祀, 淫祀無福"고 하였다. 이는 후대 사람의 생각이지 초인의 견해는 아니다. 음사의 기풍은 민간에서 성행하였다. 영왕 때에는 궁정에서도 음사 풍조가 눈에 띄게 나타났다.《신론新論·언체言體》에 다음과 같은 기록이 있다.

지난날 초나라의 영왕은 교만 방자하여 아랫사람을 무시하고 현인을 소홀히 대했으며 귀신 섬기기에만 힘썼다. 무술을 믿어 깨끗이 재계하고 상제와 뭇신에게 제사를 드렸는데, 몸소 우불을 잡고 제단 앞에서 춤을 추었다. 오나라 군사들이 협공하자 누군가 위급한 상황을 보고했지만 영왕은 태연자약하게 춤을 추고 북을 울리며 이렇게 대꾸하였다. "과인이 상제께 제사를 드려 신명을 즐겁게 하였으니 필시 복을 내려 도와 주실 것이다. 나는 감히 구원하러 가지 않겠노라." 결국 오나라 군사들이 들이닥쳐 영왕의 태자와 후비 등을 잡아 갔으니 무척 안타까운 일이다.

昔楚靈王驕逸輕下, 簡賢務鬼, 信巫祝之道, 齋戒潔鮮, 以祀上帝, 禮群神, 躬執羽紱, 起舞壇前. 吳人來攻, 其國人告急, 而靈王鼓舞自若, 顧應之曰; 寡人方祭上帝, 樂明神, 當蒙福佑焉, 不敢赴救. 而吳兵遂至, 俘獲其太子及后姬以下, 甚可傷.[89]

이 이야기는 물론 허구가 보태어진 것이다. 최소한 "태자와 후비 등을 잡아 간" 것은 꾸며낸 것이다. 분명한 것은 영왕이 궁중에서 음사를 불러일으켰다는 사실이다.

소왕은 아마도 영왕을 거울삼아 음사를 행하지 않게 된 듯하다. 병세가 위급해지자 누군가 이는 하백河伯이 재앙을 일으키기 때문이므로 하백에게 제사드릴 것을 건의했지만, 그는 믿지 않고 거절했다. 이 때문에 공자는 "초나라 소왕은 대도를 아는가 보다 楚昭王知大道矣"[90]라며 그를 칭찬하였다.

복卜과 서筮 가운데 초인은 복을 중시하고 서를 가볍게 여겼다. 이는 제하와 같다. 다른 점은 복은 초나라에서의 응용 범위가 제하보다 컸고, 복에 대한 초인의 믿음이 제하보다 깊었으며, 초인이 복을 행하는 방식이 제하와는 달랐다는 점이다.

의문을 해소하고 미래를 예측하기 위하여 초인은 늘 점복占卜을 쳤다. 복윤卜尹은 국가 대사를 위해 점복을 쳤다. 나머지 무들도 모두 점복을 칠 줄 알았고 무와 상관 없는 초인조차 모두 점복을 칠 줄 알았다. 갑작스러운 전쟁에서 적을 제대로 요량할 수 없고 대책도 정해지지 않으면 즉각 점복을 쳐야만 했다. 평소에도 어려운 문제로 주저하게 되면 역시 점복을 쳤다. 점복의 도구는 구갑龜甲으로 이는 제하에서 전수받은 것이다. 초나라의 관례로는 전쟁을 치를 적에는 "사마가 점복을 명하였다. 司馬令龜"[91] 즉 사마가 점복을 치려고 할 때 무에게 고하여 점복을 쳤던 것이다.

관리를 뽑는 데도 매복枚卜을 이용하였다. 이는 제하에서는 가끔 사용하거나 전혀 사용하지 않게 되었음에도 초인은 여전히 상용하던 점복 방식이다. 《상서·대우모大禹謨》에는 "공신들이 돌아가며 점복을 쳐서 길한 사람에게 맡기자 枚卜功臣, 惟吉之從"고 하였다. '매복'의 '매'는 '매거枚擧'의 '매'와 같은 의미이다. 매복은 한 사람씩 돌아가며 점복을 하여 길조가 나타나면 그치는데, 길조를 얻은 자가 관리로 선발되었다. 혜왕惠王 11년에 진陳나라를 치려고 출병 준비를 하면서 통수를 선발할 때, 태사太師와 영윤令尹의 의견이 엇갈렸다. 이에 매복을 행하여 무성武城의 현공縣公인 공손조公孫朝가 길조를 얻자 그를 통수로 삼아 대승을 거두고 진나라를 멸망시켰다. 당시의 역사적 상황으로 볼 때, 이는 초나라의 병력이 강한 데다 지휘관의 재능이 뛰어나고 선택된 출병 시기가 적절했기 때문이었지만 초인은 점복의 영험함 때문으로 여겼다.

초인은 때로 독특한 방식으로 점복을 행했다. 예를 들면 공왕에게는 총애하는 다섯 아들이 있었다. 관례에 따라 장자에게 자리를 물려 주는 것이 옳았지만, 입장이 정리되지 않자 신의 영험함을 빌려 문제를 해결하려 하였다. 그는 사람을 시켜 큰 벽옥 하나를 들고서 대천에 두루 제사를 드리면서 "벽옥 위에서 절하는 아이가 신령께서 세우는 것이니 누군들 감히 어기겠습니까 當壁而拜者, 神所立也, 誰敢違之"라고 하였다. 그런 다음에 부인 파희巴姬와 함께 그 벽옥을 종묘의 뜰에 남몰래 묻어 놓고 다섯 아들에게 차례대로 들어가 절하게 하였다. 큰아들은 두 다리가 구슬의 양옆에 걸쳐졌고, 둘째는 한쪽 팔이 구슬 한 편에 스쳤으며, 셋째와 넷째는 모두 구슬에서 멀리 떨어졌다. 다섯째는 아직 어려서 다른 사람을 시켜 안고 들어가도록 하였는데, 두 차례 절을 하면서 모두 구슬의 끈에 닿았다.[92] 이런 괴상한 점복 방식은 유래가 없던 것으로 우연한 일이었거나, 초인이 최종 결과에 따라 본래 공왕과 파희 둘만의 비밀을 허구로 기록함으로써 역사 기록에 수용되었을 수도 있다.

공왕이 죽자 장자가 자리를 계승하니 그가 강왕康王이다. 강왕이 죽자 아들 겹오郟敖가 자리를 이었다. 공왕의 둘째아들이 겹오를 시해하고 자립하니 그가 영왕靈王이다. 영왕 말년에 셋째·넷째와 다섯째가 서로 내통하여 정변을 일으켰다. 난리중에 셋째와 넷째는 자결하고 다섯째가 즉위하였는데, 그가 바로 평왕平王이다.

벽옥을 묻어 후사後嗣를 점친 이야기는 신비화된 색채가 짙을 뿐 아니

라 극적 구성을 지니고 있다. 당나라 때에 원진元稹이 지은 〈초가楚歌〉 10
수 가운데 첫 편에는 "벽옥 밟은 자를 후사로 삼는다면, 현능함과 우매함은
어찌 가릴까? 當璧便爲嗣, 賢愚安可分"라고 조롱한 구절이 있다.

선진 시대의 사람들은 귀신을 완전히 불신하지는 않았던 것 같다. 그러
나 귀신에 대한 그들의 태도는 민족마다 다르다. 공자는 일찍이 "주나라 사
람은…… 귀신을 섬기고 공경하되 멀리하였다 周人……事鬼敬神而遠之"[93]
고 하였다. 춘추 시대 제하의 귀신에 대한 태도는 대체로 공자가 말한 그
대로이다. 그러나 초인의 경우는 달랐다. 그들은 귀신을 섬기고 공경하였을
뿐 아니라 가까이하였다. 그들도 귀신을 두려워하였지만 한층 경애하였다.
초인은 귀신은 통상 인간의 감정과 사물의 이치를 알기 때문에 사람이 충
분한 자신감을 갖는다면 매사를 귀신에게 물어볼 필요는 없다고 여겼다.
뿐만 아니라 귀신의 지시가 반드시 옳은 것은 아니므로 만약 타당하지 못
하다고 판단되면 귀신에게 재고를 청할 수 있다고 생각하였다.

무왕武王 때 운鄖·수隨·교絞·주州·요蓼 등 여러 나라가 서로 맹약
하여 초나라를 치자, 투렴鬪廉은 막오莫敖이던 굴하屈瑕에게 영도의 교외
에 주둔토록 하고 자신은 밤에 운나라를 습격하겠다고 건의하였다. 이에
굴하가 점복을 칠 것을 요구하자, 투렴은 "점복이란 미심쩍은 것을 결단하
는 것이오. 의심의 여지가 없는데 무엇 때문에 점복을 칩니까? 卜以決疑, 不
疑何卜"[94]라고 하였다. 굴하는 투렴의 의견을 따랐고, 초나라 군사는 운의
군사를 격파하였다. 나머지 네 나라는 모두 감히 경거망동하지 않았다.

영왕은 즉위하기 전, 자립하여 왕이 되려는 속셈으로 점복을 쳤는데 불
길한 점괘가 나왔다. 그는 "점복에 사용한 거북의 등을 내던지고는 하늘을
향해 '이 손바닥만한 땅덩이조차 하늘이 내게 갖지 못하게 한다면 반드시
내 힘으로 차지하리라' 라고 욕설을 퍼부었다. 投龜, 詬天而呼曰; 是區區者
而不余畀, 余必自取之"[95]

평왕 때 오나라 군사가 침범하자 영윤 양흥陽匃과 사마 공자 어魚가 군
사를 이끌고 대적하였다. 양흥이 싸움을 점쳤는데 불길했다. 공자 어는 전
시에는 사마가 점을 친다는 구실로 다시 점칠 것을 요구하였다. 그리하여
다시 점복을 쳤는데 길조가 나왔다.

혜왕惠王 때에 새 영윤을 매복하였는데, 공자 양良의 차례에서 길조가

나왔다. 영윤 심제량沈諸梁은 공자 양이 영윤이 되면 혜왕에게 좋지 못하다고 판단하고 훗날 다시 점복을 쳤다. 결국 공자 국國이 새 영윤이 되었다.

사람은 죽으면 귀신이 된다. 초인은 조상의 귀신을 대단히 공경하여 정성껏 제사를 받들었다. 그들은 조상의 귀신은 인간의 감정을 통하므로 자신들을 이해한다고 여겼다. 소왕昭王 11년에 오나라 군사가 균麇에 집결하였다. 이때 소왕의 이복형인 공자 기期는 화공법을 쓸 계획이었다. 그러나 그곳에서는 그 전 해에 많은 초인이 전사한 바가 있었다. 이에 소왕의 다른 이복형 공자 서西는 "부형과 친척이 죽은 채 들판에 버려져 시신을 수습조차 못했는데 그들을 불태우기까지 한다면 안 될 일이다 父兄親暴骨焉, 不能收, 又焚之, 不可"라며 반대하였다. 공자 기는 "나라가 위태하오. 죽은 자가 만약 지각이 있다면, 어떻게 해야 제사를 흠향할 수 있으리라는 것을 알 것이오. 그러니 어찌 불태워지는 것인들 마다하겠소? 國亡矣. 死者若有知也, 可以歆舊祀. 豈憚焚之"라고 반박하였다. 결국 초나라 군사는 과감하게 화공법을 사용하여 오나라 군사를 격파하였다.[96]

초인은 이처럼 귀신을 믿고 또 자신을 믿었다. 그들은 자신은 귀신과 서로 마음을 통할 수 있다고 믿었기 때문에 귀신이 범람하는 세상에 살면서도 평소 자신의 존재를 깨달을 수 있었다. 흉악한 상귀殤鬼나 여신厲神이라 할지라도 초인은 제사를 드림으로써 대안을 찾을 수만 있다면 받아들일 수 있었다.

귀신도 두려워 않는 초인이었지만 매서운 날짐승도 사나운 들짐승도 아닌 머리 둘 달린 뱀(兩頭蛇)을 유난히 무서워하였다. 그들은 이런 괴물을 보면 반드시 죽는다고 생각하였다. 초인은 한결같이 뱀을 싫어하였으며, 양두사에 대해서는 특히 그러하였다. 《신서新序》 권1에는 다음과 같은 이야기가 실려 있다.

손숙오가 어렸을 때 집 밖에 나가 놀다가 머리 둘 달린 뱀을 보고 죽여서 땅에 파묻어 버렸다. 집에 돌아와 울자 그의 어머니가 까닭을 물었다. 손숙오는 "머리 둘 달린 뱀을 본 사람은 죽는다고 하던데, 아까 제가 그것을 보고 어머니에게 갈까 겁이 나 죽여 버렸어요"라고 하였다. "뱀이 지금 어디 있느냐?"라고 어머니가 묻자, 손숙오는 "다른 사람이 볼까 봐 죽여서 땅에 파묻어 버렸어요"라고 대답하였다. 그러자 어머니는 "음덕이 있는 사람은 하늘이 복을 내린다더구나. 넌 죽지 않을 게다"라고 위로하였다. 손숙오는 장성하여 초나라 영윤이 되었다. 국정을 맡기도 전에 나라 안 사람들은 그의 인자함 때문에 그를 신뢰하였다.

孫叔敖爲嬰兒之時, 出游見兩頭蛇, 殺而埋之. 歸而泣, 其母問其故, 叔敖對曰; 聞見兩頭之蛇者死, 向者吾見之, 恐去母而死也. 其母曰; 蛇今安在. 曰; 恐他人又見, 殺而埋之矣. 其母曰; 吾聞有陰德者, 天報以福, 汝不死也. 及長, 爲楚令尹, 未治而國人信其仁也.

양두사는 매우 보기 어렵다. 뱀에 대해 호감을 갖지 않았던 초인은 두 마리가 한데 뒤엉켜 있는 뱀을 양두사로 오인하기 쉬웠을 것이다. 손숙오가 양두사를 죽인 이야기는 초인이 꾸며낸 것일지도 모른다. "음덕이 있는 사람은 하늘이 복을 내린다"는 말은 춘추 시대 초인의 말투와는 전혀 닮지 않았다. 그러나 이 이야기는 초인이 괴이한 뱀을 두려워하였던 미신을 생생하게 보여 준다.

초인에게는 여러 가지 금기가 있었다. 그 가운데 가장 눈에 띄는 것은 과치科雉를 죽여서는 안 된다는 것이다. 과치를 죽인 사람은 석 달을 넘기지 못하고 반드시 죽는다고 하였다. '과科'는 '과窠'를 빌려 쓴 것으로, 과치는 둥지 속에 있는 새끼꿩이다. 《설원》 권4에는 다음과 같은 기록이 있다.

초나라 장왕이 운몽에서 사냥하다가 과치를 활로 쏘아 잡았다. 이때 신의 공자 배가 임금에게 달려들어 과치를 빼앗았다. 장왕이 그를 죽이려 하자, 대부가 간언하기를 "공자 배는 자중자애하는 사람이니 임금께서 잡은 꿩을 빼앗은 것은 필시 까닭이 있을 것입니다. 일단 이유를 알아보십시오"라고 하였다. 공자 배는 결국 석 달을 넘기지 못하고 병으로 죽고 말았다.

그후 필에서의 전투에서 초나라는 진나라 군사를 크게 무찌르고 개선한 다음 공에 따라 상을 내렸다. 공자 배의 아우인 공자 진이 임금에게 상을 청하여 "공을 세운 사람에게 수레 아래에서 상을 내려 주십시오"라고 하였다. 장왕이 "무슨 말인가?"라고 묻자 공자 진은 "신의 형이 〈고기〉를 읽다가 '과치를 잡은 자는 석 달 이내에 반드시 죽는다'라는 것을 보았기 때문에 임금께 달려들어 꿩을 빼앗았습니다. 이 때문에 신의 형은 일찍 죽고 말았습니다"라고 대답하였다. 장왕이 고부에서 그 책을 찾아 살펴보도록 하였는데, 과연 그런 기록이 있었다. 이에 후한 상을 내렸다.

> 楚莊王獵於雲夢, 射科雉得之, 申公子倍劫而奪之. 王將殺之, 大夫諫曰; 子倍, 自好也, 奪王雉必有說, 王姑察之. 不出三月, 子倍病而死. 邲之戰, 楚大勝晉, 歸而賞功. 申公子倍之弟進, 請賞於王, 曰; 人之有功也, 賞於車下. 王曰; 奚謂也. 對曰; 臣之兄讀故記曰; 射科雉者, 不出三月必死. 臣之兄爭而得之, 故夭死也. 王命發乎府而視之, 於記果有焉, 乃厚賞之.

《여씨춘추·지충至忠》에도 이 일이 기록되어 있다. 그런데 과치가 아닌 '수시隨兕'를 잡았다고 기록되어 있다. '수시'라고 기록한 것은 분명 잘못이다. 코뿔소는 두텁고 튼튼한 가죽을 지닌 거대한 짐승이기 때문에 혼자 힘으로 잡거나 빼앗을 수 없으며, 초인은 결코 코뿔소를 잡는 것을 금기로 삼지 않았기 때문이다. 정반대로 코뿔소를 발견하면 반드시 잡아야지 놓쳐서는 안 되었다. 코뿔소를 잡으면 그 가죽으로 갑옷을 만들 수 있기 때문이다. 《여씨춘추》는 일찍 편찬되었지만 저자가 초인이 아니기에 오류를 면키 어렵다. 《설원》은 늦게 저술된 편이지만 작자의 조상이 초인이므로 기록된 내용이 진실에 가까울 것이다. 장왕이 정말로 과치를 죽였는지, 공자 배가 과연 장왕이 잡은 과치를 빼앗았는지는 중요한 문제가 아니다. 설령 순전히 전설일 뿐일지라도 전혀 사실무근인 것은 아니다. 초인은 봉鳳을 존숭했고, 봉과 유사한 꿩도 아꼈기 때문이다. 성장한 꿩을 잡는 것은 무방하며 그 꼬리깃을 춤의 소품으로 사용해도 되었지만 새끼꿩을 잡는 것은 인정에 걸맞는 금기가 되었다.

지 음

초인은 일을 할 때면 흔히 타오르는 불길 같고 성난 바람 같은 치열한 정감을 내보였다. 한 시대의 영웅으로 일컬어진 장왕은 역시 이런 성격의 소유자였던 것으로 전해진다. 문무외文無畏가 장왕의 명을 받고 제나라에 사신으로 다녀오는 길에 송나라를 지나게 되었다. 당시 송나라 사람들은 그가 길을 빌리자고 청하지 않았다는 구실로 그를 죽여 버렸다. 이 소식은 초나라에 전해졌다. 당시 "장왕은 마침 소맷자락을 자르고 있다가 소식을 듣고는 '슬픈 일이로다!'라고 외치고 소매를 내던지고 벌떡 일어나…… 莊王方削袂, 聞之, 曰; 嘻, 投袂而起……" 궁궐 밖으로 달려 나갔다. 시종관이 놀라 황급히 정원까지 쫓아가서야 신발을 신겨 주었고, 포소蒲疏라는 거리에 이르러서야 비로소 수레에 오르게 하였다. 그날 저녁 장왕은 성 밖에 머물며 군사를 일으켜 즉각 송나라를 쳤다.[97] 이는 묘사가 과장되었을 수는 있지만 근거 없는 것은 아니다.

한나라 때에도 초 지역 사람들은 여전히 이런 성격적 특징을 지니고 있었다고 한다. 사마천司馬遷은 서초西楚 일대는 "풍속이 사납고 성급해서 쉽게 화를 낸다 其俗剽輕, 易發怒"[98]고 하였다. 또 어떤 사람은 초의 풍속이 "촉급하다 促急"[99]고 하였는데, 이는 사납고 성급하다는 의미이다.

확실히 초인은 진솔한 편이어서 쉽게 격동한다. 그러나 그들을 거칠고 우악스러운 사람들로 간주한다면 이는 매우 잘못된 생각이다. 초인의 성격은 그들의 생활과 마찬가지로 다양하다. 그들이 기록한 역사와 그들이 남긴 문물을 볼 때, 우리는 그들이 역경을 헤쳐 나온 투지, 새로움을 추구하는 재능과 지혜, 내놓고 춤추는 호기, 귀신에게 아양 떠는 치기를 지녔을 뿐 아니라 음악적 소양을 지녔음을 알 수 있다.

초나라의 악무樂舞는 동적인 음악과 춤사위로 초인의 예술적 감정과 소양을 표현하였다. 초인의 춤사위는 오랜 세월을 거치며 소실되어 표현할 수 없게 되었지만, 그들의 음악 소리는 출토된 악기에 응결되어 있고 문헌의 행간에 감돌아 지금까지도 귓전에 울리는 듯하다.

팔음八音의 악기 가운데 초인은 종鐘을 가장 좋아하였는데, 초나라에는 종을 무척 중시하는 기풍이 있었다. 제하는 정鼎을 보기寶器로 삼았는데, 종을 중기重器라고도 불렀다. 특히 구정九鼎은 왕권의 상징으로 두 나라간의 싸움에서 승자는 패자의 국도로 들어가 중기를 옮겨 가고는 했다. 이와 달리 초나라는 정보다는 종이 중기였다고 할 수 있다.

춘추 후기 초나라 임금에게는 '구룡지종九龍之鐘'이 있었다. 기원전 506년 오나라의 군사가 영도에 입성하여 "곳간의 곡식을 불태우고 구룡의 종을 부숴 버렸다. 燒高府之粟, 破九龍之鼎"[100] 곡식을 불태운 것은 초나라의 경제력을 약화시키기 위함이요, 종을 파괴한 것은 초나라의 왕권을 짓밟아 버림을 의미한다. 나중에는 진인秦人이 초나라 영도에 들어와 종이란 종은 죄다 옮겨 갔다. 송나라의 소식蘇軾은 이 일을 슬퍼하여 〈저궁渚宮〉이라는 시를 지어 "진병이 서로 와서 종들을 옮겨 가니, 빈 궁터엔 가을 기장만이 외롭구나 秦兵西來取鐘簴, 故宮禾黍秋離離"라고 노래하였다.

《좌전·성공 9년》에는 초나라에 종의鍾儀라는 세습 영인泠人이 있다고 하였다. '영인泠人'은 '영인伶人'으로 악관樂官을 가리킨다. 《좌전·정공 5년》에는 초나라에 종건鍾建이라는 악윤樂尹이 있다고 기록하였다. 악윤 역시 영인이다. 초나라의 악관은 처음에는 주나라 제도를 본떠 영인이라고 했다가, 나중에 자신의 제도를 따라 악윤이라고 하였던 것으로 짐작된다. 문헌 기록에 따르면, 초인 가운데 종씨鍾氏는 종의·종건·종자기鍾子期 세 사람이 있었다. 종자기도 악윤이었는지는 알 수 없지만, 그는 지음知音으로 널리 알려졌다. 《여씨춘추·정통精通》의 고유高誘 주에는 "'종'은 성이다. '자'는 일반적인 칭호이다. '기'는 이름이다. 초나라 사람인 종의의 일족이다 鍾, 姓也. 子, 通稱. 期, 名也. 楚人鍾儀之族"라고 하였다.

《좌전》에 나오는 두 명의 초나라 악관과 한 명의 지음지사知音之士는 모두 종씨鍾氏이다. 다시 말해서 경전에 나오는 종씨 성을 가진 세 명의 초인은 모두 악관이거나 악관의 후손이다. 이는 초인은 종을 숭상하는 기풍이 있었기 때문에 악관이 종으로 성씨를 삼았기 때문이다.[101] 마치 진晉나라 손염孫黶이 전적典籍을 맡아 보아 그 자손이 적籍으로 성씨를 삼은 것처럼 직관에서 성씨가 유래한 것이다. 종의를 '악樂'이라고 부른 것은 "선인의 직관 先人之職官"[102]으로, 종씨는 대대로 음악을 맡는 직관이었음을 의미한다.

초나라 악관의 지위는 대단히 높았다. 종의는 일찍이 운현鄖縣의 행정장관 격인 운공鄖公을 맡았다. 장왕은 일찍이 현공을 제후와 나란히 칭하여 초나라 현공의 지위가 높았음을 알 수 있다. 종건은 소왕昭王의 누이인 계미季羋를 업고 왕을 따라 난리를 피하였다. 나중에 계미가 종건에게 시집 갈 의사를 밝히자 소왕은 이에 동의하고 즉시 종건을 악윤으로 임명하였다. 악윤의 지위가 확실히 낮지 않았음을 알 수 있다. 동주 시기 여러 나라에서 악관의 지위는 초나라 악윤보다 낮았다.

초인 가운데는 또한 거문고의 명수로 이름난 자가 있었다. 종의가 진晉나라에 포로로 잡혀 갔을 때, 진나라 경공景公은 종의가 자칭 영인의 일가라는 말을 듣고 그에게 거문고를 주고 연주토록 하였다. 진·초 두 나라의 거문고는 형태가 거의 비슷했기 때문에 종의는 진나라 거문고로 초나라 악곡을 연주하였다.

거문고 연주에 가장 뛰어났던 사람은 백아伯牙라고 전한다.《여씨춘추·본미本味》에는 다음과 같이 기록되어 있다.

백아가 거문고를 뜯고 종자기가 이를 감상하였다. 백아는 막 연주를 시작해서는 태산을 염두에 두고 연주하였다. 종자기는 "훌륭한 솜씨요. 거문고 뜯는 소리가 태산같이 우뚝하오"라 하였다. 조금 지나서는 흐르는 물줄기를 염두에 두고 연주하였다. 종자기는 다시 "훌륭하오. 거문고 뜯는 소리가 마치 넘실대며 흐르는 물길마냥 유창하구려"라고 하였다. 그후 종자기가 죽자 백아는 거문고를 부수고 줄을 자르고 다시는 거문고를 연주하지 않았다. 그것은 세상에 더 이상 거문고 연주를 헌정할 만한 사람이 없다고 여겼기 때문이었다.

伯牙鼓琴, 鍾子期聽之, 方鼓琴而志在太山, 鍾子期曰; 善哉乎鼓琴, 巍巍乎若太山. 少選之間, 而志在流水, 鍾子期又曰; 善哉乎鼓琴, 湯湯乎若流水. 鍾子期死, 伯牙破琴絶弦, 終身不復鼓琴, 以爲世無足復爲鼓琴者.

고유의 주에 따르면 백아 역시 초인으로 백伯은 성이고 아牙는 이름이다.《좌전》에 기록된 백伯을 성으로 삼는 초인은 백주려伯州犁 단 한 사람뿐이다. 그가 나중에 영왕에게 살해당하자 그의 자손들은 평왕 때 초나라로 도망쳤다. 백아는 백주려 가족의 일원으로 처음에는 진晉나라 사람이었다가 나중에 초나라 국적을 얻었을 것이다. 때문에 그는 진나라의 대부라는 설이 전한다.《순자荀子·권학勸學》에 "백아가 거문고를 뜯자 천자의 수레를 끄는 육마가 여물을 씹으며 모가지를 쳐들고 귀를 기울였다 伯牙鼓琴, 而六馬仰秣"고 하였다. 이는 백아의 거문고 솜씨가 오묘한 경지에 이르렀음을 극찬한 것이다.

종자기는 거문고의 음을 잘 판별했을 뿐 아니라 경석磬石의 음도 잘 판별하였다.《여씨춘추·정통》에 그는 경석 소리를 듣고서 경석을 치는 사람의 심정을 읽어냈다고 한다. 선진 시대에 지음으로 명성을 떨친 사람은 두말할 것 없이 종자기를 으뜸으로 친다. 종자기의 지음은 오묘한 조화의 경지에 들었다고 할 수 있다.

초나라 민간의 악무는 대체로 무속의 기풍과 결합되어 있는데 무巫는 모두 노래와 춤에 뛰어났다.《여씨춘추·치악侈樂》에 "송나라는 쇠퇴할 즈음에 천종을 만들었고, 제나라는 망해갈 무렵에 대려를 만들었으며, 초나라는 쇠퇴할 시기에 무음을 만들었다 宋之衰也, 作爲千鐘, 齊之衰也, 作爲大呂, 楚之衰也, 作爲巫音"고 하였다. '무음' 은 무巫의 악무이다. 이는 결코 무음이 초나라의 국세가 쇠퇴할 무렵 비로소 나타났다는 의미가 아니라, 초나라의 국세가 쇠퇴할 무렵에 이르러 민간의 무음을 궁중으로 끌어들였다는 의미이다.

무속의 기풍이 성행하지 않았던 제하의 입장에서 본다면 무음은 대아지당에 오를 수 없는 것이지만, 초인의 입장에서 본다면 묘당廟堂의 아악과 민간의 속악은 서로 어울릴 수 있는 것이었다. 최초로 궁중에서 무음을 유행시킨 초나라 임금은 직접 우불羽紱을 잡고 북소리에 맞추어 덩실덩실 춤을 춘 영왕일 것이다. 기실 영왕의 잘못은 무속을 숭상한 데 있는 것이 아니라 백성을 학대한 데 있었다. 무음이 궁중에 들어갔다는 사실은 초나라 무의 음악과 춤 솜씨가 매우 뛰어났음을 의미하는 것이다.

초나라의 현공縣公은 늘 군사를 이끌고 출전해야 했다. 종의는 운공鄖公의 신분으로 그 역시 싸움터에 나가야 했다. 하지만 그는 음악 이론에는 정통했지만 병법에는 문외한이었다. 진을 치자마자 겹겹이 포위당한 그는 정나라 군사에게 사로잡혀 진晉나라로 넘겨졌다. 뜻밖에도 그는 거문고로 초나라 악곡을 연주하여 진나라 군신을 감동시킴으로써 초나라로 돌아올 수 있었다. 이리하여 진과 초 두 나라는 강화를 맺게 되었다. 나중에 초인인 종자기는 진나라 출신의 백아와 음악이라는 언어를 빌려 변함없는 우정을 나누게 되었을 것이다.

진과 초 두 나라는 강력한 적수로 각각 남방과 북방을 대표한다. 그들은 바야흐로 형성중에 있던 훌륭한 민족으로 국토는 서로 경계를 마주하는 국면이었지만 문화적 혈연 관계가 있었기 때문에 심리적으로는 서로 가까울 수 있었다.

　지금의 무한시 한양현漢陽縣의 한수 남쪽 강안에 금단구琴斷口라는 곳이 있다. 현지 노인들은 그곳이 종자기와 백아가 처음 만난 곳이라고 한다. 또 무한시 한양현의 구산龜山 서쪽 기슭에 우뚝 솟아 있는 금대琴臺는 후대 사람이 종자기와 백아를 기려서 지은 것이다. 높은 산과 흐르는 강물, 그리고 거기에 얽힌 두 사람의 아름다운 사연은 중국 민족에게 길이 전해지는 이야기가 되었다.

다층의 누각, 긴 수염과 날씬한 허리

　초인의 의·식·주·행行 같은 생활 방식, 혼례·상례 등의 경조사, 명절 모임, 아름다움에 대한 편애와 추구 등에 대하여는 알 수 있다고는 해도 자료가 부족하여 결국 안개 속에서 꽃을 보는 듯한 아쉬움을 떨칠 수가 없다. 다음에 소개하는 것은 단편적이고 개략적인 것에 지나지 않는다.
　초인은 중원에서 왔기 때문에 복식이 제하와 가깝다. 관冠을 쓰고 띠[帶]를 매는 그들은 단발斷髮에 문신을 하고 맨발인 월인과는 전혀 다르다. 춘추 시대의 초나라 고분에서는 아직 의복류, 침구류, 의복을 착용한 목용木俑 등이 나온 적이 없다. 따라서 초인의 복식에 대한 자세한 내막은 알 수 없다. 귀족들은 대부분 속발束髮에 높은 관을 쓰고 소매 너른 포의袍衣를 입었다. 관의 모양은 제하와는 달라 남관南冠으로 불린다. 그러나 평민 특히 초만·양월·회이 출신들은 반드시 이와 같았던 것은 아니다. 문왕은 해치관獬豸冠[103]을 즐겨 썼고, 영왕은 표석豹舃[104]을 착용한 적이 있다. 그러나 이는 상층 귀족만이 흉내낼 수 있는 것이다. 평민의 의상은 통상 마직으로 만든 것이었다. 초인이 말한 '주疇'는 대마를 심은 밭만을 가리킨다.[105] 마직옷은 심한 추위를 막을 수 없다.
　장왕 17년 겨울에 초나라가 소蕭나라를 쳤는데 신공申公 무신巫臣이 장왕에게 "군사들이 추위에 떨고 있습니다 師人多寒"라고 보고하였다. 이에 장왕이 삼군을 순시하며 격려하니 "삼군의 군사들은 모두 솜옷을 입은 듯한 느낌이 들었다. 三軍之士皆如挾纊"[106] 당시 일반 사졸들은 비단 전포戰袍를 입지 못했음을 알 수 있다. 강왕 5년 겨울에 초나라가 정나라를 치는

데 진눈깨비를 만나 초나라 군사 가운데 종군한 잡부들이 거의 얼어죽었다.[107] 잡부들은 하층 평민으로 마직옷조차 홑겹으로 입었기 때문에 몰사하고 말았다. 이때 다수의 사졸들은 비단 전포를 입었던 듯하다. 그렇지 않았다면 동사를 면키 어려웠을 것이다.

공왕 이전 초나라의 봉제 기술은 그리 높지 못했던 것 같다. 공왕 2년, 초나라가 노나라를 치자 노나라는 직공 3백 명을 초나라에 바쳐 강화를 요청하였다. 그 가운데는 방직공과 봉제공이 각각 1백 명씩이었다.[108]

귀족들이 사용한 장식품은 제하와 비슷했다. 하사 초나라 고분에서 출토된 벽璧·황璜·원瑗·결玦·환環·계笄·잠簪 등의 옥식玉飾은 중원에서도 발견되는 것으로, 호형식虎形飾과 토형식兎形飾만이 좀 특이할 뿐이다. 이런 옥식은 바탕면이 거칠고 무늬와 장식이 단조로운 편이다. 당시 초나라에도 화벽和璧이나 백형白珩 같은 유명한 옥이 있었지만 무척 드물고 귀했다.

음식에 대한 초인의 기호는 지역적 요소는 많은 반면 민족적 요소는 적었다. 《국어》에 실려 있는 관련 기록에 따르면 생선은 초인의 밥상에 흔히 오르는 식품이었다. 이밖에 북방에서는 보기 드문 귤·유자 등의 과일과 마름·한저寒菹·개구리밥 같은 수산품이 있었다. 초나라 지역에는 사슴이 많아 사슴고기는 초인이 가끔씩 맛볼 수 있는 고급 요리였다. 진미로는 곰발바닥과 자라를 꼽을 수 있다. 성왕은 임종 무렵에 웅장을 먹고 싶다고 하였다. 장왕이 정나라 사람에게 자라를 선사하자 정나라 사람들은 이를 별미로 여겼는데, 여기에서 '염지染指'의 이야기가 나왔다.

당양현 금가산金家山 9호 고분에서 출토된 춘추 시대에서 전국 시대로 넘어갈 무렵의 대젓가락 1쌍은 그 길이와 굵기, 위가 모나고 아래가 둥근 형태 등이 모두 오늘날의 대젓가락과 같아 초인이 일찍부터 젓가락으로 음식을 먹는 습관이 있었음을 알 수 있다.

이 시기 초인의 건축물은 지금 볼 수 있는 것은 없으며, 문헌 기록의 경우도 설명이 자세하지 않다. 더욱이 민가에 대해서는 자료가 단 한 점도 도 없다. 궁전의 경우는 남방의 기풍이 현저한 것으로 대臺와 사榭를 들 수 있다. 대는 우뚝 솟아 먼 곳까지 바라볼 수 있다는 특징이 있고, 사는 변화가 많고 사방을 둘러보기에 편하다는 특징이 있다.

건축 자재로는 흙·나무·돌이 사용되었고, 부재로는 구리도 사용된 것으로 보인다. 지금의 호북성 당양현 계가호季家湖 초나라 성터에서 출토된 곡척曲尺 모양의 동제 부재는 건축에 사용된 것으로 보이지만 악기틀의 부재였을 가능성도 배제할 수 없다. 강왕 이전에는 "사는 병법을 논하는 데 쓰였을 뿐이고, 대는 정세를 관측하는 데 지나지 않았다. 때문에 사는 많은 군사들이 기거할 수 있는가를 따졌고, 대는 멀리 굽어볼 수 있는 높이인가를 따졌다. 榭不過講軍實, 臺不過望氛祥. 故榭度于大卒之居, 臺度于臨觀之高"[109] 예를 들어 장왕이 지은 포거대匏居臺는 규모가 그리 크지 않았으나, 영왕이 지은 장화대章華臺는 더 크고 더 높고 더 정교해졌다. 지금의 호북성 잠강현潛江縣에 있는 장화대의 옛터는 1984년에 발견되었는데, 부근에 한수·장강과 통하는 양수揚水가 있다. 장화대가 낙성된 다음 도망한 노복을 잡아들여 그리로 보내두었으니, 그 규모를 짐작해 볼 수 있다. 또 장화대에 오를 때 "세 차례 휴식을 취한 다음에야 간신히 꼭대기에 올랐다 三休, 而乃至其上"[110]고 하여 그 높이가 상당하였음을 짐작할 수 있다. 영왕이 오거伍擧를 대동하고 장화대에 오르자, 오거가 이 대에 "붉게 칠한 기둥과 아로새긴 서까래 彤鏤"가 아름답다고 하였는데,[111] 그 정교함을 짐작해 볼 수 있다. 층층의 대와 사로 짜여진 장화대는 중국 고대 최초의 대형 조경 건축물이다. 현재 남방의 조경 건축물은 정도의 차이는 있으나 모두 여러 층으로 구성되는 대사의 개념을 그대로 간직하고 있다.

초나라 궁실에는 지하실이 있었다. 공왕이 진晉나라 사신 극지郤至를 접견하는데 편종을 "지하실을 짓고 거기에 걸어 놓았다. 爲地室而縣焉"[112] 일부 상층 귀족들 역시 지하실이 있었다. 원자풍蓮子馮의 경우는 병을 핑계 삼아 영윤의 직책에 나아가지 않은 채 "한여름이 되자 땅을 파고 얼음을 채워넣은 다음 침대를 설치해 두었다. 方暑, 闕地, 下水而床焉"[113] 원자풍의 지하실은 피서용이었다.

남방은 습기가 많아 바닥에 자리를 바로 깔고 눕기에는 적합하지 못하기 때문에 북방보다 일찍 침상이 만들어지고 보급되었다. 원자풍이 지하실에서 사용한 침상은 물론 가공架空의 것으로 후세의 침상과 기본적으로 같다. 그러나 초인은 바닥에 자리를 깔고 앉는데도 익숙하였는데, 앉을 때에는 신발을 벗었다. 때문에 장왕은 크게 노했을 때 자리를 박차고 문을 나서면서도 신발 신는 것을 생각지 못했다. 공자 위圍가 정나라에 도착해 혼례를 치를 때 그는 "깔개와 제단을 마련하여 초나라 장왕과 공왕의 사당에 고하고 왔습니다 布几筵, 告於莊共之廟而來"[114]라고 하였다. 궤几는 앉을 때 몸을 기대는 것이고, 연筵은 영궤靈几를 안치하는 자리로 모두 바닥에 깔고 앉는 데 쓰이던 것이다.

초나라는 장기간에 걸쳐 외곽 변경 지역에서 작전을 벌였기에 도성의 방비는 전혀 중시하지 않았다. 영도는 본래 정식 성지城池가 없었고, '극위棘圍'라는 나무 울타리와 '극위棘闈'라는 나무 대문뿐이었던 것 같다. 도회지 거주민들은 여리閭里 안에 살았는데 여리에는 문이 있었다. 농촌 사람들은 극위 안에 살았는데 가시나무로 마을 울타리를 삼았으며, 역시 문이 있었다. '극위棘闈'의 '위闈'는 문이라는 뜻이다.

영왕 말년에 정변이 발생하여 근신들이 모두 달아나자 영왕은 단신으로 영도를 향해 걸었다. 피로에 지친 나머지 기어서 "극위를 들어서려 하였지만 극위가 열리지 않았다. 將入于棘闈, 而棘闈不納"[115] 이 '극위'는 바로 가시나무 울타리에 난 문이다. 지금도 남방의 일부 소수민족 지구에는 이런 마을 울타리가 남아 있는데, 이 역시 극위라고 할 수 있다. 초만의 습격을 막기에는 이런 극위로 충분했다.

초인이 성을 쌓은 것은 장왕 원년에 시작되었다. 장왕 원년에 공자 의儀와 섭燮이 난을 일으키자 영도에 성을 쌓았다. 그러나 완성되지는 않았다. 나중에 초인은 회수淮水 중류에도 몇몇 성을 쌓았다. 그러나 영도에는 여전히 성이 없었다. 강왕 초년에 영윤이던 공자 낭囊이 공자 경庚에게 영도에 성을 쌓으라는 유언을 남겼다. 그러나 공자 경은 공자 낭의 유언을 실행하지 않은 것 같다. 영도에 본격적으로 성을 쌓기 시작한 것은 평왕平王 10년으로, 오나라 군대의 습격을 염려하여 비로소 착수하였다. 사마 심윤술沈尹戌은 축성이 아무런 이익이 되지 않는다고 여겼는데, 그 이유는 다음과 같았다.

천자가 천하를 지킴에는 사방 오랑캐들이 힘썼고, 천자가 쇠약해지면 제후가 그 책임을 집니다. 제후는 사방 이웃 나라들을 지키는데, 쇠약해지면 자기와 이웃한 국경만을 지킵니다.

天子守在四夷, 天子卑, 守在諸侯. 諸侯守在四隣, 諸侯卑, 守在四境.

약오·분모에서 무왕·문왕에 이르기까지의 일을 거울로 삼지 않는다는
말입니까? 당시 초나라의 국토는 사방 1천 리에 미치지 않았지만, 사방 국
경에 마음을 써서 영도에 성 쌓는 일은 하지 않았습니다.

無亦監乎若敖蚡冒, 至于武文, 土不過同, 愼其四境, 猶不城郢.[116]

이는 여전히 외곽을 중요하게 여기는 대한 작전 개념에서 나온 생각이
다. 제하의 축성은 초인보다 훨씬 뛰어나 초나라의 군사는 때로 제하의 작
은 나라 도성 하나를 몇 달씩 포위 공격하면서도 함락하지 못했다. 초나라
평왕 10년에 쌓은 영도의 성은 결코 견고하지 않았던 것으로 보인다. 13
년이 지난 후 오나라 군사가 습격해 오자 그들이 영도에 도착하기 전날 소
왕은 황급히 달아났고, 오나라 군사는 무인지경에 들어가듯 영도에 입성할
수 있었다.

초나라 민간의 수레는 대부분 우거牛車로 높지 않았으며 '비거庳車'로
불렸다. 비거는 말을 이용하기에는 불편하여 전차용으로 사용할 수는 없
었다. 때문에 장왕은 비거를 고거高車로 개조하려고 하였다. 이에 손숙오孫
叔敖는 여리閭里의 문지방을 더 높이도록 규정하여 비거가 넘나들 수 없
도록 만들었다. 그 결과 사람들은 자연히 비거를 고거로 개조할 수밖에 없
었다. 여기에 관한 사적은 《사기·순리열전循吏列傳》에 실려 있다.

장왕은 중원에서 사슴 사냥을 하면서 수레의 구조를 개선하는 문제에 깊
은 관심을 갖게 되었다. 장왕이 명령을 내려 개량한 수레는 "윗부분이 뾰
족하고 아래가 큰 모양으로 '초거楚車'로 불렸다"[117]고 한다. 초인의 혼인
풍속은 제하와 그다지 다르지 않았다. 혼전 남녀간의 자유로운 교제 역시
제하의 관습과 비슷했다. 초인의 이른바 '몽夢'은 과거에는 '초택草澤'이
라고 여겼다. 기실 '몽'은 들판이지 '초택'만을 가리키는 것은 아니다. 초
나라 임금은 '몽'에 가서 사냥하기를 즐겼다. '몽'은 수풀·늪·구릉이 모
두 갖추어져 사냥하기 매우 좋은 장소였으며, 일반 백성에게는 유람하고
휴식할 수 있는 경치 좋은 곳이었다. 가장 좋은 '몽'은 운鄖 땅에 있었다.
'운鄖'은 '운鄭'이라고도 하며, 간단히 '운云'이라고도 한다. '운 땅의 몽'

이 바로 '운몽云夢〔雲夢〕'이다. 늦은 봄 운 땅의 남녀들은 '몽'으로 들놀이를 갔고, 서로 짝을 찾아 어울리기도 하였다. 《묵자·명귀하明鬼下》에는 "연나라에 조가 있는 것은 제나라에 사직이 있고, 송나라에 상림이 있으며, 초나라에 운몽이 있는 것과 같다. 이는 남녀가 어울려 밀회하는 곳이다 燕之有祖, 當齊之(有)社稷, 宋之有桑林, 楚之有雲夢也, 此男女之所屬而觀也"라고 하였다. 약오若敖는 운 땅의 공녀公女를 아내로 맞아 투백비鬪伯比를 낳았다. 약오가 죽자 투백비는 어머니와 함께 운 땅에 살았다. 투백비가 "운 땅 공녀와 사통하여 문을 낳자 운부인은 그 아이를 몽에 버렸다. 淫於鄖子之女, 生子文焉, 鄖夫人使棄諸夢中"[118] 굴원은 〈천문天問〉에서 이렇게 노래하였다.

　　마을문 돌아 사당 가로질러
　　언덕으로 올라가 함께 어울려
　　남몰래 음탕한 짓 하더니만
　　이에 아들 문을 낳았다네
　　何環閭穿社, 以及丘陵.
　　是淫是蕩, 爰出子文.

　실제 상황을 따져 보면 이렇다. 투백비는 자신의 고종 사촌누이와 놀러 가기로 약속하여 여문閭門을 에돌고 사社를 가로질러 언덕에 올라가 남몰래 밀회하였다. 나중에 아들 문을 낳자, 투백비의 고모는 분을 삭이지 못하고 사람을 시켜 문을 그의 부모가 처음 밀회한 곳에 내다 버리게 했다. 이것이 정사와 시가에 기록된 것이다. 운몽은 "남녀가 어울려 밀회하는 곳"이었음을 잘 보여 준다.

　성왕 때에 이르러서도 초인은 제하의 남녀를 위해 만든 예법의 구속에 그다지 개의치 않았다. 홍泓의 전투에서 초나라는 송나라를 물리쳤다. 성왕이 병사를 이끌고 우방국인 정나라에 이르자, 정나라 문공文公의 부인 미씨羋氏와 강씨姜氏가 가택柯澤이라는 곳에서 성왕의 노고를 위로했다. 성왕은 그녀들에게 베어낸 적의 귀를 보여 주었다. 《좌전》의 작자는 군자君子의 입을 빌려 다음과 같이 비평하였다.

예에 어긋나는 일이다. 부인은 사람을 보내고 맞이함에 집문을 나서지 않고, 친형제를 만나더라도 문지방을 넘어서지 않으며, 군사적인 일에는 얼씬도 않는 것이다.

非禮也. 婦人送迎不出門, 見兄弟不逾閾, 戎事不邇女器.

또 성왕은 정나라 도성에 향응을 받으러 들어갔다가 "잔치가 끝나고 밤에 나오는데 정나라 부인 문미가 병영까지 전송하였고, 정나라 공녀 둘을 데리고 돌아왔다. 饗畢, 夜出, 文芈送于軍, 取鄭二姬以歸"《좌전》의 작자는 숙첨叔詹의 말을 빌려 다음과 같이 꾸짖었다.

초나라 임금은 아마도 제명에 죽지 못할 것이다. 대접받는 예를 남녀 유별의 예를 지키지 않고 끝냈다. 남녀간 구별이 없는 것은 예라고 할 수 없으니, 어찌 명대로 살겠는가?

楚王其不沒乎. 爲禮卒於無別. 無別不可謂禮, 將何以沒.[119]

이후 초인은 화하의 예법을 받아들였고, 점차 확대되었다.

소왕 때에 이르러 적어도 초나라 공실에서는 이미 제하와 마찬가지로 남녀간의 예법을 따지게 되었다. 계미季芈는 난을 피해 달아날 때, 종건鍾建의 등에 업혔는데, 나중에 그는 종건에게 시집 가야만 한다는 뜻을 내비쳤다. 그 이유는 "여자된 몸은 사내를 멀리해야 하는데, 종건은 이미 나를 등에 업었다 所以爲女子, 遠丈夫也. 鍾建負我矣"[120]는 것이었다. 계미의 이런 말투는 제하의 요조숙녀와 전혀 다를 것이 없다.

용모와 몸매에 대한 초인의 심미관은 북방의 제하와는 상당히 달랐다. 남자는 위엄 있고 용맹한 것을 멋있게 여겼고, 여자는 날씬하고 가냘픈 것을 아름답게 여겼다.

긴 수염은 미남의 중요한 조건 가운데 하나였다. 영왕은 장화대에서 노나라 소공昭公을 접대할 때, 수염이 긴 사람에게 접대하도록 하였다. 그 수염이 긴 사람은 후세에 미염공美髯公으로 불린 사람이다.

평왕 때 초인은 전투중에 여황餘皇이라는 오나라 임금의 배를 빼앗아 강기슭에 끌어올리고 주위에 깊은 도랑을 판 다음 군대를 보내 지키게 하였다. 오나라 공자 광光이 수염을 길게 기른 세 사람을 보내 밤을 틈타 여황 옆까지 몰래 접근하여 잠복했다. 공자 광이 세 차례 "여황!"이라고 소리치자 수염을 기른 세 사람이 사전에 약속한 대로 잇달아 세 차례 대답했다. 초나라 수비병들이 이 소리를 듣고 달려나가 그 세 사람을 죽이자, 오나라 군사는 이 틈에 우왕좌왕하는 초나라 군사를 무찌르고 여황을 되찾아 돌아갔다. 오나라 공자 광이 수염을 길게 기른 사람들을 보낸 것은 그들로 하여금 초인을 속여 여황까지 쉽게 접근하기 위함이었다. 초인 남자들은 모두 수염을 기르는 습관이 있었고, 수염이 길면 길수록 좋아하였음을 알 수 있다.

초나라 풍속에서는 날씬한 허리를 아름답게 여겼다. 영왕의 경우는 특히 심했다. 《한비자·이병二柄》에 "초나라 영왕은 날씬한 허리를 좋아하여 온 나라 안에 밥 굶는 자가 득실거렸다 楚靈王好細腰, 而國中多餓人"고 하였다. 후세에는 영왕이 좋아한 것은 허리가 날씬한 여자라고 여기고, 시인과 소객들이 다투어 이를 노래하였다. 예를 들면 이상은李商隱은 "날씬한 허리 되고파 궁궐 주방이 텅 비었네 虛減宮廚爲細腰"라고 하였고, 두목杜牧은 "초나라 여인의 가녀린 허리는 한 줌에 쥐일 듯 楚腰纖細掌中輕"이라고 노래하였으며, 왕준汪遵은 "봄바람 속 가는 허리 뽐내고저 貪向春風舞細腰"라고 노래하는 등 일일이 거론할 수 없을 정도이다. 모두가 꽃다운 계집들을 노래하여 마치 남자는 허리를 날씬하게 하려고 애쓰지 않았던 듯하다. 그러나 사실은 그렇지 않다. 영왕이 좋아한 것은 주로 남자의 날씬한 허리였다. 《한비자》 외에도 《관자管子》·《안자晏子》·《묵자墨子》·《순자荀子》·《시자尸子》·《윤문자尹文子》·《회남자淮南子》·《신론新論》 등에 보이는데(《순자》에는 莊王이라고 잘못 기록되어 있음), 주로 남자의 날씬한 허리에 대하여 기술하고 있다. 예를 들어 《묵자·겸애중兼愛中》에는 다음과 같이 기록하였다.

옛날 초나라 영왕은 허리 날씬한 사내를 좋아했다. 이 때문에 영왕의 신하들은 모두 하루 한 끼로 줄여 팔을 기대고 숨을 쉬면서 띠를 이겨내고, 벽을 잡고서야 일어날 지경이 되었다. 1년쯤 지나서는 조정 신하들의 낯빛이 모두 시꺼멓게 변해 버렸다.

　昔者楚靈王好士細要. 故靈王之臣, 皆以一飯爲節, 肱息然後帶, 扶墻然後起. 比期年, 朝有黧黑之色.

또《묵자·겸애하》에도 다음과 같은 기록이 있다.

　옛날 초나라 영왕은 날씬한 허리를 좋아하였다. 그래서 영왕 때에는 초나라의 사내들이 끼니를 한 끼로 줄여 무엇을 짚고서라야 일어설 수 있고, 벽을 잡고서야 걸을 수 있을 지경이 되었다.
　昔荊靈王好小腰. 當靈王之身, 荊國之士飯不踰乎一, 固據而後興, 扶坦而後行.

여기에서 말한 날씬한 허리의 대상은 '사士' 또는 '신臣'으로 분명히 남자이다. 또《회남자·주술훈主術訓》에는 "영왕은 허리 날씬한 것을 좋아하여 백성들 가운데 끼니를 줄여 밥을 굶는 자가 있었다 靈王好細腰, 而民有殺食自饑也"고 하였다. '끼니를 줄여 밥을 굶는' 백성은 물론 여자에만 국한되지는 않는다. 동한 이후에야 비로소 영왕이 좋아한 것이 단지 궁녀들의 날씬한 허리였다고 오해하게 된 것이다.
　허리가 굵은 남자라면 자연 눈에 띄게 체구가 건장하겠지만, 진정한 장사는 고금을 막론하고 반드시 곰처럼 허리가 뭉툭한 것만은 아니다.《수호전水滸傳》에는 임충林沖이 일장청一丈靑을 사로잡는 대목에서, 임충은 "원숭이 같은 긴 팔을 가볍게 내뻗고 이리 같은 가는 허리를 슬며시 돌리면서 일장청을 와락 당기자 그대로 말에서 떨어져 끌려 왔다 輕舒猿臂, 款扭狼腰, 把一丈靑只一拽, 活挾過馬來"고 묘사하였다. 영왕이 좋아한 것은 아마도 허리가 이리처럼 가는 남자였을 것이다.
　초나라 풍속에서 여자도 날씬한 허리를 아름답게 여겼을까? 그렇다. 궁녀들은 일반적으로 허리를 날씬하게 하려고 했지만 끼니를 거르는 정도는 아니었다. 조정의 신하들은 허리를 날씬하게 하고자 음식 섭취를 줄여 살을 뺄 수밖에 없었다. 영왕은 허리가 날씬한 궁녀를 좋아하였는데, 이것이 확산되어 조정의 신하들과 호위병, 노복들에 이르기까지 남몰래 배고픈 고통을 겪게 만든 것이다.

7. 장강, 회수로의 확산

성장기의 초문화는 악서鄂西에서 악중鄂中으로 전파되었고, 한수 서부
와 남부에서 동부와 북부로 전파되었다. 또 장강 이북에서 이남으로 확장
되었고 회수 상류에서 중·하류로 퍼져 나갔으며, 장강 중류에서 하류로 전
해져 장강과 회수 일대를 석권하는 형세를 보였다. 이러한 진행 과정을 돌
아 보면 초문화의 강력한 원심력에 놀라움을 금할 수 없다.

본절에서는 초문화가 장강과 회수 사이, 회수 중류 및 장강 하류로 퍼져
나간 황을 중심으로 소개하겠다.

한수와 회수 사이에는 본래 적지 않은 희성姬姓 또는 강성姜姓의 작은
나라들과 영嬴·언偃·만曼·윤允 등의 성을 지닌 나라들이 간간이 섞여
있었다. 출토된 동기와 기타 문물을 살펴보면 춘추 초기 이전에는 중원 문
화의 기풍이 우세를 차지하면서 토착 문화의 색채를 어느 정도 지닌 반면,
초문화의 요소는 나타나지 않는다. 춘추 중기 이후에 이르러 서쪽에서 동
쪽으로, 남쪽에서 북쪽으로 차츰 초문화의 범위로 편입되었다.[121] 당시 그
들은 이미 초나라에 병탄되었거나 초나라의 부용국이 되었다.

회수 중류에도 본래 작은 나라들이 많이 있었으나 회이淮夷로 통칭되
고, 대부분 언성偃姓인 작은 나라들과 오·초 두 나라 사이에서 어정쩡한
태도를 취하던 희성의 채蔡나라가 중심이었다. 춘추 중기 이전에 회이 문
화의 유물은 중원 문화의 강한 영향을 받은 토착 문화였다.[122] 채나라의 경
우는 본래 회수 유역에서 중원 문화를 대표하였으나 춘추 후기에 이르러서
는 방향을 바꿔 신속하게 초문화에 접근하였다.

안휘성 서성현舒城縣 구리돈九里墩의 서구묘舒鳩墓에서는 승정升鼎·우
정盂鼎과 초식정楚式鼎의 정족 조각이 발견되었고,[123] 기타 동기의 조합·
조형·장식 무늬 역시 동시기 초나라의 기물과 유사하며 토착 문화의 흔
적은 거의 사라져 버렸다. 안휘성 수현壽縣의 채후묘蔡侯墓에서 출토된 승
정 7점은[124] 형태가 하사 1호 고분에서 나온 승정과 일맥상통하여 순수한
초나라 양식에 속하지만 조악한 편이다. 우정 1점 역시 전형적인 초나라
양식의 기물이고, 그밖에 돈敦 2점 등의 동기 역시 초나라의 기풍을 자못

지니고 있다. '䤇'이라 자명한 반盤 1점은 반부수이攀附獸耳 4개가 달려 있으며, 역시 초나라 양식이다. 섬세한 장식 무늬는 남방 양식에 속하여 북 방과는 취향이 다르다. 명문의 서체는 행직횡평行直橫平하고 가늘고 섬세 하여 초나라를 중심으로 하는 남파에 속한다. 이 고분에서 나온 동기 역시 중원의 풍격에 속한다. 예를 들어 방호方壺는 정나라의 연학방호蓮鶴方壺 를 본떴음이 분명하다. 연蓮은 있으나 학鶴은 없다. 당시 서구舒鳩와 채나 라가 공교롭게도 초나라의 꼬리 부분과 오나라의 머리 부분에 위치하여 두 강대국의 쟁탈 대상이 되었는데, 초나라의 부용국이 되었던 기간은 긴 반면 오나라의 부용국이 되었던 기간은 짧다. 문화적 면모에 있어서 그들 은 초나라의 영향을 오나라보다 훨씬 많이 받았음을 알 수 있다.

고대 역사가들은 춘추 시대의 전쟁을 논평하여 진晉나라를 높이고 초나 라를 깎아내리거나 제나라를 높이고 초나라를 깎아내렸는데, 이는 민족적 편견에서 나온 것이다. 진나라와 제나라는 "오랑캐를 물리치는 攘夷" 데 있 었고, 초나라는 "화하를 어지럽히는 猾夏" 데 있었다고 여긴 것이다. 뿐만 아니라 완전히 부정하여 "춘추 시대에는 의로운 전쟁이 없었다 春秋無義 戰"고 감정적으로 떠들어대기도 하였다. 그들은 군사적 충돌과 문화적 교 류는 상호 대립적이면서도 통일적이라는 사실을 이해하지 못했다. 당시의 정세 아래에서 문화적 교류는 흔히 군사적 충돌이 선행될 필요가 있었다.

황하와 회수 사이에 위치했던 정나라를 예로 들어 보자. 정나라는 북으 로는 진晉나라가 있고 남으로는 초나라와 마주하여 부득이 양쪽으로 살길 을 도모했지만, 늘 초나라 또는 진나라의 공격과 정벌을 당했다. 그럼에도 정나라의 문화는 전쟁이 빈발함에 따라 쇠퇴하지 않고 거꾸로 남북간 문화 교류의 중추가 되었다.

1923년 하남성 신정현新鄭縣에서 대량의 정나라 동기가 발견되었고,[125] 그후 1960년대와 1970년대에도 약간의 정나라 동기가 발견되었다.[126] 알다 시피 춘추 중기의 북방 동기 가운데는 정나라의 동기가 가장 우수하다. 그 가운데 연학방호 2점은 교묘하고 섬세하기가 보통을 넘는다. 그러나 어떤 동기는 형태가 오히려 동시기 초나라 동기와 같다. 더욱이 이가루李家樓에 서 출토된 9점의 속경절견정束頸折肩鼎은[127] 초나라의 우정에 상당히 접근 된 것이지만 그것만큼 정교하지는 못하다. 우정은 전형적인 초나라 기물이다. 따라서 초나라가 정나라의 영향을 받아서 우정이 나왔다기보다는 정나라가 초나라의 영향을 받아서 속경절견정이 나왔다고 해야 할 것이다.

초나라 성왕은 동銅을 정나라 문공文公에게 선물했다. 당시 초나라의 청동 주조 기술은 이미 선도적 지위를 차지하고 있었다. 동기의 생산에 있어서 정나라가 초나라에서 받은 영향은 초나라가 정나라에서 받은 것보다 훨씬 컸다.

《좌전》에는 지하실에 편종을 매달아 둔 사적이 두 차례 기록되어 있다. 첫번째는 성공成公 12년(기원전 579년)으로 초나라에서 있었던 일이다. 초나라 공왕共王이 진晉나라 사신 극지郤至를 접견할 때 금주金奏가 지하실에 설치한 것이다. 두번째는 양공襄公 30년(기원전 543년)으로 이는 정나라의 사적인데, 다음과 같이 기록되어 있다.

정나라 백유는 술을 좋아해서 집에 지하실을 만들어 거기에서 술을 마시고 편종을 치느라 밤을 지새웠다. 때문에 조회하러 온 자들이 "공께서는 어디 계신가?"라고 물으면, 백유의 가신은 "우리 어르신께서는 학곡에 계십니다"라고 대답하였다.

鄭伯有嗜酒, 爲窟室, 而夜飮酒, 擊鐘焉, 朝至, 未已. 朝者曰: 公焉在. 其人曰: 吾公在壑谷.

정나라 백유가 지하실에서 술을 마시며 음악을 듣는데 그의 가신이 '학곡壑谷'에 있다고 대답한 것을 보면, 지하실에 편종을 매달아 두는 것은 정나라 고유의 제도가 아니었기에 정나라 사람들에게는 아직 낯선 일이었음을 알 수 있다. 정나라 백유가 지하실을 만든 것은 초나라에서 배운 것 같다.

회수 중류 북부의 서徐나라는 영성嬴姓으로 회이淮夷의 여러 나라 가운데 문화가 가장 발달하고 명망이 가장 성했던 나라로, 일찍이 초나라와 전쟁을 벌인 적이 있었다. 그러나 서나라는 초나라와 공동으로 남방의 예술 기풍을 발양했다. 서나라에는 영윤令尹이 있었는데, 강서성 정안현靖安縣에서 발견된 자지형로者旨荊爐의 명문에 보인다. 자지형로는 춘추 후기의 서나라 기물이며, 초나라에서 영윤은 춘추 초기에 처음 생겼다. 따라서 서

나라가 영윤을 둔 것은 초나라를 모방한 것으로 보인다. 문화적으로도 서나라는 초나라와 가깝다. 이학근李學勤은 춘추 중기와 후기의 서나라 동기는 "대부분 정교하고 훌륭하게 만들었다. 명문의 글자체가 수려하고 장식 무늬가 섬세하고 우아하여 장강 유역의 기풍을 보이며, 북방의 장엄하고 웅혼한 것과는 구별된다"[128]고 하였다.

장강 하류 오·월 두 나라의 청동 문화 역시 이 시기에 번영하기 시작하였다. 오·월의 동기는 족자적 기풍을 지니지만 역시 초나라를 중심으로 하는 남방 계통에 속한다. 예를 들어 강소성 육합현六合縣 정교程橋에서 출토된 오나라의 청동기는 초나라 기물의 특색을 일부 지니고 있다.[129] 초나라 청동기는 동검 이외에는 오나라 기물의 특색을 지닌 경우가 매우 드물다. 조서鳥書는 장강과 회수 일대에서 널리 유행하면서 그 기이함과 아름다움을 다투었다. 오·월 두 나라의 조서는 극히 공교하여 초나라의 조서에 견줄 만한데, 가히 '청출어람'이라 하겠다.

성장기의 초문화가 전파된 범위는 사실 장강과 회수 일대를 넘어선다. 노나라를 예로 들면 지리적으로 초나라와는 멀리 떨어져 있었지만 초나라 문화의 영향을 받았다. 노나라 양공襄公은 초나라를 방문하고 궁실의 화려함에 마음이 끌려 귀국 후 이를 모방해 궁실을 지었다.[130] 그러나 노魯 문화 역시 초나라에 보탬을 주었는데, 노나라 성공成公이 초나라에 보낸 목공·봉제공·직조공 각 1백 인은[131] 당연히 초나라의 목공·봉제·방적 기술의 발전에 긍정적 영향을 주었다.

둘 이상의 지역 문화 사이의 영향 관계는 일방적인 것도 있지만 대개는 상호적이다. 다만 장강·회수 일대의 경우는 초문화가 풀 위에 부는 바람처럼 널리 전파됨에 따라 그 성과 또한 컸음을 짐작해 볼 수 있다.

제4장
전성기의 초문화

초나라 소왕昭王 11년(기원전 505년)에 오나라 군사가 초나라에서 철수했다. 이듬해인 소왕 12년, 오나라는 다시 대대적으로 군사를 일으켜 수륙 두 갈래로 초나라를 쳤다. 수로로는 회수 중류에서 초나라 주사舟師〔水軍〕를 깨뜨리고 심현沈縣(지금의 하남성 固始縣)[1]을 빼앗고, 육로로는 회수의 지류인 여수汝水 중류에서 초나라의 능사陵師〔陸軍〕를 격파하고 번양繁揚(지금의 하남성 新蔡縣 북쪽)을 점령하였다. 초나라는 오나라 군사가 영도郢都에 들어올 것을 염려한 나머지 안전책으로 도읍을 약都으로 옮기고, 그대로 영이라 불렀다.[2] 이 약은 진秦나라와 초나라 사이에 위치한 약都나라가 아니라 초인이 약을 멸망시키고 설치한 약읍都邑으로 지금의 호북성 종상현鍾祥縣 북쪽에 있었는데, 지세가 험준하여 방비하기 좋았다.[3]

몇 년이 지난 후, 즉 소왕 13년에서 24년에 이르는(기원전 503년-기원전 492년) 시기에 초나라는 도읍을 다시 남쪽으로 지금의 호북성 강릉현江陵縣으로 옮기고, 역시 영이라고 불렀다.[4] 이 영이 바로 기남성紀南城이다. 기남성이라는 명칭은 후대 사람들이 붙인 것이고, 원래의 지명은 알 수 없다.

소왕의 9대 후인 경양왕頃襄王 21년(기원전 278년)에 진秦나라의 장수 백기白起가 기남성을 함락하자, 초나라는 다시 동쪽으로 도읍을 옮겼다. 초나라가 기남성에 도읍한 기간은 약 2백20년 정도이다.[5]

춘추 시대에서 전국 시대로 접어들 무렵, 사회의 생산 능력은 활기차게 증가하였고 정치적 국면은 빠르게 변화하였다. 전국 초기와 중기에 이르러 초나라는 북쪽으로 부강한 한韓나라·위魏나라와 각축을 벌이게 되었다. "국경 지대에 위치한 고을은 한때는 저쪽에 속하고 한때는 이쪽에 속하여 일정하게 어느 한 나라에 소속될 수 없는 疆場之邑, 一彼一此, 何常之有"[6] 지경이었는데, 초나라는 전반적으로 전진보다는 퇴각이 많은 추세였다. 서남쪽으로는 파巴와 촉蜀이 있었지만 산과 강으로 겹겹이 둘러싸여 초나라는 그들을 전혀 중시하지 않았다. 비록 한중군漢中郡·무군巫郡·검중군黔中郡을 개척했다고는 하지만, 이는 방어에 의도를 둔 것이었다. 서북쪽으로는 '호랑지국虎狼之國'이라 불리던 사나운 진秦나라가 있었는데, 전쟁과 강화가 되풀이되어 변화를 예측할 수 없었고 초나라는 늘 뜻을 이루지 못했다. 초나라는 동쪽으로 큰 수확이 있었다. 주사와 능사가 동쪽 해변까지 밀고 나아갔고, 거병車兵과 기병이 여러 차례 제로齊魯의 평원을 드나들었다. 그러나 전쟁은 빈번하였던 반면 건설은 완만하였다. 남쪽으로 초인은 동정호洞庭湖의 동서를 끼고 돌아 남쪽으로 전진하여 오령五嶺[7]에 이르렀다. 이후로는 큰 변화가 없었다.[8] 때문에 전성기의 초문화 유물은 대부분 지금의 강릉과 장사 일대에서 발견된다. 반고班固는 〈유통지부幽通之賦〉에서 "중려는 고신씨에게서 빛났고, 미성은 남사에서 강성하였다네 黎淳耀於高辛兮, 羋强大於南汜"라고 노래하였다. 남사南汜는 기남성 주위를 갈라졌다 모였다 하며 흐르는 많은 물길을 가리킨다. 기남성의 흥성은 초문화 전성기의 개막을 의미한다.

굴원은 〈구장九章 · 애영哀郢〉에서 이렇게 노래하였다.

하늘이 운명을 잡되게 하여
어쩌면 백성들 허물에 걸려드네
....
영도를 떠나 고을 문을 나설 적에
설움에 복받쳐 정신마저 없었다네
皇天之不純命兮, 何百姓之震愆.
....
發郢都而去閭兮, 怊荒忽其焉極.

기남성의 함락은 초문화 전성기의 종말을 의미한다.

이 시기의 초나라에는 다양한 변화가 생겨났으며 가장 번영되고 찬란한 단계에 이르렀다. 동기 생산은 최고 수준까지 발전하여 철기의 개선과 보급을 촉진하였고, 사직 · 자수 · 옻칠과 도시 건설 등 여러 가지 산업 또한 활기차게 발전하였다. 경제 구조에 있어서는 봉건영주제가 보급되어 노예제의 확대와 더불어 조화를 이루며 병행되었다. 정치 체제에 있어서는 개혁과 창조가 계속되었다. 종래의 현縣은 규모를 줄이고 그 위에 군郡을 신설하였다. 현은 전국적으로 두루 설치되었고, 군은 변방에 한해 설치되었다. 관직이 점차 늘어나고 작위와 봉록이 차츰 복잡해졌다. 봉군封君의 권세는 이전의 현공縣公에 상당하였지만, 그들의 재력은 현공을 훨씬 능가하였다. 정신 문화면에서의 성과도 대단히 현저하였다. 철학이 앞서 행해지고 문학이 나중 전개되었는데, 노자에서 장자를 거쳐 굴원에 이르기까지, 동방의 지혜의 별이 하나하나 잇달아 떠오르는 위대한 시대였다.

전성기 초문화의 유물 가운데서는 조형이 특이한 목조木雕를 발견할 수 있다. 지금은 '호좌비조虎座飛鳥'라고 부르지만, 사실은 '호좌입봉虎座立鳳'으로 봉鳳의 양쪽 겨드랑이에 녹각鹿角이 달려 있고 채색 무늬가 전체를 장식하고 있다. 고개를 쳐들고 날개를 펼치고 있는데 씩씩함과 아름다움, 그리고 특이함이 한데 모여 보는 이의 마음을 사로잡는다. 이는 이미 교목으로 옮겨 간 봉처럼 완전히 성숙된 것으로, 초문화가 전성기에 도달했다는 상징으로 볼 수 있다.

1. 동기와 철기

청동 제련과 주조업이 발달한 지역은 용광로 내에 1200℃ 이상의 고온을 유지하는 기술을 지니고 있기 때문에 인근에 충분한 양의 철광석 산지만 확보된다면, 비교적 빨리 생철과 연철鍊鐵의 생산지로 탈바꿈할 수 있다. 초나라가 바로 그런 경우였다.

청동 제련과 주조 기술의 발전

대략 춘추 말기 전국 초기부터 동록산銅綠山의 청동 제련업은 몇 가지 기술적 혁신을 이룩하였다.

수갱竪坑의 목조 귀틀은 갱 입구에서 바닥까지 층층이 압력을 번갈아 받도록 밀집식 탑구형搭口型으로 바뀌었는데, 그 이전 약 60센티미터였던 안지름이 80센티미터 또는 그 이상으로 커졌다. I호 광상鑛床[9]의 12선線에는 이런 귀틀을 사용한 수갱이 모두 8개가 있다. (그림 7 참조)

마두문馬頭門에 사용된 목재는 굵게 바뀌었고, 더러는 방주方柱로 원주圓柱를 대체한 곳도 있다.

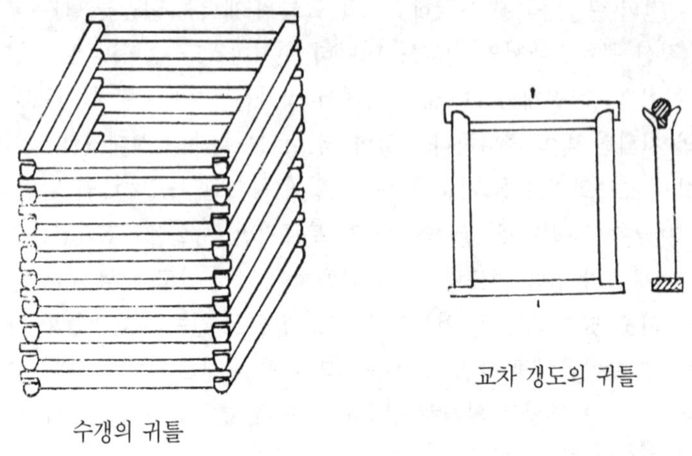

[그림 7] 동록산 고대 동광 후기 수갱의 귀틀

교차 갱도의 귀틀은 더 큰 압력을 견딜 수 있도록 높고 넓게 바뀌었다. 채굴에 사용된 도끼 모양의 끌은 동제품에서 철제품으로 바뀌었고, 날이 얇은 철제 호미는 광석이나 폐석을 긁어모으는 데 사용된 것으로 보인다. I호 광상의 24선에서 발견된 길이 2.52미터의 도르래식 기중 장치는 원래 갱 어귀의 귀틀 위에 가로놓아 광석이나 고인 물을 퍼올리는 데 사용된 것으로 추측된다.

용광로 또한 개선된 점이 있었을 것이지만 현재로서는 충분한 물증이 발견되지 않았다.

수직 갱도의 구조와 채굴에 사용된 공구만을 보더라도 당시의 채굴 효율이 이전보다 확실히 높아졌다는 확신을 갖게 한다.

호남성 마양현麻陽縣 구곡만九曲灣에서도 고대의 수직 동광 14개가 발견되었다. 채광이 시작된 시기는 전국 시대 이전까지 거슬러 올라갈 수 있지만, 오명생吳銘生과 호남성의 몇몇 고고학자들은 발굴된 유물에 근거하여 대략 전국 시대부터 채광이 시작되었을 것으로 추정한다. 이 동광의 소재지는 당시 이미 초나라의 손아귀에 들어가 있었다. 인근 진계현辰溪縣에서 일찍이 전국 시대의 초나라 고분이 발견된 적이 있다. 따라서 이 동광은 일찍이 초나라의 소유였음을 확인할 수 있다.

구곡만의 고대 동광은 채광 규모와 기술 수준이 모두 동록산 동광보다 떨어진다. 14개 수갱은 완전히 함몰되어 상태가 불분명한 것 하나를 제외하고는 모두 지표의 광맥이 확연히 드러난다. 광맥의 방향을 따라 서혈식鼠穴式의 사갱斜坑이 넓어졌다 좁아졌다 구불구불 나아간다. 여기에는 동록산 수갱처럼 일정한 형태의 수갱 귀틀은 없으며 양옆으로 동발다리 내지 격벽隔壁이 있고, 꼭대기에 대개 약 40센티미터 정도 두께로 광석을 남겨두어 붕괴를 방지하였다. 바닥 부분의 몇몇 지점에는 들보를 덮어 다니기 편하도록 하였다. 수직 갱도는 비교적 낮으며, 일부는 높이가 40-60센티미터에 지나지 않아 겨우 기어 들어가 무릎을 꿇거나 누워서 채굴할 수 있을 정도이다. 1801호 수갱에서 나온 쇠망치 2점은 동록산 I호 광상 24선에서 나온 쇠망치와 형태가 같다. 큰 것은 무게가 7.8킬로그램이고 작은 것은 4.65킬로그램이며, 경도는 RC 58-60에 이르러 보통의 주강鑄鋼 또는 단강鍛鋼의 설담금한 경도보다 훨씬 높다.

구곡만 동광의 채광부는 북쪽으로 온 초인이 아니라 초인과는 족속이 다른 토착민이었던 것으로 추측된다.

초문화의 전성기에는 초문화 성장기보다 동 생산 지역이 많아졌고, 동 생산량 또한 늘어났음이 분명하다.

영도에는 주조 공방이 있었다. 기남성 서남쪽의 진가대陳家臺에서 주조로 2개가 발견되었다. 놓인 순서대로 1호로와 2호로로 나뉜다. 두 개의 주조로는 모두 바닥 부분만 남아 있는데, 남아 있는 부분을 살펴보면 그 크기와 모양이 서로 비슷하다. 2호로의 경우 둥그스름한 네모꼴로 방향은 350°이고, 동서의 길이는 1.45미터이며, 남북의 넓이는 1.43미터이고, 잔심殘深은 40-51센티미터이다. 노벽爐壁은 바닥 부분이 바깥쪽으로 퍼지고 네 면이 각지고 안은 우묵하며 바닥과 네 구석에는 얇은 목탄재 한 겹이 남아있다. 동북쪽 모서리에서 동제 몽치 1점이 발견되었고, 서쪽 중간 부분에서 주석 가루층이 한 겹 발견되었다. 1호로의 바닥 부분에서 주석으로 만든 못 3개가 발견되었고, 2개의 주조로 주위에서 주석가루·구리가루·주석 못과 송풍관 조각이 발견되었다. 송풍관은 호형弧形으로 내벽은 평평하고 매끈하며 안지름이 3.8-5.2센티미터이다. 진가대 인근의 소제자小堤子와 왕가만王家灣 일대에서도 주석괴·주조로의 잔편·홍소토·초목의

재가 발견되었다.

영도의 주조 공방은 서남쪽에 집중되었던 것으로 보인다.[10] 영도 이외의 다른 지방에도 분명 적지 않은 주조 작방이 있었을 것이지만, 아직 그 터가 분명하게 밝혀진 곳은 없다.

영도 부근의 초나라 고분에서 이제까지 발굴된 동기는 그리 많지 않다. 이는 대형묘에 부장된 동기가 이미 진인秦人에게 거의 도굴당했고, 중형묘와 소형묘에 부장된 동기는 원래부터 아주 적었기 때문으로 추정된다.

강릉 천성관天星觀 1호 고분의 경우, 이는 시기적으로 전국 중기에 해당된다. 묘주는 저양군邸陽君 번승番剩으로 장구葬具는 1곽3관인데, 관곽에 사용된 녹나무 목재가 1백50여 입방미터에 달해 후장한 봉군의 대묘임에 틀림없다. 도굴 당한 흔적임이 분명한 구멍이 하나 있는데, 위로는 묘머리로 통하고, 아래로는 곽판槨板을 뚫고 있다. 도굴 구멍의 바닥 부분에는 방형의 6층 목조 귀틀이 곽판 윗면을 누르고 놓여 있다. 도굴 구멍 안에서 도굴범이 사용한 자귀·삽·호미·도르래식 기중 장치 등의 공구와 격鬲·관관管罐·호호壺·두두豆·합합盒 등의 기명器皿이 출토되었는데, 격의 형태가 진秦나라식이다. 남아 있는 여러 가지 흔적은 이것이 진나라 도굴범의 소행으로 공공연히 도굴하였음을 보여 준다. 곽실은 크고 작은 7개로 나누어지는데 그 중 6개가 도굴당했고, 아주 작은 북실北室 하나만 본래 봉해진 대로 남아 있다. 그럼에도 불구하고 1978년 봄에 이 고분에서 출토된 유물은 2천4백40여 점에 달한다. 그 가운데는 청동제 용기容器와 잡기雜器 33점과 검劍·극戟·모矛·과준戈鐏·모준矛樽 등 청동 병기 96점이 포함되어 있다. 도굴당하기 전에 원래 부장되었던 청동 기물은 분명 이보다 몇 갑절 많았을 것임을 쉽게 상상할 수 있다. 기타 대형의 초나라 고분과 일부 중형 고분 역시 영도가 함락된 후 천성관 1호 고분과 비슷한 운명을 맞이했을 것이다. 따라서 이 시기 초나라의 청동 주조 수준을 고찰하기 위해서는 부득이 수주隨州의 뇌고돈擂鼓墩 1호 고분의 도움을 얻을 수밖에 없다.

뇌고돈 1호 고분은 1978년 여름에 발굴된 것으로 전국 초기 증후을曾侯乙의 무덤이다. 증曾나라는 초나라 한가운데 둘러싸여 있던 희성姬姓의 제후국으로 일찍이 춘추 중기에 초나라의 부용국이 되었다. 앞장에서 지적하였듯이 초나라는 증나라의 전통적 영향력을 이용하여 한수 동쪽 일대를 통치하고, 증나라의 전통 공예 기술을 이용하여 동기 생산을 발전시켰다. 증나라는 여러 대를 거치는 동안 변함 없이 공손하고 부지런하게 초나라를 종주로 받들었다.

뇌고돈 1호 고분에서 발견된 편종은 모두 64개 1틀이다. 한가운데는 특별히 초나라 혜왕惠王이 증정한 박종鎛鐘 1개가 걸려 있는데, 이는 매우 상징적 의미를 지닌다. 출토된 9정鼎 8궤簋는 임금의 신분을 나타낸다. 9정은 초나라 식의 승정升鼎으로 초나라와 증나라의 주종 관계를 상징적으로 보여 준다. 따라서 뇌고돈 1호 고분은 초인의 무덤이 아니라 하더라도 초나라의 고분으로 간주할 수 있다. 뇌고돈 1호 고분에서 출토된 청동기 기풍에 있어서는 증나라와 초나라의 개성에 주의해야 하며, 기술적 측면에 있어서는 두 나라간의 공통점에 주목해야 한다. 증나라의 청동기 주조 수준은 초나라의 청동기 주조 기술을 대표한다고 할 수 있다.

뇌고돈 1호 고분에서 나온 청동기의 총량은 약 10톤으로 단일 무덤에서 출토된 최고 기록이다. 화각명華覺明과 곽덕유郭德維는 "거푸집의 유구에 쇳물을 부을 때 타고 튀어 나가고 가장자리로 흘러내리는 등 손실이 있을 수밖에 없다는 것을 고려한다면, 이런 주조품을 만드는 데는 구리·주석·아연 등의 금속 약 12톤이 필요하다"고 하였다.[11]

이 고분에서 출토된 청동기의 제작 기술은 다음과 같은 몇 가지 주요한 특징을 지닌다.

첫째, 충분한 크기의 화덕, 충분한 온도, 충분한 풀무 능력을 갖추었다. 아래층의 용종甬鐘은 모두 큰 주조물로 가장 큰 제1열의 첫번째 종은 높이가 1.534미터이고 무게가 203.6킬로그램으로, 크기와 무게가 모두 이제까지 발견된 편종 가운데 수위를 차지한다. 여러 개의 도가니를 사용하여 쇳물을 부어 만든다면, 이는 대단히 만들기 어려웠을 것이다. 따라서 당시에 이미 대형 수로竪爐에 구유 모양의 홈통을 대고 부어넣었다고 보는 것이 합리적일 것이다.

둘째, 틀을 나누어 제작한 다음 이를 조합하여 주조하는 기술이 매우 뛰어났다. 편종의 가운데 층 용종의 경우는 화각명의 고찰에 의하면 다음의 공정을 거쳐야만 그런 주형鑄型을 만들 수 있다.

1) 설계 의도에 따라 모형을 만들고, 찰흙으로 모형에 따라 반합와형半合瓦形의 종틀을 만든 다음, 종틀 위에 선을 긋고 명문을 새긴다.

2) 종의 몸통 각 부분의 무늬는 반드시 거푸집의 틀을 각각 뒤집어 장식 무늬를 새긴 다음 다시 틀을 맞추고, 용종의 타격 부위인 정부鉦部의 나누어진 경계 같은 부분적 무늬는 반드시 종틀을 찍어서 모양을 만든다. 종의 몸통 둘레 가장자리 무늬의 경우는 몇 개의 단락으로 나누어 만드는데, 자세히 살펴보면 무늬가 일치하고 길이와 놓은 방법만이 다를 뿐이며 각 단락 사이에는 좁고 볼록 튀어나온 주물선이 있다. 이는 각각의 모형이 같은 거푸집에서 만들어진 다음 필요에 따라 가질 작업을 거쳐 다시 나누어진 선에 따라 틀 위에 배열되었음을 보여 주는 것이다. 전대篆帶·매부枚部·고부鼓部의 무늬와 용부甬部·무부舞部의 주형 역시 유사한 방법으로 만든다.

3) 간부幹部의 모형은 단독으로 만들어진 다음 용부의 모형에 삽입된 것으로, 주조한 다음에는 간부의 주위에 맞붙은 주물선이 형성된다.

4) 종의 몸통과 용부의 니심泥芯은 모두 심의 틀을 이용하여 거꾸로 만든 다음 손질하고, 유구와 배기 구멍은 심 위에 낸다.

이처럼 용종 하나의 거푸집은 가운데 층 제3열의 첫번째 종을 예로 들면 모두 1백36개의 범심范芯을 조합하여 이루어진다……:[12]

전체 틀의 편종 64개와 박종 1개는 모두 앞서 기술한 것처럼 틀을 나누어 제작한 다음 조합하여 주조하는 방법으로 만든 것으로 크기와 두께가 아주 정확하며, 장식 무늬가 세밀하고 선명하여 주물공의 솜씨가 대단히 숙련되었음을 알 수 있다.

셋째, 주접鑄接과 용접의 편리성을 최대한 활용하였다. 청동으로 만들어진 건고建鼓의 좌대는 8쌍의 큰 용이 그 위에 서로 뒤엉켜 있고, 또 많은 작은 용이 큰 용의 머리·몸통·꼬리 부분에 엉겨붙어 있다. "용의 무리는 22개의 주조물과 14개의 연결부가 주접과 용접을 거쳐 서로 이어지고 북틀에 접합되어 있는데"[13] 상당히 볼 만하다. 힘을 많이 받는 부위는 좀 어렵고 번거롭지만 강도가 센 구리 용접을 하고, 힘을 적게 받는 부위는 강도는 좀 떨어지지만 간편한 납 용접을 사용하였다. 고분 속에서 납 용접에 사용된 저용점 연석鉛錫 합금이 나왔는데, 중국 사회과학원 고고연구소의 화학 실험 결과 납 58.48퍼센트, 주석 36.88퍼센트, 구리 0.23퍼센트, 아연 0.19퍼센트가 각각 함유된 것으로 밝혀졌다. 이러한 고대 용접 기술과 저용점 연석합금은 처음 발견된 것이다.

넷째, 상감象嵌기법의 아름다움을 지니고 있다. 아래층 용종의 용부에는 모두 황동 무늬가 있는데, 이는 상감 공예기법으로 만든 것이다. 많은 동기에 금을 아로새긴 명문 또는 무늬가 있으며, 어떤 동기에는 터키석이 상감되어 있기도 하다.

이밖에 당시의 금속 세공법으로는 도금鍍金과 선각線刻이 있었다. 도금 공예는 초나라에서 처음 만들어졌을 가능성이 있는데, 장대관長臺關 초나라 고분에서 나온 동대구銅帶鉤가 현재 알려진 도금된 청동기 가운데 가장 빠른 것이다. 선각 공예는 초나라에도 있기는 하였으나 그다지 발달되지는 않았다.

다섯째, 밀랍법蜜蠟法 내지 누연법漏鉛法의 최고 걸작을 창조하였다. 고분에서 나온 존尊과 반盤 각 1점은 마치 꽃술이 꽃잎 사이로 솟아난 것처럼 존이 반의 한가운데에 자리하여 운치를 더해 준다. 존의 주둥이와 반의 아가리는 모두 넓적한 가선이 밖으로 꺾어져 있고, 정교하고 세밀하게 투조된 뱀 무늬가 가득 차 있다. 이들 투조된 부식附飾은 표층의 무늬와 내부의 여러 층으로 된 동경銅梗으로 짜여져 있는데, 무늬가 서로 나뉜 채로 동경에 붙어 있다. 구조가 기묘하고 정교하여 감탄을 자아낸다. 모든 부식은 단조나 주접 또는 용접을 거친 흔적이 전혀 없다. 그 엄밀하고도 정교한 부식은 주조법으로는 만들 수 없고, 밀랍법이나 누연법이라야만 가능하다. (사진 2 참조)

뇌고돈 1호 고분은 하사 2호 고분보다 시기적으로 1백여 년이 늦다. 뇌고돈 1호 고분에서 나온 밀랍법 내지 누연법을 사용하여 만든 주조물은 하사 2호 고분에서 나온 동류 주조물과 기술상 전승 관계를 지님이 분명하다. 정교한 공예, 숙련된 솜씨, 특이한 기풍 등은 밀랍법 내지 누연법의 주조 기술이 춘추 전국 시대 주조공들이 창조하고 발전시킨 것임을 잘 보여 준다.

요컨대 "증후을 고분에서 출토된 청동기들은 철기가 보편화되기 이전의 선진 시대 금속 공예의 최고 수준을 대표한다."[14] 초문화 전성기는 청동기의 전성기이기도 하다.

청동기 품종의 발전 추세

초문화 전성기의 청동기 생산은 기물의 종류에 있어서 편종과 열정列鼎은 여전히 심혈을 기울여 주조해야 하는 주요한 기물이었지만, 실로 장족의 발전을 보인 것은 병기이다. 전쟁이 빈번해지고 전쟁의 규모가 커짐에 자극받아 병기 산업은 날로 발전하였다. 전국 중기에 초나라는 "무장한 병사가 1백만 帶甲百萬"이라 일컬어졌다. 기원전 312년 진秦나라와 초나라간의 단양丹陽 전투에서 진나라 군사는 초나라의 갑사甲士 8만 명을 무찔렀다. 이를 통해 초나라가 얼마나 많은 병기를 필요로 했던가를 쉽게 짐작할 수 있다. 전국칠웅의 군비 경쟁 속에서 초나라는 장기간에 걸쳐 상위를 차지하고 있었다.

당시의 병기는 여전히 청동제가 주종을 이루었으며, 초나라 병기 산업의 가장 큰 성과는 우수한 청동검을 대량으로 제작하였다는 점이다.

청동검은 서주 초기에 출현하였는데, 거전車戰에는 적합하지 못했기 때문에 중원에서는 춘추 후기까지는 그다지 발견되지 않는다. 오나라와 월나라는 지리적 조건으로 말미암아 거병車兵은 거의 없었고, 도병徒兵과 주사舟師만 있었기 때문에 검이 가장 중요한 무기였다. 그들은 또 동과 주석이 풍부한 자원 조건에 따라 청동검이 일찍 널리 보급되었다. 역대로 출토된 전국 중기 이전의 청동검 가운데 월왕구천검越王句踐劍[15] · 월왕주구검越王州句劍 · 오왕광검吳王光劍[16] · 오왕부차검吳王夫差劍[17]이 가장 훌륭하다.

초나라의 지리적 조건과 자원 조건은 오·월 두 나라와 비슷하였다. 그러나 중원을 쟁패할 계획으로 거병을 주력으로 삼았기 때문에 청동검 생산에 있어서는 일찍부터 오·월 두 나라에 뒤떨어졌다. 전국 시대로 접어든 이후 도병과 기병이 차츰 거병을 대체함에 따라 청동검은 비로소 장졸들이 반드시 갖추어야 할 무기가 되었다. 현재 알려진 최초의 오·월 청동검은 서주 중기에 해당되고, 초나라 청동검은 춘추 중기에 해당된다. 초나라의 검 제작 기술은 오·월 두 나라에서 배운 것이기 때문에 초식검과 월식검, 그리고 오식검은 검신의 형태가 거의 유사하다.

이제까지 출토된 선진 시대 청동검 가운데 태반은 초나라의 것이다. 이백겸李伯謙의 1981년도 통계에 따르면 하남성·하북성·산서성의 3개 성에서 발굴된 동주 시기의 청동검은 93점에 지나지 않는다. 그 가운데 하남성 낙양시 중주로中州路에서 가장 많은 26점이 발굴되었고, 나머지 16개 지점에서 모두 67점이 출토되었다.[18] 그러나 호북성 강릉현에서는 우대산의 초나라 고분군에서만도 청동검 1백72점이 출토되었는데, 그 가운데 전국 시대(주로 초기와 중기)에 만들어진 것이 1백61점을 차지한다.[19] 천성관의 도굴된 1호 고분에서만도 청동검 32점이 발견되어, 단일 무덤에서 나온 최고 기록을 세웠는데 그 시기는 전국 중기에 해당된다.[20] 호남성 장사시에서 출토된 초나라 청동검 역시 상당히 많다.

전국 시대 초나라 고분은 묘주가 성년 남자인 경우는 귀족이든 평민이든 거의 모두 청동검이 부장되어 있다는 특징이 있다. 우대산에 있는 24기의 소형 무덤은 각각 청동검 1점씩이 부장되어 있을 뿐 다른 부장품은 전혀 보이지 않는다.

춘추 말기에 월나라가 오나라를 멸망시켰고, 전국 중기에는 초나라가 월나라를 멸망시켰다. 이로부터 오·월 두 나라의 뛰어난 검 제작 기술을 초인이 사용하게 되었고, 그 결과 초나라의 청동검은 천하 제일이 되었다.

《강릉 우대산 초묘 江陵雨臺山楚墓》에는 1백72점의 청동검을 4형 9식으로 분류하였는데, 그 발전 추세를 살펴보면 짧던 것에서 길게, 손잡이 속이 비고 격자가 좁던 것에서 손잡이 속이 차고 쌍테에 격자가 넓은 것으로, 종從이 없던 것에서 있는 것으로 바뀌었다.

1형 I식 검의 표본 408:4는 길이가 27.5센티미터에 지나지 않으나 4형 검의 표본 444:1은 길이가 68.5센티미터에 달한다. 2·3·4형 검은 제작 연대가 서로 중복되거나 엇갈려서 동시에 사용되던 것임을 알 수 있다.

3형 III식의 검은 가장 정교하게 만들어졌을 뿐 아니라 수효 또한 가장 많다. 검수劍首는 원반형이고 칼자루는 원형 또는 타원형이다. 검신은 중간 등마루 부분이 돌기하였고, 대부분 종이 있으며, 양쪽 칼날의 늘어뜨린 끝이 약간 호형을 나타낸다. 표본 253:2를 비롯한 6점은 격자에 터키석으로 수면獸面 무늬를 상감해 넣었고, 검수에는 7 내지 10개의 동심원 모양의 볼록한 돌기를 주조해 넣었다. 그 가운데 표본 475:1은 쌍테에 모두 구름 무늬를 장식해 넣었다. 이는 모두 상급의 보검이라고 할 수 있으나 전혀 명문이 없고 어떤 것들은 단관묘에서 나오기도 하여, 결코 귀족들의 전유물이 아니었음을 알 수 있다. (그림 8 참조)

어떤 청동검들은 먼저 검의 등마루 부분을 주조한 다음 다시 칼날을 주조하는 두 차례의 과정이 요구된다. 등마루 부분은 주석의 함유량을 적게 하여 견고하게 하고, 칼날은 날카롭게 하기 위하여 주석을 비교적 많이 넣는다. 이런 복합 주조 기술은 세계 최초의 것으로 초·오·월 세 나라 장인들의 지혜의 결정이라 하겠다.

강릉에서 출토된 초나라 청동검은 상당수가 전혀 부식되지 않았고, 도가니에서 막 꺼내기라도 한 듯 머리털을 자를 정도로 날카로워 오·월의 청동검에 비견된다. 초·오·월 세 나라의 청동검이 부식되지 않은 수수께끼는 학술계의 커다란 관심을 불러일으켰다. 그 가운데 가장 정품은 월왕구천검으로 양자 X형광 비진공 분석법에 의한 감정 결과, 검신의 검은 마름모꼴 무늬는 황화된 동이고 나머지 부위는 표면에 부식 방

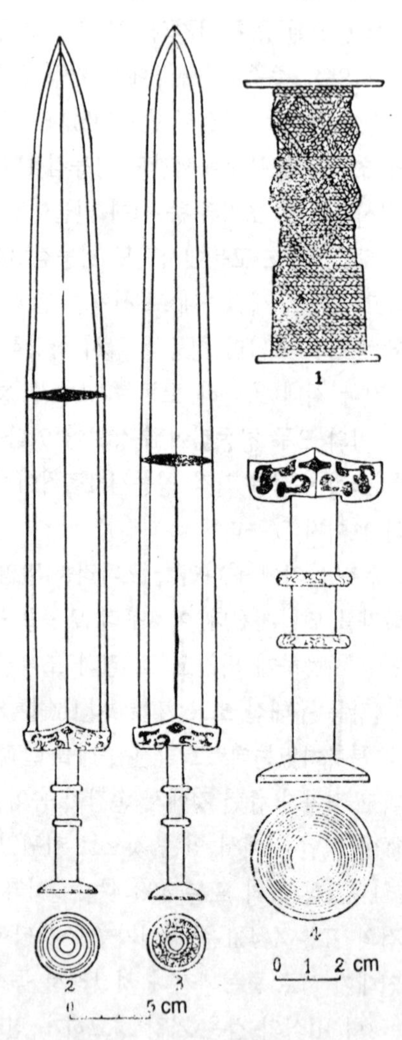

1) 2형 II식　89:7　2) 3형 III식 253:2
3) 3형 III식 380:3　4) 3형 III식 475:1

〔그림 8〕

지 처리를 한 적이 없음이 밝혀졌다.[21] 출토된 후 10년 가까이 지나는 동안 광택이 점차 사라지면서 내버려두면 부식될 우려가 생겨났다. 따라서 과거 부식되지 않았던 주된 원인이 환경 때문이었음을 알 수 있다. 후덕준后德俊은 "월왕구천검은 꼭 맞는 칼집에 싸인 채로 중성의 고인 물 속에 잠겨 산소가 없는 묘실 내에 밀봉되어 있었기 때문에 녹이 슬지 않았다"고 보았다.[22]

전국 후기에는 이미 표면에 산화 크롬을 생성시키는 뛰어난 부식 방지 기술이 발명되었다. 섬서성 임동현臨潼縣의 진秦나라 병마용갱兵馬俑坑에서 출토된 청동 전족은 바로 표면의 산화 크롬 때문에 녹이 슬지 않았다. 초·오·월의 일부 청동검 또한 이런 표면 부식 방지 처리를 한 예가 있다. 그러나 부식되지 않은 대다수 청동검의 경우는 후덕준의 견해가 정확하다.

과戈·모矛·극戟·수殳와 전족箭鏃 등 초나라의 다른 병기들은 비록 청동검처럼 눈에 띄게 발전하지는 못했지만, 모두 훌륭하게 만들어졌고 기형器形이 길고 크며 모양이 다양하다는 특징을 보인다.

이들 청동 병기는 견고하고 날카로울 뿐 아니라 아름다운 장식 무늬가 치장되어 있다. 그 가운데 과의 고달에 있는 무늬는 특히 정교하고 아름답다. 상당수의 과의 고달에는 대부분 새 또는 물고기 모양의 볼록한 돌기가 나 있고, 더러는 새털구름 무늬나 삼각 무늬가 장식되어 있으며, 금장식이 되어 있는 것도 있다. 과·모·극·수에도 드물게 정교한 무늬가 장식되어 있다. 귀족들이 사용한 것에는 대부분 명문이 새겨져 있다. 예를 들어 당양當陽 금가산金家山 45호 고분에서 나온 과는 모난 자루에 상감한 변형 봉鳳 무늬가 있고, 창대를 끼우는 원援과 창 갈래에는 상감한 '番中乍白皇止造戈'라는 조전鳥篆의 명문이 있다. 명문의 글자수가 가장 많은 것은 장사 자탄고子彈庫 37호 고분에서 나온 백자모百字矛이다.

뇌고돈 1호 고분에서 나온 장비쌍과長柲雙戈·장비삼과長柲三戈·삼과일모三戈一矛의 장극長戟 같은 일부 청동 병기는 보기 드문 특수한 것이다. 장극은 파손된 것을 제외하고 대체로 완전한 것으로 3점이 출토되었는데, 하나의 길이가 3.43미터이다. 삼과일모는 하나의 자루 위에 한꺼번에 끼워져 있는데 모는 꼭대기에 달려 있고, 위에서 아래로 모난 자루가 있는 과 하나와 모난 자루가 없는 과 두 개가 달려 있다. 이런 장극은 거전車戰에 있어서 가장 훌륭한 무기이지만, 이는 의장용으로 반드시 실전에 사용되었던 것은 아닌 듯하다. 더욱 특이한 것은 '孨'라고 자명한 병기로 모矛의 끝머리가 세모꼴로 하사 춘추 시대 고분에서 나온 것과 같다. 그러나 끝머리의 뒤쪽과 수의 자루 위쪽에 동으로 만든 구형球形 테가 하나씩 있다. 어떤 것은 무늬로 구형을 이루었는가 하면 어떤 것은 바늘 같은 것으로 찔러서 구형을 만든 것도 있는데, 후자의 경우는 동을 찔러 만든 모양이 매우 복잡하다. 이런 수는 전통적인 수와는 달라서 역시 의장용인 듯하다.

전족의 모양 역시 다양하다.《강릉 우대산 초묘》에는 전족을 7가지로 나누고 있다. 그 발전 추세를 살펴보면 양인兩刃에서 세모꼴로 바뀌었고, 단창短槍과 꼬리가 달려 있던 것이 모두 없어졌다. 또 뇌고돈 1호 고분에서는 네모꼴의 전족이 나왔지만, 대개는 세모꼴의 전족인 삼릉족三棱鏃이다. 화살촉 끝에는 대부분 바늘처럼 예리한 도자倒刺가 달려 있는데, 어떤 삼릉족은 6개 또는 9개의 도자가 있다. 장정장미족長鋌長尾鏃은 수가 많지 않은데, 길이가 28센티미터를 넘는다. 장정장미족은 뚫는 힘이 상당히 강하지만 많은 동이 소모된다. 전쟁중에는 화살의 소모량이 가장 많다. 따라서 초나라에서 장정장미족이 유행하였다는 것은 동 생산량이 확실히 많았음을 보여 준다.

전국 시대 초나라 고분에서는 많은 동대구銅帶鉤와 동경銅鏡이 나왔다. 이는 당시의 생활 방식 및 사회 기풍의 변화와 밀접한 관계를 지닌다. 사회적 재부가 커짐에 따라 사람들은 자신의 치장에 더욱 관심을 갖게 되고 중류층 이상은 옷차림과 화장에 더욱 관심을 기울이게 된다. 동시에 이는 남북간 경제 및 문화 교류의 진전과도 관계를 지닌다. 왜냐하면 동대구와 동경은 모두 북방에서 만들어진 다음 천천히 남방으로 전해졌으나, 전국 시대에 이르러서는 오히려 역류되는 추세가 나타났기 때문이다. 초나라의 동대구가 특색이 없는 것은 아니지만 그 형태가 아직 북방의 모델을 넘어서지 못하였고, 북방은 물론 초원 지방의 호인胡人들만큼도 유행하지 못하였다. 그러나 초나라의 동대구와 동경은 늦게 나와서 먼저 나온 것을 추월하였는데, 형태가 다양하고 재질이 좋으며 장식 무늬가 화려하다. 뿐만 아니라 널리 전파되어 심지어는 알타이 산맥 서쪽의 고대 유적지에서도 초나라의 표준형 동경이라 할 수 있는 사산경四山鏡이 발견되었다.[23] 다시 말해 동대구의 전파 추세는 시종 북에서 남으로 전파되었으나, 동경의 경우는 대략 전국 중기에 이르러 남에서 북으로 전파되는 추세가 나타났다. 여기에서는 초나라의 동경에 대해서만 소개한다.

춘추 시대 초나라에는 이미 소량의 동경이 있었을 것으로 추측된다. 그러나 초나라 동경이 최초로 발전한 시기는 전국 시대로 접어들 무렵이다. 이 무렵의 동경은 일률적으로 무늬가 없거나, 간단한 반달 무늬만이 있으며 크기가 매우 작다.

대략 전국 초기 후엽부터 비로소 초식경楚式鏡이 나타나기 시작했다. 뇌종운雷從雲은 초식경의 분류와 시기 구분을 다룬 논문을 발표하였고, 두내송杜迺松은 전국 시대 동경을 연구한 논문이 있는데 모두 참고할 만하다.[24] 초식경은 회수 중류에서 맨 처음 발견되어 한동안 회식경淮式鏡으로 불리다가 나중에 호남성에서 더 많은 초식경이 발견됨에 따라 더 이상 회식경으로 불리지 않게 되었다. 특이한 것은 초나라의 중심 지역인 영도 주위에서는 지금까지 발견된 동경이 매우 적다는 점이다. 물론 영도에서 동경이 생산되지 않았다고 할 수는 없다. 기남성 서남부에서 발견된 꽤 많은 주석괴와 주석 가루가 남아 있는 주조로의 유적은 동경을 만드는 공방이었을 것이다. 동경의 주조는 구리와 주석을 절반씩 섞는 것이 가장 좋다. 이는 바로 《주례·동관고공기冬官考工記》에 "쇠와 놋쇠를 반씩 섞은 것을 감수의 품수品數라 한다 金錫半, 謂之鑑燧之齊"고 한 것이다.

당시 초나라의 경제 중심지는 이미 동정호 이남의 양월揚越 지구와 회수 중류의 회이淮夷 지구로 점차 옮겨 가고 있었다. 이들 지방은 본래 뛰어난 제련과 주조 기술을 갖추고 있었고, 또 여러 민족이 섞여 지냄에 따라 유난히 개방적인 사상적 기풍을 지녔던 관계로 빠른 속도로 동경 생산이 발전하는 동시에 동경의 양식 또한 개선되었다. 이들 지방과 비교하여 영도 주위는 보수적이었기 때문에 전통적인 사직·자수·옻칠·목조木雕·편죽編竹·피혁 공예 등에 주력하였음이 눈에 띈다. 더욱이 당시 초나라의 가장 큰 적이던 서북쪽의 진秦나라와 언鄢·영郢 일대는 일선지구가 되었기에 주조 공방에서는 병기를 위주로 생산하였을 것이다. 이밖에도 공공연하게 도굴을 일삼는 진인秦人이 정교하고 아름다운 초식경을 적지 않게 훔쳐 갔으리라는 가능성도 배제할 수 없다. 현재 알려진 고고학 자료에 따르면 동경 생산이 가장 활발하고, 또 가장 뛰어났던 곳은 초나라이다.

초식경의 발전 추세는 대략 다음과 같다.

초식경의 형태는 최초 원형에서 가끔 방형의 것이 나타나기도 하였다. 동경의 거울면은 크게 바뀌었고, 완전히 편평하던 것에서 약간 볼록하게 바뀌었으며, 가장자리는 편평하던 데서 말린 형태로 변화하였다. 뒷면은 바탕 무늬만 있던 것에서 바탕 무늬가 주제 무늬를 부각시키는 것으로 바뀌었고, 바탕 무늬와 주제 무늬 모두 복잡하게 바뀌었다. 또 바탕 무늬는 소량의 구름 우레 무늬에서 깃털 무늬가 점차 많아졌고, 주제 무늬는 꽃잎 무늬·‘山’자 무늬·반리蟠螭 무늬·짐승 무늬 등이 한 가지만 있던 것에서 두 가지 무늬가 서로 엇섞여 조합되었다. 조각 기법은 부조만을 사용하던 것에서 투조도 사용하게 되었다. 동경의 손잡이는 단조롭던 것에서 다양하게 바뀌었고, 받침대가 없던 것에서 받침대가 있는 것으로 발전하였다.

초식경 가운데는 ‘산자경山字鏡’이 가장 많다. 산자경은 깃털 무늬를 바탕 무늬로 한다. ‘山’자는 통상 4개로, 적게는 3개이고 많게는 5개 내지 6개이다. 비교적 일찍 나타나고 수량이 많으며, 또 오래도록 만들어졌던 것은 사산경四山鏡이다. 일찍이 상대商代에 뒷면의 장식 무늬를 각각 90°씩 4등분하는 방법이 유행하였는데, 이는 후세에 그대로 답습되어 마침내 통례가 되었다. ‘山’자 무늬만 그러했던 것은 아니다. 꽃잎 무늬와 깃털 무늬를 바탕 무늬로 하는 짐승 무늬 역시 마찬가지이다. 어째서 ‘山’자를 주제 무늬로 삼았는지는 알 수 없다. 지금의 하북성 평산현平山縣의 중산왕묘中山王墓에서 약간의 ‘산자형’ 동기가 나온 이후, 몇몇 학자들은 ‘山’자 무늬는 중산국中山國에서 처음 만들어졌으며 초나라의 ‘山’자 무늬는 중산국에서 전해진 것이라고 여겼다.[25] 이러한 추측이 성립되기 위해서는 앞으로 더 많은 고고학적 자료가 발굴되어 뒷받침되어야만 할 것이다.

강릉의 초나라 고분에서 나온 죽기竹器에는 편직된 ‘山’자 무늬가 있는데, 어쩌면 죽기에 나타난 ‘山’자 무늬가 원조이고, 동기에 나타난 ‘山’자 무늬는 여기에서 유래된 것일 수도 있다. 산자경의 ‘山’자는 모두 비스듬하게 씌어졌는데, 더러는 왼쪽으로 돌아가고 더러는 오른쪽으로 돌아간다.

낱글자의 내리그은 세 개의 필획은 들쑥날쑥하고, 여러 글자는 서로 이어져 빙빙 도는 듯한 형세를 보이는데 수법이 간결하고 기풍이 명쾌하다.

전형적인 사산경은 4개의 '山' 자 사이에 꽃가지·이파리·꽃잎 등을 배치하였고, '山' 자 하나하나는 모두 바탕 무늬를 줄이고 쌍구雙鉤해 넣었다. 둥근 가운데 방형이 드러나 정지된 가운데 움직이는 듯한 느낌을 지니며, 고요한 가운데 강한 이미지를 더하여 널리 인기를 모았을 것임에 틀림없다. 일부 사산경은 출토된 이후에도 본래의 광택을 그대로 유지하고 있다.

오산경五山鏡·육산경六山鏡·삼산경三山鏡은 뒤늦게 나온 것으로 보인다. 오산경과 육산경은 산 사이의 장식 무늬가 더욱 복잡하고, 삼산경의 경우는 짐승 무늬를 배치하였다. 그러나 이런 것들은 사산경의 독보적인 지위를 능가하지는 못한다. (사진 3 참조)

이밖에 능형문경菱形紋鏡과 연호문경連弧紋鏡이 있는데, 산자경에 비해 늦게 나온 것들이다. 마름모꼴 무늬는 대체로 절첩식折疊式으로 초나라에서 유행한 장식 무늬이다. 연호 무늬 중간에는 반달 무늬가 하나 있는데, 7개 내지 8개의 안으로 향한 호弧와 서로 어울려 마치 햇빛이 흩어지는 듯한 모양을 보이는데 역시 초나라에서 흔히 볼 수 있는 장식 무늬이다.

청동기 기풍의 변천 추세

사회의 발전, 사회 기풍의 변화, 주조 기술의 혁신은 청동기의 기풍을 시대에 따라 발전하도록 촉진하였다. 그리하여 줄곧 보수적이던 예기禮器조차도 훨씬 보수적인 승정升鼎을 포함하여, 형태와 장식 무늬가 시종 종래의 것을 그대로 지켜 오지는 않았다.

정鼎을 대표로 하는 청동 예기는 족부足部가 높아지고 저부底部가 편평해지는 추세가 비록 완만하기는 하였지만, 상당히 오래도록 지속되었다. 예를 들어 우정于鼎과 자모구개정子母口蓋鼎은 전국 초기로 들어서면서 둥근 밑바닥이 평탄하게 바뀌기 시작하였고, 자모구개정과 소구정小口鼎은 전국 중기로 들어서면서 짧던 발이 길게 변화하기 시작하였다. 월식정 역시 영도 부근의 전국 중기 후엽의 초나라 고분에서 발견되었는데, 높은 발과 평탄한 바닥이 초식정의 변천 추세와 꼭 맞아떨어져 초인이 받아들이

기 수월했을 것으로 추측된다.

장대관 1호 고분은 전국 중기의 것으로, 거기에서 나온 호壺는 발이 높아 종래의 형태를 벗어난 것이다. 같은 고분에서 나온 곡류횡량화曲流橫梁盉는 발이 가늘고 길며, 바닥이 거의 평평하다. 또 손잡이 역시 가늘고 길며, 뚜껑은 완전히 평평하여 초나라 양식을 유감 없이 잘 보여 준다.

장식 무늬의 경우, 명기明器[26]이든 아니든 대다수 예기는 모두 복잡한 것에서 간단하게 바뀌어 맨바탕을 이루는 데 이르렀다. 이와 동시에 정반대의 추세가 있었다. 그것은 이전에 없던 몇몇 정교하고 아름다운 낱개의 일상용 동기가 출현한 것이다. 이런 추세는 초인의 신계神界에 대한 경건한 마음이 약해지고, 인간 세상에 대한 감정이 깊어졌음을 의미한다. 이들 낱개의 일상 동기의 정교하고 아름다운 정도는 솜씨가 뛰어난 유명 장인이 심혈을 기울여 만든 작품임을 확신하기에 충분하다.

초문화 전성기의 중엽에서 후엽까지는 형태가 정교하고 무늬가 화려한 동호銅壺가 나타났다. 우대산 4백80호 고분에서 나온 동호의 경우는 가늘고 긴 모가지, 넓고 둥근 배, 높고 둥근 다리, 고리가 달린 머리, 쇠사슬처럼 꼬인 모양의 고리, 뱀 모양의 손잡이가 있고, 삼각 구름 무늬·변형 구름 무늬·비늘 무늬·밧줄 무늬·S자형 무늬·반리 무늬[27] 등이 장식되어 있다. (사진 4 참조) 이 고분은 1관 1곽으로 묘주는 하층의 귀족이다. 마산 1호 고분에서도 이와 같은 유형의 동호 1점이 출토되었는데, 형태와 크기는 앞서 기술한 것과 같으나 무늬가 조금 다르며, 묘주는 역시 하층의 귀족이다.

전국 중기의 뇌고돈 13호 고분에서 나온 동돈銅敦 1점은 전체가 타원형의 공 모양으로 기물의 덮개가 몸통과 같은데, 각각 투조한 짐승 모습의 발 세 개가 있고, 아가리 부분 양쪽에 각각 대칭의 고리로 된 귀가 달려 있다. 이 동돈의 최대 특색은 덮개와 몸통에 모두 6단의 장식 무늬가 있다는 것이다. 삼각 무늬·구름떼 무늬·소용돌이 무늬가 서로 엇갈려 있는데, 그 복잡하고 풍부한 아름다움은 눈이 부시다.

전국 중기의 강릉 망산 2호 고분에서 나온 동존銅尊 1점은 볼록한 덮개, 곧은 배, 평탄한 바닥, 짧은 발을 지니고 있다. 덮개 주위에 4개의 새 모양의 손잡이가 있고 배 옆으로 2개의 고리가 달려 있으며, 발은 짐승의 얼굴이 새겨진 발굽 모양이다. 덮개와 배는 은으로 상감한 꽃 모양의 무늬로 채워져 있고, 덮개 마루에는 구름 무늬가 마치 실처럼 세세하게 늘어져 있다. 덮개의 마루와 가장자리 사이에는 변형 용 무늬와 변형 봉 무늬가 있으며, 4개의 새 모양 손잡이를 경계로 네 부분으로 나누어진다. 매부분마다 여섯 마리의 용과 여섯 마리의 봉이 있고 용 무늬와 봉 무늬 사이에 구름 무늬를 넣었는데, 용은 헤엄치고 봉은 날아오르고 구름은 흘러가는 듯하여 부드러우면서도 나부끼는 듯한 아름다움이 있다. 배부분의 무늬는 여섯 부분으로 나누어지고, 각 부분마다 여섯 마리의 용이 서로 어울리고 있다. 이 동존은 높이가 17.1센티미터에 불과하고 지름이 24.4센티미터에 지나지 않으나, 은으로 상감한 64마리의 용과 24마리의 봉은 대단히 아름답다.[28] (사진 5 참조)

봉 무늬의 유행은 초문화 전성기의 장식 예술의 두드러진 특징 가운데 하나이다. 새 무늬와 봉 무늬는 같은 부류로, 이는 초인의 신앙과 관계가 있다. 동기에 나타난 봉 무늬는 차츰 간략해지는 추세를 보이는 것 같지만 이것이 결코 봉 무늬의 쇠퇴를 의미하는 것은 아니다. 이는 초인의 봉 무늬에 대한 흥미가 차츰 마음먹은 대로 더 잘 표현할 수 있는 사직과 자수 쪽으로 옮겨 갔기 때문이다.

금속 조각 기법에 있어서 당시의 추세는 투조를 한결 많이 운용하게 되었다. 초인은 선각線刻에는 서툴렀지만 투조에는 뛰어났다. 초나라 동기에는 선각을 한 예는 드물 뿐 아니라 중원의 동류 작품에 비해 수준도 뒤떨어진다. 그러나 초인의 투조 작품은 새로움을 추구하여 중원의 동류 작품보다 수준이 높다. 허와 실을 결합하는 투조의 기법은 경쾌하고 활발한 예술적 효과를 지닌다.

전국 중기에 속하는 망산 1호 고분에서는 투조된 배상기杯狀器 1점이 출토되었다. 이런 배상기는 만약 세 개의 짧은 발이 달려 있다면 렴盦이라고 할 수 있다. 역시 전국 중기에 해당되는 장대관 1호 고분에서는 투조된 렴 2점이 출토되었는데, 정교하고 숙련된 칼놀림과 전아한 도안이 투조된 배상기에 비해 훨씬 뛰어나다. (사진 6 참조) 배상기가 정품精品이라고 한다면, 렴은 신품神品이라고 해도 손색이 없다. 이미 고인이 된 곽보균郭寶鈞 선생은 장대관 1호 고분에서 나온 투조된 렴에 대하여 "지극한 공을 들였으며 상당히 독창적인 예술품이다"고 평가하였다.[29] 선생은 너무 일찍 세상을 떠났다. 만약 생전에 뇌고돈 1호 고분에서 나온 동존을 보았더라면 대단히 기뻐했을 것이다.

밀랍법이나 누연법을 투조법과 서로 보완하여 사용한 것은 초나라 장인의 절묘한 기술이다. 만약 동존을 평가하여 등급을 매겨야 한다면, 이는 유일무이한 걸작이라고 할 수밖에 없다.

초나라 동기의 전반적 기풍은 섬세하고 아름답다. 그러나 초인은 평범하면서도 기교가 잘 나타나는 동기도 좋아했다. 망산 2호 고분에서 발굴된 인타동등대人駝銅燈臺를 예로 들어 보자. 낙타를 탄 사람이 등잔의 긴 자루를 들고 있고, 등잔은 등잔 받침대보다 크다. 낙타와 사람 모두가 생동감이 넘치는데, 낙타는 우직한 듯하고 사람은 즐거운 듯하다. 조형은 자연스럽고 수법은 간결하지만 형상은 살아 움직이는 듯하다. 거침과 정교함, 소박함과 화려함, 평범함과 공교함의 서로 다른 기풍이 어우러져 어느 하나라도 빠져서는 안 될 것 같은 느낌을 준다. 이는 관현악의 빠르고 복잡한 연주중에도 간간이 휴지가 있는 것과 같은 이치이다.

철기의 발전과 보급

현재 알려진 최초의 철기는 초나라 지역에서 출토된 것은 아니지만, 춘추 후기부터 전국 후기까지 초나라 지역에서 출토된 철기가 가장 많다.

선진 시대의 철기에 대해 다년간 연구하여 초나라 철기에 정통한 황전악黃展岳은 이제까지 초나라 지역에서 출토된 철기를 종합적으로 연구하여 전문 저작을 남겼다.[30] 그의 통계에 따르면 1951년에서 1979년까지 발견된 초나라의 철기는 모두 58군 1백68점(秦人들이 도굴시 사용한 소량의 철제 공구 포함)이다.

기물의 연대에 따라 구분하면 춘추 후기가 8점, 전국 초기가 19점, 전국 중기가 69점, 전국 후기가 52점이고, 대략 전국 시대로 간주할 수밖에 없는 것이 20점이다. 수치상으로 연대가 늦어질수록 철기가 많아짐을 알 수 있다.

기물이 발굴된 지점에 따라 구분하면 호북성이 82점으로 그 중 강릉이 가장 많고, 호남성이 78점으로 장사가 다수를 차지한다. 또 하남성 석천淅川과 신양信陽이 6점이고, 강소성 육합이 2점이다.

기물의 종류에 따라 구분하면 생산용 도구(삭도·괄도·송곳〔錐〕 포함) 1백31점, 병기 15점, 용기容器 10점, 장식물(帶鉤) 6점, 기타 6점이다.

현존 자료에 따르면 전국 후기에 사용된 철기의 품종은 전국 중기 이전에 모두 나왔으며, 전국 후기의 연철·주철·단철 기술 역시 전국 중기 이전에 이미 있었다고 일단 추론할 수 있다.

1964년 육합六合 정교程橋 1호 고분에서 철환鐵丸 1점이 발굴되었는데, 금속 성분을 검사한 결과 백주생철로 판명되었다. 또 1972년 정교 2호 고분에서 나온 철조鐵條 1점은 단조한 연철괴로 밝혀졌다. 1976년 장사 양가산楊家山 65호 고분에서 검·괄도·정형鼎形의 기물 1점씩이 출토되었다. 검은 탄소 함유량이 약 0.5퍼센트인 중탄소강으로 고온 설담금질을 한 것으로 추정되고, 정형기는 백주생철로 만든 것임이 검사 결과 판명되었다. 이 3기의 고분은 모두 춘추 후기의 것이다. 정교 1·2호 고분은 초나라 기풍을 지닌 오나라 고분이고, 양가산 65호 고분은 초나라 고분이다. 이밖에 발굴 연대의 선후에 따르면 1951년부터 1978년까지 장사 지자령識字嶺 314호 고분에서 철제 요구서凹口鋤 1점, 장사 용동파龍洞坡 826호 고분에서 철제 괄도 1점, 상덕常德 덕산德山 12호 고분에서 철제 괄도 1점, 석천 하사 10호 고분에서 철제 검 1점이 각각 출토되었다. 이 4기의 고분 역시 춘추 후기의 고분이다. 또 장사 사모충絲茅沖 1호 고분에서 철제 요구서 1점, 장사 요령窯嶺 15호 고분에서 무게 3.25킬로그램의 철제 정鼎 1점이 각각 나왔다. 이 2기의 고분은 춘추 시대와 전국 시대의 교체기에 해당된다. 현재 알려진 바로는 이보다 더 일찍 나온 철기는 감숙성 영대靈臺 경가장景家莊 1호 고분에서 1977년에 출토된 동병철검銅柄鐵劍 1점뿐으로, 이는 춘추 초기의 것이다. 그러나 검신의 부식 정도가 너무 심해 인공적으로 제련하여 만든 철기인지는 알 수 없다.

앞서 기술하였듯이 춘추 시대에 초나라와 오나라는 모두 연철괴와 백주생철을 보유하게 되었고, 초나라는 탄화강까지 보유하게 되었다. 대략 춘추 시대와 전국 시대의 교체기에 초나라는 가단철을 보유하게 됨으로써 철기를 보급할 기술적 토대를 마련하게 되었다. 현재 발견된 고고 자료 가운데 선진 시대의 다른 어떤 나라가 초나라보다 먼저 이런 기술적 기초를 보유했음을 증명할 근거는 없다.

이를 통하여 철기 제조업이 가장 먼저 발달한 곳은 초나라임을 추측할 수 있다. 초문화 성장기의 동기 제조업이 여러 나라 가운데 가장 빨랐던 것과 연관시켜 볼 때, 이런 추측이 결코 근거 없는 것은 아니다. 황전악黃展岳과 화각명華覺明은 초나라에는 춘추 후기 이전에 이미 제련업이 있었을 것이라고 보았다.[31]

초문화 전성기의 철기는 대개 생산 도구이다. 만약 철을 사용하여 예기를 만든다면 겉모양이 청동 예기처럼 화려하지는 못하다. 또 악기를 만든다면 악기만 남고 음악은 사라지는 결과가 될 것이다. 철로 병기를 만드는 것은 물론 좋지만 경험을 쌓고 습관을 바꾸기에는 상당한 과도기가 필요하다. 그러나 생산 도구의 경우는 기물의 형태와 제작 방법이 간단하여 철로 제작하기가 비교적 쉽다.

이 시기 초나라의 철제 공구는 크게 두 가지가 있는데, 하나는 농기구이고 다른 하나는 연장류이다.

농기구는 요자형凹字形 호미가 다수를 차지하고, 요자형 삽이 그 다음을 차지한다. 요자형으로 만들면 원료를 절감할 수 있다. 호미는 6각형의 것도 있고 삽은 가로로 긴 방형과 세로로 긴 방형의 것이 있다. 이밖에 요자형의 가래, 국자 모양의 써레, 호미 모양의 써레와 낫이 있다. 보습은 발견되지 않아 아직 우경牛耕은 하지 않았음을 알 수 있다.

연장류로는 도끼·자귀·끌·망치·송곳·삭도·괄도 등이 있다. 이 가운데 삭도와 괄도는 생산 활동과 일상 생활에 모두 사용된 연장으로 보인다.

철제 공구는 대개 부장품으로는 사용되지 않았다. 대부분 묘갱의 흙더미 속에서 발견되며, 어떤 것은 폐광된 수갱의 흙더미 속에서 발견된다. 이는 당시 철제 공구가 상당히 유행하여 흔한 물건이었음을 의미한다.

철제 병기는 춘추 후기에 처음 나타났다. 그러나 전국 초기에는 아직도 드물었고, 전국 후기에 이르러서야 비로소 늘어나기 시작했다. 현재 발견된 유물 가운데 볼 수 있는 철제 병기는 검劍을 비롯하여 과戈·모矛·비수匕首·족鏃뿐이다. 애초에 실재한 것은 더 많았을 것이지만 청동 병기가 여전히 우세를 차지하였고, 병기를 부장하는 풍속은 아직 형성되지 않았기에 출토되는 수량이 청동 병기에 훨씬 못미치는 것이다.

여러 가지 철제 병기 가운데 가장 중요한 것은 보병이 사용한 검이고, 그 다음은 보병과 거병이 사용한 과와 모이다. 보병이 거병을 대신하여 주력이 된 것은 대략 전국 중기 후엽부터로, 이로부터 모가 많아지기 시작하였고 과는 점차 도태되었다. 철족鐵鏃은 드물게 발견되는데 후세에 이르러도 마찬가지이다.

《순자·의병議兵》에 "완 땅에서 나는 큰 쇠창은 날카롭기가 마치 벌침 같으며 宛鉅鐵鉈, 慘如蜂蠆"라는 구절이 있다. '완宛'은 지금의 하남성 남양지구南陽地區이다. 원문의 '거鉅'는 큰 창이다. 이 창은 아마도 탄화강으로 단조한 것으로 유난히 날카롭기 때문에 순자荀子가 벌침 같다고 한 듯하다. 전국 시대에는 탄화강으로 극戟을 만들었음이 확실하다. 연하도燕下都 44호 총장묘叢葬墓에서 나온 극 12점이 그 예로, 이는 전국 후기의 것이다.

초인도 철로 대구帶鉤를 만들었다. 장대관 1호 고분에서 나온 5점은 금옥金玉을 상감한 것으로 상당히 정교하고 아름답다. 망산 1호 고분에서 나온 1점은 길이가 46.2센티미터이고 넓이가 6.5센티미터이며 두께가 0.5센티미터이다. 정면에는 금실과 금조각으로 봉 무늬를 상감해 넣었고, 뒷면에는 금을 상감한 동제 손잡이 2개가 있다. 구鉤는 용머리 모양으로 역시 금실과 금조각을 상감해 넣었다. 이 대구는 대단히 정교하고 아름다울 뿐 아니라 지금까지 발견된 대구 가운데 가장 큰 것이기도 하다.

초인이 결코 동을 귀하게 여기고 철을 천하게 여긴 것은 아니다. 그렇지 않다면 그들이 이처럼 창조성이 풍부하고 형태가 특이하며, 장식과 무늬가 교묘한 대형 대구를 만들어 거기에 자신들이 가장 숭배하고 아끼는 봉 무늬를 장식하지는 않았을 것이다. 그들은 철이 가져 온 혁명적 변화를 보고 철기의 종류를 늘려 그 응용 범위를 확대하고자 노력하였고, 마침내 엉뚱하게도 철로 장식물을 만들게 된 것이다.

2. 사직과 자수

'비량지흔卑梁之釁', 즉 사소한 일로 큰 문제를 일으킨다는 말이 있다. 이는 초나라의 변방 고을인 종리鍾離(지금의 안휘성 鳳陽縣 동북쪽)와 오나라의 변방 고을인 비량卑梁(지금의 안휘성 天長縣 서북쪽)이 서로 밭두둑이 맞닿아 양쪽 "어린아이들이 뽕잎을 다투다가 小童爭桑" "서로 분노하여 상대를 공격한 交怒相攻" 나머지 초나라가 비량을 잿더미로 만들고 오나라가 종리를 쑥밭으로 만드는 격렬한 충돌이 생긴 데서 유래된 말이다.[32] 이처럼 하찮은 일을 요란스레 처리한 것은 실로 두 나라의 해묵은 감정과 관계가 있다. 그러나 이는 초인과 오인吳人이 모두 양잠하여 고치를 켜 비단 짜는 일을 매우 중시하였음을 보여 주는 것이기도 하다.

오인과 월인은 아주 일찍부터 고치를 켜 비단을 짤 줄 알았다. 절강성 호주湖州 전산양錢山漾의 신석기 시대 유적지에서 탄화된 사직품 조각이 출토되었는데, 이는 오·월의 선조들이 남긴 유물로 보인다. 또 호남성 형동衡東 하류시霞流市의 춘추 시대 유적지에서는 상잠문동존桑蠶紋銅尊 1점이 발견되었는데, 이는 양월揚越의 유물인 듯하다. 고치를 켜고 비단을 짜는 데 있어서 초나라는 오·월에 비해 늦게 출발하여 추월하게 되었다.

《관자管子·소광小匡》에 초나라가 "주나라 왕실에 사를 진공하였다 貢絲於周室"고 하였다. 이는 초나라에서 많은 사絲가 생산되었고, 품질 또한 우수했음을 의미한다. 호북성 강릉 마산 1호 고분에서 나온 사직품은 상해 방직과학연구원 이화분석실의 분석 결과 현미경으로 본 종면縱面의 형태, X-선 투시로 본 제2 극대치의 2θ 수치, 열 흡수 극대치, 아미노산 함량 등 여러 가지 특성이 모두 오늘날 호북성에서 생산되는 상잠사桑蠶絲와 같거나 비슷하고 작잠사柞蠶絲와는 다르다는 결과가 나왔다. 따라서 이들 사직품은 초나라 자신이 생산한 상잠사로 짠 것임을 알 수 있다.

전국 초기와 중기에 초나라는 강남江南과 강동江東의 땅을 차지하여 양잠의 규모와 방직·방적의 수준이 여러 나라 가운데 으뜸이 되었다.

선진 시대의 사직품과 자수품은 이제까지 발견된 실물 대부분이 초나라의 것이다. 그러나 1981년말까지 이들 실물은 모두 조각이었고, 수량도 많지 않았으며 종류도 다양하지 못했다. 때문에 보는 이들에게 설레임과 안타까움이 엇갈리게 만들었다.

1982년초 형주 박물관의 발굴대원이 마산 벽돌공장의 취토장을 돌아보던 중, 이미 드러난 고대의 무덤을 발견하고 즉시 발굴에 착수하였다. 그것은 전국 중기의 소형 초나라 고분이었다. 당시 형주 지방에서는 이미 동시기의 비슷한 초나라 고분이 수천 개나 발견되었기 때문에 발굴대원들은 큰 기대는 하지 않았다. 곽실을 덮은 6개의 덮개를 들추자 평범한 방형관方形棺 하나가 나타났다. 한 젊은 발굴대원이 관의 덮개를 비틀어 덮개와 벽판 사이를 벌리고 몸을 굽혀 들여다보는 순간 뜻밖의 기쁨에 감전이라도 된 듯한 느낌이었다. 그의 눈앞에 놓인 것은 반리비룡蟠螭飛龍 무늬가 수놓인 황색의 곱고 아름다운 견면絹面 이불과 말끔하고 우아한 소사면포素紗綿袍였다. 길이 2미터, 넓이 67센티미터, 높이 61센티미터인 이 목관은 견직물의 보고임이 밝혀졌다.

이 고분의 편호編號는 마산馬山 1호 고분이다. 묘주는 여성으로, 유해는 수의와 이불 보따리로 단단히 싸여져 있고, 수의와 이불 보따리 위에는 앞서 말한 이불과 면포가 덮여 있었다. 수의와 이불 보따리는 관 내부의 공간을 가득 메우고 있었다. 관 입구에서 머리끝은 5센티미터, 복부는 13센티미터, 발끝은 1센티미터 각각 떨어져 있었다. 수의와 이불 보따리는 13겹으로 싸여져 있었고, 비단띠로 아홉 번 가로 묶여져 있었다. 뼈대만 남은 시신에는 겉에서부터 금면면포錦面綿袍 1점, 견면면포絹面綿袍 1점, 견면협의絹面夾衣 1점, 견군絹裙 1점, 견면면고絹面綿褲 1점이 차례대로 입혀져 있었고 발에는 제면마혜綈面麻鞋가 신겨져 있었다.

이 고분에서 나온 의류와 옷감·신발 등은 모두 35점이다. 이는 그 가운데 쌍으로 된 것을 1점으로 계산하고, 4개의 대나무 상자에 담겨 있는 4백52점의 비단 조각 역시 1점으로 계산한 것이다. 마혜는 바닥과 윗부분을 제외하고는 모두 사직품이다. 이처럼 종류가 다양하고 정교하며 완전하게 보존된 것은 처음 발견된 것이다.

이 고분의 발견은 사직과 자수의 역사에 있어서 획기적 의미를 지닌다. 아래에서는 사직과 자수로 나누어 소개한다. 자료는 주로 형주 박물관에서 편찬한 《강릉 마산 1호 초묘 江陵馬山一號楚墓》를 참고하였다.[33]

사 직

마산 1호 고분에서 출토된 사직품은 직조 방식과 조직에 따라 견絹·제
綈·사紗·라羅·기綺·금錦·도條·조組의 8가지로 나눌 수 있다.

1) 견

견絹은 올이 가늘고 두께가 얇은 평직물이다. 날실의 밀도는 센티미터당
44-164근이고, 씨실은 20-72근으로 일정치 않다. 베갯잇의 견면絹面은 평
방 센티미터당 164×66근으로 날실과 씨실의 밀도가 대단히 촘촘하여 장
사 마왕퇴馬王堆의 서한 초기 고분에서 나온 견보다 밀도가 높다. 두께 역
시 0.04-0.25밀리미터로 일정치 않은데, 문드러진 경우처럼 특별한 경우에
는 0.41밀리미터에 달한다. 폭은 49.0-50.5센티미터 정도이다. 대다수 견의
날실과 씨실은 꼬이지 않았으나, 일부 견의 씨실은 S자 방향으로 살짝 꼬은
것도 있다.

소사면포 1점은 옷깃과 소매의 가장자리에에 생견을 사용한 것을 제외
하면 나머지는 모두 숙견으로 만들어졌다. 15퍼센트 가량의 견은 두드려서
잔털을 내어 견의 틈새를 줄였다. 일부 견은 압광 처리를 하여 광택이 한결
뛰어나다.

견군 1점은 겉감에 씨실 방향으로 밭두렁 무늬가 나 있는데, 몇몇 같은
종류의 견 조각 역시 이와 마찬가지이다. 견의 색은 진노랑색이 가장 많고,
그밖에 회색·연노랑색·황토색·진고동색·보라색·자주색·진갈색·연
자주색 등이 있다.

출토된 의류는 견으로 만든 것이 가장 많다. 이불 안감으로 쓰인 견은 좀
엉성하고, 겉감과 자수 바탕으로 쓰인 견은 비교적 촘촘하고 면이 고르다.

2) 제

제綈의 짜임새는 견과 마찬가지이나 견에 비해 수수하다. 마혜의 겉감으
로 사용된 것뿐이다. 날실은 두 겹으로 모아 S자 방향으로 꼬았다. 날실과
씨실의 밀도는 평방센티미터당 80×10근으로, 겉모양이 씨실 방향으로 눈

에 띄게 볼록 튀어나왔다. 두께는 0.7-0.8밀리미터이다. 황토색이고 광택이
유난히 아름답다.

3) 사

사紗는 모두 네모난 구멍이 나 있으며 평직물이다. 날실의 밀도는 평방
센티미터당 17-46근으로 고르지 않으며, 씨실 역시 12-30근으로 일정치 않
다. 대부분 진갈색이며 황토색과 흰색도 있다. 어떤 것은 네모난 구멍에 반
투명한 아교 같은 물질을 발라서 구멍이 둥글게 바뀐 것도 있다. 의복에 사
용된 사는 전반적으로 보존 상태가 좋지 않다. 출토된 의복류 가운데 사로
만든 것은 6점에 지나지 않는다. 사로 만든 것 대부분은 일용 잡화들이다.

전국 시대 초나라의 고분인 장사 좌가당左家塘 44호와 자탄고子彈庫 1
호 고분에서는 견사絹紗가 출토되었는데, 보존 상태가 좋은 편이다. 다른
지방에서는 이제껏 선진 시대의 견사가 발견된 적이 없다.[34]

4) 라

라羅는 단 1점뿐으로, 자수 바탕을 만드는 소라素羅를 꼬아 그물 모양으
로 짠 직물이다. 날실은 굵은 편이고 씨실은 상대적으로 가늘며 모두 S자
모양으로 꼬여 있다. 날실과 씨실의 밀도는 평방센티미터당 40×42근이다.
좌우에 두 개의 날실이 번갈아 꼬여 돌아가고, 네 줄의 잇닿은 날실이 그
물 모양의 구멍을 이루며, 직조 하나가 네 개의 씨실 사이로 들어가 반복
되는 짜임새를 지닌다. 그물 모양의 구멍은 마름모꼴에 가까운 듯하지만,
육각형 내지 팔각형과도 비슷하여 달리 무엇이라고 이름하기는 곤란하다.
(그림 9-1 참조)

5) 기

기綺는 이불 겉감의 위쪽 가장자리에 쓰인 1점과 홑옷〔單衣〕의 소매 끝
에 쓰인 1점에서만 보인다. 이 두 가지의 색깔과 짜임새는 서로 같으며, 날
실과 씨실의 밀도는 평방센티미터당 88×19근이다. 기는 짜임새에 변화를
주어 평직의 바탕에 비스듬히 무늬를 놓은 직물로 상대商代에 처음 나타
났다.[35] 기는 일반적으로 흰색이나 마산 1호 고분에서 나온 기는 세 가지

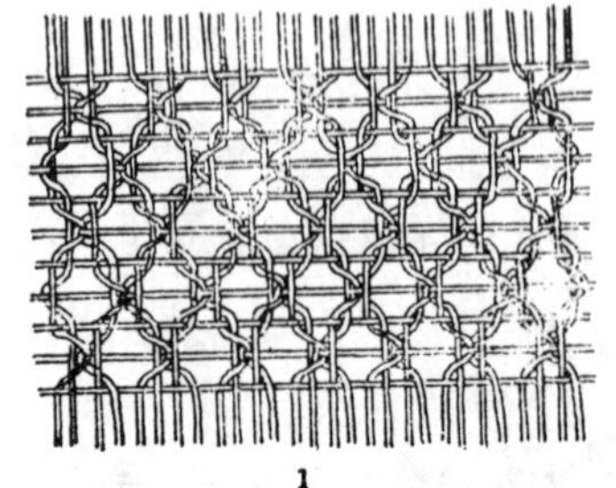
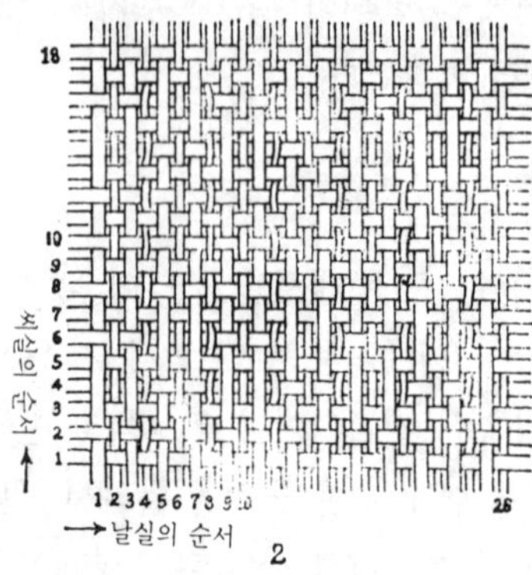
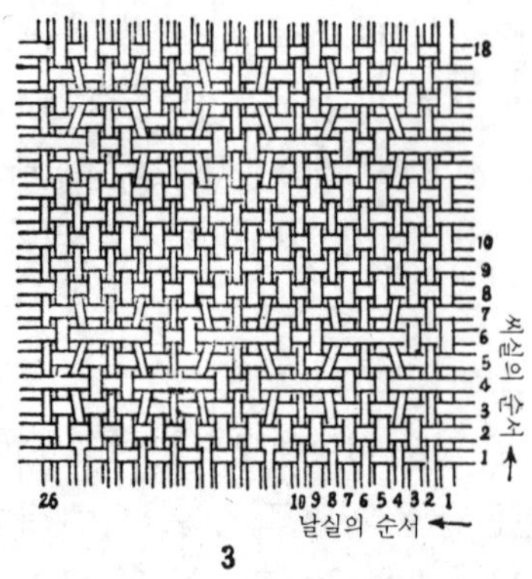

1) 소라   2) 색줄무늬기(앞면)   3) 색줄무늬기(뒷면)

〔그림 9-1·2·3〕 소라와 색줄무늬기

색깔을 나타낸다. 겉모양은 날실 방향으로 진홍색·검정색·황토색의 3색
이 차례대로 엇섞여 좁고 긴 띠 모양을 이루는데, 띠 하나의 넓이는 1.3-1.5
센티미터이다. 색깔과 굵기가 서로 다른 날실은 띠에 따라 나뉘어 배열되고
있다. 검정색 부분은 굵은 날실만이 하나씩 위아래로 교차되는 짜임새를
보인다. 진홍색 부분과 황토색 부분의 날실은 굵은 실과 가는 실이 하나씩
나란히 배열되어 있다. 가는 날실은 하나씩 위아래로 교차되는 짜임새를
보이고, 굵은 날실은 직물의 표면에 긴 부선浮線을 드러낸다. 서로 잇닿은
두 개의 굵은 날실의 교차점은 서로 같고, 부선은 세 칸이 올라오고 한 칸
이 들어가며 나머지 부분은 한 칸씩 들어가고 나오고 한다. 이웃한 두 개의

굵고 긴 날실의 부선은 두 개의 고동색 씨실이 위아래로 엇갈리면서 '品' 자 무늬를 이룬다. 직물 뒤로 나온 씨실 부선 양끝의 가는 날실은 마주 접근 하여 정반대로 이어진 '八' 자 모양을 이룬다. (그림 9-2·3 참조)

6) 금

금錦은 모두 평직 바탕에 날실의 무늬가 드러난 직물이다. 견 다음으로 많이 쓰였으며, 의류의 겉감과 가장자리에 주로 사용되었다.

날실은 배색에 따라 이색금과 삼색금 두 종류로 나뉜다. 이색금과 삼색

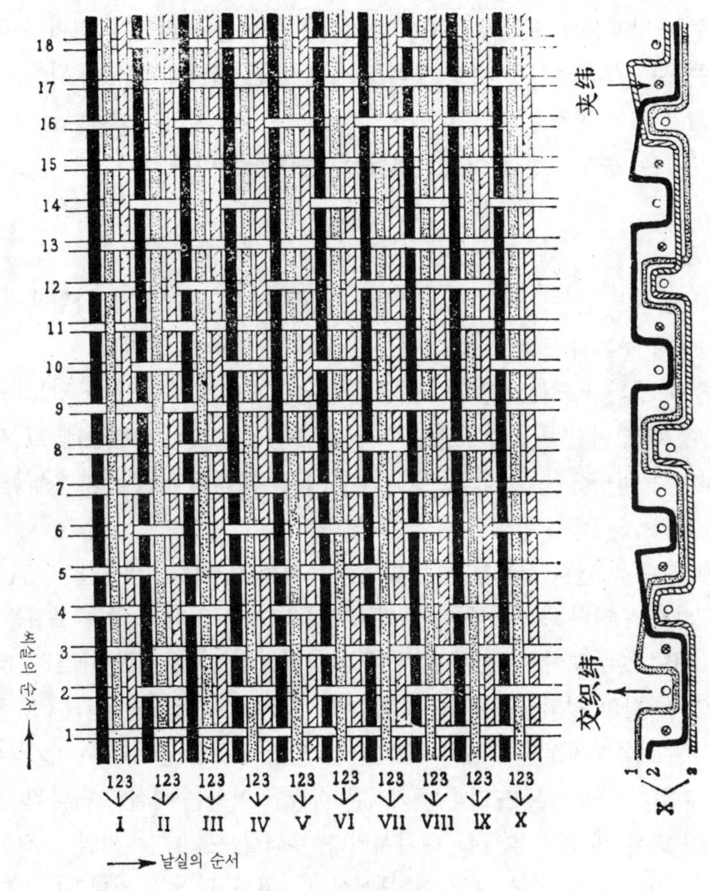

〔그림 10〕 삼색금 조직도

금은 모두 이중으로 짜여졌으며, 날실의 밀도는 센티미터당 84-156근이고, 씨실의 밀도는 센티미터당 24-54근이다. 날실은 약간 굵고, 씨실은 비교적 가늘다. 금의 폭은 45.0-50.5센티미터이다.

이색금을 짤 때는 두 가지 색깔의 날실 각 하나씩을 한 벌로 하여, 구도에 따라 같은 하나의 날실이 장식 무늬를 나타내거나 바탕 무늬를 나타내고, 다른 하나의 날실과 표리를 이루면서 2색의 도안을 만들어 낸다. 만약 약간의 서로 같은 도안을 부분적으로 나누어 배색하는 경우에는 매 구역마다 2색뿐이지만 각 구역은 모두 3색 이상을 나타내게 된다.

삼색금을 짤 때는 색깔이 다른 세 가지 날실을 한 벌로 한다. 그 가운데 하나는 바탕색을 삼고, 다른 두 개의 날실은 무늬를 나타낸다. 그러나 직조 때에는 두 개의 날실을 바탕 무늬로 삼고, 다른 하나로 장식 무늬를 나타낸다. (그림 10 참조)

이색금은 좀 엉성한 편이고, 삼색금은 촘촘한 편이다.

7) 도

도條는 짜서 만든 좁은 띠로 의복을 장식하는 데 사용된다. 짜임새에 따라 씨실에 무늬가 드러난 것과 편직된 것의 두 종류로 나뉜다.

씨실에 무늬가 드러난 것은 모두 7점이 나왔는데, 전부 옷깃을 만드는 데 쓰인 것이다. 이런 종류의 도는 두 가지 색 이상의 씨실이 있는데, 그 가운데 하나는 바탕색이 되고 다른 하나는 무늬를 나타낸다. 무늬를 짜넣는 방법에 따라 A·B 두 형태로 나눌 수 있다.

A형은 북을 던져 실을 끄는 방법으로 무늬를 드러내는 씨실을 짜넣는다. 즉 무늬가 드러나는 부위를 북에 짜넣고 무늬가 드러나지 않는 부위는 직물의 뒷면으로 넣어 맨다. 이런 형태의 도는 1점뿐으로 넓이가 2.3센티미터이고, 바탕의 짜임이 하나는 위로 나오고 하나는 뒤로 들어가는 평직을 이루며, 날실과 씨실의 밀도가 평방센티미터당 48×20근이다. 무늬가 나타나는 부위에서 무늬를 드러내는 씨실은 바탕을 이루는 씨실과 하나씩 나란히 배열되어 씨실의 밀도를 배가시킨다. 무늬를 드러내는 씨실 조직점의 부선은 길이가 1-3으로, 씨실의 부선이 1-3근의 날실을 건너뛴다. (그림 11-1 참조)

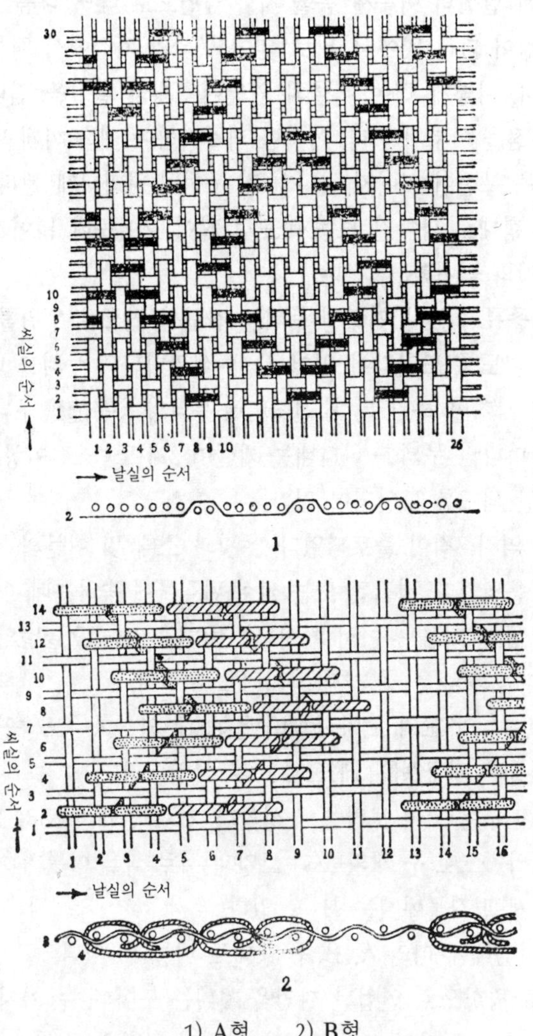

1) A형   2) B형

〔그림 11-1 · 2〕 씨실 무늬도의 조직도

B형은 실을 꿰는 방법으로 무늬를 드러내는 씨실을 짜넣는다. 짜기 전에 무늬가 드러나는 씨실의 머리를 직물의 뒷면에 남겨둔다. 아울러 바탕이 되는 씨실을 한 줄 넣어 무늬를 이루는 씨실 끝에 단단히 누르고, 무늬를 드러내는 씨실을 북에 감는다. 천을 짤 때는 무늬를 나타내는 씨실의 기점에서 씨실 방향으로 왼쪽 또는 오른쪽으로 2개의 날실을 건너뛰어 직

물의 뒷면에서 날실의 이음새 틈을 지나 앞면으로 빼낸 다음, 다시 2개의 날실을 건너뛰어 다시 앞에서 뒤로 넣어 무늬의 기점에서 직물의 뒷면으로 집어넣는다. 이렇게 하여 직물의 앞면에 2개의 날실을 건너뛰는 하나의 무늬 조직점을 이루게 된다. 이처럼 되풀이하여 계속 짜게 되면, 직물의 앞면에는 짧은 부선이 이어져 하나의 긴 부선이 나타나게 된다. (그림 11-2 참조) 이런 형태로 짜여진 도는 비교적 많이 보이는데, 넓이가 5.6-6.8센티미터로 옷깃의 높이와 꼭 같다.

무늬는 세 종류가 있다. 기하형 무늬는 간단한 편으로 부위를 나누어 배색할 필요가 없도록 도안되어 있어서, 매 색깔마다의 무늬를 나타내는 씨실을 북 위에 감기만 하면 된다. 전렵田獵 무늬와 용봉龍鳳 무늬는 꽤 복잡하여 매 색깔마다의 무늬를 나타내는 씨실이 2개 또는 그 이상 북 위에 하나씩 감겨야만 되도록 도안되어 있다.

편직된 것 역시 7점이 출토되었다. 옷깃과 소매 및 이불의 재봉 부위를 만드는 데 사용되었다. 편직된 도는 씨실 편직물에 속하는데, 이는 실을 고리 모양으로 굽힌 다음 꿰어서 이어 짠 것이다. 이는 오늘날의 기계로 짠 편직물과는 다음과 같은 두 가지 차이점을 지닌다.

첫째, 구부린 실의 고리 모양이 폐구형閉口形의 '乄' 모양인 반면, 오늘날 기계 편직물은 개구형開口形으로 'Ω' 모양이다.

둘째, 짝을 이루는 고리 모양을 구성한다. 가로 열에서 고리 모양은 하나하나가 모두 양쪽으로 두 개의 고리 모양과 서로 짝을 이루며 이어진다. 이는 오늘날 기계 편직물에서는 볼 수 없다.

편직도는 짜임새에 따라 A, B 두 형태로 나눌 수 있다.

A형은 가로 방향으로 연접된 짜임을 지니는 도이다. 두 가지 색깔의 실을 둥글게 짜서 가로 열의 고리 모양을 만들면 앞면에 채색의 줄무늬가 나타난다. 두 가닥의 실을 모아서 하나는 Z 방향으로 꼬고 다른 하나는 S 방향으로 꼰다. 보견補絹을 사용한다. 편직할 때는 일반적으로 실을 오른쪽에서 왼쪽으로 움직여 단방향으로 고리 모양을 만든다. (그림 12 참조) 폐구형은 개구형에 비하여 고리 모양이 쉽게 풀어지지 않는다. 가로 방향은 보견 위에 배열된 선단線段 때문에 신축성이 떨어지며, 세로 방향은 고리 모양의 호가 크기 때문에 신축성이 비교적 강하다.

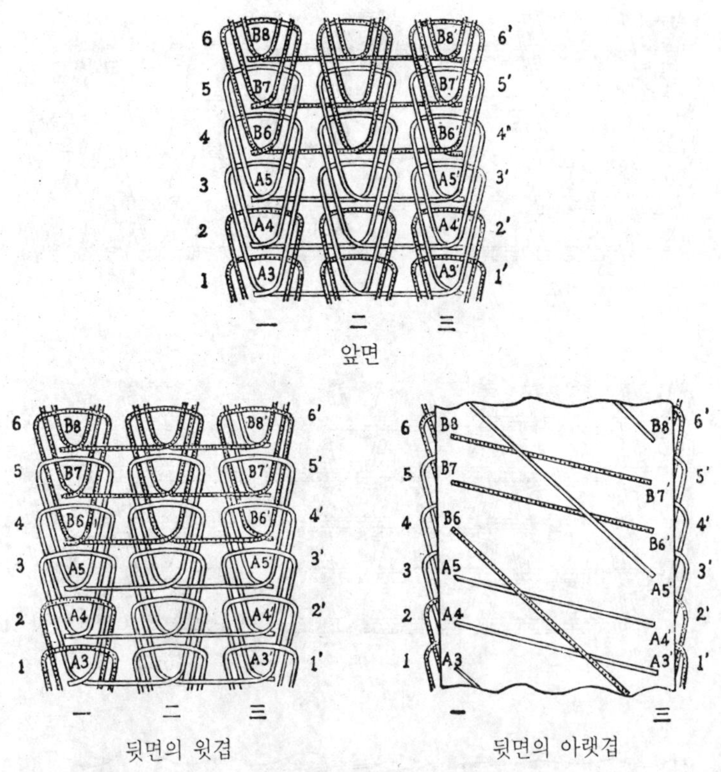

〔그림 12〕 가로 방향 연접 조직도의 선권 구조도

B형은 복합 조직을 지니는 도로, 가로 방향으로 이어진 조직과 단면의 무늬 조직이 어울려 이루어진다. 두 가닥의 실을 모아 꼬아서 만드는데 A형에 사용된 실과 꼭 같으나 꼬은 정도가 좀 강하며, 역시 보견을 사용한다. 단면單面의 무늬를 나타내는 짜임은 고리 모양으로 직물의 앞면에 무늬를 나타내는데 무늬를 나타내는 부위의 가로로 배열된 고리 모양 하나하나는 색깔이 다른 두 개의 실로 짠다. 때문에 보견 위에 배열된 선단은 유난히 촘촘하다. (그림 13 참조) A형과 비교하여 띠가 넓고, 고리 모양이 훨씬 견고하며 무늬가 복잡한 편이다.

마산 1호 고분에서 나온 편직한 도는 최초로 발견된 선진 시대의 편직도로 중국 편직사에 있어서의 지위는 매우 중요하다.

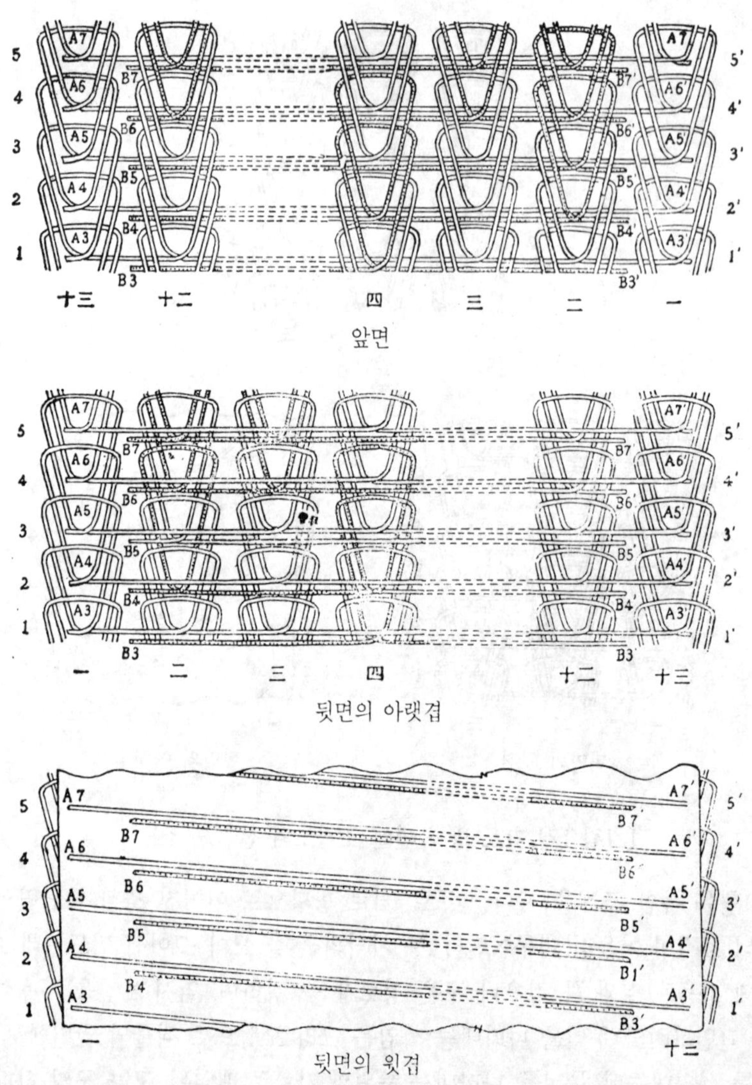

〔그림 13〕 복합 조직도의 선권 조직도

8) 조

조組는 날실만을 교차시켜 짠 띠 모양의 직물로, 띠 또는 의복의 옷깃과 가장자리를 만드는 데 사용된다.

출토된 10점은 모두 이중으로 짜인 것이나 통筒모양으로 나눌 수는 없다. 그 가운데 모자 끈으로 사용된 1쌍은 무늬가 있는데, 자주색과 황토색 두 가지 실로 삼각 무늬·가로띠 무늬·우레 무늬를 짰다.

위에 열거한 8가지의 사직품은 선진 시대 사직품의 종류를 거의 망라한 것이다. 빠진 것도 있지만 일부에 지나지 않는다. 예를 들어 자수품〔緙絲〕은 극사克絲 또는 각사刻絲로도 불리는데, 날실을 앞뒤로 통하고 씨실을 자르는 특수한 기술을 이용하여 그림 면의 저본에 따라 솜씨 좋은 직공이 오랜 공을 들여야 만들 수 있다.[36] 마산 1호 고분에서는 실물이 나오지 않았으나, 장대관 1호 고분과 망산 2호 고분의 죽간 〈견책遺册〉에 모두 '혁緙' 자가 있어서 초나라에 이미 있었음을 알 수 있다. 마산 1호 고분은 크기로 보아 묘주는 사士 계층의 여자로, 재력이 꽤 넉넉했다 하더라도 봉군封君의 권세에 비교될 수는 없었을 것이다. 따라서 봉군이 소유할 수 있던 것을 그녀 역시 가질 수 있었던 것은 아니다. 자수품은 특이한 기교를 지닌 사직품이라고 할 수 있다. 때문에 초나라 임금이 독차지하지는 않았더라도 봉군 같은 상층 귀족이라야만 향유할 수 있었을 것이다. 도굴당하지 않은 초나라 봉군의 고분은 이미 찾아보기 어렵다. 도굴당하지 않은 초나라 임금의 고분은 더욱이 찾아보기 어렵다.

선진 시대의 자수에 대한 수수께끼가 밝혀질 수 있을지는 예측하기 어렵다. 마산 1호 고분은 소형의 무덤에 지나지 않아 커다란 봉토가 없었던 덕에 진秦나라 사람들의 도굴을 피할 수 있었을 것이다. 다만 그것이 소형 무덤이라는 점을 고려한다면, 일부 하층 귀족들도 이토록 아름답기 그지없는 사직품을 소유할 수 있었음을 쉽게 미루어 짐작할 수 있다. 초나라 사직 공예의 최고 수준은 아마도 마산 1호 고분에서 나온 것 이상이었을 것이다.

용龍과 봉鳳 각 한 쌍씩이 자수된 연노랑색의 견면면포 1점은 옅은 회색의 견으로 된 속면에 '㠯'라는 주인朱印이 찍혀 있다. 탑塔 무늬가 있는 금대錦帶에는 '厌'라는 같은 주인이 여러 군데 찍혀 있다. 작은 마름모 무늬가 있는 금면면포의 견으로 된 진노랑색 속면에도 주인이 찍혀 있는데, 인문印文은 알아볼 수 없다. 이는 다음과 같은 사실을 연상케 한다.

장사의 전국 시대 초나라 고분에서 나온 동인銅印에 새겨진 '中織室鉩'이라는 인문에서,[37] '중직실中織室'은 초나라 궁중에서 전문적으로 직조를 맡아 보았던 관원의 서명일 것으로 추측된다. 장사의 다른 초나라 고분에서 나온 무늬가 놓인 금錦의 견絹을 댄 테두리에 '女孖氏'라는 세 글자의 주인이 있는데,[38] '女孖氏'는 견을 짠 여공인 것으로 추측된다. 마산 1호 고분에서 나온 사직품은 아마도 시골 아낙이 밤낮으로 애쓴 결과가 아니라, 관청이나 민간에서 운영하는 직조 공장에서 만든 물건일 것이다.

자 수

마산 1호 고분에서 나온 자수품은 모두 21점으로 의복의 겉면과 가장자리를 만드는 데 사용된 것이다.

자수 바탕은 20점이 견絹이고, 1점은 라羅이다. 침법은 모두 쇄수법鎖繡法을 사용하였다. 수를 놓은 실은 일반적으로 두 줄을 한데 모아 꼰 것으로 투영 너비는 0.1-0.5밀리미터 사이이며, 색깔은 고동색·자주색·진고동색·빨강색·주홍색·주황색·연노랑색·노랑색·황토색·연두색·초록색·파랑색 등 모두 20가지이다. 자수 바탕에 그려진 바탕 그림은 대부분 엷은 검정색이고, 일부는 주홍색이다. 무늬의 주체 부분은 일반적으로 쇄수를 여러 차례 하여 자수 바탕을 완전히 덮어 버리는 방법을 사용하였지만, 어떤 부분은 쇄수를 한 차례 내지 몇 차례만 행하여 엉성한 선을 이룬다.

섬서성 보계시寶鷄市에서 발견된 서주 전기의 단선單線 또는 쌍선雙線만으로 무늬의 윤곽을 묘사한 자수품 조각과 비교하면[39] 눈에 띄게 발전한 것이다. 감침질을 한 길이는 0.7-4밀리미터이고, 넓이는 가장 넓은 곳을 따졌을 경우 0.4-1.5밀리미터이다. 무늬의 크기는 의복의 크기에 비례한다. 옷 가장자리의 것이 비교적 작아 일반적으로 길이가 26센티미터 이하이고, 의복 위의 것은 길이가 보통 50센티미터 이하이며, 이불에 새겨진 것은 훨씬 커서 가장 큰 무늬는 길이가 1.81미터에 달한다.

일부 비교적 큰 무늬는 부위에 따라 바늘놀림이 달라 한 사람이 수를 놓은 것은 아닌 듯하다. 21점의 자수품은 도안의 주제가 서로 유사하지만 무늬는 서로 다르다. 따라서 이들 자수품도 수를 놓지 않은 사직품처럼 계획

적이고 조직적으로 전문 공장에서 생산한 것일 수 있다.

장식 무늬의 기풍

초나라의 조형 예술은 전국 시대로 접어들면서 빠른 속도로 발전하기 시작하여 전국 중기에 이르러서는 다양하고도 높은 수준에 도달하였다.

사직과 자수 기술의 발전, 사직품과 자수품의 증가는 초인의 일상 생활을 아름답게 꾸며 줌으로써 초인은 전에 없던 강렬한 예술적 충동을 일으키게 되었다.

마음먹은 디자인을 실제로 나타내기에는 입체적 기물보다 평면적인 사직품이 한결 용이하다. 때문에 초문화의 전성기에 초인의 예술적 정감은 주로 사직품에서 나타난다. 곱고 아름다운 날실과 씨실, 자수 등에 의지하여 초나라의 방직공과 자수공은 중국 민족의 예술 보고에 적지 않은 진품을 더하게 되었다. 마산 1호 고분에서 나온 자수품에서는 연한 검정색 또는 주홍색의 도안을 어렴풋이나마 알아볼 수 있다. 어떤 무늬들은 도안과는 조금 차이가 있는데, 이는 자수공 자신이 장인 정신을 지니고서 무늬를 더 복잡하고 아름답게 하고자 도안에 약간의 수정을 보탰음을 의미하는데, 원칙을 지키면서도 창의성을 내보인 것이라고 하겠다.

전성기 초문화 조형 예술의 기풍을 이해하려면 먼저 사직품과 자수품에 나타나는 장식 무늬를 연구해야 한다. 사직품과 자수품에 나타나는 장식 무늬는 기하형 무늬·식물 무늬·동물 무늬·인물 무늬의 네 가지로 나눌 수 있다.

기하형 무늬는 실제 추상화 내지 변형화된 자연물의 무늬이다. 일찍 만들어져 오랜 유전을 거치면서 대대로 변화하여 추상 정도와 변형 정도가 점점 심해질 수밖에 없었기 때문에 후대인들은 어떤 기하형 무늬가 어떤 자연물을 나타낸 것인지 정확하게 판단할 수 없게 되었다. 해〔日〕 무늬·불〔火〕 무늬·구름 무늬·우레 무늬 등은 사직품에 있어서는 모두 기하형 무늬와 같은 류가 되었다.

초인이 가장 좋아한 기하형 무늬는 마름모꼴 무늬이다. 마름모꼴 무늬는 동기에서는 드물게 보이고, 도기에서는 많이 나타나는 편이며, 사직품에서는 중심적인 주제 무늬이다. 마름모꼴 무늬는 변화가 다양하여 구부러지기도 하고, 끊어지고 이어지는가 하면 서로 짝을 이루기도 하고 서로 엇갈리기도 한다. 또 술잔 모양을 나타내기도 하고 삼각형 무늬·육각형 무늬·S자형 무늬·Z자형 무늬·十자형 무늬·工자형 무늬·八자형 무늬·원형 무늬·탑 무늬·활〔弓〕 무늬 및 그밖에 형용할 수 없는 기하형 무늬와 서로 어울린다. 비록 미로처럼 복잡하지만 마름모꼴로 통괄되어 초인은 의식적으로 절선折線의 아름다움을 최대한 표현해 내려 한 것으로 보인다. (그림 14 참조)

〔그림 14〕

　금錦과 도條에도 마름모꼴 무늬가 식물 무늬·동물 무늬·인물 무늬와
서로 어울려 있다. 아울러 마름모꼴 무늬로 도안의 단원을 조합하거나 나
누었다. 자수품에 있어서 마름모꼴 무늬는 비록 주제는 아니지만 도안의
가장자리를 만드는 데 사용된 예를 종종 볼 수 있다. 특히 봉鳳의 날개깃
과 꼬리, 그리고 화초를 이용하여 만든 독특한 마름모꼴 무늬는 더욱 교묘
하다.
　한 가지 특수한 기하형 무늬는 칠각형 별 무늬 속에 동심인 두 개의 동
그라미 무늬가 있고, 겉으로 7개의 작은 동그라미 무늬가 둘러 있는 것이
다. 이는 도기의 덮개 부분에 있는 무늬와 비슷한데, 태양과 여러 별을 상
징하는 것으로 보인다. (그림 15 참조)

〔그림 15〕

　식물 무늬는 대체로 화초 무늬를 사용하며 더러 나무 무늬를 사용하기
도 하였다. 금錦에서는 전혀 보이지 않으며, 도條에서 주제용으로 쓰인 화
초 무늬와 보조용으로 쓰인 나무 무늬가 각각 하나씩 있을 뿐이다. 자수품
에는 화초 무늬가 있으나 모두 보조적 용도로 쓰였다. 자수품의 화초 무늬

[그림 16] 봉조화훼 무늬 자수

는 여린 가지와 잎이 아니면 꽃망울을 머금었거나 꽃잎을 틔우는 꽃으로, 이는 다음과 같은 세 가지 기능을 한다.

첫째, 가늘고 긴 꽃줄기로 도안의 단원을 나누거나 이어 준다.

둘째, 봉 무늬 또는 용 무늬와 어울린다.

셋째, 봉이나 용의 몸체를 이루거나 장식 부분을 이룬다.

첫번째와 두번째 기능은 그다지 이상할 것이 없다 해도 세번째 기능은 실로 대담한 창조이다. 화초로 봉이나 용의 몸체 장식을 삼는 것은 그래도 이해할 수 있다. 왜냐하면 초인들은 본래 꽃을 머리에 꽂거나 차는 것을 좋아하였기에, 이를 봉과 용에 접목시켜 봉과 용에게 꽃을 차고 꽂게 한 것이기 때문이다. 초인은 봉을 존숭하고 용을 폄하하였다. 때문에 자수 도안에서 봉은 거의 꽃을 꽂거나 띠고 있는 반면, 용의 경우는 그런 예가 상당히 드물다. 화초로 봉이나 용의 몸체의 일부를 만드는 것은 초나라 회화의 큰 특징이다. 이처럼 같은 식물과 동물을 하나로 결합하고 현실과 환상을 한데 모은 교묘함은 낭만주의가 가슴속에 가득 차 있던 초인만이 할 수 있는 것이다. 화초가 봉의 몸체의 일부가 된 것은 일반적인 예이고, 용의 몸체의 일부를 이룬 경우는 특수한 경우에만 보인다. 그 원인 역시 "봉을 존

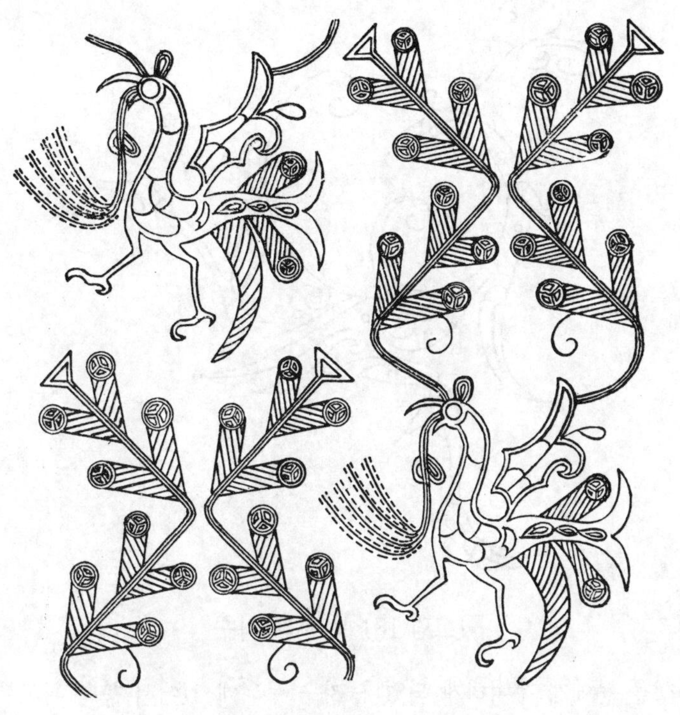

〔그림 17〕 용봉화훼 무늬 자수

숭하고 용을 폄하했던 尊鳳貶龍"데 있다고 하겠다.

　동물 무늬는 현재 나타난 것으로 봉 무늬·용 무늬·호랑이 무늬·말 무늬·사슴 무늬·코뿔소 무늬·기린 무늬·괴수 무늬 등이 있다. 봉 무늬는 유난히 많고 용 무늬는 그 다음으로 많으나, 호랑이 무늬는 그리 많지 않다. 말 무늬와 사슴 무늬는 2점의 전렵문도田獵紋條에 보이고, 코뿔소 무늬는 1점의 전렵문도와 1점의 용봉문도龍鳳紋條에 나타난다. 기린 무늬는 무인동물문금舞人動物紋錦에 보일 뿐이며, 괴수 무늬는 용봉문도에 보일 뿐이다.

　봉 무늬는 서주 시대에서 춘추 시대를 거쳐 전국 시대까지의 어떤 문물에서든 중원에서는 줄어들고 초나라에서는 늘어나는 양상을 보인다.

　봉은 초인의 선조들이 토템으로 삼던 것이다. 전국 시대의 초인은 봉에 대하여 여전히 막연한 인상을 가지고 있었다. 따라서 그들은 일체의 좋다

〔그림 18〕 봉 무늬 자수

는 특성을 봉에게 부여하게 되었다. 자수 무늬에 있어서 봉은 확고부동한 주인공의 자리를 차지한다. (그림 16 · 17 · 18)

용의 원형은 하나는 뱀〔蛇〕이고, 다른 하나는 도마뱀〔鰐〕이다. 이는 모두 초인의 사랑을 받지 못했다. 초인은 뱀은 사악하고, 도마뱀은 흉악하다고 여겼다. 오·월 두 나라는 일찍이 초나라의 강한 적수였다. 공교롭게도 두 나라 모두 용을 토템으로 삼았는데, 이것이 초인으로 하여금 용에 대한 나쁜 감정을 더하게 만들었다. 그러나 화하는 거꾸로 용에 대해 호감을 가졌다. 앞서 화하화된 초인은 화하의 물질 문명에서 장식 무늬로서의 용을 받아들였고, 화하의 정신 문화에서 신물神物로서의 용을 받아들였다. 나중에 월나라가 오나라를 멸망시키고 초나라가 월나라를 멸망시킨 전국 중기에, 오·월 두 나라의 옛 땅이 초나라의 군현으로 편입됨으로써 용은 이제 초인에게 위협을 가하지 못하게 되었다. 이 당시에 천지를 순행하고 강하江河를 관할하던 용의 영험한 성격이 초인의 의식 속에 뿌리박게 되었다. 이에 초인은 용을 사랑하기도 하고 미움을 품게도 되었다. 자수 무늬에 등장하는 용은 장대하고 아름답지만 통상 보조적 내지 부수적 역할을 할

[그림 19] 봉함용미鳳含龍尾 무늬 자수

뿐이다.

현재 발견된 자수 문양 18폭 가운데 봉과 용이 함께 나타난 것이 10폭이고, 봉은 있으나 용은 없는 것이 7폭이며, 용은 있으나 봉이 없는 것이 1폭이다. 봉과 용이 모두 나타난 자수 문양 10폭 가운데 봉과 용이 서로 싸우는 것이 8폭이고, 봉과 용이 서로 편안하게 있는 것이 2폭이다. 봉과 용이 싸우는 자수 문양 8폭 가운데 봉이 밀어붙이고 용이 뒷걸음치고, 봉이 이기고 용이 패배하는 것이 5폭이고, 세력이 대등한 것이 3폭이다.

오늘날 사람들은 흔히 '용호상박龍虎相搏'이라고 말하지만, 사실 선진 시대의 예술 작품 속에서 용과 호랑이가 싸우는 경우는 없었다. 그러나 초인의 예술 작품에서 봉과 용이 싸우는 것은 흔한 소재였다. (그림 19 참조)

호랑이는 초인의 마음속에 있어서 그 지위가 용보다도 훨씬 낮았다. 따라서 초인은 봉을 존숭하고 용을 폄하하였으며, 호랑이를 천시했다고 할수 있다. 초나라 서남쪽에 위치했던 파인巴人은 호랑이를 토템으로 삼았는데, 초인과는 때로는 서로 으르렁거리고 때로는 가깝게 지냈다. 이 때문에 초인은 호랑이를 천시하는 마음이 가중되었다. 문학 작품 속에서 호랑이를 언급한 경우, 초인에게는 나쁜 이야기만 있을 뿐 좋은 이야기는 없다. 예술 작품 속에서 초인은 비록 호랑이에게 자리 하나를 내어 주었지만 언제나 그 호랑이를 압박받거나 얻어맞도록 하였다. 핍박 받는 호랑이는 목조품에 나타나고 얻어맞는 호랑이는 자수품에 보인다.

수놓은 나단의羅襌衣 1점에서는 봉 한 마리가 용 두 마리, 호랑이 한 마리와 더불어 싸우는 자수 무늬를 볼 수 있다. 자수면 전체를 주재하는 것은 벼슬이 장대하고 화려한 봉이다. 봉은 한쪽 다리를 뒤로 내딛고 뛰어오를 듯한 모습을 짓는다. 다른 한쪽 발은 앞으로 뻗어 다리 아래에 있는 용의 모가지를 낚아채려고 한다. 용은 달아나며 머리를 옆으로 하고 고통스런 표정을 짓는다. 봉은 날개깃을 펴서 위에 있는 다른 용의 허리를 때리는데, 이 용은 달아나면서 머리를 쳐들고 모가지를 비틀고 입을 벌린 채 울부짖는 표정을 짓는다. 봉의 다른 한쪽 날개깃은 앞쪽에 있는 호랑이의 허리를 내리치는데, 이 호랑이 역시 모가지를 쳐들어 입을 벌린 채 울부짖는 모습을 짓는다. 이는 한 폭의 절묘한 '봉룡호회전도鳳龍虎會戰圖'로 조형 예술사에 있어서 용과 호랑이를 굴복시킨 영예를 최초로 봉에게 부여하였다.

이 자수 작품의 전체적 구성은 4개의 무늬가 정반도순正反倒順으로 서로 어울려 '田'자 모양으로 배치되어 있다. 봉의 날개깃과 꼬리를 이용하여 하나의 마름모꼴을 구성하고, 4개의 단원을 조합하여 한 폭의 완전한 문양을 만들었다. 봉의 높은 벼슬과 호랑이의 긴 꼬리를 서로 교차시켜 세로 방향으로 배열된 문양의 단원이 서로 이어지도록 하였다. 전체 화면은 거의 춤을 추고 있는 S자 모양과 Z자 모양의 굵고 가는 곡선으로 가득 채워져 있고, 빈 구석마다에는 S자 모양과 Z자 모양에서 뻗어 나온 호형弧形의 부식으로 메워져 있다. 이들 부식은 모두 봉·용·호의 지체肢體로 군더더기가 전혀 없어 디자인의 교묘함에 감탄을 자아내게 한다. (사진 7·그림 20 참조)

〔그림 20〕 봉투용호 무늬 자수

[그림 21] 삼두봉三頭鳳 무늬 자수

봉의 형태는 다양하고 다채로워 봉이 있는 17폭의 자수 문양이 모두 제 각각이다. 가장 특이하고도 화려한 봉은 수건면포에서 볼 수 있다. 봉은 머리가 올빼미 같고 배는 둥그스름하며 반듯한 얼굴과 구부정한 다리에 양 날개가 가지런히 들려 있는데, 양쪽 날개 끝은 안으로 구부러진 것이 마치 봉의 머리 같다. 그 형태가 괴이하다 못해 신비한 지경이어서 어떤 이는 이를 '삼두봉三頭鳳'이라 하고, 어떤 이는 부엉새라고 하며, 뭐라고 이름하지 못하고 그저 '괴조怪鳥'라고 부르는 사람도 있다. 기실 이는 아무튼 봉이며, 토템의 흔적이 더욱 선명한 봉일 것이다. 그것이 왜 올빼미처럼 눈을 부릅뜨고 배가 둥그스름하고 탱탱한지는 봉을 토템으로 삼지 않는 오늘날 사람들이 이해하기는 어렵다. (그림 21 참조)

인물 무늬는 3폭이 발견되었다. 하나는 무인동물문금舞人動物紋錦에 보이는 한 쌍의 무인舞人으로 높은 관에 갓끈을 늘어뜨리고 장포長袍에 발을 드러내고 긴 소매를 높이 치켜올린 채 노래하며 춤추는 모습이다. 또 하나는 전렵문도田獵紋絛에 나타나는 4명의 사냥꾼으로 한 사람은 말을 부려 수레를 몰고, 또 한 사람은 활시위를 당겨 사슴을 겨누고, 나머지 두 사람은 큰 짐승과 힘겨운 싸움을 벌이고 있다. 다른 하나는 또 다른 전렵문도에 나타나는 말 모는 사람으로 등에 활과 전통을 메고 팔꿈치를 굽혀 고삐를 부여잡고 말을 달리는 모습이다. 이런 인물 무늬는 모두 도안화된 것들로 수법이 세련되고 정취가 흘러넘친다. 이들은 비록 간단하기는 하지만 문양 설계에 있어서 참신한 길을 개척한 것으로 악무樂舞와 수렵 등 사람들이 즐겼던 생활상을 조형 예술의 영역 안으로 끌어들인 것이다.

3. 목조, 죽편, 칠회 및 요기의 생산

초나라의 목기木器는 정교하게 제작된 것으로 예외 없이 옻칠을 하였을 뿐 아니라 채색 그림을 더하였다. 죽기竹器 역시 정교하게 만들어진 것은 모두 옻칠이 되어 있다. 따라서 이는 각각 칠목기漆木器와 칠죽기漆竹器라고 부를 수 있다. 이것이 바로 본절에서 목조木雕와 죽편竹編을 칠회漆繪와 함께 소개하는 이유이다. 그러나 칠기의 바탕이 대나무와 나무를 사용한 것이 다수를 차지하지만 다른 재료도 있다는 점을 유념해야 한다.

목기는 반드시 조각해야만 하는 것은 아니며, 죽기 역시 반드시 편직해야 하는 것은 아니다. 여기에서 목조와 죽편을 소개하는 의도는 특수한 것들을 설명함으로써 보편적인 것들을 보다 명확히 하고자 함이다. 조각하지 않은 목기와 편직하지 않은 죽기에 대해서도 필요에 따라 적절히 소개하도록 하겠다.

목 기

남쪽 지방에는 좋은 재목이 많아서 초인은 그들의 목재 자원을 충분히 이용하였다. 노나라는 일찍이 초나라가 목공 기술을 제고하는 데 중요한 기여를 한 적이 있었다. 춘추 시대에 노나라는 목공 1백 명을 초나라에 보냈다. 물론 기술이 정교하고 뛰어난 사람들이었다. 전국 시대에는 노나라의 명장名匠 공수반公輸班이 초나라로 가서 초나라 목공의 기술을 한층 발전시켰다. 장자莊子는 다음과 같은 이야기를 한 적이 있다.

초나라 영도에 사는 사람이 자기 코끝에다 흰 흙을 파리 날개처럼 얇게 발라 놓고 석 아무개라는 목공을 불러 그 흙을 닦아내게 하였다. 목공이 도끼를 휘두르자 바람이 획획 일었지만 그 사람은 그 소리를 들으면서도 꼼짝도 않은 채 서서 닦아내도록 하였다. 마침내 흙은 깨끗이 닦아졌지만 코는 전혀 다치지 않았으며, 그 사람은 선 채로 조금도 얼굴을 일그러뜨리지 않았다.

郢人堊漫其鼻端, 若蠅翼, 使匠石斲之. 匠石運斤成風, 聽而斲之, 盡堊而鼻不傷, 郢人立不失容.[40]

석씨石氏 성을 가진 이 목공은 신기를 지녔다고 하겠다. 이 이야기는 꾸며낸 것이겠지만, 장자가 영도의 목공을 들먹인 것은 영도의 목공이 세상에서 재주가 뛰어나기로 소문났기 때문일 것이다.

목기는 초인의 생활 각 방면에 두루 응용되었다. 가구를 비롯하여 배와 수레 등 교통 수단과 장구葬具는 모두 목제였으며, 농기구 · 공구 · 병기 ·

악기·용기·장신구·노리개 등도 목제가 상당히 많았다. 건축물 역시 목공과 관계를 지니지 않을 수 없다. 여기에서 소개하려는 것은 수준이 뛰어나거나 특색이 선명한 기물류 또는 개별 기물이다. 먼저 쪼개고 깎아서 만든 목기를 설명한 다음 조각하여 만든 목기에 대하여 언급하겠다.

이 시기에는 배와 수레의 제작 기술이 이전보다 발전되었다. 악군鄂君 계啓의 주절舟節과 거절車節은 그가 한패의 상선대商船隊와 한패의 상거대商車隊만을 거느렸던 것이 아님을 보여 준다. 이들 배와 수레는 모두 장거리 운행이 가능하여 그 견고함을 알 수 있다.

배는 실물이 발견되지 않아 구조와 형태는 알 수 없다. 문헌 자료와 명문에 기록된 것으로는 과선艒船과 영선舲船이 있다. 과선은 커서 폭풍과 파도를 견딜 수 있으며, 영선은 작아서 세찬 여울물을 건너기에 편리하다. 오·월 두 나라의 전선戰船이 본래부터 가장 뛰어났는데, 월나라는 오나라를 멸망시킨 후 주사舟師가 더욱 강해졌다. 초나라의 전선은 본래 오·월만 못했으나, 당시에는 이미 월나라 전선에 필적할 정도로 발전되었다. 뿐만 아니라 초나라 주사의 장비는 이미 월나라 주사를 넘어서게 되었다. 《묵자·노문 魯問》에는 다음과 같이 기록하고 있다.

옛날 초나라와 월나라의 군사가 장강에서 수전을 벌였다. 초나라 군사는 물결을 타고 전진하고 물결을 거슬러 후퇴하였다. 따라서 형세가 유리할 때 진격하더라도 형세가 불리할 때에 퇴각하기가 곤란하였다. 반면 월나라 군사들은 물결을 거슬러 전진하고 물결을 타고 후퇴하여, 형세가 유리할 때 전진하였다가 형세가 불리할 때에 신속하게 퇴각할 수 있었다. 이 때문에 월나라 군사는 번번이 초나라 군사를 격파하였다. 공수자가 노나라에서 남쪽 초나라로 옴에 따라 비로소 수전에 필요한 장비를 만들게 되었다. 미늘을 만들어 후퇴하는 적을 걸어당기고, 전진하는 적을 저지하였다. 모든 무기는 이 미늘의 길이를 요량하여 만들었다. 그리하여 초나라 무기에는 맺고 끊는 일정한 법도가 있게 되었으나 월나라의 경우는 그렇지 못하였다. 이 때문에 초나라 군사는 월나라 군사를 번번이 깨뜨릴 수 있게 되었다.

昔者楚人與越人舟戰於江. 楚人順流而進, 迎流而退, 見利而進, 見不利則其退難, 越人迎流而進, 順流而退, 見利而進, 見不利則其退速. 越人因此若執, 亟敗楚人. 公輸子自魯南遊楚焉, 始爲舟戰之器, 作爲鉤强之備, 退者鉤之, 進者强之. 量其鉤强之長, 而制爲之兵. 楚之兵節, 越之兵不節. 楚人因此若執, 亟敗越人.

여기에서 말한 공수자公輸子는 바로 노나라의 공수반公輸班이다.

초나라의 수레는 중원의 수레와 형태 및 구조가 대동소이하다. 초문화 전성기의 수레는 아직 발견된 것이 드물다. 때문에 이전과 이후 두 시기의 수레를 통하여 종적인 변화를 비교하는 한편, 초나라의 수레를 중원의 수레와 횡적으로 비교하여 타당성 있는 추론을 얻어낼 수밖에 없다.

석천 하사의 초나라 거마갱車馬坑은 춘추 중기에서 후기로 접어들 무렵의 것이며, 회양淮陽 마안총馬鞍塚의 초나라 거마갱은 전국 후기에 속하는 것이다. 석천과 회양, 이 두 지역은 초나라의 수레가 비교적 많이 발견된 지역이다. 배명상裵明相의 연구에 따르면 이 두 개의 수레는 궤의 넓이가 서로 같지만 후자의 바퀴 지름, 굴대의 길이, 차간의 넓이, 차간의 깊이, 끌채의 길이 등이 모두 전자를 넘어선다. 또 휘현輝縣 유리각琉璃閣에서 출토된 전국 시대 위魏나라의 수레와 하사와 마안총 두 곳의 초나라 수레를 비교하면 궤의 넓이는 비슷하지만 바퀴 지름, 차간의 넓이, 차간의 깊이는 마안총의 수레와는 엇비슷하고 하사에서 나온 것보다는 크다. 또 굴대의 길이는 유리각의 수레가 하사와 마안총의 수레의 중간 정도이며, 끌채는 하사와 유리각의 수레는 엇비슷하나 마안총의 것보다는 짧다. 이로써 춘추 중기에서 전국 후기까지에 초나라의 수레는 괄목할 만한 발전이 있었음을 알 수 있다. 전국 후기의 초나라 수레는 시기적으로 그리 멀지 않은 위나라 수레보다 조금 우수하다. 춘추 시대와 전국 시대의 교체기에서 전국 중기까지의 초나라 수레 역시 중원의 수레에 비해 손색이 없다.

배명상은 이미 알려진 전국 시대 초나라 수레로는 전거戰車와 안거安車 두 종류가 있는데, 전거는 구조가 복잡하고 형태가 새로우며, 안거는 차간이 앞뒤 두 부분으로 나뉜 '凸'자 모양으로 마부가 앞에 타고 승객은 뒤에 탄다고 보았다. 초나라 수레의 이런 특징은 중원에서는 보기 드문 것이다.

전쟁의 규모가 커짐에 따라 구식의 병기는 이미 전국 시대의 군사적 수요를 충족시킬 수 없게 되었다. 그리하여 검劍이 보급되고, 삼릉족三稜鏃

이 점차 쌍인족雙刃鏃을 대체하게 되었다. 병기 제작에 철을 사용하게 되고, 쌍과극雙戈戟과 삼과극三戈戟이 나타난 것은 금속 병기에 있어서의 진전이었다. 목제 병기는 새로운 것이 발명되었다. 노弩와 운제雲梯가 그것이다.

현재 발견된 상고 시대의 노기弩機 가운데 연대가 가장 빠른 것은 전국 중기에서 후기로 접어들 무렵의 것이다. 노기는 장사 소파당掃把塘 138호 고분, 장사 좌가당左家塘 신생전창新生塼廠 15호 고분, 상덕常德 덕산德山 12호 고분에서 출토되었는데 이 무덤들은 모두 초나라 고분이다. 그밖에 사천성 성도 양자산羊子山 172호 고분, 사천성 부릉涪陵 소전계小田溪 토갱묘, 하남성 낙양시 중주로中州路 거마갱, 하북성 역현易縣 연하도燕下都 등지에서도 노기가 발견되었는데, 소파당에서 출토된 것보다 연대가 늦다.

소파당에서 출토된 노기는 그런 대로 완전하다. (그림 22 참조) 활과 시위가 빠져 버리기는 했지만 동제의 아牙, 현도懸刀, 전새栓塞[노리쇠]가 모두 완전하고 동곽銅郭은 없는 대신 목비木臂가 있다.[41] 이는 성숙된 노기의 하나로, 그것의 원시적 형태는 더 이른 시기에 나왔을 것이다.

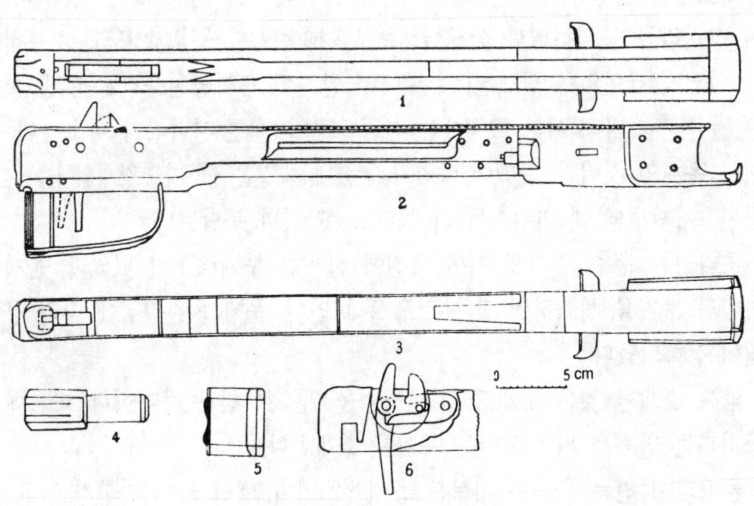

1) 정면 2) 우측 측면 3) 밑면 4) 손잡이 뒷면 5) 전면 6) 단면

〔그림 22〕 장사시 소파당 138호 고분에서 출토된 노기의 구조도

송조린宋兆麟과 하기요何其耀는 일부 소수 민족 지구에는 지금도 목제 노기가 남아 있는데, 그것이 나무 또는 나무와 골각을 섞어 만든 것이라는 점에 비추어, 원시적 노기는 동으로 만들어진 것이 아니라고 추측하였다.[42] 이는 타당성 있는 견해이다.

《오월춘추吳越春秋》권5에는 초나라의 어떤 명궁이 금씨琴氏가 "활은 천하에 위엄을 떨치기에는 부족하다고 여기자 以爲弓矢不足以威天下" "활을 가로눕혀 상박에 붙이고, 노리쇠를 달아서 橫弓着臂, 施機設樞" 쇠뇌를 만들었다고 기록하고 있다. 금씨는 사예射藝에 조예가 깊은 초나라의 전설적인 인물이다. 그가 노기를 처음 만든 사람이라고 단정할 수는 없지만, 노기를 개선하였을 가능성은 있다. 전국 초기 이전의 초나라 고분에서는 노기가 발견된 적이 없는데, 이는 초인이 본래 노기를 사용하지 않았음을 의미한다. 초인의 공헌은 아마도 초나라 남쪽 변경의 소수 민족들이 사용한 목제 노기의 제작 기술을 배워 청동 재질의 노기를 제작하여 이를 보병의 필살기로 만든 점일 것이다.

운제는 노나라의 공수반公輸班〔公輸盤〕이 발명하였다고 전한다. 《묵자·공수公輸》에는 "공수반이 초나라를 위하여 운제를 만들어, 이것을 사용하여 송나라를 공격하였다 公輸盤爲楚造雲梯之械成. 將以攻宋"고 기록하였다. 하남성 급현汲縣 산표진山彪鎭에서 발견된 수륙공전문감水陸攻戰紋鑑은 전국 후기의 것이다. 그림에는 바퀴 달린 거대한 사다리가 나오는데, 아마도 운제일 것이다. 운제에 바퀴가 달렸다는 것은 《묵자·경상經上》에 언급된 '거제車梯'에 바퀴가 달려 있다고 한 것과 부합된다.

초나라는 춘추 중기에 이미 실전에 사용한 누거樓車가 있었다. 운제는 아마도 누거를 개조하여 만든 것으로 보인다. 운제가 나타남에 따라 공격력이 강화되었다.

앞서 소개한 것은 쪼개고 깎는 방법을 위주로 만든 목기이다. 다음에는 돌려파는 방법을 위주로 만든 목기를 소개한다.

돌려파서 만든 목기는 대부분 용기容器이다. 예를 들어 자루가 길고 귀가 크고 둥근 쟁반이 달린 목제 두豆(그림 23 참조)는 번쩍 들어올린 듯한 덮개가 우뚝하여 참신하고 빼어난 격조를 지닌 전형적인 초나라 양식의 기물이다.

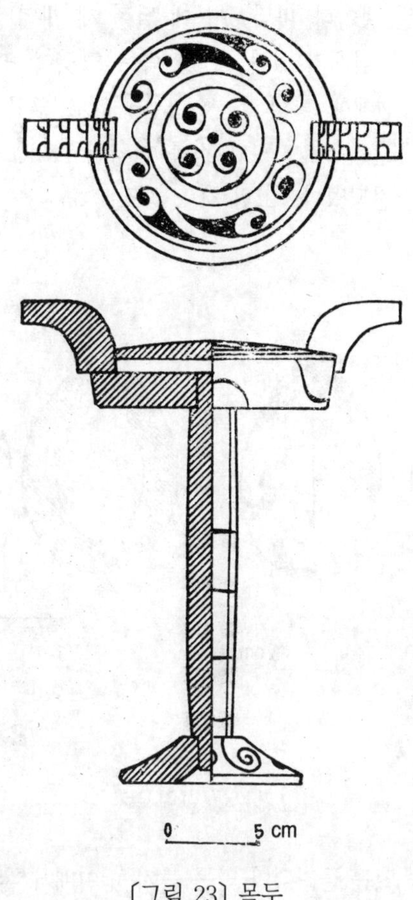

〔그림 23〕 목두

위에서 아래로 덮개, 쟁반, 쌍을 이룬 귀, 자루, 받침의 다섯 부분에 여섯 개의 부속물로 이루어져 있다. 모두 장부를 이용하여 연결되었으며, 쟁반 부분은 돌려깎아 만든 것이다. 목제 두는 쟁반 부분이 모난 것도 있으나 극히 드물다.

돌려깎는 난도가 높은 것은 심복목배深腹木杯이다. 이는 선진 시대의 목기 가운데 그 기형을 찾아볼 수 없는 것이다. 지금 전해지는 2점은 모두 형주 전와창荊州磚瓦廠 2호 고분에서 발굴된 것이다.

돌려깎는 난도가 크지는 않지만 조형이 뛰어난 것으로는 단형목치蛋形木卮를 들 수 있다. (그림 24-1 참조) 최초로 발굴된 것은 강릉 우대산 387

호 고분에서 출토된 것이다. 바닥 부분에 달린 세 개의 발은 이미 부서졌고, 꼭대기에는 작은 덮개가 있다. 꽉 찬 속은 그것이 명기明器이거나 완구임을 보여 준다. 전체에 황색 옻칠이 되어 있고, 붉은색과 금색을 사용하여 그린 특이한 구름 무늬가 있다. 강릉 천성관 1호 고분에서도 실제 사용한 단형목치가 발견되었다. (그림 24-2 참조)

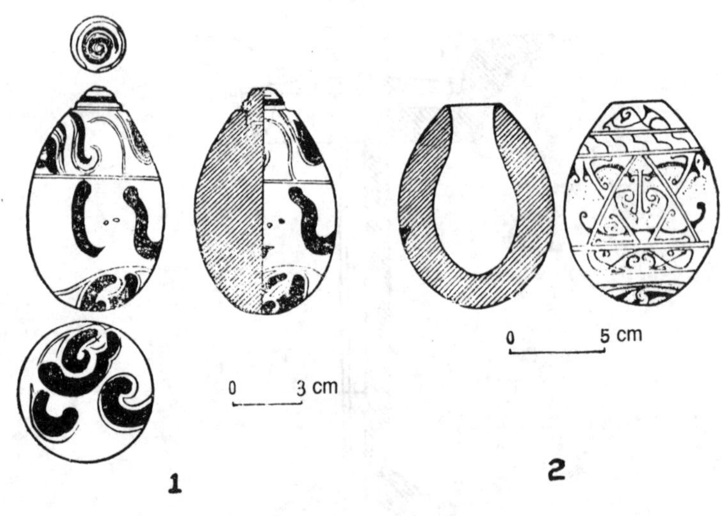

〔그림 24〕 단형목치

가장 흔히 볼 수 있는 돌려깎아 만든 목기는 이배耳杯와 원합圓盒이다.

이배는 귀가 둥근 것〔圓耳〕과 귀가 모난 것〔方耳〕의 두 종류가 있는데, 모난 귀가 달린 방형배方耳杯는 초나라에서만 볼 수 있는 것이다. (사진 8 참조) 이배는 고대에 우상羽觴으로 불린 술잔이다.

원합은 대부분 벽면이 호형弧形이며(사진 9 참조) 더러 곧은 것도 있다. 그 가운데 정품精品은 칠회漆繪를 한 이외에도 몸통의 양옆에 한 쌍의 고리가 달려 있다. 초나라 양식의 원합은 복부의 넓이가 높이보다 크고, 진秦나라 양식의 원합은 이와 정반대이다. 진나라 양식의 원합은 드물게 발견되고, 초나라 양식의 원합은 비교적 많이 발견된다. 초나라 양식의 목합木盒은 원형 이외에도 방형과 장방형이 있는데 모양이 참신하며, 진나라 양식의 목합은 원형 1종뿐으로 새로운 면이 적다.

초나라 목기의 상등품은 조각 작품이다. 주로 쪼개고 깎는 방법으로 만든 목기로 간혹 일부 부속물은 조각하기도 하였다. 예를 들어 천성관 1호 고분에서 나온 용수거원龍首車轅(그림 25 참조)은 수레 끌채에 용머리를 조각하였는데, 정교한 채색칠의 화려함이 평범한 수레 끌채와는 다를 뿐 아니라 초사楚辭에서 노래한 '용가龍駕'의 상징적 의미를 지니고 있다.

초나라 목조 예술의 수준을 가장 잘 보여 주는 것은 용기·악기·장식물·완구·장구葬具 등이다.

뇌고돈 1호 고분에서 출토된 이형목두異型木豆 1점은 아가리가 타원형이며 쟁반이 얕고 덮개가 불룩 솟았고, 귀가 유난히 크고 손잡이는 위가 굵고 아래가 가늘며 받침은 크고 편평하다. 덮개 머리와 귀 위에는 동제품을 본떠 반룡蟠龍 무늬를 부조해 넣었다.

우대산 427호 고분에서 나온 원앙목두鴛鴦木豆 1점은 덮개와 쟁반이 합쳐져 한 마리의 원앙을 이루는데, 머리·몸통·날개·다리·꼬리가 한꺼번에 조각되어 있다. 날개깃을 모으고 다리를 구부린 채 모가지를 비틀고서 곁눈질을 하는데, 붉은색·노란색·금색·검정색 등 여러 색깔을 사용하여 정교하게 묘사하였다. 꼬리 부분의 양옆에는 각각 금빛 봉鳳 한 마리씩을 그려 놓았고, 손잡이와 받침에는 삼각 구름 무늬와 새털구름 무늬가 그려져 있다. 이 원앙목두는 고대의 채색칠을 한 목두木豆 가운데 가장 뛰어난 것이다. (사진 10 참조)

뇌고돈 1호 고분에서 나온 원앙목합鴛鴦木盒 1점은 원앙의 조형이 앞서 기술한 원앙목두와는 다르며, 특이한 기교에 있어서는 이를 넘어선다. 원앙의 모가지 밑으로 원주형의 장부가 몸통에 끼워져 있어서 머리를 회전시킬 수 있다. 몸통 속은 텅 비게 깎아내었고, 등에는 장방형의 구멍이 하나 있으며, 기룡夔龍 무늬를 부조해 넣은 장방형의 덮개가 있다. 날개깃은 작고 꼬리깃은 곧게 뻗었으며, 두 다리는 말려 있고, 붉은색·검정색·노란색으로 정교하게 채색되어 있다. 복부의 양쪽에는 각각 종을 치는 모습과 춤을 추는 모습이 그려져 있다.

상술한 2점의 원앙형 목기는 기물의 종류, 형태, 장식 무늬가 서로 다르지만 기물의 구도와 장식 무늬의 배치는 엇비슷하다.

우대산 471호 고분에서 나온 반사치蟠蛇卮 1점은 "덮개의 머리가 약간

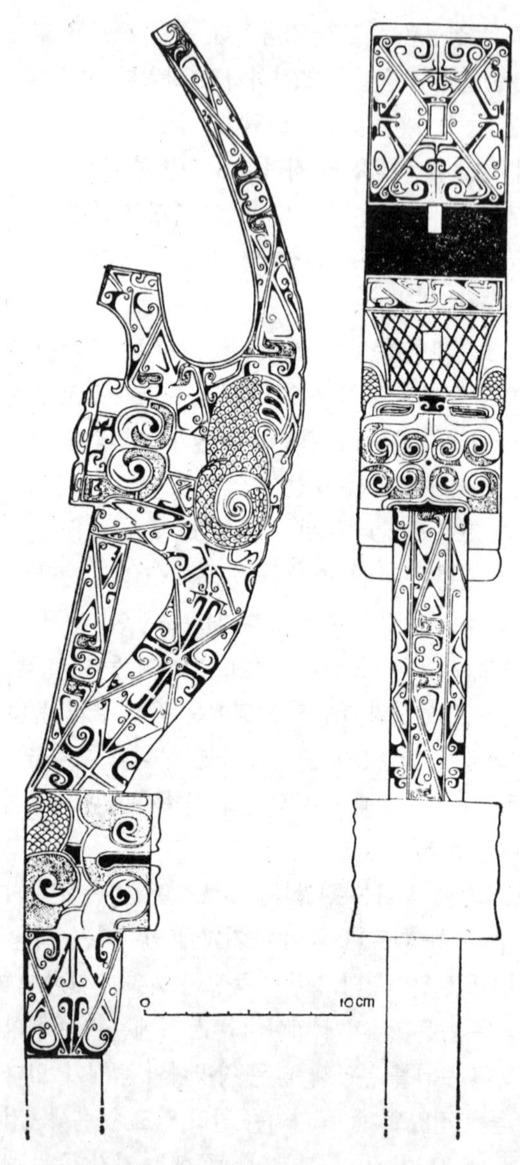

〔그림 25〕 용수거원龍首車轅

볼록하고 바닥이 평평하다. 표면에는 검정색 옻칠이 되어 있으며, 내부에
는 붉은색 옻칠이 되어 있다. 덮개 위에는 8마리의 뱀이 서로 엉킨 모습을

236 초문화사

새겨 놓았다. 그 가운데 4마리의 붉은뱀은 머리를 덮개 머리 한복판으로 향하고 있고, 나머지 4마리의 누런뱀은 사방의 덮개 가장자리 쪽으로 머리를 향하고 있다. 몸체에는 사방으로 돌아가면서 12마리의 뱀을 새겨 놓았는데, 그 가운데 긴 누런뱀과 붉은뱀 4마리가 서로 대칭을 이루고 그 사이에 8마리의 짧고 굵은 누런뱀이 서로 뒤엉켜 있다."[43] 이 반사치의 장식은 동기에 나타난 반리蟠螭 무늬와 반훼蟠虺 무늬를 본뜬 것이지만, 구도가 한결 교묘하고 조각이 훨씬 정교하다.

강릉 우대산에 있는 7기의 초나라 고분에서는 각각 목록木鹿 1점씩이 출토되었다. 사슴은 머리를 옆으로 하고 다리를 배 아래로 접은 채 땅바닥에 누워 있다. 머리와 몸통은 각각 새겨서 조합하였고, 녹각은 장부를 사용하여 사슴의 머리에 끼워넣었다. 어떤 목록은 어깨 옆에 소고小鼓 하나씩이 달려 있는데, 아마도 악기 겸 장식품인 듯하다. 칼놀림은 비록 간결하지만 조형은 상당히 생동적이다. 어떤 목록은 머리를 허리춤까지 말아들이고, 두 앞다리를 하나는 앞으로 다른 하나는 옆으로 구부리고 뒷다리는 곧게 딛고 있다. 목록은 강릉 일대에서 비교적 많이 출토되었고 장사 일대에서 발견된 것은 적은 편이다. 또 그밖의 다른 지방의 초나라 고분에서는 아직까지 발견된 적이 없다. (그림 26 참조)

목조한 악기로는 호좌봉가고虎座鳳架鼓가 가장 우수하다. (사진 11 참조) 호좌봉가고는 강릉 우대산에 있는 15기의 초나라 고분에서 각각 1점씩 출토되었는데 형태가 엇비슷하다. 짝을 이룬 호랑이와 역시 짝을 이룬 봉은 서로 등을 지고 있다. 호랑이는 머리를 쳐들고 웅크린 모습을 하고 있고, 봉은 머리를 쳐들고 호랑이의 등 위에 서 있다. 고鼓는 짝을 이룬 봉의 사이에서 봉의 벼슬에 매달려 있으며 대부분 옻칠을 하지 않았다. 그러나 호랑이와 봉은 전체에 묵칠을 하고 붉은색·노란색·파랑색 등 갖가지 분粉으로 호랑이의 얼룩 무늬와 봉의 깃털 무늬를 그려넣었다. 354호 고분에서 나온 1점은 고의 표면에 붉은색으로 꽃잎 무늬, 나비 모양의 새털구름 무늬, 봉황 머리 무늬를 그려넣었고, 북 주변에는 비스듬하게 삼각 무늬를 그려넣었다. 이런 부류의 호좌봉가고는 강릉 일대에서 집중적으로 출토되며, 호북성 경외의 경우는 신양信陽과 장사의 초나라 고분에서만 발견될 뿐이다.

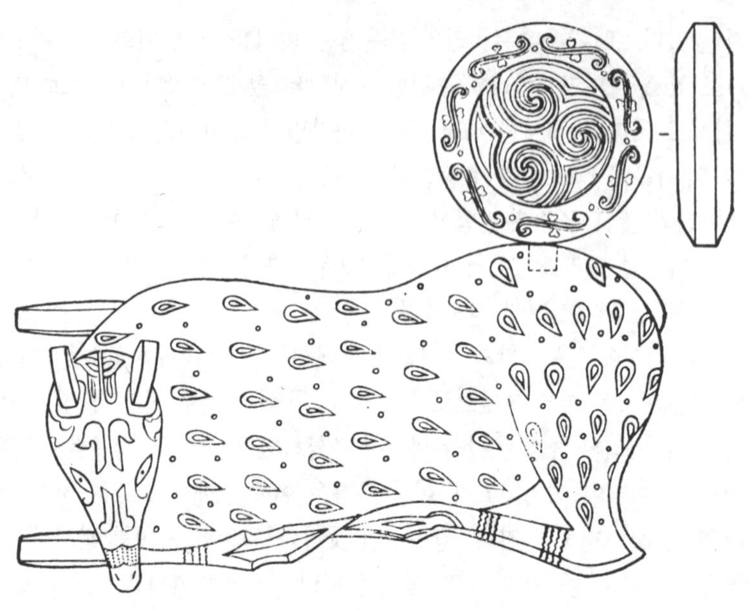

〔그림 26〕 목록

　일찍이 장사에서 발견된 용좌봉가고는 서로 등을 맞댄 쌍호雙虎 대신 뒤엉켜 있는 쌍룡雙龍을 만들어 놓았다.

　이들이 지니는 공통적 특징은 봉이 크고 호랑이 또는 용은 작으며, 봉은 기세가 당당한 반면 호랑이나 용은 위축되어 있다는 점이다. 이는 아마도 초인의 민족 신앙 및 민족 의식과 관계가 있을 것이다. 초인이 봉을 존숭하고 용을 낮추고 호랑이를 천시하였다는 것은 앞서 이미 언급한 바 있다. 강릉 일대는 호랑이를 숭배한 파인의 집단 거주 지역과 인접하였고, 장사 일대는 토착민이 용 또는 뱀을 숭배한 월인이었다. 따라서 강릉 일대에서 나온 고에서는 호랑이를 소홀히 취급하였고, 장사 일대에서 발견된 고에서는 용이나 뱀을 소홀히 취급한 것이다.

　강릉 망산 1호 고분에서 나온 목조좌병木雕座屏 1점은 전체 높이가 15센티미터, 받침대의 높이가 3센티미터, 전체 길이가 51.8센티미터, 병屛의 두께가 3센티미터, 받침대의 넓이가 12센티미터이다. 받침대에는 큰 뱀이 부조되어 있고, 병에는 봉·참새·사슴·개구리·작은 뱀이 투조되어 있다. 좌병 전체에는 봉 4마리, 참새 4마리, 사슴 4마리, 개구리 2마리, 큰 뱀 20

마리, 작은 뱀 17마리 등 모두 51마리의 동물이 새겨져 있다. 병에 새겨진 동물은 각각 조각하여 장부로 끼워맞춘 것으로, 분해하면 여러 개의 원조 圓雕가 되고 합치면 한 폭의 투조가 된다. 칼놀림은 난숙하고도 정교하며, 형상은 생동감이 넘친다. 모든 동물들은 서로 쫓기도 하고 서로 싸우기도 하며, 서로 뒤엉키기도 하고 홀로 날거나 달아나기도 한다. 봉의 형체가 가장 크고 참새와 사슴의 형체 역시 그런 대로 큰 편이지만 뱀의 형체는 모두 작다. 봉과 참새는 모두 뱀을 잡아먹고, 개구리는 봉의 배와 꼬리깃 아래에 숨어 있다. 투조된 전체적 모습은 사람들에게 재미있는 이야기를 들려 준다. 선이 악과 싸워서 어떻게 물리치는가, 강자가 약자를 어떻게 보호하는가, 길상을 상징하는 사슴은 이 때문에 어떻게 기뻐하는가 하는 것이다. (사진 12 참조) 선진 시대의 섬세한 목조 투조 작품으로는 망산 1호 고분에서 출토된 목조좌병이 가장 출중하다.

　강릉 천성관 1호 고분에서 나온 좌병 5점 역시 투조한 것으로, 좌병마다 모두 연미룡連尾龍 2마리 또는 4마리가 새겨져 있다. 이 5점의 좌병 역시 모두가 정품이기는 하나 망산 1호 고분에서 나온 것과 비교하면 훨씬 뒤떨어진다. (그림 27 참조)

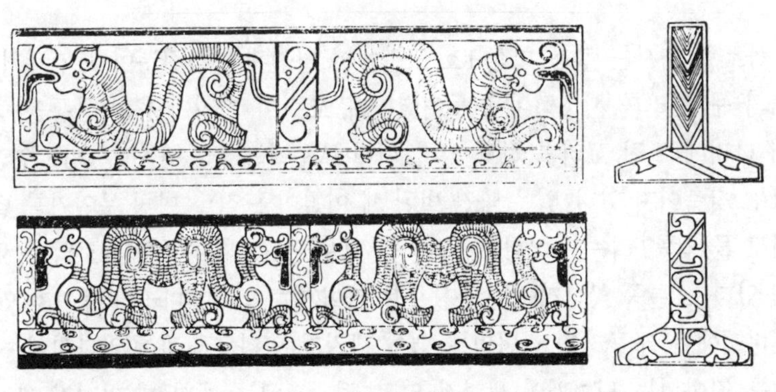

〔그림 27〕 좌병

　현재 발견된 투조된 좌병은 모두 강릉 일대의 초나라 고분에서 발견된 것이다.

　투조된 목기 가운데 흔히 볼 수 있는 것은 장구葬具로 사용된 종다래끼 〔筲床〕이다. 가장 우수한 것은 장사 앙천호仰天湖의 전국 시대 초나라 고분에서 발견된 용문영상龍紋筹床이다.

　가장 특이한 목조 작품은 부장용의 벽사辟邪, 진묘수鎭墓獸와 호좌입봉
虎座立鳳이다.

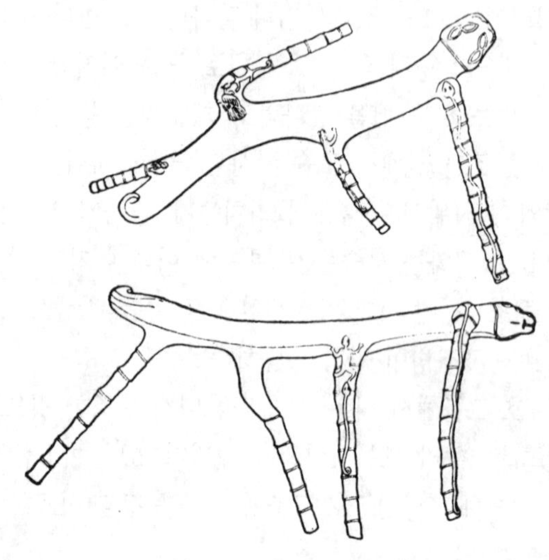

〔그림 28〕 목조 벽사

　목조한 벽사는 강릉 마산 1호 고분에서 발견된 단 1점뿐이다. 전체가 하
나의 무 뿌리를 사용하여 만들어졌는데, 호랑이 머리에 용의 몸통을 하고
네 다리에 말린 꼬리를 하고 있다. 머리 부분에는 눈·귀·코·입·수염이
모두 갖추어져 있다. 입은 약간 벌린 채 이빨이 드러나 마치 무언가를 발견
하고 물어뜯으려는 듯하다. 네 다리는 모두 길고 대나무 마디 모양이 새겨
져 있다. 오른쪽 앞다리에는 구불구불 기어가는 뱀 한 마리가 새겨져 있고,
뒷다리에는 개구리를 잡아먹는 뱀이 새겨져 있다. 또 왼쪽 앞다리에는 참
새를 잡아먹는 도마뱀이 새겨져 있고, 뒷다리에는 매미 한 마리가 새겨져
있다. 자연적으로 구부러진 나무 뿌리의 모양과 가지가 네 갈래로 나뉘어
자연스럽게 뻗은 것을 이용하여 헤엄치는 모습을 나타내었다. 오른쪽 두
다리는 모두 앞쪽에 위치하였고 왼쪽 두 다리는 모두 뒤쪽에 있는데, 가지
가 나누어진 방향 때문에 부득이 그런 모양을 한 것이기는 하지만 괴이함
을 더해 준다. 이는 현재 중국에서 발견된 것 가운데 연대가 가장 앞서는

뿌리 조각 작품이다. 독창적인 아이디어로 썩은 뿌리를 신기하게 바꿔 놓았다. (그림 28 참조)

진약균陳躍鈞과 원문청院文淸의 통계에 따르면 진묘수는 호북성의 초나라 고분에서는 이미 2백 점 가까이 출토되었으나, 호남성의 초나라 고분에서는 겨우 2점이 나왔을 뿐이다. 또 하남성 초나라 고분에서는 겨우 1점이 발굴되었을 뿐이며, 그밖의 다른 지역에서는 발견된 것이 없다.[44] 양번襄樊 산만山灣의 춘추 후기 초나라 고분에서도 진묘수와 유사한 목조와 녹각이 나왔는데, 안타깝게도 부서져서 본래의 모습을 알 수 없다. 현재 발견된 진묘수는 그 연대가 전국 초기에서 후기에 속하며, 그 가운데 전국 중기의 것이 가장 많다.

진묘수의 형태는 변화가 다양하다. 갖가지 형태의 진묘수가 보여 주는 공통적 특징은 아랫부분에 모난 받침대가 있고, 가운데 부분에 몸체가 있으며, 윗부분에는 머리가 있고, 정수리에는 녹각이 꽂혀 있다는 점이다. "전국 초기의 진묘수는 개략적인 형태만을 갖추었을 뿐으로 형태가 간단하고 안면 부분에 기관이 없으며 곧은 목에 곧은 몸체를 하고 있다. 모난 받침대는 사다리 모양의 면이 비교적 높다. 전국 중기의 진묘수는 형태가 복잡한데 머리가 하나인 것(單頭)과 두개인 것(雙頭)으로 나뉜다. 호랑이의 안면부는 5관이 모두 갖추어지고 생김새가 흉악하며, 구부정한 모가지에 구부정한 몸통을 하고 있다. 대부분 직립한 자세에 다리가 없으나 드물게는 무릎을 꿇은 자세에 다리가 달린 것도 있다. 전국 후기의 진묘수 역시 형태가 무척 복잡하다. 곧은 모가지에 곧은 몸통을 하고 선한 얼굴 생김이 사람에 가까운 것이 있는가 하면, 전국 중기의 것과 비슷한 것도 있다. 진묘수의 전체적인 변천을 통해 보면 가장 큰 변화는 머리와 안면 부분이 개략적인 형태만을 갖추었던 것에서 호랑이 머리에 호랑이 얼굴로 바뀌었고, 곧은 모가지와 몸통에서 구부정한 모가지와 몸통으로 변화하였다는 점이다. 또 직립한 자세에 다리가 없던 것에서 무릎을 꿇은 자세에 사지가 완전하게 갖추어진 모습으로 바뀌었고, 받침대는 사다리 모양의 면이 비교적 높던 것에서 낮은 모양으로 변화하였다."[45] (사진 13, 그림 29 참조)

'진묘수'라는 명칭은 잠정적인 것일 뿐 확정적인 것은 아니다. 진묘수가 어떤 동물인가에 대하여는 견해가 분분하다. 일찍이 도철饕餮이라고 여기

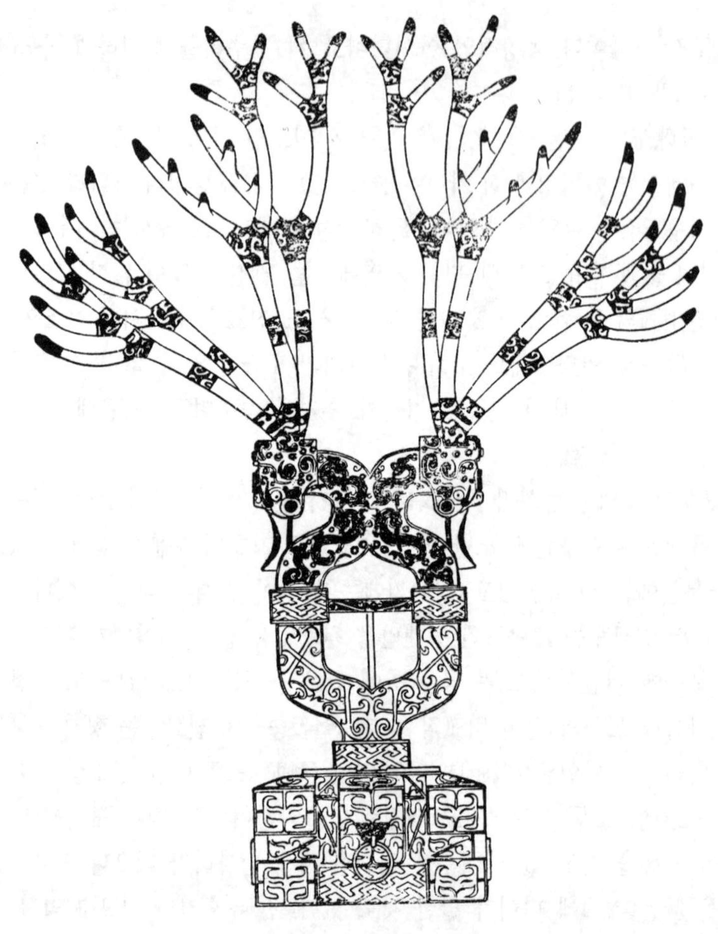

[그림 29] 쌍두 진묘수

기도 하였으나, 초인은 종래 '도철'이라는 이름을 사용하지 않았을 뿐 아니라 도철을 장식으로 사용하기를 좋아하지 않았다. 초기의 진묘수는 도철의 형상이 전혀 나타나지 않기 때문에 도철이라는 견해는 타당성을 갖기 어렵다. 산신山神이라는 견해도 있다. 그러나 진묘수의 형상은 신화에 나오는 산신의 형상과는 부합되지 않으며, 초사楚辭에 나오는 산귀山鬼의 형상과는 더욱 다르다. 뿐만 아니라 이 책의 제3장 중 초인의 관습과 풍속에서 소개하였듯이 초인의 망제望祭에는 수제水祭만이 있었고 산제山祭는 없었다. 따라서 산신이라는 주장 역시 성립되기가 어렵다. 진약균과 원문청 두 사람은 진묘수는 토백土伯이라고 하였는데, 이는 설득력 있는 견해이다. 초인은 토백을 명부冥府의 군주로 여겼다. 《초사·초혼招魂》에는 다음과 같이 노래하고 있다.

　　혼이여 어서 돌아오라
　　그대는 지하에도 내려갈 수 없는 몸
　　토백은 아홉 구비 굽은 몸에
　　사람을 해치는 뾰족한 뿔이 있고
　　두툼한 등판에 빨간 엄지손가락
　　사람을 휘몰아 번개처럼 날뛰고
　　호랑이 대가리에 호랑이 눈깔 박은
　　몸뚱이가 소 같은 괴이한 것들
　　魂兮歸來, 君無下此幽都些.
　　土伯九約, 其角鬐鬐些.
　　敦脄血拇, 逐人駓駓些.
　　參目虎首, 其身若牛些.

　토백의 모습이 보여 주는 특징은 굽은 몸, 뾰족한 뿔, 호랑이 대가리 등으로 〈초혼〉이 창작된 시기의 진묘수와 부합된다. 원문의 '삼목參目'은 옛날 주석에는 "세 개의 눈깔 三目"이라고 보았으나 타당하지 않은 듯하다.[46] '삼參'은 삼수參宿를 의미하는 것으로 보인다. 이는 백호칠수白虎七宿의 하나로 서양에서는 오리온자리〔Orion〕라고 부른다. 상당히 밝은 편으로 겨울날 밤하늘에서 유난히 사람들의 눈길을 끈다. 따라서 '삼목호수參目虎首'는 '호목호수虎目虎首'로, '삼參'은 '호虎'와 서로 엇갈려서 글을 이룬다. 또 "몸뚱이가 소 같다"는 것은 흔히 보이는 진묘수와는 모습이 다르지만, 장대관 1호 고분에서 나온 진묘수와는 대략 비슷하다.
　전국 중기의 초인은 천상계와 인간 세상, 그리고 저승을 명확히 구분하였다. 저승은 곧 〈초혼〉에서 말한 '유도幽都'이다. 유도의 군주는 "사람을 휘몰고 逐人" "사람의 고기를 달게 먹는 甘人" 성품을 지닌 토백이다. 아주 많은 진묘수는 피비린내나는 긴 혓바닥을 내밀고 사람을 잡아먹으려는 듯한 모습을 짓는다. 초기의 진묘수가 얼굴 생김새가 분명하지 못했던 것은, 아마도 토백에 대한 신화가 생겨난 지 오래 되지 않아서 초인이 토백의 모습을 아직 잘 몰랐기 때문이었을 것이다. '진묘수'라는 명칭은 상고 시대에는 없던 것이다. 초나라 고분에서 발견되는 진묘수는 사실 '목조토백상木雕土伯像'이라고 바꿔 부를 수 있겠다.

호좌입봉虎座立鳳은 관련 발굴 보고서에 '호좌비조虎座飛鳥'라 한 것이다. 이는 호북성의 초나라 고분에서만 발견되었는데 특히 강릉의 초나라 고분에서 출토된 것이 많다. 봉은 머리를 쳐들고 날개깃을 펼쳐 날아오르려는 형상을 짓는다. 양쪽 겨드랑이에는 녹각이 달려 있다. 바로 비렴飛廉이다. 이에 대해서는 장정명張正明·등임생滕壬生·장승림張勝琳의 《봉투용호도상고석鳳鬪龍虎圖像考釋》에 자세하게 실려 있다.[47] 비렴은 풍백風伯으로, 몸체는 봉이다. 호좌입봉의 봉은 머리·모가지·몸통·다리가 각각 조각된 다음 합친 것으로 호좌봉가고의 봉과 같다. 다른 점은 대부분 두 개의 날개가 서로 이어졌고, 두 개의 녹각이 끼워져 있어서 동적인 모습을 보여 준다는 점이다. (사진 14 참조)

벽사의 모습은 신비하면서도 괴이하고, 진묘수의 모습은 신비하면서도 험악하다. 호좌입봉의 모습은 신비하고도 웅장하며 아름답다. 초나라의 목조 작품 가운데 웅장하고 아름다움에 있어서는 호좌입봉이 가장 뛰어나다.

이 시기의 초인은 사후에 영혼이 저승으로 가지 않고 천상으로 날아오를 수 있기를 바랐다. 진묘수를 부장한 것은 토백을 달래서 그로 하여금 사자死者를 잡아먹지 않도록 하려는 의도였고, 호좌입봉을 부장한 것은 풍백을 불러 그에게 사자를 인도하여 하늘로 올라가게 하려는 의도였다. 벽사의 경우는 아마도 묘주 생전의 놀이개로, 전적으로 부장을 위해 만든 것은 아닌 것으로 보인다. 때문에 대다수의 초나라 고분 속에서는 발견되지 않았다.

토백과 풍백의 형상을 부장하는 것이 미신일지라도 이는 초인에게 창작상의 색다른 충동을 싹틔우게 하였다. 또 이는 그들에게 특이한 의장意匠의 원천을 열어 주어 대단히 아름다운 목조 작품을 후세에 남길 수 있도록 하였다.

죽 기

죽기竹器는 목기에 비해 그 종류가 다양하지 못하다. 초인이 일상 생활에서 사용하던 죽기가 오늘날까지 보존되기는 어렵다. 지금 우리가 볼 수 있는 초나라의 죽기는 모두 초나라 고분에서 발견된 것이다. 일반적으로 모두 정품精品이라고 할 수 있는 것들로 옻칠을 한 칠기이다.

죽기는 만드는 방법에 따라 다음의 세 종류로 나뉜다.

첫째, 쪼개고 깎아서 만든 것이다. 현재 실물이 발견된 것으로는 대통〔竹筒〕·대쪽〔竹片〕·대젓가락〔竹筷〕·대베개〔竹枕〕·대활〔竹弓〕·대자루〔竹柲〕·악기류 등이 있다.

대통은 용기로 흔히 발견되는 것이다. 일상적으로 사용되었으며 쉽게 만들 수 있는 것이다.

대쪽은 주로 죽간竹簡으로 글씨를 쓰는 용도로 사용되었는데, 중형 규모 이상의 초나라 고분에서만 발견될 뿐이며 역시 만들기가 수월하다.

관심을 모으는 것은 호북성 의창 박물관에 보관되어 있는 한 쌍의 대젓가락으로, 이는 춘추 시대에서 전국 시대로 넘어가는 시기의 초나라 고분에서 출토된 것이다. 길이와 굵기, 그리고 위가 모나고 아래가 둥근 특징은 오늘날의 대젓가락과 다르지 않다. 비록 정교하게 만들어졌다고 할 수는 없지만, 중국에서 지금까지 발견된 것 가운데 연대가 가장 빠른 것으로 식구食具의 발전사에 있어서 빼놓을 수 없는 것이다.

대베개는 강릉 마산 1호 고분과 상향湘鄕 우형산牛形山 1호 고분에서 각각 1점씩이 출토되었는데, 이 2점은 이제까지 발견된 대베개 가운데 연대가 가장 빠른 것이다. 베갯면에 사용된 대쪽은 전자는 무늬 없는 맨바탕이고, 후자는 대쪽을 엮은 사이의 네모꼴 틈새에 새 모양의 무늬를 박아넣고, 검은 옻칠 바탕에 붉은색과 노란색으로 구름 우레 무늬를 장식하였다.

대활은 이제까지 발견된 실물이 상당히 많다. 예를 들어 강릉 천성관 1호 고분에서 출토된 5점은 모두 3개의 대쪽을 겹쳐 실로 단단히 동여맸는데, 가운데 부분은 그런 대로 넓고 두꺼운 반면 양끝은 좁고 얇으며 전체적으로 검은 옻칠을 하였다. 표본 218호의 경우, 원래 길이는 90센티미터

가량이었으나 지금 남아 있는 것은 약 72센티미터 정도이다. 또 장사 유성 교瀏城橋 1호 고분에서 발견된 3점은 각각의 길이가 1.25-1.3미터로 가운 데 부분은 넓이가 2.7센티미터이고 두께가 2센티미터이다. 일부 대활은 바짝 말랐음에도 변형되지 않아 여타 죽기들이 물기가 빠지면 변형되는 것과는 다르다. 이는 아마도 특수 처리를 하였기 때문으로 짐작된다. 초나라의 대활을 만드는 데는 적어도 2개, 많게는 4개까지의 대쪽이 사용되었다.

죽비竹秘는 과戈·모矛·극戟의 자루이다. 나무·대나무·등나무 세 가지가 사용되었는데, 등나무 자루는 드물지만 나무 자루와 대나무 자루는 흔히 발견된다. 이 가운데 대나무를 붙여서 만든 적죽비積竹秘가 가장 우수하다. 대나무를 붙여서 만든 적죽기積竹器에 대하여는《주례·동관고공기冬官考工記》에 최초로 기록되어 있는데 '戶'라고 일컬었다. '적죽積竹'이라는 명칭은《설문해지說文解字》에 처음 나타난다. 곽말약郭沫若의 고증에 따르면 "戶器는 대나무를 붙여서 만든다. 그것의 제작 방법을 추측해 보면, 대나무의 푸른 껍질을 가늘게 쪼개 아교를 발라 다시 붙이면 나무보다 질기고 탄력이 있게 된다. 신분이 높은 사람들은 과나 극의 자루를 모두 여기로 만들었겠지만, 과와 극의 자루는 나무로 만들어도 되기 때문에 반드시 여기로 만들 필요는 없었을 것이다."[48] 장사 유성교 1호 고분에서 나온 적죽비 7점은 모두 속에 나무 방망이〔木棒〕가 들어 있다. 나무 방망이는 약 0.3센티미터 정도 넓이인 16개 내지 18개의 푸른 대쪽으로 겉면이 싸여져 있고, 실로 단단히 둘러감겨져 있으며, 전체적으로 검은 옷칠이나 붉은 옷칠 또는 붉은색과 검정색의 중간색이 칠해져 있다. 나무 방망이는 대부분 둥글며 지름은 약 2센티미터 정도이다. 모난 것도 있기는 하나 굵기는 둥근 것과 비슷하다.

강릉 천성관 1호 고분에서 발견된 적죽비는 20여 점으로 모두 나무 방망이의 겉이 바깥층은 5개, 안층은 38개의 푸른 대쪽으로 각각 두 겹씩 싸여져 있고, 또 비단으로 단단히 싸매져 있다. 전체적으로 검정색 또는 붉은색과 검정색의 중간색이 칠해져 있으며, 어떤 것은 검정색 옷칠을 한 바탕색 위에 황금색의 삼각 구름 무늬를 장식하기도 하였다.

유성교 고분에서 출토된 적죽비는 그 길이가 짧은 편이며, 전체 길이는 1.9미터에서 3.1미터까지로 고르지 않다. 그러나 천성관 고분에서 나온 적죽비는 긴 편으로 대부분 3미터를 넘으며, 가장 긴 것은 3.5미터를 약간 넘어선다. 적죽비에 대한 곽말약의 고증은 대체로 정확한 편이지만, 나무 방망이 부분에 대해서는 보충이 필요하다. 이런 적죽비는 다른 곳에서는 발견되지 않아 초나라 특유의 것으로 추측된다.

대나무로 만든 악기는 생笙·적笛·배소排簫가 주종이다. 수주 뇌고돈 1호 고분에서 나온 것이 가장 훌륭하다.

둘째, 조각하여 만든 것이다. 현재 실물이 발견된 것으로는 대나무로 만든 술잔인 죽치竹卮 한 가지뿐이다.

죽치는 강릉 박마산拍馬山에 있는 3기의 초나라 고분에서 각각 1점씩이 출토되었는데, 모두 대나무의 마디를 이용하여 만든 것으로 몸체와 덮개가 있다. 19호 고분에서 발견된 것은 조각이 정교한 편이다. 덮개와 아가리의 가장자리 양쪽이 불룩 튀어나와 귀를 이루고, 세 개의 수제족獸蹄足이 달려 있으며, 검은 옻칠이 되어 있다. 11호 고분에서 나온 것은 검은 바탕에 붉은 채색을 더하여 소용돌이 무늬, 마름모꼴 무늬, 연결 호형 무늬를 장식하였다. 2호 고분에서 출토된 것은 기물 전체에 붉은 옻칠을 하였으며, 새털구름 무늬가 장식되어 있다.

셋째, 짜서 만든 것이다. 대자리〔竹席〕, 네모난 대바구니〔竹笥·竹筐〕, 대상자〔竹箱〕, 대함〔竹盒〕, 둥근 대광주리〔竹籃〕, 대부채〔竹扇〕 등을 포괄한다.

대자리는 깔고 앉는 데 쓰이는 것으로, 장례 도구로 사용되기도 하였다. 네모진 대바구니인 죽사와 대상자는 통상 옷을 보관하는 데 사용되며, 대함은 과일 등속을 넣어 두는 데 사용하였다. 또 네모진 대바구니인 죽광과 둥근 대광주리인 죽람은 잡다한 물건을 넣어 보관하였다.

쪼갠 대나무의 올은 그 굵기가 일정치 않다. 강릉 우대산 초나라 고분에서 나온 죽사에 사용된 올은 넓이가 0.12-0.2센티미터이고, 강릉 마산 1호 고분에서 나온 대부채의 올은 넓이가 0.1센티미터에 지나지 않는다.

출토된 죽기의 정품을 통하여 보면 편직 기술이 상당히 뛰어남을 알 수 있다. 강릉 사총沙塚 1호 고분에서 발견된 채칠편화죽석彩漆編花竹席은 길이가 51센티미터 넓이가 24센티미터로 그다지 크지는 않다. 그러나 매우 정교하게 만들어졌고, 대올에는 붉은색과 검은색 옻칠이 되어 있으며, 뛰어나고 섬세한 도안이 짜넣어져 있다. 강릉 마산 1호 고분에서 출토된 채칠편화죽선彩漆編花竹扇은 편직 솜씨가 대단히 뛰어나 곱고 아름다운 모습을 지금까지 간직하고 있다. (사진 15 참조) 채칠편화죽선은 현재 중국에서 발견된 연대가 가장 빠른 것 가운데서도 가장 정교하고 가장 잘 보존된 것이다.

초나라에는 또 깃털부채(羽扇)가 있었다. 천성관 1호 고분에서 발견된 것은 손잡이의 길이가 사람의 키보다 크고, 대나무로 만든 부채살은 '心'자 모양을 나타내며, 부채면은 깃털을 사용하여 만들었다.

죽편竹編의 장식 무늬는 간단한 데서 복잡하게 변화하였는데, '人'자형 무늬, '回'자형 무늬, '十'자형 무늬, 직사각형 무늬의 단계로 발전하였다. 이밖에도 소라素羅의 문양과 비슷한 투공透孔된 마름모꼴 무늬가 있다.

칠기의 생산 기술

춘추 전국 시대에 초나라 서부 지방에는 옻나무가 빽빽하게 자랐는데 당시 옻이 가장 많이 생산되던 곳이었다.[49] 이곳은 기후가 따뜻하고 습도가 높아 옻이 생성되어 막을 형성할 무렵에 쉽게 마르지 않고 광택과 경도가 좋았다.

선진 시대의 칠기는 초나라의 것이 가장 많이 출토된다. 초나라의 칠기는 종류가 대단히 많고 사용 범위가 넓다. 가구로는 침대(床)·안석(几)·금禁·책상(案)·도마(俎) 등이 있고, 용기로는 바구니(笥)·상자(箱)·함(盒)·경대(奩)·갑匣·두豆·준樽·호壺·되그릇(鈁)·이배耳杯(羽觴)·배杯·치卮 등이 있으며, 침구로는 베개(枕)·자리(席)가 있다.

화장 도구로는 빗(梳)·비녀(笄·簪) 등이 있고, 장식품으로는 목어木魚·목구木球·목벽木璧 등이 있으며, 노리개로는 좌병座屛·목록木鹿·벽사辟邪·박구博具 등이 있다. 악기로는 슬瑟·금琴·생笙·적笛·배소排簫·고鼓·고퇴鼓槌·종가鐘架·경가磬架·종장鐘杖 등이 있으며, 병기로는 갑옷(甲)·방패(盾)·활(弓)·쇠뇌(弩)·칼집(劍鞘)·칼갑(劍匣)·전동(矢箙)·화살(箭杆)·창자루(柲) 등이 있다. 장례 도구로는 관棺·영상筜床·목용木甬·진묘수鎭墓獸·호좌입봉虎座立鳳 등이 있고, 잡기로는 국자(匕)·주격(勺)·실감개(繞線棒)·지팡이(手杖)·요강(虎子) 등이 있다.

이밖에도 건축물을 비롯하여 수레와 배 등의 교통 수단에도 옻칠을 한 부속물이 있고, 상당수의 도기와 일부 동기 역시 옻칠을 하여 만든 것이다.

칠기의 골격이 되는 바탕재로는 나무·대나무·모시풀·적죽積竹·가죽·등나무 등이 있다. 도기와 동기의 경우에 옻칠한 막은 부수적 장식일 뿐이며, 질그릇과 구리를 바탕재로 보는 것은 적절하지 않다.

나무 바탕재를 가공하는 방법에는 쪼개서 깎는 방법, 돌려가며 파내는 방법, 구부려서 붙이는 방법, 조각하는 방법의 네 가지가 있다. 쪼개서 깎아 만든 것으로는 가구, 나무 방패, 나무 갑옷 등이 있고, 돌려가며 파내 만든 것으로는 귀 달린 술잔(耳杯), 소형 술잔(小杯), 소형 함(小盒) 등이 있다. 또 구부려 붙여서 만든 것 가운데 벽면이 곧은 원형의 함(盒), 동이(樽), 경대(奩) 등의 경우는 좁고 긴 얇은 나무 판자의 양끝을 깎아서 비스듬히 만든 다음, 이를 말아 원통을 만들고 거기에 칠액漆液을 발라 붙이고 다시 밑판이나 받침대를 설치하여 만들었다. 조각하여 만든 것으로는 조각상이 주종을 이루고 금禁, 영상笭床, 수레 끌채(車轅) 등이 있다.

대나무 바탕재는 죽기竹器이다. 죽기는 하나같이 옻칠을 하기 때문에 칠기가 된다.

모시 바탕재를 만드는 방법은 먼저 틀에 칠가루(漆灰)를 바르고, 그 위에 마포를 붙이고 다시 칠회를 바른 다음 틀을 빼내고 표면을 갈아 광을 내면 된다. 모시 바탕재의 장점은 재질이 가볍고 정교하며, 기물의 형태가 안정적이라는 점이다. 지금 알려져 있는 선진 시대의 모시 바탕재를 사용한 칠기는 주로 초나라의 것으로 호북성과 호남성의 초나라 고분에서 출토된 실물의 수효는 많지 않다. 후세에 '협저법夾紵法'으로 불리게 된 이런 가공 방식이 초나라 때에도 마포를 사용했는지는 분명하지 않다.

적죽 바탕재는 일반적인 대나무 바탕재와는 다르다. 이는 바탕재를 명주실로 감아서 견고하게 한 것이다. 적죽 바탕재와 비슷한 것은 나무 바탕재를 명주실로 단단히 감은 것이다. 호북성 황강黃岡 국아충國兒沖의 초나라 고분에서 발굴된 칼집 1점은 후덕준后德俊의 감정에 따르면, 2개의 얇은 나무 판자를 깎아 필요한 모양으로 만들어 서로 붙이고 표면에 칠회를 바른 다음 주실로 바짝 조이고, 다시 검은 옻을 한 겹 더 바른 후에 다시 갈색 옻을 한 겹 덧칠하여 만든 것이다.

가죽 바탕재는 지금까지 발견된 것으로는 가죽 방패(革盾)와 가죽 갑옷 (革甲)이 있는데, 모두 소가죽으로 만든 것이다. 문헌에 기록된 무소 가죽과 도마뱀 가죽으로 만든 것은 아직까지 발견되지 않았다. 가죽 방패는 바탕재를 만들 때 모양을 반듯하게 놓고 다루어 고르게 되도록 해야 한다. 가죽 갑옷은 옻칠을 한 여러 개의 작은 네모꼴 가죽 조각을 이어서 만든 것으로 비늘 모양을 나타낸다. 강릉 등점藤店 1호 고분에서 출토된 가죽 갑옷은 두 겹의 소가죽을 사용하여 만든 것으로 '합갑合甲'이라고 하는 것이다.

가죽으로 만든 방패와 갑옷은 질기면서도 가볍다는 장점이 있는 반면, 습기를 먹는다는 단점이 있다. 습기를 빨아들이게 되면 쉽게 뚫어져 버린다. 그러나 옻칠을 하면 습기를 먹는 결점이 보완되었을 것이다. 가죽 갑옷은 옻칠은 하였지만 채색을 하지는 않았다. 가죽 방패의 경우는 대부분 옻칠을 하고 장식 무늬를 그려넣었다.

등나무 바탕재는 장사시에서 출토된 모矛의 자루뿐이다.

도기에 옻칠을 하는 것은 아름답게 만들기 위해서이다. 상덕常德지구와 형주荊州지구의 초나라 고분에서 약간의 옻칠한 도기가 출토되었다. 호북성 운몽雲夢 진주파珍珠坡 1호 고분에서 나온 유물에는 동제 예기는 없으나 동제 예기를 본뜬 일련의 옻칠한 도제 예기가 있다. 후덕준은 이들 옻칠한 도기는 중류층 이하의 초인들이 사용하던 것으로 당시 옻의 가격이 결코 비싸지 않았음을 알 수 있다고 하였다.

도기의 옻칠 막은 쉽게 벗겨지기 때문에 출토된 칠도기의 장식 무늬는 모두 완전하지 못하다.

옻칠이 되어 있는 동기의 실물로는 장대관의 초나라 고분에서 출토된 동경銅鏡, 뇌고돈의 증曾나라 고분에서 나온 동인銅人과 호상동괘구虎狀銅掛鉤가 있다. 후덕준은 이것이 동기의 외관을 단색으로부터 다채롭게 바꿔줄 뿐 아니라 나아가 부식을 방지하는 두 가지 기능이 있다고 보았다. 뇌고돈 증나라 고분에서 발견된 호상동괘구는 채색 옻칠을 한 얼룩 무늬가 있는데, 옻칠을 하지 않았을 때보다 훨씬 생동감이 있다.

초인은 흑색 이외에도 적색·황색·백색·자색·갈색·녹색·남색·금색·은색 등 각종 유성 도료를 사용하였다. 그 가운데 가장 만들기 어려운 것이 금색과 은색 도료이다. 장대관 초나라 고분에서 발견된 칠안漆案은 금색과 은색 도료를 사용하였고, 같은 무덤에서 나온 칠슬漆瑟에도 미세한 금색이 나타난다. 뇌고돈 증나라 고분과 장사 앙천호仰天湖 초나라 고분에서 발견된 칠기에도 역시 금색으로 된 도안이 있다. 이 칠기들은 초인이 금색과 은색의 두 가지 도료를 만들 줄 알았음을 실증함으로써 중국 옻칠 장식사의 한 페이지를 장식하게 되었다.

채색 옻칠에 사용된 도구는 붓이었을 것이다. 일부 칠기의 장식 무늬에서는 말라붙은 가느다란 붓털을 볼 수 있는데, 이것이 바로 붓을 사용하였다는 증거이다.

칠기의 장식 예술

초나라의 칠기는 통상 검은 칠을 바탕으로 하고, 여기에 붉은색과 기타 색깔로 무늬를 나타낸다. 검은색 안료로는 그을음이 사용되었고, 붉은색 안료로는 단사가 주로 사용되었다. 검은 칠과 붉은 칠은 가장 내구성이 뛰어나고, 대비성이 선명하며 색조가 우아하다.

칠회漆繪에 사용된 장식 무늬는 대략 다음의 세 가지를 들 수 있다.

첫째, 기하 무늬이다. 추상성은 높으나 장식미는 단조롭다. 직선과 절선으로 표현된 것으로는 마름모꼴 무늬와 다이아몬드 무늬가 있고, 점선으로 표현된 것으로는 점 무늬와 눈〔目〕 무늬가 있다. 그 가운데 마름모꼴 무늬는 초나라의 특색을 지니기는 하지만 도기처럼 빈번히 사용되지는 않았다. 곡선으로 표현된 것으로는 구름 무늬, 우레 무늬, 소용돌이 무늬, 밧줄 무늬, 얼룩 무늬, 비늘 무늬, 꽃잎 무늬, S자형 무늬 등이 있다. 그 가운데 구름 무늬는 언제나 볼 수 있는 주제 무늬로 형태 변화가 다양하다. 또한 새털구름 무늬, 유운〔流雲〕 무늬, 삼각구름 무늬, 연결구름 무늬, 나비구름 무늬, 꽃잎구름 무늬를 비롯한 갖가지 구름 무늬가 하나의 도안 위에 어울려 있다. (그림 30 참조)

초나라의 공예가는 재질에 따라 무늬를 놓았다. 비단에서는 날실과 씨실을 사용하여 마름모꼴 무늬의 극치를 보여 주는가 하면, 칠회에서는 자연스러운 붓놀림과 유성 도료를 이용하여 구름 무늬의 극치를 보여 준다. 뿐만 아니라 한껏 새로움을 추구하여 분방한 기풍을 구현하였다.

〔그림 30〕 칠기의 구름 무늬

둘째, 봉 무늬와 용 무늬이다. 앞서 동기에서는 이루 헤아릴 수 없이 많던 반리 무늬와 반훼 무늬는 칠기에서는 드물게 나타난다. 뿐만 아니라 가끔 나타나는 것도 대개 변형되거나 간략해진 것이다. 칠기에 묘사된 봉 무늬와 용 무늬는 다시 두 종류로 나눌 수 있다. 하나는 사실적으로 묘사한 것이고 다른 하나는 변형된 것으로, 사실적 묘사는 드물고 변형된 것은 많다. 이 또한 무늬를 표현하는 재료나 대상과 관계가 있다. 자수의 경우에는 용과 봉을 생동감 넘치게 사실적으로 표현할 수 있지만 칠기에 있어서는 쉽지 않은 것이다. 비록 칠기에 있어서도 사실적으로 묘사된 봉 무늬와 용 무늬를 볼 수는 있지만 이는 매우 드물다.

변형된 봉 무늬와 용 무늬는 형태상에 나타나는 주요한 특징을 취하여 S자형 무늬, 새털구름 무늬, 유운 무늬, 꽃가지 무늬 등의 구도법을 운용하

[그림 31] 칠기의 변형 봉 무늬 1

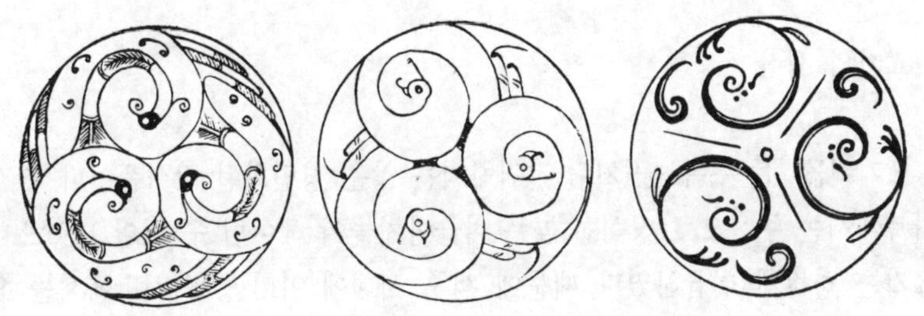

[그림 32] 칠기의 변형 봉 무늬 2

여, 보는 이의 상상력을 자극하는 각별한 맛을 지니고 있다.

봉 무늬가 용 무늬에 비해 많은데, 이는 초인의 신앙과 습속에서 나온 것이다. 변형된 용 무늬는 때로 겨우 머리 하나 또는 거기에 꼬리날개, 깃털 하나, 발톱 하나 정도에 이르렀지만 새털구름 무늬, 유운 무늬, 삼각구름 무늬, 꽃가지 무늬 등과 어울려 그 맛이 깊다. 한 부분을 통하여 전체를 엿볼 수 있는 법이다. 머리 하나를 통하여 봉의 전체적 모습을 짐작해 볼 수 있다. (그림 31·32 참조)

　일부 기물에서는 이러한 장식 무늬에 침각법針刻法을 사용하기도 하였다. 현재 발견된 실물로는 장사 황토령黃土嶺 초나라 고분에서 출토된 칠렴漆奩 1점이 유일한 예이다. 이 칠렴에는 바늘끝이나 칼끝을 이용하여 새긴 봉 무늬가 있다. 선이 거미줄처럼 가늘고 채색이 입혀져 독특한 기풍을 보여 준다.[50]

　셋째, 칠화漆畵이다. 이는 다시 두 종류로 나뉜다. 하나는 신神을 중심으로 하여 많은 무늬를 부수적으로 장식하였는데, 뇌고돈 1호 고분의 묘주의 관 위에 장식된 그림이 그 예이다. 다른 하나는 사람을 중심으로 사냥·춤·잔치 등 일상 생활 정경을 표현한 것으로, 역시 약간의 무늬와 신·무당·귀신·괴물 등이 부수적으로 장식되어 있다. 예를 들어 장대관 1호 고분에서 나온 칠슬漆瑟에 그려진 그림은 이미 낡았음에도 여전히 당당한 기세를 지니고 있다. (사진 16 참조)

　앞서 양번 산만의 춘추 후기 초나라 고분에서 발굴된 유물에 보이던 금박 공예는 초문화 전성기에는 자취를 감추었다. 실물은 있지만 아직 발견되지 않은 것인가?

요기의 생산

　요기料器[51]는 주옥珠玉처럼 진귀하지는 않은 평민화된 장식품이다. 장강 이북에서는 주옥으로 장식한 높은 벼슬아치들이 헤아릴 수 없이 많았으나 요기는 하찮게 취급하였다. 때문에 서주 시대에 이미 중원 지방에서는 요기를 만들 줄 알았지만, 그 지역에서의 요기 생산은 오랫동안 근근이 명맥만 이어 가는 처지였다. 장강 이남 지역은 중원에 비해 낙후되었지만 요기를 하찮게 취급하지 않았기 때문에 전국 시대에 이르러 요기의 생산이 전에 없는 발전을 이룩하게 되었다.

　고지희高至喜의 1980년도 통계에 따르면 전국 시대의 요기는 호남성의 초나라 고분에서 발견된 것이 가장 많으며, 그 대부분은 장사의 초나라 고분에서 출토되었다. 요기가 출토된 장사 지구의 초나라 고분은 1백10여 기로 그 가운데 80여 기의 무덤에서 나온 요기는 벽璧 80여 점, 원瑗 1점, 환環 2점이며, 나머지 30여 기의 무덤에서는 1백30여 점의 주珠와 관管을 비

롯하여 검수劍首 3점, 검이劍珥 2점, 인印 1점이 출토되었다.[52]

요기는 본래 유리琉璃로 불렸다. 현존 고고 자료를 통해 보면, 최초로 요기를 생산한 지역은 서아시아였다. 상고 시대에 동양은 서양과의 경제적 관계가 적었다. 때문에 서주 시대 중원의 요기 생산 기술은 독자적 발명으로 보인다. 이 분야 전문가의 연구에 따르면, 서양의 요기는 소다 석회 유리[soda glass]이고 중국의 요기는 납유리[lead glass]로 각기 다른 체계를 지니고 있다. 호남성 지질국 실험실이 호남성 박물관의 의뢰에 따라 레이저 스펙트럼 분석법으로 그 지역 초나라 고분에서 발견된 철색鐵色·연녹색·주황색 등 색깔이 다른 세 가지 유리벽琉璃璧을 검사한 결과, 역시 납유리로 판명되었다.

이러한 결과가 서양의 유리가 동양에 전달되었을 가능성을 결코 배제하는 것은 아니다. 재미있는 것은 서양과 동양에는 모두 '잠자리 눈 모양'의 유리구슬[珠]이 있다는 점이다. 잠자리 눈 모양의 유리구슬이란, 유리구슬에 남색과 백색의 크고 작은 동그라미가 서로 짜 맞추어져 있기도 하고 서로 인접해 있기도 한 것이다. 이런 무늬 기풍은 중국의 무늬가 지니는 기풍과는 전혀 다르며, 서아시아와 남아시아의 유리구슬 무늬와 상당히 닮은 것이다. 초나라의 중심지인 강릉 일대에서도 잠자리 눈 모양의 유리구슬이 발견된 적이 있지만 그 수는 적다. 호남성의 전국 시대 초나라 고분에서 발견된 유리관琉璃管에도 이런 무늬가 있다. 따라서 서양의 유리구슬이 일찍이 몇 차례 손을 거치며 중국 남부에 전해져 신기한 것을 좋아하는 초인의 손에 들어오게 되었고, 초인은 자신들이 지니고 있던 기술로 이를 모방하여 만들게 되었다고 보는 것이 그런 대로 타당한 해석일 것이다.

'잠자리 눈 모양'의 유리구슬은 알록달록하다는 느낌을 준다. 때문에 어떤 학자는 '알록달록하다'는 의미의 '육리陸離'라는 말이 곧 '유리'의 의미라고 주장한다. '육리'라는 말은 초나라에서 생겼고, '유리'라는 말은 초사를 비롯하여 초나라의 죽간竹簡과 백서帛書 및 선진 시대의 문헌에서는 전혀 발견되지 않는다. '육리'와 '유리'는 음이 매우 유사하여 두 가지가 동일한 것일 가능성이 있다.

호남성의 초나라 고분에서 출토된 많은 요기의 생산 지역에 대하여 고지희는 다음과 같은 견해를 밝혔다.

벽璧·원瑗·환環·검수劍首·검이劍珥는 모두 중국의 전통적 기형器形이다. 거기에 나타나는 구름 무늬, 낱알 무늬, 용 무늬는 중국의 전통적인 장식 무늬이고, 유리인琉璃印에 새겨진 글자는 중국 특유의 문자이다. 이 유리는 납 함량이 높아 서양 유리와는 다르다. "이 네 가지 특징을 통하여 이 유리는 중국 스스로 만든 것이라고 할 수 있다."[53] 고지희의 이와 같은 견해는 수긍할 만하다.

초나라의 요기는 중국의 전통 기술을 계승 발전시키고 초나라의 지역적 특색을 만들어 낸 동시에, 나아가 선진 시대 동양과 서양의 문화 교류를 밝히는 중요한 물증이 된다. 따라서 이러한 요기들은 자연 평민화된 장식품 이상의 의미를 지니고 있다.

4. 도시와 상업

전국 시대 중기의 칠웅 가운데 진秦나라와 초나라가 가장 강성하였다. 판세와 재력에 있어서는 진나라가 초나라에 미치지 못하였으나 병력과 무기에 있어서는 두 나라가 서로 엇비슷한 수준이었다. 《전국책·초책楚策》에는 강을江乙이 초나라 선왕宣王에게 "지금 폐하의 국토는 사방으로 5천 리에 이르고, 무장한 병력은 1백만이나 됩니다…… 今王之地, 方五千里, 帶甲百萬……"라고 한 기록이 있다. 같은 책에 소진蘇秦이 선왕의 아들 위왕威王에게 다음과 같이 유세한 기록이 있다.

초나라는 서쪽으로 검중군과 무군이 있고, 동쪽으로는 하주와 해양이 있으며, 남쪽으로는 동정과 창오가 있고, 북쪽으로는 분형의 요새지와 순양이 있습니다. 국토는 사방으로 5천 리에 이르고, 무장한 병력이 1백만이나 되며, 전거가 1천 승에 달하고, 기병이 1만 기에 이르며, 군량은 10년을 견딜 만하니, 이는 패왕이 될 수 있는 밑거름인 것입니다.

楚地西有黔中巫郡, 東有夏州海陽, 南有洞庭蒼梧, 北有汾陘之塞郇陽. 地方 五千里, 帶甲百萬, 車千乘, 騎萬匹, 粟支十年, 此覇王之資也.

또 장의張儀가 위왕의 아들 회왕懷王에게 "폐하께서는 진나라에서 얻고 싶은 것이 없으신지요? 王無求於晉國乎"라고 묻자, 회왕은 "황금·진주· 상아가 모두 초나라에서 산출되오. 과인은 진나라에서 바랄 것이 없소 黃金珠璣犀象出於楚, 寡人無求於晉國"라고 대답하였다. 회왕의 이 말은 그가 초나라가 천하에서 가장 부유하다고 깊이 믿고 있었음을 의미한다.

도시와 건축

광대한 국토, 비옥한 토지, 풍부한 자원, 꾸준히 발전되는 각종 기술, 점차 규모가 커진 관료 기구 등은 초나라의 도시 발전을 촉진하였다. 또 전쟁이 격화되고 무기가 발전하고 영토 내부에서 전투가 빈발함에 따라 초인은 도시에 높은 성벽을 쌓고 깊은 해자를 파게 되었다.

합종과 연횡이 뒤바뀌는 외교 관계 속에서 초나라 임금은 여러 차례에 걸쳐서 5,6개의 성을 이웃 나라에 떼어 주고 말았다. 그곳은 모두 그리 크지 않은 변방의 성이었다. 초나라의 큰 도시로는 우선 영도郢都를 꼽을 수 있다. 그밖에 언鄢(지금의 호북성 宜城縣)·완宛(지금의 하남성 南陽市)·성양城陽(지금의 하남성 信陽地區)·진陳(지금의 하남성 淮陽縣)·상채上蔡(지금의 하남성 上蔡縣)·하채下蔡(壽春; 지금의 안휘성 壽縣)·오吳(지금의 강소성 蘇州市) 등이 있었다. 언은 초나라의 옛 도읍으로 한수 중류의 거점이었고, 완은 한수와 방성方城 사이의 요충지로 철광 제련업이 발달했던 곳이다. 성양은 회수 상류의 거점으로 경제적 기능보다는 군사적 역할이 컸던 곳이다. 진·상채·하채·오는 진陳나라·채蔡나라·오吳나라의 옛 도읍으로 모두 번화함으로 명성을 떨쳤다.

도시의 규모와 정책을 통해 보면 영도는 단연 명실상부한 수도였다. 영도는 지리적으로 "서쪽으로는 무군과 파지로 통하고, 동쪽으로는 풍요한 운몽을 끼고 있었다. 西通巫巴, 東有雲夢之饒"[54) 후세에 영도로 불린 기남성紀南城은 그 옛터가 지금도 남아 있다. 호북성 박물관이 1960년대에 탐사와 시험 발굴을 한 적이 있으며, 1970년대에는 몇몇 관련 부처와 공동으로 보다 광범위한 조사와 발굴을 거쳐 〈초나라 도읍 기남성의 답사와 발굴 楚都紀南城的勘査與發掘〉을 남김으로써[55) 고대 명성名城의 면모를 대

략이나마 이해하게 되었다.[56)

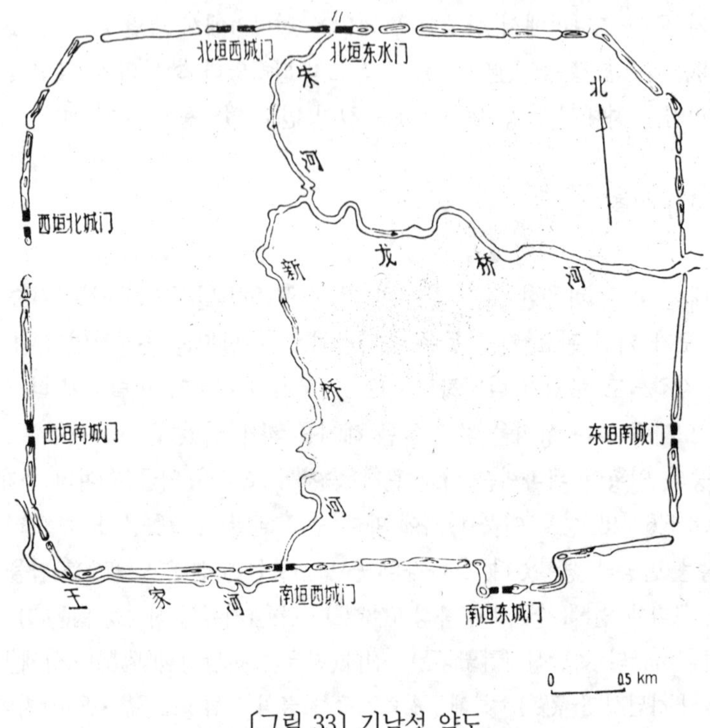

〔그림 33〕 기남성 약도

　영도의 옛성은 지금의 강릉 북쪽 약 5킬로미터 지점에 위치하였다. (그
림 33 참조) 지세는 평탄한 편으로 언덕이 일부 있기는 하나 기복이 크지
않고, 성터의 해발 고도는 34미터 내외이다. 흙을 틀에 넣고 다져서 쌓은
성벽[57)은 대부분 그대로 현재의 지면 위로 볼록하게 나와 있으며 28군데의
갈라진 틈이 있을 뿐이다. 높이는 보통 4-8미터이고, 밑부분의 넓이는 30-
40미터이며, 윗부분의 넓이는 10-20미터 정도이다. 다진 흙의 두께는 한 겹
이 약 10센티미터이다. 성벽은 이를 받치고 있는 축대와는 확실하게 구분
된다. 바깥쪽 축대는 밑부분의 넓이가 약 6미터이고, 안쪽 축대는 약 10미
터 정도이다. 전체 성은 대체로 방형方形으로, 동서의 길이가 남북의 길이
보다 조금 넓다. 동북·서북·서남쪽의 세 모퉁이는 모두 절각切角을 이루
는데, 절선切線은 5-7백 미터로 그 길이가 다르다. 동남쪽 모퉁이는 직각에

가깝고, 남쪽 성벽에서 동쪽으로 치우쳐서는 '凸'자 모양의 돌출부가 있다. 성벽의 둘레는 1만 5천5백6미터이고, 성의 면적은 16평방 킬로미터이다. 현재 알려진 바로는 모두 7개의 성문이 있는데 북쪽·서쪽·남쪽 성벽에 각각 2개씩이 있고, 동쪽 성벽에 하나가 있다. 그 가운데 북쪽 성벽의 동쪽 문과 남쪽 성벽의 서쪽 문은 수문으로 옛날 배가 드나들던 수로에는 지금도 물이 흐르고 있다. 또한 동쪽 성벽의 중간에서 북쪽으로 치우친 부분에도 수로가 횡으로 관통하여 흘렀음이 탐사 결과 밝혀져 역시 수문이 있었을 것으로 추측되지만, 지금은 갈라진 틈만이 남아 있을 뿐이다. 원래의 터는 수류에 부딪치고 씻겨 나간데다 도로를 개설하면서 심하게 훼손되었기 때문에 이를 밝혀낼 방법이 없다. 성을 에워싸고 있는 낮은 늪지는 해자의 유적으로 보인다.

성벽을 쌓은 시기는 성벽과 축대 사이, 그리고 성문 아래에 깔려 있는 유물에 근거하면 춘추 말기 내지 전국 초기를 넘어서지 않을 것으로 추측된다.

기남성의 남쪽으로는 장강이 흐른다. 장강을 건너 남쪽으로 내려가면 동정호를 지나 상수湘水를 거슬러 창오蒼梧에 이를 수 있다. 장강을 거슬러 올라가면 파巴·촉蜀으로 통할 수 있고, 강줄기를 따라 하류로 내려가면 오·월로 들어갈 수 있다. 성의 서쪽으로는 장수漳水가 만복蠻濮들이 모여 살던 산지山地로 흐른다. 북쪽으로는 큰길이 나 있어서 언鄢·등鄧·완宛을 거쳐 초나라 밖으로 빠져 나갈 수 있다. 동쪽으로는 구불구불 이어진 호수가 장강과 한수를 이어 주고 있다. 초나라 소왕이 영도를 이곳으로 옮긴 것은 그 지리적 위치를 거시적으로 살펴볼 때 정확한 선택이었다고 할 수 있다.

성터는 동쪽과 남쪽의 강과 호수와 서쪽과 북쪽의 언덕 사이에 적당한 높이로 자리잡고 있다. 또 수로가 북쪽에서 남쪽으로, 서쪽에서 동쪽으로 종횡으로 관통하여 홍수의 위험도 없다. 성벽을 쌓을 때 고지대를 만나면 바깥쪽으로 싸고돌며 쌓고, 방향을 트는 부분에서 늪지대를 만나면 비스듬히 이를 피해 쌓았다. 성벽의 전체적인 구조는 지형을 세밀히 뜯어 보면 정연한 가운데 변화가 있고 엄정한 속에 융통성을 보여 기존의 틀에 얽매이지 않고 실효를 강구하였다. 설계상에 나타난 이와 같은 훌륭한 사고는 초인의 전통적 기풍을 잘 드러낸 것이다. 이 성은 나중에 진秦나라 군사들의 공격을 받아 단번에 파괴되었다. 그것은 성벽이 높지 않았거나 해자가 깊지 않았기 때문이 아니다. 당시 초나라 임금과 신하들의 식견과 책략이 높지 못했기 때문이다.

1972년부터 1975년까지 서쪽 성벽의 북쪽 문과 남쪽 성벽의 수문이 발굴되어 영도의 두 가지 성문의 서로 다른 형태와 구조가 밝혀졌다.

서쪽 성벽의 북쪽 문은 3개의 문도門道가 있는데, 흙을 다져 쌓은 2개의 격벽隔壁으로 나누어진다. 가운데 문도는 기반의 넓이가 7.8미터이고, 북쪽 문도와 남쪽 문도는 가운데 문도의 2분의 1이며, 2개의 격벽은 넓이가 3.6미터이고 길이가 10.1미터이다. 문도 안과 격벽 위에는 기둥 따위를 세웠던 흔적이 발견되지 않았다. 가운데 문도 안쪽에 있는 2개의 굴착 방향의 두번째 층 아래에서 짙은 갈색의 흙이 한 층 발견되었는데 방향은 동서로 향하고, 남북의 넓이는 약 8미터이며, 가운데 부분이 높고 양쪽 옆은 조금 낮은 편이다. 평면 부분은 약간 호형弧形을 보이는데 아마도 원래의 노면인 듯하다. 남쪽 문도 안쪽은 노면의 흙이 거무스름하고, 동서 방향으로 2개의 오목한 고랑이 나 있다. 두 개의 고랑은 서로 평행에 가깝고 1.8미터 정도 떨어져 있으며, 메워넣은 흙은 황색으로 수레바퀴가 지나다닌 자리로 보인다. 북쪽 문도 안쪽은 노면의 흙이 판별할 수 없을 정도로 망가져 버렸다. 성문 안에는 남쪽과 북쪽 양옆으로 문간방이 있던 터가 하나씩 남아 있다.

남쪽 성벽의 수문은 목조 건축물이다. 현재는 남북 방향으로 늘어선 6줄의 나무 기둥과 2개의 덧문이 있다. 중간에 배열된 4줄의 기둥은 동쪽에서 서쪽 방향으로 둘째에서 다섯째 줄의 기둥이 되는데, 두 개의 덧문과 이어져 문도를 이룬다. 기둥은 모난 것과 둥근 것 등 서로 다르고, 길이가 다르며 굵기도 일정하지 않다. 대부분은 둥근 기둥으로 길이는 2.2-2.88미터이고 아랫부분의 지름은 20-36센티미터이며, 끝부분이 뾰족하다. 원래는 매 줄마다 10개 씩의 기둥을 세워 놓았으나 이미 썩어 버린 것이 있기 때문에 실제로는 4줄 38개의 기둥 구멍와 주춧돌 37개, 나무 기둥 30개가 발견되었다. 문도는 길이가 11.5미터 내외이고, 둘째와 셋째 줄의 기둥 사이에 있는 동쪽 문도와 셋째와 넷째 줄의 기둥 사이에 자리한 가운데 문도는 넓이가 각각 3.5미터이며, 넷째와 다섯째 줄의 기둥 사이에 있는 서쪽 문도는 3.7미터이다. 둘째 줄의 기둥 동쪽과 다섯째 줄의 기둥 서쪽에는 덧문이 달려 있는데, 덧문은 각각 3단으로 나뉘고 매 단은 두 개 내지 세 개의 나무 판자가 남북 방향과 상하로 서로 이어져 있다. 동쪽 덧문은 높이가 60센티미터이고, 서쪽 덧문은 50센티미터를 약간 넘는다. 첫째 줄과 여섯째 줄의 기둥은 아마도 건축물에 부속되어 설치된 것으로 보이는데, 모두 둥근 나무 기둥으로 길이는 0.47-1.2미터이고 기둥 뿌리의 지름은 20-30센티미터이며 역시 끝부분이 뾰족하다. 첫째 줄과 둘째 줄 사이의 거리는 1.75미터이고 여섯째 줄과 다섯째 줄의 경우는 2.2미터이다. 매 줄마다는 10개씩의 기둥이 있어야 하지만, 실제로 두 줄에 남아 있는 것은 기둥 자리 8개와 기둥 5개가 발견되었을 뿐으로 주춧돌을 사용하지 않고 개울 바닥 속으로 20센티미터 가량 박아넣고 문도를 수위보다 약간 높게 하였다.

발굴 결과 다음과 같은 사실이 입증되었다.

도성都城은 1문門 3도道의 형태로 늦어도 춘추 시대에서 전국 시대로 접어들 무렵에 이미 만들어졌다. 1문 3도의 수문은 이제까지 영도에서만 발견된 것으로 초인이 창조한 것이 틀림없다.

당시 영도의 수륙 교통은 상당히 편리하여 배들이 꼬리를 물고 수문을 드나들었고, 수레와 말이 분주하게 성문을 출입하였다. 성내에는 다리 아래 노젓는 소리와 다리 위의 말방울 소리가 서로 어울려 마치 음악을 연주하듯 성황을 이루었다. 이런 분위기는 다른 곳에서는 찾아보기 어려웠을 것이다.

영도의 성터에 대한 발굴 작업은 아직 상당히 미미하지만, 이미 몇 가지 중요한 실마리를 찾아냈다.

현재 성터 안은 모두 밭과 마을이 되어 버렸지만, 동남쪽과 동북쪽에서는 아직도 흙을 다져 쌓은 많은 터를 발견할 수 있다. 동남쪽은 남북으로 뻗은 옛 수로를 중심으로 두 부분으로 나뉘는데, 서쪽 지역에 더 많은 터가 밀집되어 있다. 서쪽 지역의 동쪽과 북쪽에는 흙을 다져 쌓은 담벽의 흔적이 있는데 당시 건물을 둘러싼 담이었던 것으로 짐작된다.

1975-1976년에 걸쳐 발굴된 송松 30호 터는 장방형으로 길이가 80미터

이고, 너비가 54미터이며, 남아 있는 높이가 1.2-1.5미터이다. 연대는 전국 초기에서 중기 무렵에 해당된다. 담장의 토대는 기초 위에 쌓아올리는 방법을 사용하였는데, 먼저 지면에 넓이 3미터 가량의 기초를 세우고 그 위에 1미터 정도 되는 담장 토대를 만든 다음, 다시 그 위에 벽을 쌓아올렸다. 담장 토대의 양옆에는 장방형의 기둥 자리가 바싹 붙어 있다. 이 기둥 자리는 담장 토대 속으로 15센티미터 가량 박혀 있고, 기둥 자리의 안쪽은 직각으로 꺾어졌으며, 바깥쪽은 호형을 나타낸다. 이런 기둥 자리는 명암주가 땅 속으로 박혔던 부분으로 보인다. 건물터는 길이가 63미터이고, 너비가 14미터로 격벽을 중심으로 동실과 서실로 나뉜다. 북쪽 담장의 토대 바깥쪽 12미터 지점과 남쪽 담장의 토대 바깥쪽 14미터 되는 곳에 각각 주춧돌이 있고, 주춧돌의 바깥쪽으로는 배수로가 있다. 따라서 원래의 건축물은 양쪽 면을 파식坡式으로 지은 것임을 알 수 있다. 북쪽 담장의 토대와 북쪽 주춧돌 사이에서는 약간의 기둥 자리가 발견되었다. 기둥 자리는 세 줄로 나뉘어 있는데, 기둥을 세워서 처마를 지탱하였던 흔적으로 보인다. 이와 유사한 기둥 자리는 남쪽 담장 토대와 남쪽 주춧돌 사이에도 있으나 발견된 것이 매우 적다. 동실과 서실의 내부에서는 각각 기둥 자리 하나씩이 발견되었는데, 기둥을 세워서 들보를 받쳤던 것으로 보인다. 원래 세웠던 기둥이 이처럼 적지는 않았을 것이다. 남·북의 배수로에서는 부서진 채로 남아 있는 21개의 배수용 도관이 발견되었다. 도관 하나의 길이는 66.5센티미터이고, 지름은 19센티미터이며, 관의 벽면 두께는 1-1.5센티미터이다.

이 건물 유적은 건물 터의 규모와 건축 양식을 통하여 볼 때 궁전 내지는 관청 건물일 것으로 판단된다. 여기에 관해서는 《초나라 도읍 기남성의 답사와 발굴》 제4장에 실려 있다. 이는 현재 초나라의 도성 건축을 연구하는 데 이용할 수 있는 유일한 자료이다.

영도 동남쪽의 서쪽 절반은 본래 궁전 구역으로 추정된다. 영도의 동남쪽 모퉁이와 동북쪽의 중심 지역에도 흙을 다져 쌓은 터가 상당수 남아 있는데 당시 주거 지역으로 짐작된다.

영도 거주민의 생활 용수는 주로 우물물이었던 것으로 보인다. 성터 내에서는 많은 우물이 발견되었다. 우물이 밀집된 지역은 성 중앙에서 북쪽으로 치우친 곳이다. 1975-1976년까지 이 지역의 길이 약 1천 미터, 너비 약 60미터의 범위 내에서 우물 2백56개와 가마터 6곳이 발견되었다. 이들 우물은 다음 네 종류로 나눌 수 있다.

첫째, 토정土井으로 71개가 발견되었다.

둘째, 도권정陶圈井으로 1백76개가 발견되었는데, 우물 윗부분에 도제 정권井圈이 있다. 정권 하나는 길이와 지름이 각각 80센티미터이고, 위아래 가장자리의 두께가 약 3센티미터이며, 중간 부분 벽면의 두께가 1.5센티미터 정도이다. 우물 하나에 사용된 정권은 보통 2-5개이다. 맨 아래 정권 밑에는 가로받침목이 있다. 나무받침은 '二'자나 '十'자 또는 '井'자 모양이며, 장부를 사용하지 않았다. 우물 아랫부분은 흙벽으로 되어 있으며, 더러 대나무나 갈대를 엮어 만든 울타리 같은 것이 있는데, 이는 바닥에 흙이 쌓이는 것을 막기 위하여 설치한 것으로 보인다.

셋째, 목권정木圈井이다. 이는 최초로 발견된 것이며 3개뿐이다. 목제 정권은 양끝을 자른 긴 장대에 둥그스름한 홈을 파고 이를 연결하여 타원형으로 만든다. 이것을 나란한 두 개의 가로목 위에 얹고, 깎아 만든 두 장대의 맞붙인 부분을 각각 나무 기둥에 붙인 다음 정권 밑부분에 있는 두 개의 나란한 지주목의 장부를 권벽圈壁에 끼워넣는다. 정권은 지름이 70-82센티미터이고, 벽면의 두께가 2-6센티미터이며, 현재 남아 있는 높이는 1.8미터이다. 또 다른 정권에는 죽제 정권이 덧씌워져 있다.

넷째, 죽권정竹圈井으로 5개이다. 죽제 정권은 대나무와 버드나무 가지를 엮어서 만든다. 그 가운데 하나를 예로 들면 지름이 85센티미터이고, 벽면의 두께가 3-6센티미터이며, 현재 남아 있는 높이는 70센티미터이다.[58]

가마터 부근의 우물은 대체로 얕은 편이며, 산업 용수를 공급하기 위하여 판 것으로 보인다. 건물터 주변의 우물은 깊고 정교하며 생활 용수를 공급할 목적으로 만든 것으로 보인다.

이밖에 다른 종류의 우물이 하나 있는데, 우물에서는 물을 긷는 작은 두레박 대신 물건을 담아 놓는 커다란 항아리가 발견되었다. 이는 냉장용으로 판 것으로 추정된다.

영도 중앙에서 북쪽으로 치우쳐 있는 우물 밀집 지대는 도기를 굽던 가마터로 보인다. 영도의 서남쪽에는 남아 있는 터가 많지 않다. 그러나 앞서 언급하였듯이 화덕이 있던 자리가 발견되어 주조 공방이 있었던 것으로 추측된다. 서북쪽은 남아 있는 터가 더욱 적은데 그 이유는 알 수 없다.

성터 안에서 발견된 벽돌과 기와로는 공심전空心磚·판와板瓦·통와筒瓦·반와당半瓦當·원와당圓瓦當 등이 있다. 공심전은 눌러찍은 무늬가 있고, 판와·통와·와당에는 새끼줄 무늬가 있다.

영도 성 안의 도로·마을·저자·민가 등에 대하여는 현존 자료가 너무 부족하므로 추가 발굴을 기다려야만 한다. 환담桓譚의 《신론新論》에 "초나라 영도는 수레바퀴가 서로 부딪치고 사람들의 어깨가 서로 스치며, 저자 거리에서는 서로 밀치고 부딪치고 하여 아침 나절에 입은 새 옷이 저녁 무렵이면 누더기가 되어 버린다고 한다 楚之郢都, 車轂擊, 民肩摩, 市路相排突, 號爲朝衣新而暮衣蔽"[59]고 하였다. 아마도 환담은 전국 시대 종횡가들의 말을 근거로 한 듯하다. 종횡가는 자신의 언론을 돋보이게 하려고 다소 과장할 수밖에 없었지만, 기본적으로 그런 사실이 있기 때문에 과장하는 것이다. 그들이 묘사한 바로는 영도는 인가가 조밀하고 거리가 번화한 큰 도회지였다. 영도의 옛터에서 이것이 증명됨으로써 그의 말이 사실임을 알 수 있다.

상업과 화폐

《맹자孟子·등문공상滕文公上》에 다음과 같은 기록이 있다.

신농씨가 말한 가르침을 실천하는 허행이라는 사람이 초나라로부터 등나라에 가서 문공에게 아뢰었다.

"먼 곳에서 사는 사람이 임금께서 어진 정치를 하신다는 소문을 듣고 집 한 채를 얻어서 백성이 되기를 원합니다."

문공은 그에게 거처를 마련해 주었다. 그의 무리들 수십 명은 모두가 베옷을 입고 짚신을 삼고 자리를 짜서 생활을 해결하였다. 또 진량의 제자인 진상이 그의 아우인 신과 함께 쟁기와 보습을 지고 송나라에서 등나라로 와서 말하였다.

"임금께서 성인의 정치를 하신다는 소문을 들었는데 과연 성인이십니다.

성인의 백성이 되기를 원합니다."

진상은 허행을 만나 보고는 크게 기뻐하여 이제껏 배운 것을 모두 팽개치고 그에게서 배웠다. 진상은 맹자에게 허행의 말을 그대로 전했다.

"등나라의 임금은 실로 현군입니다. 그러나 아직도 올바른 도를 모르고 있습니다. 현군은 백성과 더불어 함께 농사를 지어서 먹고 아침 저녁으로 손수 밥을 지어 먹으며 정치를 하는 것입니다. 그러나 등나라에는 곳간과 재물 창고가 있습니다. 그것은 백성들을 괴롭혀서 자신을 살찌우는 것이니, 어찌 참된 현군이라고 할 수 있겠습니까?"

맹자가 말하였다.

"허행은 반드시 옷을 손수 만들어 입소?"

"아닙니다. 허행은 베옷을 입습니다."

"허행은 관을 쓰오?"

"씁니다."

"어떤 관을 쓰오?"

"흰 관을 씁니다."

"손수 그것을 짜오?"

"아닙니다. 곡식과 바꾸어 옵니다."

"어째서 허행은 손수 그것을 짜지 않소?"

"농사일에 방해가 되기 때문입니다."

"허행은 솥과 시루로 밥을 짓고, 쇠로 만든 쟁기로 농사를 짓소?"

"그렇습니다."

"자기가 손수 그것을 만드오?"

"아닙니다. 곡식과 바꾸어 옵니다."

"곡식을 주고 기구와 바꾸어 오는 것은 질그릇 굽는 사람이나 대장장이를 괴롭히는 것이 아니오? 질그릇 굽는 사람과 대장장이가 또한 그들이 만든 기구와 곡식을 바꾸는 것이 어찌 농사꾼을 괴롭히는 것이 되겠소? 허행은 어째서 몸소 질그릇을 굽고 쟁기를 만드는 일을 하지 않는 게요? 모든 것을 자기 집 안에서 해결하지 않고 번거롭게 백공들과 바꾸는 것이오? 어째서 허행은 번거로운 것을 꺼리지 않소?"

"백공들의 일이란 농사를 지으면서 함께 할 수는 없는 것이기 때문입니다."

"그렇다면 천하를 다스리는 일은 농사를 지으면서 할 수 있다는 말이오? 대인이 할 일과 소인이 할 일이 따로 있소. 또 사람에게는 백공이 만드는 물건이 모두 필요한 것인데, 만약 자기가 손수 만들어서 쓴다면 이것은 천하 사람들을 길거리로 내몰아 분주하게 만드는 것이오."

有爲神農之言者許行, 自楚之滕, 踵門而告文公曰; 遠方之人, 聞君行仁政, 願受一廛而爲氓. 文公與之處. 其徒數十人, 皆衣褐, 捆屨織席以爲食. 陳良之徒陳相, 與其弟辛, 負耒耜而自宋之滕, 曰; 聞君行聖人之政, 是亦聖人也, 願爲聖人氓. 陳相見許行而大悅, 盡棄其學而學焉. 陳相見孟子, 道許行之言曰; 滕君則誠賢君也, 雖然, 未聞道也. 賢者與民竝耕而食, 饔飱而治. 今也滕有倉廩府庫, 則是厲民而以自養也, 惡得賢. 孟子曰; 許子必種粟而後食乎. 曰; 然. 許子必織布而後衣乎. 曰; 否, 許子衣褐. 許子冠乎. 曰; 冠. 曰; 奚冠. 曰; 冠素. 曰; 自織之與. 曰; 否, 以粟易之. 曰; 許子奚爲不自織. 曰; 害於耕. 曰; 許子以釜甑爨, 以鐵耕乎. 曰; 然. 自爲之與. 曰; 否, 以粟易之. 以粟易械器者, 不爲厲陶冶, 陶冶亦以其械器易粟者, 豈爲厲農夫哉. 且許子何不爲陶冶, 舍皆取諸其宮中而用之. 何爲紛紛然與百工交易, 何許子之不憚煩. 曰; 百工之事. 固不可耕且爲也. 然則治天下, 獨可耕且爲與. 有大人之事. 有小人之事. 且一人之身而百工之所爲備, 如必自爲而後用之, 是率天下而路也.

허행許行은 초나라 사람이다. 진량陳良과 진상陳相 역시 초나라 사람이다. 그들이 활동하던 전국 시대 중기는 사회적 분업의 수준이 이미 "사람에게는 백공이 만드는 물건이 모두 필요한" 정도에 이르렀다. 허행은 힘껏 자급자족을 추구했지만 그가 쓴 관과 그가 사용한 도기와 철기는 모두 곡식과 바꾼 것이었다.

사실 허행은 일반적인 상품 경제를 반대했던 것은 결코 아니다. 그가 제자들과 더불어 엮고 짠 짚신과 자리가 바로 상품이다. 허행의 주장은 모든 상품은 그 자신이 생산한 곡식과 마찬가지로 상품의 양에 따라서만 값이 매겨져야 하고, 상품의 품질은 고려할 필요가 없다는 것이다.

《맹자·등문공상》에는 계속하여 진상의 다음과 같은 말을 싣고 있다.

"허행의 말을 좇는다면 시장의 물가는 모두 같고 나라 안에는 속임수가

없어, 어린아이를 시장에 보내더라도 속이는 일이 없을 것입니다. 베와 비
단은 길이가 같으면 그 값도 같고, 삼실과 명주실도 무게가 같으면 그 값
이 같으며, 오곡은 분량이 같으면 값이 서로 같고, 신발은 크기가 같으면
값이 서로 같습니다."

從許子之道, 則市賈不貳, 國中無僞, 雖使五尺之童適市, 莫之或欺. 布帛長短
同, 則賈相若. 麻縷絲絮輕重同, 則賈相若. 五穀多寡同, 則賈相若. 屨大小同, 則
賈相若.

허행의 주장은 받아들여질 수 없는 것이다. 이에 맹자는 그 주장에 대해
다음과 같이 반박하였다.

"물건의 품질이 다른 것은 물건의 속성이오. 물건에 따라서 2배, 5배 더
러는 10배, 1백 배, 1천 배, 1만 배의 차이가 나는데 분량만을 비교하여 값을
모두 같게 한다면 이것은 세상을 어지럽히는 것이오. 큰 신발과 작은 신발
의 값이 같다면 누가 크거나 좋은 것을 만들겠소? 허행의 주장을 따른다면,
서로 상대를 끌어다 거짓을 행하는 것이니 어떻게 그것으로 나라를 다스릴
수 있겠소?"

夫物之不齊, 物之情也. 或相倍蓰, 或相什伯, 或相千萬. 子比而同之, 是亂天
下也. 巨屨小屨同賈, 人豈爲之哉 從許子之道, 相率而爲僞者也, 惡能治國家.

허행은 배부르고 등 따뜻한 생활을 바라는 초나라 농민을 대표할 뿐으
로, 그들의 시장 수요는 그리 크지 않다.

《사기·화식열전貨殖列傳》에 "초나라와 월나라 땅 楚越之地"에서는 "장
사치가 필요 없다 不待賈而足"고 하였는데, 이는 "먹거리가 넉넉함 饒食"
에 대해 언급한 것이다. 백성들은 먹는 것을 하늘처럼 여긴다. 때문에 다른
것은 모두 양식의 넉넉함에 비하여 부차적인 것일 뿐이다. 상품은 쓰기에
적당하면 그뿐이고, 가격은 안정되어 있으면 그뿐이지, 보기에 좋고 나쁘
고 따위는 따지지 않는다. 뿐만 아니라 일반적인 농민들은 반드시 화폐를
지니고 있는 것도 아니다. 그들의 상품 교환은 흔히 허행과 마찬가지로 물
물교환에 의존할 뿐이다. 초나라 농촌에서 상품 경제는 자연 경제의 보조

적 수단일 뿐이었다.

그러나 초나라의 도시는 빈번한 상업 활동의 중심지였다. 국내 시장에는 곡식과 소금·삼베·비단·솜·마직·관冠·신발·의복·죽기·목기·칠기·도기·동기·철기·가축·피혁 등이 대종을 이루었고, 귀중품으로는 진주·무소 뿔·상아·단사·황금 등이 거래되었다. 이런 물품들은 금속류와 화살대 등을 제외하고 모두 국제 시장으로 반출될 수 있었다.

춘추 시대에 정나라는 남북간의 물자 교류에 있어서 중요한 중개지였다. 전국 초기에 초나라가 진陳나라를 멸망시키고, 전국 중기에 한韓나라가 정나라를 멸망시켰다. 이로부터 "초나라와 제하의 교역에 있어서 在楚夏之交"[60] 진나라는 정나라를 대신하여 남북간 물자 교역의 중개지가 되었다. 초나라의 각 하천과 도로에는 상인의 대열이 오가면서 갖가지 물자가 유통되었다. 이는 몇몇 거상의 출현을 가져왔고, 그 가운데 아주 규모가 큰 사람은 봉군의 신분으로 특권을 누리는 관상官商이 되었다. 1957년과 1960년에 발견된 악군계절鄂君啓節은 관상에 대한 놀라운 물증을 제공하였다.

악군계절은 주절舟節 2개와 거절車節 3개로 모두 안휘성 수현壽縣의 구가화원丘家花園에서 발견되었다. 5개는 형태가 모두 같고 청동으로 죽절竹節을 본떠 만들었는데, '금절金節'이라는 명문이 있다. 주절과 거절의 길이는 각각 31센티미터와 29센티미터 정도이며, 둥근 부위는 길이가 모두 8센티미터이다. 둥근 부위의 둥근 정도와 길이 그리고 주절과 거절의 양끝에 새겨진 서수序數에 의하면 주절과 거절은 본래 각각 5개씩 만들어졌고, 각 5개씩이 서로 합쳐져 하나의 원통 모양을 이룬 것으로 추정된다. 주절에는 금박을 입힌 명문이 있다. 현재 발견된 두 개의 주절은 명문이 서로 같으며 거절 또한 마찬가지이다. (그림 34 참조)

명문의 첫머리에는 다음과 같이 기록되어 있다.

"대사마 소양이 양릉에서 진나라 군사를 무찌르던 해 여름 을해일에 임금께서는 부영의 행궁에 머무르면서 대공윤 수에게 명하여 이○윤소○·○윤 역·○령 ○에게 악군 계의 ○갱을 위하여 금절을 주조하도록 하였다."

大司馬邵䧞敗晉師於襄陵之歲·夏㽵之月·乙亥之日. 王居於茇郢之游宮, 大攻尹脽以王命二集尹惡糧·戴尹逆·戴令阮, 爲鄂君啓之賡賡鑄金節.

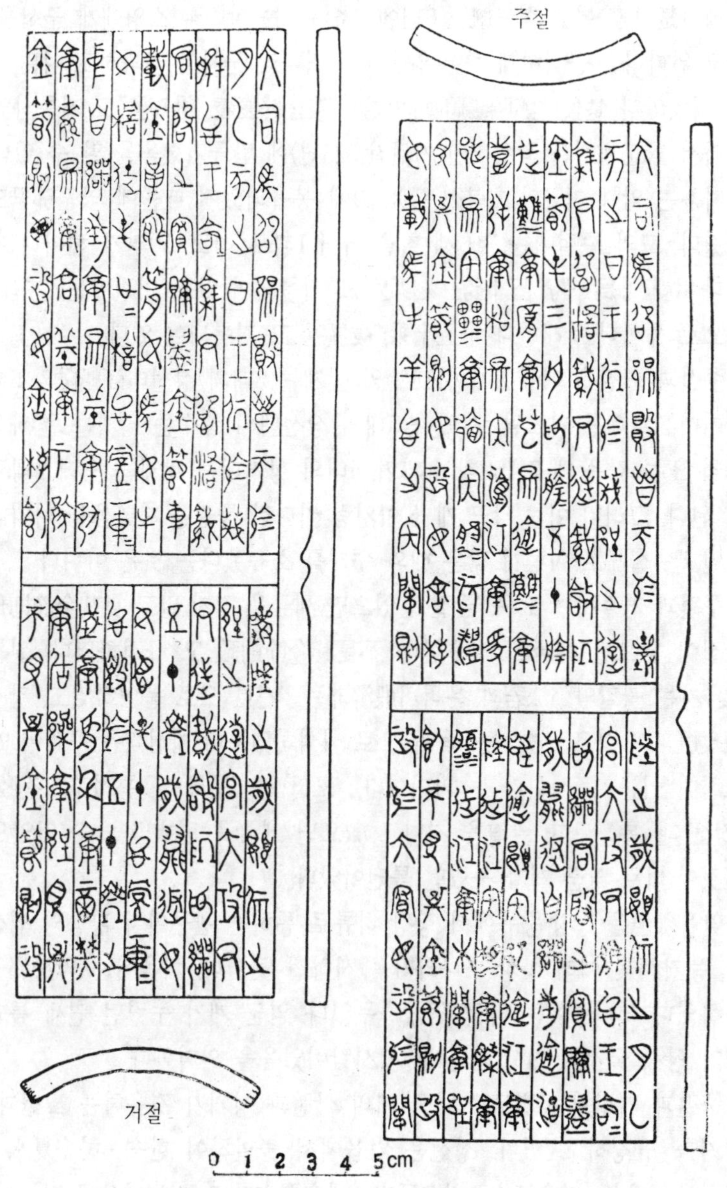

〔그림 34〕 악군계절

여기에서 '邵鄗'은 '소양昭陽'이고, '襄陵'은 '양릉襄陵'이다.[61] 《사기·초세가楚世家》에는 회왕懷王 6년에 "초나라는 상주국 소양에게 군사를 이끌고 위나라를 공격하게 하여 양릉에서 위나라 군사를 격파하고 여덟 고을을 빼앗았다 楚使柱國昭陽將兵而攻魏, 破之於襄陵, 得八邑"고 기록하였다. 따라서 악군계절은 회왕 6년(기원전 323년)에 만들어졌음을 알 수 있다.

계啓는 악鄂(지금의 호북성 鄂州市)에 봉읍되었기 때문에 악군鄂君으로 불렸다. 그의 주절에는 "배 세 척을 묶어 1과로 하고, 50과가 해마다 왕래한다 屯三舟爲一舿, 五十舿, 歲贏返"고 기록되어 있고, 거절에는 "수레 50승으로 해마다 왕래한다 車五十乘, 歲贏返"고 기록되어 있다.

주절과 거절은 각각 5매이므로, 악군 계는 5대의 상선대商船隊와 5대의 상거대商車隊를 거느릴 수 있다. 5대의 상선대의 총수는 많게는 큰 배 2백50척 또는 작은 배 7백50척이 되며, 5대의 상거대는 많게는 수레 2백50승이 된다. 그러나 이는 악군 계가 이처럼 커다란 특권을 지녔음을 나타내는 것일 뿐, 실제로 이렇게 많은 배와 수레를 소유했다는 것은 아니다.

주절과 거절에는 모두 "금절이 있으면 세금을 걷지 말고 戛其金節則母政 금절이 없으면 세금을 징수한다 不戛其金節則政"고 규정하였다. 원문의 '戛'자는 곽말약郭沫若과 은척비殷滌非는 '견見'으로 풀이하였고, 장정랑張政烺과 우성오于省吾는 '득得'으로 해석하였는데 미심쩍은 구석이 있다. 요컨대 이는 '조사한다'는 의미이다. '모母'는 '무毋'와 통하고, '정政'은 '정征'과 통용된다. 금절을 지니고 있으면 세금을 면제받을 수 있었으니, 이것이 바로 악군 계가 누렸던 특권이었다.

악읍鄂邑은 장강 중류에서 장강 하류로 통하는 관문이자 황동의 집산지로 웅거熊渠 이래 항상 초나라가 중시하던 곳이다. 처음에는 악왕鄂王을 봉하였다가 나중에는 악군鄂君을 두었다. 악군 계가 누렸던 면세 특권은 그가 당시 굴지의 거상 가운데 한 사람이었음을 의미한다.

주절과 거절에는 별도로 악군 계의 상선과 상거가 경유하는 노선과 목적지를 규정하고 있다. 상선은 악읍에서 출발하여 한수·하수夏水·장강·상수湘水·자수資水·원수沅水·예수澧水를 거쳐 남쪽으로 지금의 호남성 남부 지역까지 갈 수 있었고, 상거는 악읍에서 출발하여 북쪽으로는 지금의 하남성 남부 지역까지 올라가고 동쪽으로는 안휘성 서부와 남부 지역까지 갈 수 있었다. 대체로 한수를 경계로 하여 상선대는 남쪽 지역을, 상거대는 북쪽 지역을 각각 맡았다.

매나 운송이 금지되었다. 거절의 규정에 따르면 대나무, 화살의 탑재를 금한다 毋載金革暈箭"고 '暈' 자는 '미수籥' 의 가차자로, 《산해경山海經·중 ─山多籥' 의 '미수籥' 가 《관자管子·지원地貝》에 나 의 '暈' 으로 화살 제작용 대나무인 '전죽箭竹'이 있는 견해이다. 금속·가죽·전죽·화살은 군수 우이다. 거절에만 규정되어 있는 것은 육로를 통 으로써 적에게 공급되어 공격을 받는 일을 방지

반과 판매를 허가하였으나 면세 혜택은 없었다. 싣고 관을 드나드는 경우에는 대부에서 징세하고, 女載馬牛羊以出內關, 則政於大府, 毋政於關"고 은 '관關' 이고, '府' 는 '부부府' 와 같은 의미이다. 관 大府는 중앙 기구이다. 남방은 북방에 비해 말· 문에 그것을 남쪽 지방에 갖다 팔면 큰 이익을 볼 가 남방에서 거둔 물품세 가운데 말·소·양에서 였을 것이다. 악군 계에 대한 초나라 회왕의 대우 도 말·소·양에 대해서까지 면세시켜 줄 수는 없 하는 세를 중앙 기구에서 징수토록 규정한 것은 을 조절하기 위한 조처로 추정된다. 주절에서는 의 운송을 금하지 않아 남쪽 지방에 대한 초나라 어 있었음을 알 수 있다. 다음과 같다.

1거車로 간주하고, 짐꾼은 20명당 1거로 간주하며, 신세 50승乘 란고 나─서 면세 조치한다."

주절과 거절에 모두 규정된 내용은 다음과 같다.

"지방 정부는 악군 계의 대상에게 식사를 제공할 책임을 지지 아니한다."

"악군 계의 대상은 배편이든 수레편이든 장거리 교역이 끝나면 영도郢都
로 가야 한다."

이런 각종 규정은 초나라의 상법이 매우 엄밀하였음을 보여 준다. 주절
과 거절의 명문에는 먼저 제작 연월일과 유관 관원의 직책과 성명을 기입
하였는데, 이는 초나라가 입법에 있어서 매우 신중했음을 보여 주는 것이다.

화폐의 발행량은 상품의 유통량과 비례한다. 당시 초나라의 화폐는 해패
海貝가 주종을 이루었고, 소량의 동패銅貝가 함께 통용되었다. 동폐는 유
통량이 적기는 하였으나, 초인은 그것이 편리하다는 것을 알았기 때문에
오랫동안 널리 통용되었다. 초나라 장왕莊王은 화폐 개혁을 단행하여 소형
동패를 대형 동패로 바꾼 적이 있었다. 그러나 "백성들이 불편하여 모두 장
사일을 그만두어 버렸다. 百姓不便, 皆去其業" 이 때문에 손숙오孫叔敖는
장왕에게 이전처럼 소형 동패를 사용할 것을 건의하여 "영을 내린 지 사
흘 만에 시정이 원상 복구되었다. 下令三日而市復如故"[63] 동패는 무게가 서
로 달랐다. 가장 가벼운 것은 하나에 0.6그램에 지나지 않았고, 가장 무거
운 것도 5.5-5.6그램에 불과했다. 그러나 동시기 동지역에서 통용된 동패
는 무게가 서로 그다지 다르지 않았다. 조덕형趙德馨은 동패는 등량 화폐
의 형태로 나타난 것이라고 보았다.[64]

동패는 후세에는 '의비전蟻鼻錢'으로 불렸다. 어째서 이런 괴상한 이름
이 붙었는지는 판단할 수 없다. 동패에는 글자가 새겨져 있는데, 모두 주
조하여 만든 음문陰文이다. 동패 하나에 한 글자씩이 새겨져 있을 뿐이지
만 동패에서 발견된 글자의 총수는 이미 10자에 육박한다. 그 가운데 가
장 흔한 것이 '𦐧' 또는 '𡆥'자이다. 이 두 글자는 생김새가 특이하여 해
석이 분분하다. 이런 글자가 새겨진 동패는 '귀검전鬼臉錢'으로도 불린다.

초나라에는 동패 이외에도 금화와 은화가 사용되었다. 현재 발견된 선
진 시대의 금화와 은화는 모두 초나라에서 사용되던 것이다. 그러나 지금
남아 있는 선진 시대의 금화와 은화가 만들어진 시기는 모두 전국 후기에
해당되는 것으로 판단된다. 적어도 전국 중기 이전에도 만들어졌다고 할
수 있는 근거는 없다. 호북성 관내에서 발견된 초나라의 금화와 은화는 2

점이다. 하나는 의창宜昌의 한나라 고분에서 출토된 것이고,[65] 다른 하나는 강릉의 한나라 영성郢城터에서 발견된 것이다.[66] 두 가지 모두 금영원金郢爰이지만, 한나라 때 사람이 소중히 간직했던 초나라의 유물일 뿐이다. 호남성 관내에서는 1930년대에 은영원銀郢爰이 발견된 적이 있다.[67] 그러나 이것은 과학적으로 출토된 유물이 아니어서 연대를 측정할 방법이 없다. 이밖에 호남성 관내에서는 초나라의 다른 금화나 은화가 출토된 적이 없다.

초나라의 금화와 은화 제작의 역사를 거슬러 올라가기 위한 현존 유일의 단서는 강릉 망산 1호 고분에서 나온 금박 또는 은박이 섞인 연병鉛餅인데, 이는 명폐冥幣[68]로 추측된다.[69] 망산 1호 고분은 전국 중기의 초나라 고분으로, 거기에서 출토된 명폐에 근거하여 다음과 같은 두 가지 추론을 해볼 수 있다.

첫째, 전국 중기에 초나라는 이미 금화와 은화를 소유하였다.

둘째, 병형餅形의 금화와 은화는 영원郢爰을 포함한 판형版形의 금화나 은화보다 먼저 나타났을 수 있다. 그러나 전국 중기에 초나라의 금화와 은화는 아직 많지 않았기 때문에 상품 교환에 있어서 그다지 큰 작용은 못했을 것이다.

천칭과 천칭추의 출현은 금과 은의 상품화와 관계가 있으며 그 시기는 금과 은이 통화가 된 것보다 약간 이를 것이다. 선진 시대의 것으로 밝혀진 천칭과 천칭추는 모두 초나라에서 사용된 것으로 호남성·호북성·안휘성의 초나라 고분에서 출토되었다. 그 가운데 호남성에서 발견된 것이 가장 많다. 1972년 고지희高至喜의 통계에 따르면, 천칭과 천칭추가 출토된 초나라 고분은 모두 1백1기로 장사가 85기를 차지한다.[70]

지금까지 알려진 것 가운데 연대가 가장 앞서는 천칭추는 전국 초기의 초나라 고분인 강릉 우대산 410호 고분에서 발견된 것으로 모두 망가지고 단 4개만 남아 있다. 초나라의 천칭추는 작은 것에서 큰 것까지 벌을 이루는 동환銅環으로 완전한 것은 10매가 1벌을 이룬 것으로 보인다. 연대가 빠르고 보존 상태가 양호한 것은 강릉 우대산 419호 고분과 장사 좌가공산左家公山 15호 고분에서 나온 것이다. 이는 전국 중기에 해당되는 것이다. 강릉 우대산 419호 고분과 장사 좌가공산 15호 고분에서 발견된 천칭추의 실측 수치는 각각 표 1·2와 같다. 10매가 완전히 갖추어진 천칭추는 1945년 장사 근교에서 출토된 1벌뿐으로 '균익鈞益'이라는 명문 두 글자가 새겨져 있다. 이것이 전국 중기의 유물인지는 아직 알 수 없다. 이에 대한 실측 수치는 표 3과 같다.

표 1

순 서	1	2	3	4	5	6	7	8
중량(g)	125	62	30.8	15.77	7.75	7.25	3.8	1.98
직경(mm)	4.91	3.74	3.12	2.36	2.15	2.02	1.64	1.21

표 2

순 서	1	2	3	4	5	6	7	8	9
중량(g)	125	61.8	31.1	15.6	8	4.6	2.1	1.2	0.6
직경(mm)	4.95	3.82	2.96	2.36	1.7	1.4	1.03	0.88	0.72

표 3

순 서	1	2	3	4	5	6	7	8	9	10
중량(g)	251.3	124.4	61.6	30.3	15.5	8	3.9	1.9	1.3	0.69
직경(mm)	6.06	49.1	3.51	3	2.3	1.75	1.38	1.1	0.9	0.75

우대산 419호 고분에서 나온 천칭추와 좌가공산 15호 고분에서 발견된 천칭추는 모두 반근권半斤權이고, 균익겹마鈞益砝碼의 경우는 1근권이다. 초나라의 근斤 가운데 '釿'이라는 명문은 전국 후기의 초나라 포형布形 동폐銅幣에 보인다. 1근의 실제 무게는 앞서 언급한 3벌의 천칭추에 따르면 약 2백50그램으로 영원 한 판의 실제 무게와 일치한다. 구광명丘光明은 초나라의 근은 실제 무게가 진秦나라와는 같고 연燕나라보다는 약 2그램이 더 나갔으며, 조趙나라보다는 약 33그램이 더 나간다고 하였다.[71]

천칭은 1개의 목제 천칭대와 2개의 동반銅盤으로 구성되는데 좌가공산 15호 고분에서 나온 천칭이 가장 잘 갖추어져 있다. 천칭대는 편평하고 긴 모양으로 길이는 27센티미터이며, 한가운데 나 있는 구멍에 끈을 꿰어 손잡이로 삼았다. 천칭대 양끝의 안쪽으로 1센티미터 채 못 되는 곳에 각각 구멍 하나씩이 뚫려 있는데, 두 개의 구멍 안에는 모두 길이 약 9센티미터 되는 4개의 끈이 있다. 동반의 지름은 4센티미터이고 바닥 부분은 둥글며,

가장자리에는 4개의 대칭을 이루는 작은 구멍이 있다. 또 8개의 끈이 2개의 동반에 나 있는 8개의 작은 구멍에 각각 매여 있다.

이들 천칭과 천칭추는 전폐錢幣·주절·거절 따위와 함께 소리 없는 언어가 되어 초나라 상업의 번성했던 모습을 후세에 들려 준다.

호남성의 전국 시대 초나라 고분에서 나온 유리구슬은 대부분 흰색의 동그라미 무늬가 있는 '잠자리 눈 모양'으로 서아시아와 남아시아의 유리구슬을 그대로 빼닮았고, 초나라의 분위기는 전혀 없다. 장교莊蹻가 군사를 이끌고 야랑夜郎을 친 다음 다시 전지滇池로 진군했던 것이 어쩌면 국제 대상로隊商路를 개척하기 위한 것이었는지도 모른다는 상상을 해보게 된다. 한나라 때 서남 지구는 동아시아와의 사이에 확실히 대상의 왕래가 있었다. 때문에 초나라는 남아시아와 간접적인 통상 관계를 지니고 있었다고 추측할 수 있다. 이는 대단히 의미 있는 과제이다. 앞으로 더 많은 근거들이 발견되어 우리의 의문을 풀어 주기를 기대한다.

5. 천문과 역법

전설적인 시대에 살았던 초인의 선조들은 일찍이 원시적 천문학과 역법학에 대하여 후인들이 두고두고 기억할 만한 공헌을 남겼다. 축융 부락 연맹이 와해됨에 따라 그들은 과학의 영역에서 잊혀져 갔다. 초문화의 성장기에 이르러 초인은 비로소 다시 '관상수시觀象授時'에 있어서의 소양과 재기를 드러내 보였다. 그들이 스스로 발견하고 발전시켰던 천문과 역법 지식을 다시 발전시킨 것은 초문화의 전성기 때이다.

고대인들은 일월과 5대 행성의 운행 노선 부근의 항성을 28개 구역으로 나누고, 이를 '28수宿'라고 불렀다. 이 항성 구획 체계의 건립은 천문학과 역법학의 발전에 중요한 의미를 지닌다. 28수는 중국에만 있는 것이 아니라 고대의 인도·이집트·이란 등지에도 있었다. 국제 천문학계는 중국과 인도의 28수 체계가 일찍 나타났고 근원도 같다는 것을 인정한다.

《사기·천관서天官書》와 《한서·천문지天文志》에 따르면, 28수 체계를 처음 만든 사람은 전국 시대의 감공甘公과 석신부石申夫이다. 감공은 이름이 덕德으로 《사기·천관서》와 《후한서後漢書·천문지》에는 제齊나라 사람이라 하였고, 《한서·예문지藝文志》와 《사기·천관서》의 장수절張守節 〈정의〉에는 양梁나라 완효서阮孝緒의 《칠록七錄》을 인용하여 초나라 사람이라고 하였다. 또 《사기·천관서》 배인裴駰의 〈집해〉에는 서광徐廣의 설을 인용하여 노나라 사람이라고 하였다. 감공은 노나라·제나라·초나라 등에 간 적이 있었던 당시의 국제적인 천문학자일 것이다. 석신부는 위나라 사람으로 역사서에는 별다른 언급이 없다. 《사기·천관서》에는 감공과 석신부 두 사람을 초나라의 당매唐昧와 함께 거론하고 있어서 그들은 모두 전국 중기의 인물임을 알 수 있다.

28수 전체의 별자리명은 《여씨춘추·유시람有始覽》에 처음 나온다. 즉 각角·항亢·저氐·방房·심心·미尾·기箕·두斗·우牛·녀女·허虛· 위危·실室·벽壁·규奎·누婁·위胃·묘昴·필畢·자觜·삼參·정井· 귀鬼·유柳·성星·장張·익翼·진軫이다. 《한서·천문지》에 기록된 〈감씨甘氏〉 28수의 별자리명과 〈석씨石氏〉 28수를 대조해 보면, 전자는 《여씨춘추·유시람》에 기록된 것과 다른 반면 후자는 완전히 일치한다.

1978년 호북성 수주시 뇌고돈 1호 고분에서 출토된 칠상漆箱의 덮개에는 하늘의 방위에 따라 28수의 별자리명이 씌어져 있다. (사진 17 참조) 이 고분은 전국 초기 증후을의 무덤으로 28수 체계가 감공과 석신부 두 사람 이전에 이미 존재했음을 알 수 있다. 감공과 석신부 두 사람의 공헌은 아마도 진일보한 관측과 정리를 하였다는 점일 것이다. 다음은 〈감씨〉· 〈석씨〉와 칠상 세 개에 나타난 28수 별자리명의 대조표이다.[72]

칠상의 28수 별자리명은 〈감씨〉와는 차이가 크고 〈석씨〉와는 그다지 다르지 않다. 석신부가 위나라 사람이고 《여씨춘추·유시람》이 〈석씨〉 체계를 받아들였음과 연관하여 중원과 관중關中, 그리고 희성姬姓의 증曾나라에서 통행된 28수의 별자리명은 〈석씨〉 체계에 속함을 알 수 있다.

굴원은 〈구가九歌·동군東君〉에서 이렇게 노래하였다.

　　푸른 구름 윗옷에 흰 무지개 바지 입고
　　긴 화살 번쩍 들어 천랑별을 없애고
　　천궁 손에 잡고 서쪽으로 내려가

甘氏	石氏	漆箱	甘氏	石氏	漆箱
角	角	角	奎	奎	圭
亢	亢	陸	婁	婁	婁女
氐	氐	氏	胃	胃	胃
房	房	方	昴	昴	矛
心	心	心	畢	畢	繹
尾	尾	尾	參	觜觿	此佳
箕	箕	箕	罰	參	參
建星	斗	斗	狼	建井	建井
牽牛	牽牛	牽牛	弧	輿鬼	與鬼
婺女	婺女	婺(?)女	注	柳	酉
虛	虛	虛	張	七星	七星
危	危	危(?)	七星	張	張(?)
營室	營室	西縈	翼	翼	翼
東壁	東壁	東縈	軫	軫	車

북두자루 당겨선 계주 한 잔 마시네

青雲衣兮白霓裳, 擧長矢兮射天狼.

操余弧兮反淪降, 援北斗兮酌桂漿.

‘랑狼’과 ‘호弧’는 〈감씨〉 28수 별자리명에는 있지만, 〈석씨〉와 칠상의 별자리명에는 보이지 않는다. 따라서 초나라의 28수 별자리명은 〈감씨〉 체계에 속함을 알 수 있다. 이는 동시에 감공이 초나라 사람일 가능성이 크고, 제나라나 노나라 사람일 가능성이 적음을 의미한다.

하내夏鼐는 "28수 체계가 중국에서 처음 만들어진 연대는 문헌 기록상으로는 전국 중기(기원전 4세기)가 가장 빠르다. 그러나 천문 현상에 따라 추산하면 기원전 8세기에서 기원전 6세기(기원전 620±100)에 해당된다"[73]고 하였다. 칠상의 28수 별자리명은 천문 현상에서 문헌 기록에 이르는 중간 과정에 부합된다. 따라서 28수 체계는 기원전 8세기에서 기원전 6세기경에 처음 만들어졌으리라는 과학적 추측을 뒷받침한다.

칠상 28수 별자리명의 양쪽에는 청룡과 백호가 각각 그려져 있다. 청룡은 동쪽에 있고 백호는 서쪽에 있는데 이는 4상象[74] 중의 동서 2상을 나타내는 것이다. 《초사》를 살펴보면 〈구변九辯〉에서 "훨훨 날아오르는 주작성을 왼쪽에 두고 左朱雀之茇茇兮"라고 노래하였고, 〈원유遠遊〉에는 "현무성을 급히 불러 앞달려 끌라 하고 召玄武而奔屬"라 노래하였다. 따라서 늦어도 전국 초기나 중기에 초나라와 증나라에는 이미 체계적인 4상이 존재하여 4상이 처음 만들어진 시기가 28수보다 늦지 않음을 알 수 있다. 4상은 4궁宮 또는 4륙陸으로도 불리는데, 28수와 연계하여 매 궁마다 7수가 있다. 문헌상에서 4상이 28수와 서로 연계된 완전한 체계는 《주례·동관고공기》와 《사기·천관서》에 처음 나온다. 이는 모두 서한 시기에 저술된 것들이다. 칠상의 출토는 4상이 처음 만들어진 시대마저 끌어올렸다.

과거 많은 학자들은 중국의 28수 체계는 북두성 등 공극성拱極星과 한데 연계된 것이라고 하였다. 칠상의 28수 별자리명은 한 바퀴 둘러진 고리처럼 되어 있는데, 한가운데에 '두斗' 자가 크게 씌어져 있는 것이 한눈에 들어온다. 중국 고대의 천문학은 북두칠성을 중시하였다. 《사기·천관서》에는 다음과 같이 기록하고 있다.

두성은 제거가 되어 한가운데서 운행하며 사방을 통제한다. 따라서 음양을 나누고 사시를 세우며, 오행을 고르고 절기를 바꾸고 여러 가지 기강을 정하는 것 등이 모두 두성에 달려 있다.

斗爲帝車, 運於中央, 臨制四鄕. 分陰陽, 建四時, 均五行, 移節度, 定諸紀, 皆繫於斗.

당시의 북두칠성은 현재보다 더 북쪽 하늘 끝에 접근해 있었다. 때문에 중원 지구에서는 북두칠성이 항상 볼 수 있는 자리에 있었다. 북두칠성을 28수가 둘러싼 가운데에 그려 놓은 것은 매우 정확하다. 북두칠성의 두병斗柄은 각수角宿를 향한다. 북두칠성의 다섯번째 별은 형성衡星으로 남두육성南斗六星을 마주하고 있고, 첫번째 별에서 네번째 별까지는 괴성魁星으로 삼수參宿의 머리를 베고 있다. 북두칠성을 관측해 보면 지평선 아래에 숨어 있는 각 별자리의 위치를 알 수 있다. 초인은 북두칠성을 각별히 중시하였다. 그것은 두병의 방향에 따라 계절을 나눌 수 있었던 것이 중요한 한 가지 이유였다.

전국 후기에 이를 무렵에 초나라에는 할관자鶡冠子라는 도가道家의 학자가 있었다. 그는 천문과 역법에 상당히 조예가 깊었다.《할관자·환류環流》에 "두병이 동쪽을 가리키면 천하가 모두 봄이 되고, 남쪽을 향하면 여름이 된다. 서쪽을 가리키면 천하가 모두 가을이 되고, 북쪽을 향하면 겨울이 된다 斗柄東指, 天下皆春. 斗柄南指, 天下皆夏. 斗柄西指, 天下皆秋. 斗柄北指, 天下皆冬"고 하였다. 두병이 가리키는 방향은 12월건月建과도 연관된다. 때문에 12월건을 '두건斗建'이라고도 한다.

앞서 기술한 칠상에 그려진 천문도는 초나라와 그 부용국인 증나라의 진귀한 천문학 자료일 뿐 아니라 동주 시기의 여러 나라들과도 연관된 중요한 천문학 자료이다.

5대 행성의 운행 특징에 대하여 감공과 석신부는 상당히 정확하고 세밀한 관측 기록을 남기고 있다.《사기·천관서》에 "따라서 감공과 석신부가 5성의 운행을 관찰한 것 가운데 유독 형혹만이 역행하는 경우가 있다 故甘石曆五星法, 唯獨熒惑有反逆行"고 하였다. 또《한서·천문지》에는 "고대의 5성의 운행을 추산해 보면 역행하는 것은 없었는데, 감공과 석신에 이르러 형혹과 태백의 역행이 나타난다 古曆五星之推, 亡逆行者. 至甘氏石氏經, 以熒惑太白爲有逆行"고 하였다. 형혹과 태백은 화성과 금성으로, 그들의 순행과 역행의 교체는 비교적 두드러진다. 수성·토성·목성도 역행 현상이 나타난다. 그러나 수성은 관측이 용이하지 않고, 토성과 목성은 그다지 두드러지지 않다. 전국 중기에 감공과 석신부는 이미 화성과 금성의 역행 현상을 지적하였는데, 이는 매우 특이한 것이다.

감공은 또 목성의 세번째 위성을 발견했다.《개원점경開元占經》[75]에는 다음과 같이 기록되어 있다.

《감공》에는 "단알[76]의 해에는 섭제격[77]이 묘위에 자리하고, 세성은 자위에 위치하여 수녀성·허성·위성과 더불어 새벽에 나와서 저녁에 들어가는데 대단히 밝은 빛을 띤다. 만약 소적성이 그 곁을 따라 운행하면 이를 동맹이라 부른다"고 하였다.

甘氏曰; 單閼之歲, 攝提格在卯, 歲星在子, 與婺女虛危晨出夕入, 其狀甚大有光. 若有小赤星附於其側, 是謂同盟.

이에 대하여 석택종席澤宗은 다음과 같은 견해를 밝혔다. 소적성小赤星은 목성의 세번째 위성이다. 등황색의 4등성이기 때문에 목성의 각도와 5각분 이상 떨어졌을 때는 육안으로 볼 수 있다. 감씨가 이 소적성을 발견한 연대는 아마도 기원전 400년에서 기원전 360년 사이가 될 것이나, 기원전 364년 여름일 가능성이 가장 크다. 왜냐하면 당시 목성이 마침 물병자리〔Aquarius〕에 운행하였고 여수1女宿一, 허수2虛宿二, 위수3危宿三이 모두 물병자리 안에 위치하여 《개원점경》에서 세성이 "수녀성・허성・위성과 더불어 새벽에 나왔다가 저녁에 들어간다 與婺女虛危晨出夕入"고 한 것과 일치하기 때문이다. 국제 천문학사상 있어서 감공은 최초로 목성의 세번째 위성을 발견한 사람이다.[78]

감공은 혜성彗星에 대하여도 관측 기록을 남겼다. 《개원점경》 권85에 "감공은 '소성이 동북쪽 하늘에 나타난 것을 천봉이라 부른다'고 하였다 甘氏曰; 掃星見東北, 名曰天棓"고 기록되어 있다. 혜성을 '천봉'이라 부른 것은 그 형상이 방망이와 유사하기 때문이었던 것 같다. 자탄고 고분에서 나온 백서에 《사시四時》《천상天象》《월기月忌》 3편이 있다. 그 중 《천상》에 "천봉이 해치려 한다 天棓將作傷"는 구절이 있고, 혜성에 대한 호칭이 〈감씨〉와 부합된다.[79]

전국 시대의 천문학가 가운데 감공은 가장 위대한 인물임에 틀림없다.

전국 시대 초인은 시가와 신화를 통하여 태양의 흑점과 오로라를 기록하였다. 굴원은 〈천문天問〉에서 "예는 어째서 해를 쏘았고, 까마귀는 어디에 떨어졌을까? 羿焉彈日, 烏焉解羽"라고 노래하였다. 이는 "태양 속에 까마귀가 살고 있다 日中有烏"는 최초의 기록이다. 이는 신화의 외피를 벗기면 태양의 흑점을 가리킨다. 중원 지방은 태양의 흑점을 가리켜 "태양 속에 키가 있다 日中有斗" "태양 속에 포말이 나타난다 日中見沫" "태양 속에 서 있는 사람의 모습이 있다 日中有立人之像"는 말을 만들어 냈다. 이는 모두 객관적 묘사이다. 예가 태양 속의 까마귀를 쏘았다는 것은 객관에서 비롯된 주관이며, 관측에서 비롯된 상상이다. 초기의 과학적 사유는 신화와 서로 뒤섞일 수밖에 없었다. 태양의 흑점에 대한 인식 역시 남북 문화의 차이를 보여 준다.

굴원은 〈원유遠遊〉에서 "중양에서 멈추어 천궁에 들렀다가, 순시성에 와서는 청도궁을 구경하네 集重陽入帝宮兮, 造旬始而觀清都"라고 노래하였다. 또 《사기·천관서》에는 "순시성은 북두성 곁에서 나오는데, 그 형상이 흡사 암탉과 같다. 성을 내면 검푸르게 변하여 웅크린 자라를 닮는다 旬始, 出於北斗旁, 狀如雄鷄. 其怒, 靑黑, 象伏鱉"고 하였다. 이런 발광發光 현상은 오로라임에 틀림없다. 오로라에 대한 최초의 자료는 《죽서기년竹書紀年》에 기록된 주나라 소왕昭王 말년에 밤하늘에 나타났던 것이고, 그 다음으로 빠른 자료가 〈원유〉이다. 초나라에 있었다면 아마도 오로라를 볼 수 없었을 것이다. 어쩌면 굴원은 북방에 가서 오로라에 대한 기록을 보고 이상하게 여겨 이를 자신의 작품에 썼는지도 모른다.

초인의 우주론과 천상관은 〈천문〉과 자탄고 고분의 백서에 집중적으로 반영되어 있다. 〈천문〉의 묘사에 따르면, 초인은 우주는 본래 혼돈의 한 덩어리로 상하와 명암이 나누어지지 않았는데 음양 이기의 작용으로 비로소 하늘과 땅, 낮과 밤이 나누어졌으며, 하늘은 둥근 덮개와 같고 8개의 기둥이 땅에 우뚝 서서 하늘을 떠받치고 있다고 여겼다. 초인의 우주 생성에 대한 인식은 천진한 추측과 상상 속에 도가의 사상이 가미되었다. 그들의 우주의 구조에 대한 인식은 개천설盖天說이다. 송옥宋玉의 작품이라고 전해지는 〈대언부大言賦〉에 "네모난 땅은 수레가 되고, 둥근 하늘은 덮개가 된다 方地爲車, 圓天爲盖"고 노래하였다. 이것은 전형적인 개천설이다.

초나라의 역법은 춘추 시대에서 전국 시대로 접어들 무렵 새롭게 발전하였다.

《춘추》《좌전》《사기·초세가》에 초나라 사적을 기록한 월일을 대조해 보면, 춘추 시대 초나라의 역법은 천정건자天正建子를 사용하여 주나라를 비롯한 노나라·정나라·위衛나라 등과 같았음을 알 수 있다. 그러나 이것은 초인이 단지 피동적으로 주나라에서 반포한 역법을 따랐음을 의미하는 것은 아니다.

기원전 541년에 초나라의 겹오郟敖가 죽었다. 이 일을 《사기·초세가》에서는 12월 기유일로 기록하고, 《춘추》와 《좌전》에서는 11월 기유일로 기록하였다. 그러나 그해 12월에는 기유일이 없다. 초나라 역법에는 윤달이 없기 때문에 《사기》에서 잘못 기록하였을 수 있다. 또 기원전 506년에 오나라 군사가 영도에 입성하였다. 《춘추》와 《좌전》에는 이 일을 11월 경신일에 기록하였으나, 《사기·초세가》에는 겨울 경신일이라고만 기록하였다. 그러나 그해 11월은 경신일이 없다. 아마도 노나라 역법으로는 그해에 윤달을 넣지 않아야 하는데도 윤달을 넣었기 때문에 《춘추》와 《좌전》에 모두 잘못 기록된 것으로 보인다. 위에 거론한 두 가지 사적은 하유기何幼琦의 《초나라의 역법을 논함 論楚國之曆》에 자세하게 설명되어 있다.[80] 이는 초나라도 자신의 역법을 만들어 사용하였음을 보여 주는 것이다. 초나라 무왕 때 이미 '형시荊尸'라는 특수한 초나라 역법의 월명月名이 있었는데, '형시'는 하나라 역법의 정월에 해당된다. 따라서 초인이 역법에 있어서 결코 주나라 역법을 그대로 따르지는 않았음을 알 수 있다.

전국 시대 초나라의 역법은 인정건인人正建寅으로 바꿔 써서 진晉나라·제齊나라·진秦나라 등과 같았다.

굴원의 작품은 이 문제에 대한 확실한 증거를 제공한다. 〈이소離騷〉에서 "인의 해 인의 달 첫 정월, 인의 날 이 몸이 태어났네 攝提貞于孟陬兮, 惟庚寅吾以降"라고 하였다. 이 두 구절에는 연·월·일 세 가지가 언급되고 있다. 그 가운데 초나라 역법의 종류를 보여 주는 것은 '맹추孟陬'라는 달이다. '추陬'는 하나라 역법의 정월로 맹춘孟春에 해당되기 때문에 '맹추'라고 한다. 〈구장九章·회사懷沙〉에는 "강물 넘실대는 사월 초여름〔孟夏〕, 초목은 우거져 아득히 빽빽한데 滔滔孟夏兮, 草木莽莽"라고 하였고, 〈추사抽思〉에는 "짧은 초여름 밤〔孟夏〕을 기다리노라니…… 望孟夏之短夜兮……"라고 노래하였다. 또 〈구가〉에는 "봄날의 난초랑 가을날의 국화로…… 春蘭兮秋菊……"라고 노래하였다. 이는 모두 하나라 역법과만 서로 부합될 수 있다.

1975년 호북성 운몽현雲夢縣 수호지睡虎地에서 진秦나라 죽간竹簡 한 무더기가 발견되었다. 그 가운데 《일서日書》 갑종甲種 〈세歲〉의 4개의 죽간은 진나라와 초나라의 월명 대조표이다. 진나라의 역법 정월부터 12월까지에 대응되는 초나라 역법의 월명은 각각 형이刑夷·하시夏尿·방월紡月·칠월七月·팔월八月·구월九月·시월十月·표월褾月·헌마獻馬·동석冬夕·굴석屈夕·원석援夕이다.

진나라가 채용한 전욱顓頊의 역법은 하나라 역법의 변종으로 최초 입춘을 세수歲首로 삼고, 건인建寅을 연시年始로 삼았다. 나중에 비록 건해建亥(10월)를 연시로 바꾸었지만, 입춘으로 세수를 삼고 건인을 정월로 삼은 것은 하나라의 역법과 같다. 증헌통曾憲通의 《초나라 월명 신탐 楚月名新探》[81]에는 초나라 역법 형시荊尸(刑夷)가 하나라 역법의 정월에 대응하고, 하초夏楚(夏夷)가 2월에 대응한다는 식으로 차례대로 고증해 나갔는데 이는 정확하다. 문제는 초나라가 하나라 역법을 사용하였다면 대조표상의 7월에서 10월까지는 4월에서 7월로 바꿔 불러야만 비로소 부합된다는 데 있다. 어쩌면 7월에서 10월이라고 한 것은, 진나라 사람들이 억지로 덧붙였거나 멋대로 본뜬 것으로 추정할 수도 있다. 하지만 천성관 1호 고분에서 나온 죽간 복서卜筮에는 "진나라의 공손앙이 아영에서 임금을 알현하던 해 10월 병술일…… 秦客公孫紻聞王於我郢之歲, 十月, 丙戌之日……"이라고 기록하고 있다. 초나라 역법의 10월은 '형이'·'하시' 같은 다른 명칭 없이 본래 10월이라고 하였다. 7월, 8월, 9월 역시 마찬가지이다. 따라서 결코 진나라를 모방하지 않았음이 분명하다. 다만 초나라 역법이 건해를 연시로 삼는다는 전제하에서만 7월, 8월, 9월, 10월의 순서가 비로소 맞아떨어진다. 그리고 건해를 연시인 정월로 삼는 것은, 진나라에서 사용된 전욱의 역법에 비해 한 걸음 발전한 것으로 초나라의 전욱 역법이라고 해도 될 것이다.

초나라가 전욱의 역법을 고쳐서 사용하게 된 까닭은, 아마도 춘추 후기 이후에 초인이 자신을 화하와 동일시하여[82] 자신의 시조를 화하의 지고무상한 천제 전욱과 억지로 끌어맞춰 축융祝融이 전욱의 후손이라고 말한 것에서 비롯되었을 것이다. 이처럼 신화를 이용하여 계보를 맞추는 수법은, 중국 고대 민족들에게 있어서는 관용적인 것으로 초인만이 그랬던 것은 아니다.[83] 전국 중기에 이르러 초인의 마음속에 축융의 시조로서의 지위는 이미 전욱에로 옮아 가게 되었다. 굴원의 〈이소〉 첫 구절에 "고양제의 후손이여 帝高陽之苗裔兮"라고 하였는데, '고양'은 바로 전욱이다. 민족 동화라는 허울 좋은 명분 때문에 초인은 자신들의 근원을 버리고 조상을 잊게 되었다. 그들은 자신이 전욱의 정통 후예임을 내보이기 위하여 진인秦人보다 더 많은 노력을 기울이며 정월마저 건해로 바꾸었다.

그렇지만 하나라의 역법은 생산 활동과 생활의 실제 수요에 적합하였기 때문에 초인은 형이와 하시라는 월명과 하나라 역법에 있어서의 정월과 2월과의 대응 관계를 고치지 않았고, 춘하추동과 하나라 역법에서의 4계와의 대응 관계도 고치지 않았다.

세월이 흐름에 따라 세상의 일도 바뀌었다. 앞서는 주나라 역법을 채용하고 아울러 하나라 역법을 참작하여 형시荊尸는 '왕王 춘3월春三月'과 하나라 역법의 정월에 해당되었으나, 이 당시는 전욱의 역법을 변용하고 아울러 하나라 역법을 참작하여 형시는 초나라 역법의 4월과 하나라 역법 정월에 해당하게 되었다. 초인은 한 가지 격식에 구속되지 않는 다원화 체제를 실행하여 다원화된 수요에 적응하는 데 익숙하였는데, 이는 역법에 있어서도 마찬가지였다.

초나라는 대사大事로 기년紀年하는 독특한 습관이 있었다. 현존 자료에 따르면 이는 초문화의 전성기에 처음 만들어지고 발전된 것이다. 예를 들어 악군계절의 명문에 "대사마 소양이 양릉에서 진나라 군사를 무찌른 해…… 大司馬邵鄙敗晉師于襄陵之歲……"라고 하였고, 앞서 거론한 천성관 1호 고분 죽간에는 "진나라의 공손앙이 아영에서 임금을 알현하던 해…… 秦客公孫紲聞王於菽郢之歲……"라고 한 것이 그 예이다. 또 장대관의 초나라 고분에서 출토된 편종의 명문, 망산의 초나라 고분에서 발견된 죽간 역시 유사한 기년 방식을 보여 준다. 이것은 초인이 새로움을 추구하였다는 하나의 실례이기도 하다.

6. 철 학

동주의 문화는 북방의 문화와 남방의 문화 두 계통이 합쳐져 이루어진 것이다. 철학의 경우 북방은 유가儒家로 대표되고, 남방은 도가道家로 대표된다.

도가가 정식으로 형성된 시기는 대략 춘추 시대에서 전국 시대로 접어들 무렵이다. 그러나 초인은 도가는 자신들이 나라를 세우기 전에 이미 출현하였다고 여겼다. 이는 다음의 세 가지 원인이 있다.

첫째, 도가 사상의 발단은 도가가 체계화된 것보다 훨씬 빠르다. 마치 거대한 물줄기는 작은 물줄기에서 비롯되기에 작은 물줄기가 모이지 않으면 큰 물줄기를 이룰 수 없는 것과 같다.

둘째, 초나라가 약소국에서 강대국으로 탈바꿈한 과정이 도가학설의 적극적인 측면을 여실히 보여 준다. 이는 초인이 쉽게 자신의 선왕을 도가의 선구적 인물로 간주하도록 만들었다.

셋째, 초인은 육웅鬻熊의 제사를 받들었을 뿐 아니라 그가 정치가이자 사상가라고 믿었다. 이 때문에 육웅은 엄연히 도가가 되어 버렸다. 이에 누군가가 전해 오는 이야기를 모아 육웅을 대신하여 글을 지었다.《한서·예문지藝文志》에 "도가는 37가 9백13편이다 道三十七家, 九十三篇"라고 하고, 그 가운데《이윤伊尹》51편,《태공太公》2백37편,《신갑辛甲》29편,《육자鬻子》22편이 시기적으로 가장 앞선다고 하였다. 육자는 육웅이다.《육자》라는 책은 위작이지만 도가 사상의 연원을 탐구함에 있어서 반드시 필요한 문헌이다.

《문심조룡文心雕龍·제자諸子》에는 "상고 시대로부터 전해 오는 말들을 기록하고 있는데 전국 시대 사람이 기록한 것이다. 문왕은 육웅이 도를 안다고 하여 그에게 자문을 구했다. 그리하여 전해 오는 글과 사적을 모아《육자》를 집록하였다. 제자의 기원이 이보다 앞서는 것이 없다 篇述者, 蓋上古遺語, 而戰代所記者也. 至鬻熊知道, 而文王諮詢, 餘文遺事, 錄爲鬻子, 子目肇始, 莫先於玆"고 하였다. 현재《육자》에 대한 연구는 이를 도가의 언론으로 간주할 수 있는 전설적 단계에 불과하다.《육자》를 본장에 소개하는 이유는 그것이 전설이며, 그것의 작자가 확실히 과거에 실존한 적이 있는 육웅이라고 할 수도 없고 또 그럴 필요도 없다는 데 있다.

육자 철학을 소개하고 난 다음 다시 노자 철학, 장자 철학, 굴원 철학을 소개하겠다.

육자 철학——초나라 초기 도가의 전설

《육자》의 반고班固 저록본이 없어진 지 오래 지나, 당나라 영휘永徽 연간(650-655년)에 봉행규逢行珪의 주본注本이 나오고, 청나라 광서光緖 18

년(1892년)에 섭덕휘葉德輝의 교집본이 나왔다. 섭덕휘는 〈교집육자서校輯鬻子序〉에서 "일본에서 간행된 《군서치요》를 살펴보니 대부분 당 이전의 경·사·자를 인용한 것으로, 《육자》의 현전본은 거기에서 추려진 것이다. 억지로 장을 나누고 이름을 붙인 것은 도장본의 전례를 따른 것이다 余見日本刻《群書治要》, 多引唐以前經史子部, 乃知今世《鬻子》傳本, 即由其中抄撮而成. 其強分章名, 則沿道藏本之陋"라고 하였다. 섭덕휘는 《군서치요》 집본 과정에서 봉행규의 주는 제거하고 장명은 그대로 살려 이를 제1권으로 묶고, 또 가의賈誼의 《신서新書》와 《열자列子》 등에서 집록하여 제2권을 만들었다. 여기에서는 섭덕휘 본은 제1권만을 인용하고, 제2권에 언급된 내용은 《신서》와 《열자》를 직접 인용하겠다.

이들 자료를 통해 본 육자 철학은 《초사》《산해경》《회남자》《열자》 등에 나타나는 자료를 통해 본 신화와 꼭 같다. 신화는 아득한 상고 시대에 생겨나 구전된 것이기에 이를 연구하려면 후세의 기록을 이용할 수밖에 없다. 후세의 기록은 최초 구전되던 것에 비해 대개 복잡해졌다는 특징이 있다. 때문에 기록된 것을 단순한 형태로 환원해야 본래의 모습에 가까워질 것이다. 이런 방법은 육자 철학을 연구하는 데에도 적용할 수 있다. 최초에는 《육자》 역시 구전되던 것에 지나지 않았다. 때문에 후세에 이를 기록한 자가 자신이 사용하던 언어와 문자를 사용하였기 때문에 읽기 어렵지는 않다. 그러나 사상면에 있어서는 후세의 기록자가 '현대화'를 한 구석이 있을 수밖에 없다. 따라서 원래대로 단순하게 만들어야 한다.

육자 철학은 기본적으로 정치 철학이다. 이는 그가 우주생성론을 언급하면서도 본체론을 분명하게 제기하지 않았다는 점에서 입증된다.

육웅은 "우가 천하를 다스림에 禹之治天下也" 고요皐陶를 비롯한 "일곱 대부로 자신을 보좌하게 하니 천하가 다스려졌다 七大夫以佐其身而天下治"고 하고, 또 "탕이 천하를 다스림에 湯之治天下也" 이윤伊尹을 비롯한 "일곱 대부가 보필하여 천하를 다스렸다 七大夫佐, 以治天下"고 하였다. 천하를 다스리고 천하가 다스려지는 것이 현인을 등용하는 데 달려 있음을 알 수 있다.

성인이 윗자리에 있으면 현사가 1백 리마다 한 사람씩 있더라도 마치 없

는 듯이 여기고, 왕도가 쇠퇴하여 폭군이 윗자리에 있으면 현사가 1천 리
마다 한 사람씩 나오더라도 어깨를 맞댄 것처럼 여긴다.

聖人在上, 賢士百里而有一人, 則猶無有也. 王道衰微, 暴君在上, 賢士千里而
有一人, 則猶比肩也.[84]

이는 현사의 절대적 밀도와 상대적 밀도의 문제를 언급한 것이다. 원문
의 '비견比肩'은 사람이 붐비는 모양이다. 성인이 윗자리에 있으면 현사가
많아져도 적다고 여기고, 폭군이 윗자리에 있으면 현사가 줄어들어도 많
다고 여겨 꺼린다. 윗자리에 있는 성인은 헌신적으로 현인을 찾기 때문에
현사가 더욱 많아지지만, 그는 그래도 만족하지 않는다. 다음의 예를 보자.

우는 일찍이 밥 한 번 먹는 데도 일곱 차례 자리에서 일어날 정도여서 하
루 종일 배불리 먹을 겨를조차 없었다. 그는 "나는 그래도 천하의 인재들이
초야에 묻혀 있을까 염려스럽다"고 하였다. 이 때문에 천하의 인재가 모두
그에게 모여들었다.

禹嘗據一饋而七起, 日中而不暇飽食, 曰; 吾猶恐四海之士, 留於道路. 是以
四海之士皆至.[85]

천하의 인재가 모두 이르면 어떻게 그들의 현능함과 불초함을 판단하느
냐는 문제가 생긴다. 이 문제는 인식론적 문제이다. 육웅은 두 가지 측면에
서의 구별을 제시한다. 하나는 "행실에서 나타나고 見於行" "언어에서 나
타나는 見於言" 것이다.

불초한 사람은 자신이 불초하다고 말하지 않지만 행동에서 그 불초함이
드러난다. 비록 스스로 현능하다고 말해도 불초하다고 말하는 것과 같다.

不肖者, 不自謂肖也, 而不肖見於行. 雖自謂賢人, 猶謂之不肖也.

어리석은 사람은 자신이 어리석다고 하지는 않지만 우매함이 말에서 나
타난다. 비록 스스로 지혜롭다고 말해도 어리석다고 말하는 것과 같다.

愚者, 不自謂愚也, 而愚見於行. 雖自謂智, 猶謂之愚也.

다른 하나는 "백성에게서 관리의 됨됨이를 살피는 것 察吏於民"이다.

　명석한 임금은 관리를 선발함에 반드시 백성을 거기에 참여시킨다. 관리와 백성이 서로 화합하면 명석한 임금이 위에서 그 사람을 등용한다. 그러나 관리와 백성이 서로 고통스러운 존재로 생각하면 그런 사람을 제거한다. 그러므로 임금된 자가 관리를 선발할 때는 반드시 백성이 먼저 평가하도록 한 다음에 등용한다. 백성은 관리를 가늠하는 것이다. 때문에 백성에게서 관리의 됨됨이를 살핀 다음에 정사에 참여시킨다. 백성은 아주 낮은 자들이지만 그들에게 자신들에게 맞는 관리를 고르게 하는 것은 필시 그들이 바라는 유형이 있기 때문이다. 그러므로 열 사람이 그를 좋아한다면 그는 열 사람의 관리인 것이고, 백 사람이 그를 좋아한다면 백 사람의 관리인 것이다. 때문에 만인의 관리는 경상과 같은 직위에 보임될 것이다.
　明主選吏焉, 必使民與焉. 士民與之, 明上擧之, 士民苦之, 明上去之. 故王者取吏, 不忘必使民唱, 然後和. 民者, 吏之程也. 察吏於民, 然後隨政. 民者, 至卑也, 而使之取吏焉, 必有所愛. 故十人愛之, 則十人之吏也, 百人愛之, 則百人之吏也. 故萬人之吏, 選卿相矣.[86]

　원칙은 매우 간단하다. 백성이 누구를 좋아하느냐에 따라 임금이 그런 사람을 등용하는 것이다. 이는 《노자》에 "성인은 고정된 마음을 갖지 않고 만백성의 마음을 자신의 마음으로 삼는다 聖人恒無心, 以百姓之心爲心"[87]고 한 말과 같은 의미이다. 이렇게 선발하여 등용된 관리가 바로 '현사賢士'이다. 이렇게 하는 것을 임금·관리·백성의 삼위일체설의 근거로 삼는다.

　옛날에 제왕이 현명하게 되었던 까닭은 그가 부리는 관리 때문이었으며, 군자가 공을 세울 수 있었던 까닭은 그가 다스리는 백성 때문이었다. 힘이 백성에게서 생겨나기 때문에 공이 관리에게 모이고 복이 임금에게 돌아간다.
　昔之帝王, 所以爲明者, 以其吏也, 昔之君子, 所以爲功者, 以其民也. 力生於民, 而功最於吏, 福歸於君.[88]

백성은 힘을 내고, 관리는 공을 세우고, 임금은 복을 누린다. 이 삼위일체

가운데 백성은 가장 하층의 기초이자 힘의 원천이다. 이는《(위)고문상서·
오자지가五子之歌》의 "백성은 나라의 근본, 근본이 굳으면 나라가 편하리
라 民爲邦本, 本固邦寧"는 말과 일치한다.

　가의의《신서·수정어하修政語下》에도 '현능함'과 '불초함'의 구별 문
제에 대해 언급하였다.

　　주나라 성왕이 "상인과 하인이라는 것이 있고, 현인과 불초자라는 것이
있으며, 지인과 우인이라는 것이 있다고 하오. 상인과 하인은 어떻게 다르
오?"라고 물었다. 육자가 대답하기를 "그렇습니다. 옛날의 '정'을 빌려 말씀
드리겠습니다. '정'에 이르기를 '사람이란 귀천과 노소의 차이가 있다. 도를
듣고 마음속에 잘 기억하고 도를 깨달아 이를 잘 실천하면 상인이고, 도를
듣더라도 간직해 두지 않고 도를 알면서도 행하지 아니하면 하인이라고 한
다. 그러므로 행실이 착하면 현인이라 하고 행실이 나쁘면 불초하다 할 것
이며, 언어가 선하면 지혜롭다 할 것이고 언어가 착하지 못하면 어리석다고
할 것이다. 따라서 지인과 우인의 차이는 말에 달려 있는 것이고, 현인과
불초자는 행실에서 나누어지며, 상인과 하인은 뜻에 차이가 있다'고 하였습
니다"라고 대답하였다. 성왕은 "잘 알겠소"라고 하였다.

　　周成王曰: 寡人聞之, 有上人者, 有下人者, 有賢人者, 有不肖人者, 有智人者,
有愚人者. 敢問, 上下之人, 何以爲異. 鬻子對曰: 唯. 擬請以上世之政, 詔於君
王. 政曰: 凡人者, 若賤若貴, 若幼若老, 聞道志而藏之, 知道善而行之, 上人矣.
聞道而弗取藏也, 知道而弗取行也, 則謂之下人也. 故夫行者善, 則謂之賢人矣.
行者惡, 則謂之不肖矣. 故夫言者善, 則謂之智矣. 言者不善, 則謂之愚也. 故智
愚之人, 有其辭矣, 賢不肖之人, 別其行矣, 上下之人, 等其志矣. 周成王曰: 受
命矣.

　　이 가운데 '정政'에 대하여 이전 사람들은 관심을 기울였지만 그 뜻을
알아내지는 못했다. 예를 들어 황진黃震의《황씨일초黃氏日抄》에는 "자칭
'정왈'이라 한 것은 누가 한 말인지 알 수 없다 未知自稱政曰者爲誰"라고
하였고, 송렴宋濂의〈제자변諸子辨〉에는 "육웅 자신이 지은 것이 아니면
아마도 '정'이라는 이름을 가진 그의 제자가 기록한 것인 듯하다 蓋非熊自

著, 或者其徒名政者之所記歟"고 하였다. 상고해 보면 이처럼 '정' 자를 사용한 예는 〈수정어하〉에 모두 13차례 나오고, 《육자》 섭본葉本 권1의 본문에는 모두 5차례 나온다. 이는 모두 오래 된 전적을 가리켜 '지志'[89] 또는 '기記'[90]라고 하는 것과 유사하다.

이 단락에서는 도를 행하는가의 여부에 따른 구별을 강조한다. 《노자》에는 "상사는 도를 들으면 열심히 이것을 실천한다 上士聞道, 勤能行之"고 하고, 또 중사中士와 하사下士의 경우는 어떻게 어떻게 한다고 하였다.[91] 도의 실천 여부에 따라 상사·중사·하사를 구별하여, 이와 일치한다.

육응이 말한 도는 '치국治國의 도'이자 '흥국興國의 도'[92]로 결코 형이상학적 의미의 도는 아니다. 《육자》 권1에 "정사를 베풀고 명령을 시행하여 천하 백성들을 복되게 하는 것을 도라 하고, 상하 사람이 친목하는 것을 화라고 한다 發政施令, 爲天下福者, 謂之道. 上下相親, 謂之和"고 하였고, "화와 도는 제왕이 되는 도구이다 和與道, 帝王之器"라고 하였다. 도와 화에 대하여도 구체적으로 언급하였는데, 먼저 '도道'에 대하여 《육자》 권1에서 이렇게 언급하였다.

하늘이 있은 다음에 땅이 생겨나고, 땅이 있은 다음에 구별이 존재하고, 구별이 있은 다음에 의리가 존재하고, 의리가 있은 다음에 교화가 존재하고, 교화가 있은 다음에 도가 존재한다.
有天然後有地, 有地然後有別, 有別然後有義, 有義然後有教, 有教然後有道.

이는 선후의 순서일 뿐 인과에 따른 순서도, 생성의 순서도 아니다. 따라서 하늘은 출발점일 뿐 생성의 본체는 아니다. "교화가 있은 다음에 도가 존재한다"면 이 도는 교화가 크게 행해짐으로써 실현되는 치국의 도이지 형이상학의 도는 아니다. "절대적 실체인 도에서 하나인 기가 생겨나고, 그 기가 둘로 나뉘어 음양이 생기고, 이것이 조화를 이루어 세번째의 화합체가 생기고, 여기에서 다시 만물이 나오게 된다 道生一, 一生二, 二生三, 三生萬物"[93]는 《노자》에서 제시한 생성의 순서는 도를 출발점이자 생성의 본체로 삼는다. 이는 바로 형이상학의 도이기 때문에 "하늘은 도를 법도로 삼고 따르는 天法道"[94] 것이다.

다음으로 '화和'에 대해 《신서·수정어하》에서 다음과 같이 언급하였다.

주나라 무왕이 육자에게 물었다. "과인은 방어를 하면 반드시 지키고, 공격을 하면 반드시 빼앗으며, 전쟁을 하면 반드시 이기기를 바라오. 그러니 내가 어떻게 하면 되겠소?" 육자가 대답하기를 "예. 공격·수비·전쟁은 원리가 같은 것으로, 서로간의 화합과 엄격한 군령에 달려 있습니다. 그래서 '화합하면 지킬 수 있고, 엄격하게 다루어도 지킬 수 있다. 그러나 엄격하게 통제하는 것은 서로간의 화합만큼 견고하지는 못하다. 화합하면 공격할 수 있고, 엄격하게 명령해도 공격할 수 있다. 그러나 엄격하게 몰아대는 것은 화합하여 공격하는 것만큼 얻지 못한다. 화합하면 싸워 볼 만하고 엄격해도 싸워 볼 만하지만, 엄격함은 화합하여 승리를 얻는 것에 미치지 못한다. 따라서 화합에서 출발하여야만 한다……'고 하였습니다. 이렇게 하는 데도 방어하여 지키지 못하고, 공격하여 빼앗지 못하고, 전쟁하여 이기지 못한 경우는 천지개벽 이래로 이제껏 없었습니다. 임금께서 방어하고자 하면 반드시 지키고, 공격하고자 하면 반드시 빼앗으며, 전쟁하고자 하면 반드시 이기기를 바란다면 오직 화합에서 출발하여야만 가능합니다"라고 하였다. 무왕은 "잘 알겠소"라고 하였다.

周武王問於鬻子曰: 寡人願守而必存, 攻而必得, 戰而必勝, 則吾爲此奈何. 鬻子曰: 唯. 攻守而戰乎同器, 而和與嚴其備也. 故曰: 和可以守, 而嚴可以守, 而嚴不若和之固也. 和可以攻, 而嚴可以攻, 而嚴不若和之得也. 和可以戰, 而嚴可以戰, 而嚴不若和之勝也. 則唯由和而可也……. 而由此, 守而不存, 攻而不得, 戰而不勝者, 自古而至於今, 自天地之闢也, 未知嘗聞也. 君王欲守而必存, 攻而必得, 戰而必勝, 則唯由此也爲可也. 武王曰: 受命矣.

공격·방어·전쟁에는 서로간의 화합〔和〕과 엄격한 군령〔嚴〕의 두 가지 방법을 모두 사용할 수 있지만, 서로간의 화합이 엄격한 군령보다 낫다. 엄격한 군령이 화합만 못한 것은 바로 억센 것〔剛〕이 부드러운 것〔柔〕만 못한 것이다.

《열자·황제黃帝》에는 육자를 인용하여 이렇게 언급하였다.

억세고자 하면 반드시 부드러운 것으로 이를 지켜야 하고, 강하고자 하면 반드시 약한 것으로 이를 보전하여야 한다. 부드러운 것에서 쌓으면 반드시 억세고, 약한 것에서 쌓으면 반드시 강하다. 그 쌓인 것을 살펴보면 화복의 근원을 알 수 있다. 강한 것은 자기만 못한 것을 이기지만 자기만 한 것을 만나면 꺾어지고 만다. 부드러운 것은 자기보다 나은 것을 이기니 그 힘은 이루 헤아릴 수 없다.

欲剛, 必以柔守之, 欲强, 必以弱保之. 積於柔必剛, 積於弱必强. 觀其所積, 以知禍福之鄕. 强勝不若己, 至於若己者, 剛.[95] 柔勝出於己者, 其力不可量.

목적은 억세고 강해지려는 것이고, 방법은 억셈을 위해서 부드럽고 강함을 위해서 약한 것이지 부드러움을 위해서 부드럽고 약함을 위해서 약한 것이 아니다.

"부드러운 것에서 쌓으면 반드시 억세고, 약한 것에서 쌓으면 반드시 강하다"는 것은 양적 변화가 질적 변화에 이르러 상대를 향해 전화하는 변증법을 말한다. 전화되기를 조용히 기다리는 것이 아니라 '쌓아 가며' 노력하는 것이다.

강한 것은 자기보다 못한 것을 이길 수 있다. 그러나 만약 자기만한 것을 만나면 둘 중 하나는 반드시 꺾어지게 된다. 상대가 꺾어질 수도 있고, 자기가 꺾어질 수도 있기 때문에 '상승지도常勝之道'[96]가 아니다. 부드러운 것은 자기보다 나은 것을 이길 수 있고, 자기보다 못한 것도 이길 수 있다. 다시 말해 억센 것은 약한 상대를 이길 수 있고, 부드러운 것은 강한 상대를 이길 수 있다. 때문에 부드러운 것은 '상승지도'이다.

이 '상승지도'는 바로 서주西周의 '흥국지도興國之道'이다. 태공太公이 빈邠을 버리고 훈육獯鬻을 섬기고, 문왕文王이 곤이昆夷를 섬기고 은왕조를 섬겼던 것은 모두 '유약柔弱'을 쌓는 단계이자 무왕武王이 은왕조와 주紂를 멸망시키는 준비이기도 하였다. 이 '상승지도'는 초인의 '흥국지도'이기도 하다. 웅역熊繹이 고생스럽게 먼 길을 오가며 천자를 섬기고, 웅거熊渠가 장강과 한수 일대의 백성들과 화합할 수 있었던 것은 모두 '유약'을 쌓는 단계이자 장왕莊王이 중원을 쟁패하고 주실周室의 천자 자리를 넘보는 준비이기도 하였다.

초인은 자신들의 치국과 흥국의 경험 속에서 '유약'이 '강강剛强'으로 전화되는 변증법을 깨닫게 되었다.

이러한 변증법은 우주는 움직이고 변화한다는 인식이 전제되어야만 한다. 《열자·천서天瑞》에 육자를 인용하여 "끊임없이 운행하여 천지도 가만히 이동한다. 누가 이것을 깨닫겠는가? 運轉無已, 天地密移. 疇覺之哉"라고 하였다. 단 몇 마디로 자신의 우주론을 잘 나타내 보이는 동시에 자신의 본체론을 암시하고 있다. 천지는 가만히 이동하여 끊임없이 운행하며 만물을 생성하고 변화시킨다. 《육자》 권1에서는 우주가 자연에서 사회로 이르는 발전 과정을 설명하고 있다.

천지가 개벽함으로써 만물이 생성되고, 만물이 생성됨으로써 사람이 정치를 하게 되었다.
天地闢而萬物生, 萬物生而人爲政焉.

이러한 발전은 《열자·역명力命》에 "저절로 생겨나고 저절로 죽으며, 저절로 두터워지고 저절로 얇아진다 自生自死, 自厚自薄"고 한 것과 같다. 《열자·역명》에는 또 이렇게 언급하였다.

육웅이 문왕에게 말했다. "저절로 장수하는 것이지 인력으로 더할 수 있는 것이 아니며, 저절로 요절하는 것이지 인력으로 줄일 수 있는 것이 아닙니다. 운명이란 셈할 수 없는 것이니 어찌하겠습니까?"
鬻熊語文王曰: 自長非所增, 自短非所損, 算之所無若何.

원문의 '산算'은 추산하는 것으로 인력에 속하는 것이다. 《열자》에서는 이 말을 인용하여 인력[力]은 운명[命]만 못하다는 관념을 입증하고자 하였다. 만물은 저절로 자라나고[自長], 저절로 쇠퇴하기[自短] 때문에 외부적인 힘으로 더하거나 줄일 수 없는, 즉 인간의 의지로 움직여지는 것이 아니라는 뜻이다.

육웅의 역명관力命觀, 즉 인력과 운명의 관계에 대한 견해는 《신서·수정어하》에 실려 있는 일단의 기록을 통하여 살필 수 있다.

주나라 성왕이 물었다. "과인이 들으니 '성왕이 윗자리에 있으면 백성을 부유하게 하고 또 천수를 누리게 한다'고 하오. 부유하게는 할 수 있다지만, 천수를 누리는 것은 하늘에 달려 있는 것이 아니겠소?" 이에 육자는 다음과 같이 대답하였다. "예, 먼 옛날 '정'을 빌려 말씀드리겠습니다. '정'에 이르기를 '성왕이 윗자리에 있으면 천하 백성은 전쟁터에서 죽지 않게 된다……. 그렇다면 백성은 한 차례의 죽을 고비를 넘기고 살아나게 된 것이다. 성왕이 윗자리에 있으면…… 백성은 추위와 굶주림에 시달리지 않을 것이다……. 그렇다면 백성은 두 차례 죽을 고비를 넘기고 살아나게 된 것이다. 성왕이 윗자리에 있으면…… 백성들은 지나치게 가혹한 형벌이 없다……. 그렇다면 백성은 세 차례 죽을 고비를 넘기고 살아나게 된 것이다. 성왕이 윗자리에 있으면 백성을 부리는 데 농시에 맞게 하고 쓰는 데도 절제함이 있으니, 백성들은 허리띠를 졸라매야 하는 고통이 없다……. 백성은 네 차례 죽을 고비를 넘기고 살아나게 되는 것이다. 따라서 성인이 윗자리에 있으면…… 현인이 반드시 등용되고 불초한 자들은 나쁜 짓을 저지르지 못하게 되니, 그렇다면 천명을 얻게 될 것이다. 따라서 백성들을 부유하게 하고, 또 천수를 누리게 하는 것은 성왕의 업적이다'라고 하였습니다." 이에 성왕은 "잘 알겠소"라고 하였다.

周成王曰: 寡人聞之, 聖王在上位, 使民富且壽云. 若夫富, 則可爲也. 若夫壽, 不在天乎. 鶡子曰: 唯. 擬請以上世之政, 詔於君王. 政曰; 聖王在上位, 則天下不死軍兵之事……. 則民免於一死而得一生矣. 聖王在上…… 則民無凍餒矣……. 則民免於二死而得二生矣. 聖王在上…… 民無大過之誅…… 則民免於三死而得三生矣. 聖王在上, 則使民有時, 而用之有節, 則民無厲疾…… 則民免於四死而得四生矣. 故聖人在上…… 賢人必用, 而不肖人不作, 則已得其命矣. 故夫富且壽者, 聖王之功也. 成王曰: 受命矣.

육웅은 성왕聖王이 윗자리에 있으면 백성들은 네 차례 죽을 고비를 넘기고 삶을 얻을 수 있다고 여겼다. 이는 인력으로 운명을 극복할 수 있다고 여긴 것이다. 그는 인력으로 운명을 극복할 수 있다는 신념을 품고 있었는데, 오랜 세월이 흐른 지금도 흘러넘치는 생기를 느낄 수 있다. 이는 육웅이 초나라의 기초를 닦은 선구가 되는 이유이자 육자가 《육자》인 까닭이다.

노자 철학

초나라 철학의 정화는 《노자老子》한 권에 모여 있다. 이 책의 저자인 노자는 주나라 수장실守藏室의 사관史官을 지낸 이이李耳라고도 하고, 노래자老萊子라고도 하며, 주나라 태사太史 담儋이라고도 하는데, 이 세 가지 설 가운데 어느것이 옳은지는 알 수 없다. 《사기·노자한비열전老子韓非列傳》에는 이 세 가지 설이 모두 실려 있다.

이이와 노래자는 적어도 다음과 같은 다섯 가지의 공통점 내지 유사점을 지닌다.

첫째, 모두 초나라 사람이다. "노자라는 사람은 초나라 고현 여향 곡인리 사람이다. 老子者, 楚苦縣厲鄕曲仁里人也" 그리고 "어떤 사람은 노래자 역시 초나라 사람이라고 한다. 或曰, 老萊子亦楚人也"[97]

둘째, 모두 호號가 노자이다.

셋째, 모두 춘추 후기의 인물로 전해 온다. 공자는 일찍이 "노자에게 예에 대하여 물은 적이 있으며 問禮於孔子" 노래자는 "공자와 같은 시기의 사람이다. 與孔子同時"[98]

넷째, 모두 공자가 근엄하게 섬긴 인물이다. 《사기》에는 "공자가 근엄하게 섬긴 이는 주나라에서는 노자…… 초나라에서는 노래자이다 孔子之所嚴事, 於周, 則老子…… 於楚, 老萊子"[99]라고 하였다.

다섯째, 모두 도가의 글을 저술했다. 노자는 "《도덕경》 상하편을 지었는데 5천여 언으로 도와 덕에 대하여 말했고 著書上下篇, 言道德之意五千餘言" 노래자는 "15편의 글을 남겨 도가의 효용을 언급하였다. 著書十五篇, 言道家之用"[100]

이이와 담 역시 다음과 같은 네 가지 공통점을 지닌다.

첫째, 이름이 같다는 것이 눈에 띈다. 이이는 자가 담聃으로, '담聃'과 '담儋'은 음과 뜻이 모두 같다.

둘째, 동관同官일 가능성이 있다. 이이는 주나라 수장실의 사관이었고, 담은 주나라의 태사太史였다. 장실藏室의 사관은 전적을 관장하는 사관이고, 태사 또한 전적을 관장하는 책임을 지녔다. 두 가지 직책은 아마도 같은 것으로 여겨진다.

셋째, 모두 전국 초기에 생존하였을 가능성이 있다. 태사 담의 사적에 대한 문헌 기록은 공자가 죽은 뒤 129년에 해당되는 것으로[101] 담이 전국 초기의 인물임을 알 수 있다. 고현은 본래 진陳나라에 속했다. 기원전 478년, 초나라가 진나라를 멸망시킴으로써 고현은 비로소 초나라에 편입되었다. 이 일은 공자가 죽은 이듬해에 있었다. 사마천은 이이는 초나라 고현 사람이라고 하였다. 이 말이 틀림없다면 이이는 전국 초기에 태어났으므로 공자를 만나 볼 수 없다. 만약 이이가 확실히 공자를 만난 적이 있다면 초나라 고현 사람이라고 할 수 없다.

넷째, 모두 함곡관函谷關을 지난 적이 있다. 이이는 주나라를 떠나 함곡관을 나갔고, 담은 진秦나라 헌공獻公을 만나기 위해 역시 서쪽으로 함곡관을 넘었다. 여기에 관한 사적은 《사기·노자한비열전》에 실려 있다.

전설 속의 세 사람을 살펴보면 실제로는 두 사람일 가능성이 있다. 한 사람은 춘추 후기의 노자로 노래자로도 불렸던 초나라 사람이다. 출신지는 알 수 없으며 도가의 효용을 진술한 15편의 글을 저술했다. 다른 한 사람은 전국 초기의 노자로 성은 이李, 이름은 이耳이고 자는 담聃(儋)이다. 주나라에 벼슬하여 태사 또는 수장실의 사관을 지낸 적이 있으며, 노래자가 남긴 글을 상·하 양편으로 개작하고 도와 덕의 뜻을 진술했다. 이에 대하여 청나라 왕중汪中은 《노자고이老子考異》에서 "도와 덕의 뜻을 5천여 언으로 말한 사람은 담이다 言道德之意五千餘言者, 儋也" "담이 노자라고도 하는데, 옳은 견해이다 或曰儋卽老子, 其言韙矣"[102]라고 단언하였다.

《노자》를 초나라의 철학 저작이라고 하는 것은 그것이 대부분 초인의 사상적 전통에 근원하였기 때문이다. 저자의 국적 문제는 부차적인 것이므로 의문의 여지를 남겨두거나 아니면 거론하지 않아도 될 것이다.

《장자·천하天下》에는 이렇게 언급하였다.

만물의 근원을 정이라 하고, 형체가 있는 물건을 추라 하며, 축적된 것을 부족이라고 하고, 아무런 욕심도 없이 신명과 더불어 지낸다. 옛날 도술에 이런 것이 있었다. 관윤과 노담은 그런 기풍을 듣고 기뻐하여 허무의 도를 세우고 절대의 도인 태일을 주로 삼았다.

以本爲精, 以物爲粗, 以有積爲不足, 澹然獨與神明居, 古之道術有在於是者. 關尹老聃聞其風而悅之, 建之以常無有, 主之以太一.

'태일太一'은 초인이 숭배한 태일太一에서 탈태되어 나온 것이다. 초인이 숭배한 태일은 바로 《초사·구가九歌》에서 말한 '동황태일東皇太一'로, 하늘을 주재하는 존귀한 신이다. 노자는 태일을 추상화하고 이념화하여 우주의 본체로 만들었다.

사회적 측면에서 보면 《노자》는 초나라 현민縣民의 처지와 소망을 다수 반영하였다. 현민은 원래 초인이 아니다. 그들은 조국이 멸망하여 초나라의 현읍縣邑으로 개편된 이후 비로소 초인이 된 사람들로, 노자 역시 그들과 같은 현민이었다. 현민들 가운데는 귀족도 있고 평민도 있다. 그들은 망국의 비애를 가슴에 품은 채 화복과 흥쇠를 절절히 체험하는 가운데 귀신에 대한 신뢰가 맥없이 무너졌다. 그들은 초나라의 통치가 자신들이 본래 지녔던 사회 질서와 생활 양식을 더 이상 건드리거나 파괴하지 않기를 원했다. 《노자》에서 고찰한 사회 문제는 주로 임금과 백성간의 관계와 약소국과 강대국간의 관계이다. 저자는 백성과 약소국을 위하여 이야기를 전개하였지만 임금과 강대국 또한 염두에 두었다. 강강剛과 유유柔, 상上과 하下, 동動과 정靜, 유위有爲와 무위無爲의 대립과 통일 관계에 대한 문제에 있어서는 자연히 유와 하와 정과 무위를 강조하였다.

서한 초기부터 시작하여 노자 철학에 대한 연구는 이미 2천여 년의 노력을 쌓아 온 셈이다. 여기에서 노자 철학에 대하여 전반적으로 논의한다는 것은 불가능할 뿐 아니라 또 그럴 필요도 없다. 여기에서 소개하려는 것은 남북 문화의 융합이라는 각도에서 본 노자 철학의 기본적 특징이다. 노자 철학을 언급하는 데는 현재 장사 마왕퇴馬王堆 3호 한대 고분에서 출토된 백서본 《노자》가 기본 자료가 된다. 그러나 명확한 출처 제시를 위해 편의상 백서본과 가장 가까운 부혁본傅奕本의 순서를 따른다.

유가는 그 철학적 특징이 긍정성에 있는 반면 도가는 부정성에 있다. 유가는 긍정과 부정을 모두 언급하기는 하나 주로 긍정을 언급한다. 도가 역시 부정과 긍정을 모두 언급하지만 대부분 부정을 이야기한다. 이러한 긍정성과 부정성의 결합은 중국 철학의 안정과 조화를 이루게 하였고, 나아가 그 발전을 촉진하였다.

남방 문화의 본보기가 되는 초문화는 그 철학이 지닌 부정성의 특징이 전설적인 육자 철학에서 이미 싹텄고, 노자 철학에 이르러 자연스럽게 계통을 이루었다.

백서본 《노자》는 〈덕편德篇〉이 앞에 있고 〈도편道篇〉이 뒤에 놓여 대대로 전해 오는 판본과는 정반대의 체제로 되어 있다. 부혁본 제38장에 해당되는, 전편의 요지를 밝힌 제1장에서 다음과 같이 말하고 있다.

상덕을 지닌 자는 스스로 덕을 의식하지 않으므로 덕을 지닐 수 있고, 하덕을 지닌 자는 덕을 잃지 않으려고 애를 쓰기 때문에 덕을 지니지 못한다. 상덕은 무위이면서 작위하지 않으며, 하덕은 작위하고 인위적으로 한다. 상인을 지닌 자는 무위하고 작위하지 않으며, 상의를 지닌 자는 의를 실천하면서 의식적으로 작위한다. 상례를 지닌 자는 자신이 예를 지켜서 남이 응하지 않으면 팔을 잡아 끌며 지키도록 강요한다. 그러므로 무위의 도가 사라진 다음에 덕이 있게 되었고, 덕이 사라진 다음에 인이 있게 되었으며, 인이 사라진 다음에 의가 있게 되었고, 의가 사라진 다음에 예가 있게 되었다. 예라는 것은 충과 신이 희박해져서 생겨난 것으로 모든 화란의 시초이다. 남보다 먼저 안다는 것은 도의 외형적 수식인 것이고, 우매한 행위의 근원이다. 때문에 대장부는 돈후한 데에 처하고 경박한 데에 처하지 않으며, 실질적인 열매에 처하고 부질없는 꽃에는 처하지 않는다. 따라서 인위적인 조작을 버리고 무위자연의 도를 취한다.

上德不德, 是以有德, 下德不失德, 是以無德, 上德無爲, 而無以爲, 下德爲之, 而有以爲. 上仁爲之, 而無以爲, 上義爲之, 而有以爲, 上禮爲之, 而莫之應, 則攘臂而提之. 故失道而後德, 失德而後仁, 失仁而後美, 失義而後禮. 夫禮者, 忠信之薄, 而亂之首, 前識者, 道之華, 而愚之始, 是以大丈夫, 處其厚, 不居其薄, 處其實, 不居其華. 故去彼取此.

이 장에서는 노자 철학의 체계를 이루는 도道→덕德→인仁→의義→예禮의 다섯 가지 요소와 그들 상호간의 관계를 밝히고 있는데, 《노자》에는 한 걸음 더 나아가 명백히 논하였다.

《노자》에서 말하는 도는 그 체계 속의 평범한 한 요소가 아니라 우주의 가장 근본 본체를 가리킨다. 《노자》의 공헌은 중국 철학 사상 최초로 본체론의 개념을 제시하였다는 데 있는 것이 아니라, 최초로 부정성의 개념을 통하여 우주의 본체를 묘사하였다는 데 있다. 그는 '항도恒道,' 즉 항구불변의 도는 도가 아니라고 생각하였다.[103] 즉 긍정성의 개념으로는 묘사할 수 없고 '무無'[104] '무형無形'[105] '무물無物'[106] '무상無狀'[107] 같은 부정성의 개념으로만 묘사할 수 있다고 여겼다. 도는 만물을 낳으므로 도는 실체를 지닌 만물 중의 한 가지 사물일 수 없기 때문이다. 만약 도가 만물 속에 존재하는 한 가지 사물이라면, 도는 만물을 생성하는 본체일 수 없다. 도가 만물 중의 한 가지 사물이라면 언어 속에 그 이름을 지니게 되지만, 만물 중의 사물이 아니라면 언어 속에 그 이름이 존재하지 않는다. 때문에 '도항무명道恒無名,'[108] 즉 도는 영원히 인간의 말로 표상될 수 없다고 한 말은 사실을 그대로 말한 것일 뿐 신비한 구석은 전혀 없는 것이다. 부정성의 개념을 사용하여 우주의 본체를 묘사한 것은 중국 철학, 아니 세계 철학과 인식론의 발전에 있어서 중요한 이정표가 된다. 서양에서는 무정부주의자들의 '무한無限'이라는 개념이 이에 상당할 뿐이다. 헤겔은 무정부주의자들을 논하면서 "'무한'이라고 규정된 원칙에 따라 만들어진 진보는 절대적 본질에 있어서 더 이상 단순한 것이 아니다. 그것은 부정성이며 보편성으로 '유한'한 것에 대한 부정이다"[109]라고 하였는데, 바로 이와 같은 의미이다.

도가 만물을 낳는다면 각 사물은 반드시 도에서 얻는 것이 있게 되는데, 각 사물이 지니는 '덕德'이 바로 그것이다. 도와 덕의 관계는 송대 유학자들의 말을 빌리자면 하나의 '이理'에서 파생되어 나오는 '이일분수理一分殊'[110]로 하나와 여럿의 대응 관계이다. 각 사물의 존재는 그것이 지닌 덕에 의해 유지되기 때문에 "도가 만물을 생성하고, 덕이 그 사물을 기른다 道生之, 德畜之"[111]고 하였다.

인·의·예는 본래 유가 철학의 근간을 이루는 요소로 각각 유가의 긍정적 해석을 지닌다. 이런 긍정성을 지니는 인·의·예를 《노자》에서는 모조리 부정한다. 인과 의를 버리라는 '절인기의絶仁棄義'[112]를 주장하고, 또 예라는 것을 "충과 신이 희박해져 생겨난 것으로 모든 화란의 시초 忠信之薄, 而亂之首也"[113]라고 주장한다. 그러나 이를 부정하면서도 다시 이를 포

괄하고 있는데, 노자 철학의 체계 속에 포함된 인·의·예는 부정성의 것
이지 긍정성의 것은 아니다. 인을 예로 들어 설명한다.

《노자》에는 "성인도 불인하여 백성들을 추구[114]처럼 여긴다 聖人不仁, 以
百姓爲芻狗"[115]고 하였다.《장자·천운天運》에 형용된 것에 따르면 "제사가
끝난 다음에 제사에 사용된 추구를 버리는 것 已陳芻狗"[116]은 불인한 행위
임을 알 수 있다.《노자》에는 또 "성인은 항상 모든 사람을 잘 살려서 쓰
기 때문에 사람을 버리지 않는다 聖人恒善救人, 而無棄人"[117] "사람이 선하
지 않더라도 어떻게 버릴 수 있겠는가! 人之不善, 何棄之有"[118]라고 하였다.
선하지 못한 사람도 버리지 않으니, 실로 인의 극치에 이르렀다 하겠다.

문제는 성인이 사람을 구제하는 방법이 어떠한가이다. 제27장에서는 이
렇게 언급하였다.

걸음을 잘 걷는 자는 자취를 남기지 않고, 말을 잘 하는 자는 허물이 없
으며, 계책을 잘 하는 자는 점을 쳐서 결책하지 않는다. 잘 잠그는 자는 빗
장이 없어도 열 수 없게 하고, 잘 묶는 자는 밧줄로 동여매지 않고도 풀지
못하게 한다. 따라서 성인은 항상 사람을 잘 살펴 쓰기 때문에 사람을 버리
지 않는다……

善行者無轍迹, 善言者無瑕謫, 善數者不以籌策, 善閉者無關鍵而不可也, 善
結者無繩約而不可解也. 是以聖人恒善救人, 而無棄人…….

오징吳澄의 《도덕경주道德經注》에는 이를 "선행자는 불행으로 행을 삼
기 때문에 자취가 없고, 선언자는 불언으로 언을 삼기 때문에 허물이 없으
며, 선계자는 불계로 계를 삼기 때문에 점을 치지 않고…… 善行者以不行
爲行, 故無轍迹, 善言者以不言爲言, 故無瑕謫, 善計者以不計爲計, 故不用籌
策……"라고 풀이하였다. 'A하지 않으므로 A를 한다' 는 공식이다. 이를 사
람을 구제하는 데 응용한다면 '구하지 않는 것으로 구한다' 는 것이다. '구
하지 않는 것으로 구한다' 는 것은 사람마다 스스로 구하는 것이다. 사람마
다 스스로 구하여 구제되는 것이 바로 성인의 '무위의 인仁' 이라는 것이
다.《노자》에서는 '유위의 인' 을 부정하고 '무위의 인' 을 포용하고 있음을
알 수 있다.

마찬가지로 《노자》에서는 '유위의 의義' '유위의 예禮'를 부정하고, 부정성의 의와 예를 포용하였다.

부정성의 계통은 긍정성의 계통과 결합되었을 때에 비로소 의미를 지니게 된다. 반대의 경우도 마찬가지이다. 때문에 공자와 노자의 결합을 통하여 공자와 노자를 인식하고, 유가와 도가의 결합을 통하여 유가와 도가를 이해해야 한다. 이상에서 언급한 것이 실마리를 제공할 수 있기를 기대한다. 노자 철학의 심오한 뜻을 본절에서 모두 언급할 수는 없다. 그저 '불언지교不言之敎'[119]를 받들 뿐이다.

장자 철학과 굴원 철학

노자학파의 철학은 두 갈래로 발전하였다. 하나는 장자 철학으로 발전하였고, 다른 하나는 '직하정기설稷下精氣說'로 발전하였다. 남방에서 직하정기설을 대표하는 것은 굴원 철학이다.

장자莊子는 이름이 주周이고 송宋나라 사람이다. 전국 중기 후엽의 인물로 생졸연대는 알 수 없다. 장주는 벼슬길에 뜻이 없어 잠시 칠원漆園을 맡아 보는 낮은 벼슬을 지낸 적이 있을 뿐이다. 그의 저작인 《장자莊子》는 《한서·예문지》에는 52편이 있다고 기록되어 있으나, 지금은 33편만이 전한다.

굴원屈原은 본명이 평平으로 원原은 그의 자이다. 대략 장주와 같은 시기의 인물이나, 장주보다 늦게 나서 늦게 죽었다. 초나라 사람이다. 굴원은 일찍이 좌도左徒와 삼려대부三閭大夫를 역임하면서 날카로운 개혁 의지를 가졌지만 끝내 뜻을 펴지 못하여 투신 자살하고 말았다. 그의 저작 《한서·예문지》에는 25편이 기록되어 있으나, 지금 볼 수 있는 것은 모두 유향劉向이 집록한 《초사楚辭》에서 나온 것이다.

장주는 상당한 문학적 소양을 갖춘 철학가이고, 굴원은 철리哲理가 넉넉한 문학가이다. 장주는 후세에 노자 철학을 계승하고 발전시킨 인물로 알려져 있다. 때문에 노자와 더불어 '노장老莊'으로 병칭된다. 굴원 철학은 굴원이 지은 초사의 명성에 가려 후세에 중시받지 못하였다.

노자 철학과 마찬가지로 장자 철학과 굴원 철학에 대해서도 기본적인 특징만을 간략히 소개한다.

《장자》 역시 《노자》와 마찬가지로 부정성을 그 철학적 특징으로 하지만 《노자》와는 계통이 다르다. 즉 《노자》는 상대적 부정성인데 반해 《장자》는 절대적 부정성이다. 절대적 부정성이 견지하는 절대주의는 자기의 반대적 측면, 즉 상대주의로 발전되고, 나아가 절대적 상대주의로 발전한다.

《노자》의 부정성은 긍정성과 상대적이기 때문에 상대적 부정성이다. 그러나 《장자》의 부정성은 긍정성을 부정할 뿐 아니라 부정성을 부정하므로 어떤 상대도 수반되지 않는다. 때문에 절대적 부정성이다. 《장자》의 말을 인용하여 말하자면 긍정과 긍정성은 모두 '유有'이고, 부정과 부정성은 모두 '무無'이다. 긍정성을 부정하는 것은 '무유無有'이고, 부정성을 부정하는 것은 '무무無無'이다. '무무'는 〈지북유知北遊〉에만 나타날 뿐이지만 절대적 부정성을 보여 주기에 충분하다.

《장자》의 〈소요유逍遙遊〉는 절대적 자유를 이야기하고, 〈제물론齊物論〉은 절대적 평등을 이야기한다.

〈소요유〉는 대붕大鵬·소조小鳥·열자列子의 비행飛行을 묘사하고, 이 모두를 상대적 자유로 간주한다. 왜냐하면 모두가 바람이라는 "의지의 대상이 있기 有所待" 때문이다. 따라서 바람이 없다면 모두 날 수 없다.

저 천지의 바른 기운을 타고 육기[120]의 변화를 몰아 무궁함에 노니는 자는 또 무엇에 의지하겠는가?
若夫乘天地之正, 而御六氣之變, 以游天窮者, 彼且惡乎待哉.

이는 '지인至人' '신인神人' '성인聖人'의 소요유로 의지의 대상이 전혀 없는 절대적 자유이다. 어쩌면 "천지의 바른 기운을 타고, 육기의 변화를 모는 것"도 의지하는 것이 아닌가 하는 의문을 가질 수 있다. 그러나 그렇지 않다. 왜냐하면 도가들의 말에 의하면 '천지의 바른 기운'과 '육기의 변화', 즉 음양陰陽·풍우風雨·회명晦明의 변화는 모두 정기精氣로 '심재心齋'[121] 즉 사람이 마음을 재계하여 정기를 받아들이고 오래 쌓으면 자기 내부의 정기에 의해 날아오를 수 있게 되므로 바람 따위의 외부 조건은 필요치 않게 되기 때문이다. 따라서 "천지의 바른 기운을 타고, 육기의 변화를 모는 것"은 자기 내부의 정기를 타고 이를 제어하는 것일 뿐이므로 외부의 조건을 필요로 하지 않는다는 것이다. 그러나 눈앞에서 그칠 뿐, 이제껏 실제로 이처럼 날아오르는 사람은 본 적이 없다. 이런 식의 소요유는 정신 활동으로 인간의 문학·예술·철학 활동과 과학 기술의 창조를 격려할 뿐이다.

〈제물론〉에서는 이렇게 언급하였다.

들보와 기둥, 추하게 생긴 자와 서시 같은 미인, 관대함과 변덕스러움, 간사함과 기괴함의 대립도 도에 있어서는 하나로 통한다.

莛與楹, 厲與西施, 恢詭憰怪, 道通爲一.

천하에 털끝보다 더 큰 것이 없기 때문에 태산은 작은 것이 된다. 요절한 자식보다 장수한 자가 없기 때문에 팽조도 요절한 것이 된다. 천지는 나와 함께 더불어 살고, 만물은 나와 더불어 하나가 된다.

天下莫大於秋毫之末, 而泰山爲小. 莫壽乎殤子, 而彭祖爲夭. 天地與我幷生, 而萬物與我爲一.

이는 도의 관점, 즉 절대적 관점에서 천지 만물을 본 것이다. 이렇게 보면 만물은 하나로 간주된다. '하나'는 만물의 공통된 성질이다. 공통성을 놓고 말한다면 크고 작음, 미인과 추녀, 장수와 요절의 차이는 모두 따지지 않을 수 있으며 오히려 절대적 평등에 이를 수 있다. 이것이 바로 '제齊'이다. '제'는 가장 철저하게 관철된 절대주의이다. 그러나 가장 철저하게 관철된 절대주의로부터 대립적 차이를 따지지 않고 시비의 차이를 부인함에 이르면 이에 상대주의, 더욱이 절대적 상대주의로 바뀌게 된다. 〈제물론〉에는 다음과 같은 널리 알려진 논쟁이 실려 있다.

내가 자네와 함께 논쟁을 했다고 치자. 자네가 내게 이기고 내가 자네에게 졌다면, 과연 자네는 옳고 나는 그른 것인가? 내가 이기고 자네가 졌다면, 내가 옳고 자네는 그른 것인가? 일부는 옳고 일부는 그른 것인가? 아니면 완전히 옳거나 그른 것인가? 나와 자네가 모두 이것을 모른다면 다른 사람 또한 판단하기 어려울 것이다. 그렇다면 우리는 누구에게 그것을 판단하게 할 것인가? 자네 의견에 동조하는 자에게 판단을 맡긴다면, 그는 이미 자네와 같은 의견이니 어떻게 판단할 수 있겠는가? 또 나의 의견에 동조하는 자에게 판단을 맡긴다면, 그는 이미 나와 같은 의견이니 어떻게 판단할 수 있겠는가? 나 또는 자네와 다른 의견을 가진 자에게 판단하게 한다면, 그는 이미 나 또는 자네와 의견이 다른데 어떻게 판단할 수 있겠는가? 또 나 또는 자네와 같은 의견을 가진 자에게 판단하게 한다면, 이미 그는 자네나 나와 의견이 같으니 어떻게 판단할 수 있겠는가?

既使我與若辯矣. 若勝我, 我不若勝, 若果是也, 我果非也邪. 我勝若, 若不吾勝, 我果是也, 而果非也邪. 其或是也, 其或非也邪, 其俱是也. 其俱非也邪. 我與若不能相知也, 則人固受其黮闇, 吾誰使正之. 使同乎若者正之, 既與若同矣, 惡能正之. 使同乎我者正之, 既同乎我矣, 惡能正之. 使異乎我與若者正之, 既異乎我與若矣, 惡能正之. 使同乎我與若者正之, 既同乎我與若矣, 惡能正之.

이것이 바로 《묵자墨子》에서 비평한 '변무승辯無勝'이다.[122] 이는 절대적 상대주의가 된 것으로 우리에게 어떤 시사를 준다.

〈제물론〉에는 갖가지 바람 소리를 묘사하고, 이를 '지뢰地籟'라고 하였다. 또 사람들의 갖가지 언어를 묘사하고 이를 '인뢰人籟'라고 하였다. 인뢰와 지뢰는 다르다. 언어는 인간의 입을 통해 나오면서 긍정도 있고 부정도 있어 모두 국한성을 지닌다. 사람들은 흔히 자기 의견의 국한성을 모르고, 언제나 자기 의견이 옳고 남의 의견은 그르다고 여긴다. "때문에 유가와 묵가의 시비가 생겨나 그른 것을 옳다 여기고 옳은 것을 그르다 여긴다. 故有儒墨之是非, 以是其所非, 而非其所是" 앞서 인용한 '변무승'설은 우리가 한층 높은 단계에서 문제를 살필 수 있도록 시사한다. 가령 유가의 관점에서만 살펴보면 도가를 부정한다. 반대로 도가의 관점만을 따라서 보게 되면 유가를 부정한다. 그러나 중국 문화의 전체적 관점이라는 더 높은 곳에서 보면 유가와 도가를 모두 긍정해야만 한다. 《장자》의 체계 속에서 가장 높은 단계는 도이고, 가장 높은 관점은 바로 도의 관점이다.

《장자》는 또 우리들에게 사람의 의견만이 국한성을 지니는 것이 아니라 사람의 언어 또한 국한성을 지니며, 인간의 이성 역시 국한성을 지닌다는 것을 보여 준다. 이러한 문제는 서양에서는 근·현대에 이르러서야 칸트·쇼펜하우어·비트겐슈타인 등이 논의를 진행하였다. 이런 문제에 대한《장자》의 논술을 깊이 연구해 들어가면 중국 민족의 사유 방식을 이해하고 개진하는 데 상당한 도움을 얻을 수 있다. 중국 민족의 창조적 재능은 역대로 《장자》의 사유 방식을 받아 솟아오르고 유가적 사유 방식 때문에 속박당했는데, 이런 역사적 사실은 지금도 깊이 생각해 볼 만하다.

굴원은 오기吳起의 뒤를 계승하여 초나라에서 변법을 주장하였다. 그는 〈구장九章·석왕일惜往日〉에서 이렇게 노래하였다.

　　이 몸이 신임받던 지난날이 아쉽구나
　　임금의 명을 받아 세상 밝게 다스리고
　　선조의 공 받들어 백성들을 보살피며
　　미심쩍은 법도를 다시 고쳐 밝혔더니
　　나라는 부강하고 바른 법이 확립되어
　　충신들에 정사 맡겨 날마다 즐거웠네
　　惜往日之曾信兮, 受命詔以昭時.
　　奉先功以照下兮, 昭法度之嫌疑.
　　國富强而法立兮, 屬貞臣而日娭.

이는 《사기·굴원가생열전屈原賈生列傳》에 기술된 초나라 회왕懷王이 그에게 "법령을 만들도록 造爲憲令" 한 과정을 노래한 것이다. "충신들에 정사 맡겨 날마다 즐거웠네"는 법이 확립되어 군주가 신하들에게 법령에 따라 일을 처리하도록 맡기고 자신은 아무 일도 하지 않아도 되게 되었음을 말한 것으로, 이는 법가학설의 요지이다. 〈석왕일〉에는 회왕이 참언을 믿고 자신을 멀리함을 이렇게 노래하였다.

　　임금은 덮어 놓고 노여움을 내게 품어
　　사실인가 아닌가도 밝히려고 않으시네
　　임금의 눈과 귀를 어둡게 가려 놓고

빈말로 속여서는 사실인 양 믿게 하니
증거를 찾아서는 진실을 밝히지 않고
날 멀리 추방한 채 생각조차 않는구나.
君含怒以待臣兮, 不清澂其然否.
蔽晦君之聰明兮, 虛惑誤又以欺.
弗參驗以考實兮, 遠遷臣而弗思.

  법가는 군주가 신하의 말을 경솔히 믿어서는 안 되며, 여러 방면에서 살
피고 비교해야만 미혹되지 않을 수 있다고 주장한다. 여기서도 증거를 대
는 방법을 통하여 사실 여부를 가리는데 역시 법가 사상이다. 〈석왕일〉에
는 또 다음과 같이 노래하였다.

둔한 말을 타고서 마음껏 달리리라
고삐 재갈 다 버리고 저 혼자 날뛰듯이
뗏목을 타고서 물길 따라 내려가리
배도 없이 노도 없이 혼자서 애쓰듯이
법도를 무시하고 마음대로 해치움이
비유컨대 이런 것과 무엇 다르랴?
乘騏驥而馳騁兮, 無轡御而自載.
乘氾泭以下流兮, 無舟楫而自備.
背法度而心治兮, 辟與此其無異.

  법도 없이 독점하여 마음 내키는 대로 나라를 다스리는 것은 바로 '심치
心治'이지 '법치法治'가 아니다. '심치'의 위험은 고삐와 재갈 없이 말을
타는 것이요, 배도 노도 없이 강을 건너는 것과 같은 것이다.
  그는 〈구장·비회풍悲回風〉에서는 변법에 반대하는 사악한 분위기에 대
한 비통한 심정을 표현하였고, 〈구가九歌·국상國殤〉에서는 법가의 강병론
에 부합되는 굳센 무용 정신을 열렬하게 송찬하였다.
  굴원의 불후의 대표작 〈이소〉 역시 〈석왕일〉〈비회풍〉과 같은 사상을 담
고 있다. 〈이소〉의 결어인 '난왈亂曰'에는 다음과 같이 노래하였다.

오호라

세상에 날 알아 주는 이 아무도 없거늘

나라는 그리워해 무엇하리야

바른 정치 위해 함께 할 이 없으니

나는 저 팽함 곁에나 가서 살련다

已矣哉.

國無人兮莫我知兮, 又何懷乎故都.

旣莫足與爲美政兮, 吾將從彭咸之所居.

　'바른 정치'는 바로 부국강병의 법가 정치이다.

　법가에 속하는 정치 사상을 지닌 굴원의 형이상학은 직하 도가의 정기설에 속한다. 직하 도가의 정기설은 《관자管子》의 〈심술상心術上〉〈심술하心術下〉〈백심白心〉〈내업內業〉 등에 나타나는데, 이를 합쳐 《관자》 4편이라고 한다. 굴원의 작품에 내포된 형이상학은 《관자》 4편과 완전히 일치한다. 〈이소〉에서는 다음과 같이 노래하였다.

자리 깔고 꿇어앉아 말을 끝내니

나는 환히 중정을 얻은 듯

네 마리 용이 끄는 갈매기 수레 타고

세상 먼지 떨쳐내며 하늘로 올라가네

跪敷衽以陳辭兮, 耿吾旣得此中正.

駟玉虯以乘鷖兮, 溘埃風餘上征.

　'중정을 얻어야'만 비로소 '하늘로 올라갈' 수 있다고 하였다. 그렇다면 '중정中正'은 무엇인가? 바로 "날 적부터 고운 성품을 지니어"라는 구절의 내면적 아름다움, 즉 고운 성품이다. 《관자》 4편에 이르기를 "기라는 것은 육신을 채우는 것이다 氣者, 身之充也"라고 하고, "충만한 것이 아름답지 못하면 마음을 얻지 못한다 充不美, 則心不得"고 하였다. 충실하고 아름다운 것이 바로 '내득內得'이다. 이는 '내덕內德' 또는 '중득中得'이라고도 하는데, 모두 '내미內美'이자 '정기精氣'이다. '중정'도 '정기精氣'로 정기를 얻기 때문에 '상정上征' 할 수 있다.

'중정'은 또한 '정기正氣'이다. 〈원유遠遊〉에는 '정기正氣'로 되어 있다. 어째서 정기가 없어지면 그것을 구해야만 하는가? 〈원유〉에서는 다음과 같이 설명한다.

> 흐릴 대로 흐려진 더러운 세상 만났으니
> 홀로 울적한 마음 누구에게 말하련가
> 이 밤도 시름겨워 이리저리 뒤척이다
> 이 내 영혼 뜬눈으로 새벽을 맞는구나
> 시작도 끝도 없는 가없는 천지
> 인생의 기나긴 고달픔이 애달파라
> 나 나기 전 옛 사람은 만날 수도 없고
> 나 죽은 뒤 오는 이야 알 수도 없어
> 이리저리 서성이다 별천지를 그리며
> 슬픈 마음 넋을 잃고 하염없이 생각하네
> 마음은 답답하여 어쩔 줄 모르겠고
> 시름에 겨운 마음 자꾸만 슬퍼지네
> 정신은 훌쩍 떠나 돌아올 줄 모르고
> 육신만 고목처럼 저 혼자 서 있구나
> 마음속 되살펴서 지조 바로잡으며
> 정기가 나오는 본원을 찾는다네
> 遭沈濁而汚穢兮, 獨鬱結其誰語.
> 夜耿耿而不寐兮, 魂營營而至曙.
> 惟天地之無窮兮, 哀人生之長勤.
> 往者余不及兮, 來者吾不聞.
> 步徙倚而遙思兮, 怊惝恍而永懷.
> 意荒忽而流蕩兮, 心愁悽而增悲.
> 神儵忽而不反兮, 形枯槁而獨留.
> 內惟省以端操兮, 求正氣之所由.

이는 다음의 두 가지 사실을 설명한다.

첫째, 외면적 정기精氣로 더러움 때문에 들어오려고 하지 않는다.《관자·내업》에 "공손히 마음속에 머물러 있는 욕심을 제거하면 정기는 저절로 와서 머문다 敬除其舍, 精將自來"고 하였고, 〈심술상〉에 "신은 지극히 귀하다. 이 때문에 마음이 깨끗이 정돈되어 있지 않으면 귀인이 거기에 와서 머무르지 않는다 神者, 至貴也. 故館不辟除, 則貴人不舍焉"고 하였다. 〈내업〉의 말처럼 "마음속에 가득 찬 욕심을 버리고 虛其欲" 마음속의 더러움을 깨끗이 쓸어내야만 정기가 스스로 찾아오게 된다.

둘째, 내면에 본래부터 지니고 있는 정기로 어떤 비애로 말미암아 모두 달아나 돌아오지 않게 된다. 〈내업〉에 "인간의 삶은 반드시 평정해야만 한다. 평정을 잃게 되면 기뻐하고 노하고 근심하게 된다 凡人之生也, 必以平正, 所以失之, 必以喜怒憂患"고 하였다. 〈심술하〉 역시 이 말과 같다. 묵은 정기가 사라지고 새로운 정기가 오지 않기 때문에 "육신만 고목처럼 저 혼자 서 있게" 되는 것이다. 따라서 다시 정기正氣, 즉 정기精氣를 구하는 방법뿐이다. 더러움을 깨끗이 씻어내고 비애를 버리면 "정기가 들어오고 묵은 때가 가시며 精氣入而粗穢除" 결국은 "뜬구름을 잡아타고 거침없이 오르게 掩浮雲而上征" 되는 것이다.

〈원유〉에서는 또 왕교王喬의 입을 빌려 "신선의 요결 神仙之要訣"(朱熹《楚辭集註》의 말임)을 말했는데, 이 단락은 한 구절 한 구절 모두《관자》4편 중에서 상응되는 말을 찾을 수 있다.

> 도란 마음으로 터득하는 것
> 말로써는 전할 수 없다네
> 道可受兮, 而不可傳.

이는 〈심술상〉의 "대도는 천하를 편안하게 할 수 있으나(받을 수는 있음), 그 형상을 말로 표현할 수는 없다(전할 수는 없음) 大道可安而不可說"는 말과 상응된다.

> 그 작기는 안이 없고

그 크기는 가없네

其小無內兮, 其大無垠.

이는 〈심술상〉에 "도는 천지간에서 그 크기가 가없고 그 작기가 안이 없
다 道在天地之間也, 其大無外, 其小無內"고 한 말과 상응된다.

그대의 혼이 흐리지만 않다면

저도 모르게 도를 얻게 되리라

無滑而魂兮, 彼將自然.

이는 〈내업〉의 "번잡하게 하지 말고, 어지럽게 하지 말라. 편안하게 하
면 저절로 이루어진다 勿煩勿亂, 和乃自成"는 말과 상응된다. 〈원유〉 원문
의 '활滑'은 '난亂'을 뜻하고, '무활無滑'은 '물번물란勿煩勿亂' 이다. 〈내
업〉에는 또 "그것을 잃게 되는 이유는 조바심하여 해치기 때문이다. 마음
이 안정되면 도는 저절로 머물게 될 것이다 所以失之, 以躁爲害, 心能執
靜, 道將自定"라고 하였는데, 역시 같은 뜻이다. "도는 저절로 머물게 될 것
이다 "는 바로 "저도 모르게 도를 얻게 되리라"는 것이다.

순일한 기는 너무나도 신비하여

한밤중 고요할 때 존재하는 것이라네

一氣孔神兮, 於中夜存.

이는 〈심술하〉에는 "순일한 기가 변화할 수 있음을 정이라 한다 一氣能
變曰精"고 하였다. 그렇다면 '순일한 기'가 곧 '정기精氣' 인 것이다. 《맹
자·고자상告子上》에 "야기가 보존될 수 없다면 사람은 짐승과 다를 것이
없게 되리라 夜氣不足以存, 則其違禽獸不遠矣"고 하여 한밤중은 기氣가
모이는 좋은 때이기 때문에 야기가 보존되기에 가장 좋다고 여겼다. 이 설
의 영향이 크다는 것을 알 수 있겠다.

마음을 비워두고 사물을 기다림이

무위에 들어가는 첫걸음이오
虛以待之兮, 無爲之先.

〈심술상〉에 "마음에 가득 찬 욕심을 비우면 신이 와서 거기에 머문다 虛其欲, 神將入舍"고 하고, 또 "편안하게 기뻐하고 무위하며, 지혜와 작위를 제거한다 恬愉愉無爲, 去智與故"고 하였다. '용지用智'와 '고의故意'는 '유심有心'이자 '유위有爲'이므로 제거해야 하고, 인위적으로 조작해서는 안 되며, 정기가 자연스럽게 오기를 기다려야 한다.

세상 만물이 예서 이루어지는 것
이것이 바로 덕에 드는 문이라네
庶類以成兮, 此德之門.

이는 〈내업〉의 "도는 뿌리도 줄기도 없고 잎도 꽃도 피지 않지만 만물을 낳고 성장시킨다 凡道無根無莖, 無葉無榮, 萬物以生, 萬物以成"는 말과 상응된다. "이것이 바로 덕에 드는 문이라네"는 전편의 총괄이자 결어로 이것이 '중묘지문衆眇之門,'[123] 즉 일체의 이치와 변화의 근본이라고 인정한다.

굴원은 두 차례 제齊나라에 사신 간 적이 있다. 당시는 직하학궁稷下學宮이 흥성하던 때였으므로 굴원이 직하 도가 정기설의 영향을 받았으리라는 것을 알 수 있다. 이는 남북의 문화가 교류되고 융합된 결과이다.

7. 문 학

선진 시대의 문학 역시 철학과 마찬가지로 남북의 두 가지 요소가 결합되어 이루어진 것이다.

전국 시대에 북방은 산문이 크게 성행하고 시가가 침체되었던 데 반해 남방의 경우는 산문과 시가가 고르게 발전하였다. 남방의 산문을 대표하는 것은 《장자莊子》이고, 남방의 시가를 대표하는 것은 〈이소離騷〉를 비롯한 굴원의 기타 작품으로, 이 두 가지를 합쳐 '장소莊騷'라고 부른다.

간단히 말해서 북방 문학의 기풍은 기본적으로 엄숙하고 근엄하다는 특징을 지니며, 남방 문학의 경우는 활발하다는 특징을 보인다.

선진 시대의 문학이 어째서 남북의 차이가 존재하는가에 대하여는 전대의 사람들이 이미 구구한 해석 내지 추측을 제기한 바 있다. 청말민초淸末民初의 유사배劉師培는 《남북문학부동론南北文學不同論》에서 다음과 같이 말했다.

> 북방은 토질이 척박하고 수세가 깊어서 거기에 사는 사람들은 대체로 실질을 숭상하였고, 남방은 수세가 넓어서 그곳 사람들은 대체로 허무를 숭상하였다. 북방 사람들은 실질을 중시했기 때문에 그들이 지은 글은 사실을 기록하고 이치를 밝히는 두 가지 틀을 벗어나지 않았고, 남방 사람들은 허무를 숭상했기 때문에 더러 자신의 생각과 감정을 글로 표현하기도 하였다.
> 大抵北方之地, 土厚水深, 民生其間, 多尙實際. 南方之地, 水勢浩洋, 民生其際, 多尙虛無. 民崇實際, 故所著之文, 不外記事析理二端. 民尙虛無, 故所作之文, 或爲言志抒情之體.

유사배가 북방인은 실질을 중시한 반면 남방인은 허무를 숭상했다고 지적한 것은 그들의 정신을 잘 이해한 것이라고 하겠다. 바꾸어 말하자면 기본적으로 북방 문학은 현실주의적이며, 남방 문학은 낭만주의적이라는 것이다. 낭만주의적 허무는 모든 것이 진정으로 허무한 것은 결코 아니며, '허虛'에다 '실實'을 부칠 수도, '무無'에다 '유有'를 맡길 수도 있다. 어째서 실질을 중시하고 허무를 숭상하는 차이가 생겼는가에 대해서 유사배가 그 원인을 자연 환경에 돌린 것은 유협劉勰의 견해를 인정한 것이다. 유협은 《문심조룡文心雕龍》에서 이렇게 말했다.

> 산림이나 물가 따위의 자연은 실로 시정詩情의 보고이다……. 그러나 굴원이 시가에 담겨 있는 정취를 체득할 수 있었던 것 또한 자연 환경의 도움이 아니었겠는가?
> 若乃山林皋壤, 實文思之奧府…… 然屈平所以能洞鑑風騷之情者, 抑亦江山

之助乎.[124]

　그러나 이런 견해는 타당성이 있지만 하나만 보고 둘은 보지 못한 것이다. 어떤 문학 기풍이 자라고 이룩되는 요인은 자연성에만 국한되는 것이 아니라 사회성도 함께 지니는 것으로, 흔히 후자의 영향이 전자보다 크기 때문이다.

　남방은 산과 강이 이리저리 뒤얽힌데다 이夷와 하夏가 서로 접촉하던 지역이었다. 때문에 초나라가 강성해진 후에는 전장 제도에서 풍토와 인정에 이르기까지 모든 것이 혼재된 상태였다. 따라서 무지와 문명, 자유와 전제, 신과 인간이 기묘하게 한데 어우러져 그 사회적 색채가 북방에 비해 풍부하였고, 생활의 리듬이 북방보다 쾌활하였으며, 사상과 기풍이 북방보다 개방적이었다. 게다가 하늘이 내려 준 아름다운 산천과 빼어난 풍물은 활기차고 분방한 기풍을 형성하게 하였고, 이러한 활력과 자유분방함은 마침내 괴탄과 허무의 지경에 이르렀다.

　남북 문학의 경계는 시대에 따라 다르다. 송宋과 진陳 일대는 전국 중기에는 남방 문화와 북방 문화가 서로 만나는 지역이었다.

　여기에서 장주와 굴원의 작품을 형식에서 내용까지 철저하게 고찰하기는 어려우므로 그들의 작품이 지니는 선명한 남방적 기풍만을 소개하겠다. 장주를 이은 열어구列禦寇와 굴원을 계승한 송옥宋玉에 대해서는 언급하지 않겠다.

장주와 산문

《장자》 33편은 장주莊周 자신이 모두 지은 것은 아니다. 그러나 각 편을 면밀히 음미해 보면 적어도 "글의 정취가 그 사람의 모습과 대체로 유사하다 情與貌, 略相似"고 할 수 있다. 따라서 그의 산문 기풍을 논할 때, 장주의 문하 제자들이 장주의 이름을 빌려 지은 것을 굳이 가려낼 필요는 없겠다.

《장자》의 산문은 사실 시적인 맛이 상당히 풍부한데, 이 시적인 맛은 운율에 있는 것이 아니라 상상과 정취에 담겨져 있다.

《장자·내편內篇·소요유逍遙遊》에 실려 있는 곤鯤과 붕鵬에 대한 묘사
는 후대인들의 극찬을 받고 있는데, 그 글에는 다음과 같이 묘사하고 있다.

북쪽 바다에 곤이라는 물고기가 살고 있는데, 크기가 몇천 리나 되는지
알 수 없을 정도이다. 이 물고기가 새로 변화하면 그 이름을 붕이라고 하는
데, 붕은 그 등 넓이가 몇천 리나 되는지 알 수 없을 정도이다. 이 새가 한
번 기운을 내어 날면, 그 날개는 마치 하늘에 드리운 구름과 같다……. 붕
이 남쪽 바다로 옮겨 갈 때는 물결 3천 리를 치면서 회오리바람을 타고 9
만 리를 올라가 6개월을 간 다음에 쉰다……. 하늘이 저토록 푸른 것은 저
하늘이 지닌 본래의 빛인가? 너무 멀어서 끝이 없기 때문인가? 저 하늘 위
에서 이 지상을 굽어보아도 역시 마찬가지이리라.
北冥有魚, 其名爲鯤. 鯤之大, 不知其幾千里也. 化而爲鳥, 其名爲鵬. 鵬之背,
不知其幾千里也. 怒而飛, 其翼若垂天之雲……. 鵬之徙於南冥也, 水擊三千里,
搏扶搖而上者九萬里, 去以六月息者也……. 天之蒼蒼, 其正色邪, 其遠而無所
至極邪. 其視下也, 亦若是則已矣.

웅장한 형상, 드넓은 경계, 심오한 운미韻味는 후세인들이 본뜨려고 무
척 애썼지만 끝내 미치지 못했다. 이는 뛰어난 시편詩篇이라 한대도 지나
치지 않을 것이다.
《장자·내편·제물론齊物論》에 실려 있는 바람에 대한 묘사 역시 생동감
이 흘러넘친다.

대지가 내뿜는 숨을 바람이라 한다. 이것이 일지 않으면 몰라도, 한 번
일었다 하면 지상의 모든 구멍이 성난 듯 울부짖는다. 그대만이 쏴아! 불
어대는 바람 소리를 듣지 못했는가? 숲이 우거진 산 속의 백 아름이나 되
는 큰 나무에 파여 있는 구멍, 코 같기도 하고, 입 같기도 하며, 귀 같기도
하고, 동자 기둥 같기도 하며, 고리 같기도 하고, 절구 같기도 하며, 연못 같
기도 하고, 웅덩이 같기도 한 구멍들이 격류가 부딪치는 듯한 소리, 화살이
나는 듯한 소리, 꾸짖는 듯한 소리, 숨을 들이쉬는 듯한 소리, 부르짖는 듯한
소리, 가라앉은 듯한 소리, 기어 들어가는 듯한 소리, 재잘거리는 듯한 소리

를 내며 앞서거니 뒤서거니 소리치고 화답한다. 작게 부는 바람에는 작게 화답하고 거센 바람에는 크게 화답하다가, 바람이 일시에 잠들어 버리면 구멍들은 텅 빈 채로 잠잠해진다. 그대만이 저 나무들이 휘청대며 흔들리다가 살랑살랑 나부끼는 것을 보지 못했는가?

夫大塊噫氣, 其名爲風. 是唯無作, 作則萬竅怒呼, 而獨不聞之翏翏乎. 山林之畏佳, 大木百圍之竅穴, 似鼻似口似耳似桂似圈似臼似洼者, 似者激者謞者叱者吸者叫者譹者宎者咬者, 前者唱于, 而隨者唱喁. 泠風則小和, 飄風則大和. 厲風濟, 則衆竅爲虛. 而獨不見之調調之刁刁乎.

송옥의 작품으로 알려진 〈풍부風賦〉와 비교해 보면 현격한 차이를 지닌다.

상상의 기묘함에 있어서 선진 제자산문 가운데는 위작인 《열자列子》만이 다소 떨어지기는 하나 그런 대로 《장자》에 비견될 수 있을 것이다.

이에 대하여 왕국유王國維는 적절한 논평을 한 적이 있다.

위대하고 풍부한 남방인들의 상상력은 북방인들을 크게 앞선다. 비유의 기교에 있어서는 대등하다 하더라도 골계에 있어서는 뛰어나다. 때문에 큰 것으로 말하자면 '북명지어'[125] 같은 것이 있고, 작은 것으로 말하자면 '와각지국'[126] 같은 것이 있으며, 수명이 긴 것으로 말하자면 '대춘'·'명령'[127] 같은 것이 있고, 수명이 짧은 것으로 말하자면 '혜고'·'조균'[128] 같은 것이 있다. 양성의 들판에 이르면 칠성[129]도 길을 잃어 헤매고, 분수의 북녘에 이르면 사자[130]도 놀라 뿔뿔이 흩어진다. 이런 상상력은 북방 문학에서는 결코 발견할 수 없다. 때문에 《장자》와 《열자》의 일부분은 산문시라고 해도 손색이 없을 것이다.

南人想像力之偉大豐富, 勝於北人遠甚. 彼等巧於比類, 而善於滑稽. 故言大則有若北冥之魚, 語小則有若蝸角之國, 語久則大椿冥靈, 語短則蟪蛄朝菌, 至於襄城之野, 七聖皆迷, 汾水之陽, 四子獨往. 此種想像, 決不能於北方文學中發見之. 故莊列書中之某分, 卽謂之散文詩, 無不可也.[131]

《장자》에서 끝없이 나타나는 절묘한 의경은 몇 가지 요인에서 비롯된다.

그 가운데 날카롭고 깊이 있고 재치 있는 사고는 일단 제쳐두자. 문학 자체로 문학을 논할 때 결정적인 역할을 하는 것은 각양각색의 기괴한 우언寓言이며, 여기에 변화무쌍한 구성과 현란한 문장이 보조적인 역할을 한다. 여기서는 남방적 기풍을 가장 잘 보여 주는 우언만을 소개한다.

우언에 대해서는 〈잡편雜篇·우언寓言〉에서 장자 자신이 직접 ‘우언’을 ‘중언重言’과 구분하여 언급하였다. 우언은 순수한 허구에 속하고, 중언 또한 허구적 요소가 적지 않다. 따라서 이 두 가지를 우언이라고 통칭할 수 있다. 북방 제자들 역시 우언을 즐겨 사용하기는 하였으나, 그들이 사용한 우언은 모두 사실을 꾸민 것으로 황당무계하지는 않으며, 진지하게 이치를 이야기한다. 그러나 《장자》 우언의 경우는 대부분 황당무계한 내용을 담고 있다. 아울러 사실을 꾸민 것 역시 구성이 특이하고 과장과 수식이 유난히 심하며, 왕왕 그 해학적인 재미 속에 현묘한 이치를 담기도 하였다.

〈외편外篇·추수秋水〉의 하백河伯에 대한 묘사는 황당무계한 요소를 제거한 우언이다.

가을날 물이 불어 흘러내릴 때면 온 냇물이 황하로 몰려 흐른다. 이맘때가 되면 본류는 매우 넓어 양쪽 둑과 모래톱에 있는 소와 말을 구분할 수 없을 정도이다. 이때 황하의 수신 하백은 기뻐하여 천하의 미관이 모두 자기에게 있는 줄 알고 물줄기를 따라 동쪽을 향해 가다 북해에 이르렀다. 거기에서 동쪽을 바라보니 물의 끝이 보이지 않는다. 이에 하백은 낯빛을 고치고 멍하니 북해의 신 약을 향해 탄식하기를 “속담에 ‘백 정도의 진리를 깨달은 자가 천하에 자기만한 자가 없다고 여긴다’는 말이 있더니, 이는 나를 두고 하는 말이구려. 나는 이전에 공자의 학문을 적다고 하고, 백이의 절개를 가볍게 여기는 사람이 있다는 소문을 듣고 처음에는 그것을 믿지 않았소. 그런데 이제 내가 당신의 그 끝없이 넓은 것을 보니 만약 내가 당신의 문하에 오지 않았다면 위태로울 뻔하였구려. 내가 길이 대도를 깨달은 사람들의 웃음거리가 될 뻔했단 말이오”라고 하였다. 이에 북해의 신 약이 말하기를 “우물 안의 개구리는 바다에 대하여 말할 수 없다네. 이는 우물에 구속되어 있기 때문이라네. 또 여름 한철 사는 벌레가 얼음에 대하여 언급할 수 없는 것은 계절이라는 것이 자기가 사는 여름만 있는 줄 굳게 믿기 때문이라네. 또 촌스런 선비가 도를 말할 수 없는 것은 속된 가르침에 속박되어 있기 때문이라네……"라고 하였다.

秋水時至, 百川灌河. 涇流之大, 兩涘渚涯之間, 不辯牛馬. 於是焉, 河伯欣然自喜, 以天下之美, 爲盡在己, 順流而東行, 至於北海. 東面而視, 不見水端. 於是焉, 河伯始旋其面目, 望洋向若而歎曰; 野語有之曰: 聞道百, 以爲莫己若者. 我之謂也. 且夫我嘗聞少仲尼之聞, 而輕伯夷之義者, 始吾弗信. 今我睹子之難窮也. 吾非至於子之門則殆矣. 吾長見笑於大方之家. 北海若曰; 井鼃不可以語於海者, 拘於虛也. 夏蟲不可以語於氷者, 篤於時也. 曲士不可以語於道者, 束於敎也…….

여기에서는 하백의 기고만장하던 모습과 망연자실한 심정을 대단히 생생하게 묘사하고 있다. 장주가 신화를 들먹인 의도는 신을 빌려 인간의 이야기를 하려는 데 그 목적이 있다.

초나라 영도의 어떤 장인匠人이 도끼를 휘두른 이야기는 〈잡편·서무귀徐無鬼〉에 실려 있는데, 이는 사실을 꾸며서 지은 우언이다. 본장 제3절에서 인용할 때는 도입 부분과 결미 부분을 잘라내었는데, 그 전문을 소개하면 다음과 같다.

장주가 장례에 참석했다가 혜자의 무덤을 지나면서 시종자에게 말했다. "옛날 초나라 영도에 사는 어떤 사람이 자기의 코끝에다 흰 흙을 파리 날개처럼 얇게 발라 놓고, 석 아무개라는 목공을 불러 그 흙을 닦아내게 하였네. 그 목공이 도끼를 휘두르자 바람이 휙휙 일었지만 그 사람은 그 소리를 들으면서도 꼼짝 않은 채 서서 닦아내게 하였다네. 그리하여 흙은 완전히 닦아졌지만 코는 조금도 다치지 않았으며 그 사람은 선 채로 조금도 얼굴을 일그러뜨리지 않았다네. 송나라 원군이 이 말을 듣고 그 목공을 불러 '시험삼아 내게도 한 번 해보라'고 했더니, 목공은 '저는 전에는 그렇게 할 수 있었습니다만, 지금은 그 사람이 죽은 지가 오래 되었을 겁니다'라고 대답하였다네. 이처럼 지금 내게도 혜자가 죽고 난 뒤 상대자가 없어져서 함께 이야기를 나눌 자가 없다네."

莊子送葬, 過惠子之墓, 顧謂從者曰; 郢人堊漫其鼻端, 若蠅翼, 使匠石斲之. 匠石運斤成風. 聽而斲之, 盡堊而鼻不傷. 郢人立不失容. 宋元君聞之, 召匠石曰: 嘗試爲寡人爲之. 匠石曰: 臣則嘗能斲之. 雖然, 臣之質死久矣. 自夫子之死也, 吾無以爲質矣, 吾無與言之矣.

생생하고도 교묘한 비유를 통하여 혜시惠施의 죽음에 대한 더할 수 없는 아쉬운 마음을 표현하는 동시에 의미심장한 이치를 담고 있다. 이와 같은 우언들은 마치 손 가는 대로 쓴 듯하지만 사실은 대단히 고심하고 지혜를 짜내 이루어진 것으로, 그 노력은 북방 제자들이 미칠 수 없는 것이었다. 노신魯迅은 《장자》의 문장을 평하여 "전편의 기세가 웅장하고 문구 하나하나가 아름답기 그지없어, 전국 시대 후기 제자산문 가운데 으뜸이다 汪洋辟闔, 儀態萬方, 晚周諸子之作, 莫能先也"[132]고 하였다.

송宋과 진陳은 서로 인접한 나라였다. 송나라 공실은 자성子姓이고 진나라 공실은 규성嬀姓으로, 비록 제하의 말석에 끼기는 하였으나 제하의 정종인 희성姬姓·강성姜姓과는 엄연히 구분되었다. 그러나 화하의 송과 진은 풍속에 있어서는 초楚에 가까웠다. 초나라가 진陳나라를 멸망시키자 송과 초는 서로 인접국이 되었다. 장주가 태어난 몽읍蒙邑은 노자가 태어난 고현苦縣에서 북쪽으로 60킬로미터 남짓 떨어진 곳에 자리잡고 있다. 장주는 비록 초나라 사람은 아니었지만 오랫동안 초나라 풍속의 영향을 받았다. 그의 작품은 남방 철학의 사상으로 일관하여 남방 문학의 기품을 표현해 냈을 뿐 아니라 대부분 초나라의 사적을 언급하였다. '우언'과 '중언' 할 것 없이 모두 그렇다. 〈내편〉은 장주가 직접 지은 것이라는 것이 정설이다. 앞서 제시한 〈내편〉의 첫째 장 〈소요유〉와 둘째 장 〈제물론〉을 예로 삼아 그 중에 초나라의 사적이 어느 정도 언급되고 있는가 살펴보자.

〈소요유〉는 곤鯤이 붕鵬으로 변화하는 데서 글을 시작하였는데, 붕은 곧 봉鳳이다. 초인은 다른 민족과는 달리 봉을 숭배하였다. 장주 역시 봉의 위대함과 신기함을 한껏 묘사하였다. 이것이 초나라의 사적을 언급한 첫번째의 예이다. 그 다음 글에 '명령冥靈'을 묘사하여 "5백 년으로 봄을 삼고, 5백 년으로 가을을 삼는다 以五百年爲春, 以五百年爲秋"고 하고, 그것이 '초의 남쪽 楚之南'에 있다고 명확하게 언급하였다. 이것이 두번째 예이다.

"팽조는 지금까지도 장수한 것으로 특별히 전해 온다 彭祖乃今, 以久特聞"
고 기술하였는데, 팽조彭祖는 축융 연맹에 속하여 초인의 선조와 전설적인
친연 관계를 지닌다. 이것이 세번째 예이다. 미치광이로 가장하여 벼슬하
지 않았던 초나라의 은사 접여接輿를 언급한 것이 네번째 예이다. 또 '신
인神人'이 "구름을 타고 비룡을 부리며 사해의 밖에 노닌다 乘雲氣, 御飛
龍, 而遊乎四海之外"는 《초사》의 〈이소〉와 〈원유〉에 묘사된 '순천지유巡天
之遊'와 궤를 같이하는 것으로 이것이 다섯번째 예이다.

〈제물론〉의 "남곽자기가 안석에 기대앉아 있다 南郭子綦隱机而坐"는 첫
문장에서 남곽자기南郭子綦는 주석가들이 초나라 소왕昭王의 이복동생인
공자 기期라고 하였는데, 이것이 첫번째 예이다. 그 다음 글에 나오는 안성
자유顔成子遊는 주석가들이 남곽자기의 제자라고 하였으니, 이것이 두번
째 예이다. '소씨의 악기 昭氏之鼓琴'에서 소씨昭氏는 초나라 소왕의 후손
으로 초나라 3대 성의 하나이다. 이것이 세번째 예이다. "어려서 죽은 자식
보다 장수한 자가 없기 때문에 팽조도 요절한 것이 된다 莫壽於殤子, 而
彭祖爲夭"고 한 것에서 앞서 지적하였듯이 팽조는 축융 연맹에 속한다. 따
라서 이것이 네번째 예이다.

〈소요유〉와 〈제물론〉에는 초나라의 사적이 모두 9차례 보인다. 장주는 비
록 다른 나라의 사적도 기술하기는 하였지만 초나라 사적에 비하면 적은
편이다. 《장자》가 남방 문학의 유파를 대표한다고 하는 것은, 그 기풍만을
가리키는 것이 아니라 서사와 용전 등이 모두 다 그러하다는 의미이다.

굴원과 시가

전해 내려오는 선진 시대의 시가 가운데 초사 이전의 것으로는 《시경詩
經》 3백5편과 《시경》에 수록되지 않고 여기저기 흩어져 있는 몇몇 시편
詩篇이 있다. 총체적으로 말하면 《시경》은 북방 문학을 대표하는 것이다.
그러나 그 가운데 〈주남周南〉 11편과 〈소남召南〉 14편은 남국의 시가이다.
《한시외전韓詩外傳》에 따르면 이남二南의 시가는 남양南陽과 남군南郡 일
대에서 나온 것이다. 남양은 지금도 옛날 이름을 그대로 간직하고 있고, 남
군은 지금의 형주荊州 일대이다. 남양과 남군 일대는 〈안주육기安州六器〉

의 명문에 '남국南國'이라고 한 곳이다. 이남의 시는 비比와 흥興의 수법을 즐겨 사용하고 허사를 다수 운용하여 황하 유역 여러 나라들의 시가와는 사뭇 다르다. 춘추 시대 초나라는 이남 지역을 잠식하여 자연스럽게 이남 시의 영향을 받을 수 있었다. 정천범程千帆은 "주남과 소남의 시는 《시경》과 〈이소〉를 이어 주는 중간점이자 초사의 선구이다 二南之詩, 則詩騷之驕驛, 亦楚辭之先驅也"133)라고 하였다.

이남과 같은 부류의 시가로 믿을 만한 것으로는 《맹자·이루상離婁上》에 실려 있는 〈창랑가滄浪歌〉가 있으며, 확신할 수는 없는 것으로 《공자가어孔子家語·변악해辨樂解》에 실려 있는 〈남풍가南風歌〉가 있다. 이 두 편의 시가는 이남의 시편에 비해 초사에 더욱 가깝다.

가장 초사에 근접한 것은 《설원說苑·선세善說》에 실려 있는 〈월인가越人歌〉이다. 〈창랑가〉와 〈남풍가〉는 북방 사람이 남방 가요를 모방해 지은 것으로, 본고장의 남방 가요와는 조금 다르다. 그러나 〈월인가〉는 남방 사람이 직접 지은 남방의 가요로 그 정신과 체재가 모두 북방의 가요와는 구별된다.

〈월인가〉는 악읍鄂邑의 어떤 월越나라 뱃사공이 악군鄂君이던 공자 석晳을 위해 지은 것이다. 월어越語로 된 작품이 초어楚語로 옮겨지고 문인의 정리를 거쳤는데, 훗날 유향劉向이 음을 기록한 것과 뜻을 번역한 것을 모두 수집하여 보존함으로써 다행히 전해지게 된 것이다. 장족壯族인 위경온韋慶穩이 음이 기록된 〈월인가〉를 장어壯語로 해석하고, 이를 다시 한어漢語로 옮긴 결과 초어로 번역된 〈월인가〉와 대체로 일치했다.134) 오늘날 장동어족壯侗語族에 속하는 각 민족은 고대 월인越人의 후예로, 그 가운데 장족은 가장 큰 일족이다. 고대 장어는 사실상 고대 월어이다. 위경온의 작업은 초인이 기록한 〈월인가〉의 음이 상당히 정확할 뿐 아니라 원작에 충실한 번역임을 입증한다. 따라서 유향이 〈월인가〉를 《설원》에 채록해 넣을 당시에도 고치지 않았음이 분명하다. 그 노랫말에는 이렇게 노래하였다.

오늘 저녁은 어인 저녁인지
모래톱 가에 배 띄웠더니
오늘은 어인 날인지

왕자님과 한 배 타게 되었다오
창피 주던 사랑받던
헐뜯지도 욕하지도 않을 테요
미련한 맘도 버리지 않더니
왕자님을 알게 되었소
산 위의 나무랑 가지 보고
님인가 여겼어도 님은 그저 모른 채
今夕何夕兮, 搴洲中流.
今日何日兮, 得與王子同舟.
蒙羞被好兮, 不訾詬恥.
心幾頑而不絶兮, 得知王子.
山有木兮木有枝, 心說君兮君不知.

고금의 시 평론가들은 〈월인가〉를 한결같이 칭송하면서 그 예술적 수준
이 〈국풍國風〉과 〈이소離騷〉에 뒤지지 않는다고 하였다. 굴원의 〈구가九
歌·상부인湘夫人〉에는 다음과 같은 구절이 있다.

　　원수 가의 구릿대와 예수의 난초를 보고
　　님인가 여겼어도 말 차마 못하는데
　　沅有芷兮澧有蘭, 思公子兮未敢言.

주희朱熹의 주에는 "흥을 일으킨 예가 '산 위의 나무랑 가지 보고, 님인
가 여겼어도 님은 그저 모른 채'라는 월인의 노래와 꼭 같다 其起興之例,
正猶越人之歌, 所謂山有木兮木有枝, 心悅君兮君不知"[135]고 설명하였다.
　초사는 〈월인가〉보다 늦게 출현했는데, 민간 가요에 관심을 가졌던 굴원
이 우아하고 아름다운 〈월인가〉에 매료되어 자신의 작품에 〈월인가〉에 쓰
인 비와 흥의 수법을 채용함에 따라 인정과 사리가 사실과 잘 어울리게
되었다. 〈구가〉의 구절에 사용한 '혜兮'자는 〈월인가〉와 똑같다. 〈구가〉에
는 가끔 요운腰韻과 각운脚韻을 함께 사용하여 격구용운한 예가 보인다.
예를 들어 앞서 인용한 〈상부인〉의 두 구절이 '지芷'를 '자子'에 협운하고

'란蘭'을 '언言'에 협운한 경우로, 이는 오늘날 장족의 민가 〈환歡〉과 〈윤倫〉에 흔히 보이는 압운법과 같다. 초사의 성립과 발전에 있어서 월인의 가요가 촉진 작용을 하였음이 분명하다.

굴원의 〈구가〉는 몇 가지 흔적을 통해 보면 월인의 거주지에서 월인의 노래를 모방해 지은 것으로 보인다. 그것은 다음과 같은 몇 가지 이유에서이다.

첫째, 앞서 지적하였듯이 〈구가〉의 비·흥 수법, 구법, 압운법이 월인의 가요와 유사하다는 점이다.

둘째, 왕일王逸이 언급하였듯이 〈구가〉는 "원수와 상수 일대 沅湘之間"[136]에서 지어졌는데, 이곳은 바로 월인이 모여 살던 지역이다.

셋째, 〈구가〉에는 월인의 신이 등장한다. 〈구가〉에 나오는 여러 신은 초楚·하夏·월越의 세 부류로 나눌 수 있다. 그 가운데 초인이 숭배한 신이 가장 많으며, 하인이 숭배한 신으로 하백河伯이 있고, 월인이 숭배한 신으로 상군湘君과 상부인湘夫人이 있다. 앞서 언급하였듯이 상수 유역의 토착민은 월인이었으며, 초인이 상수 하류에 이르른 시기는 대략 춘추 시대에서 전국 시대로 접어들던 무렵이었다. 〈구가〉는 전국 중기에 지어졌다. 당시 상수의 신은 토착 월인의 신이었지, 결코 다른 곳에서 이주해 온 초인의 신일 수는 없다.

넷째, 〈구가〉에는 월인의 풍속이 들어 있다. 월 땅에는 배가 많고 수레는 적었다. 〈구가〉에서 제주는 상군을 맞이하기 위하여 계주桂舟를 타는데, 이것은 월인의 관습이다. 하백과 비교해 보는 것도 괜찮다. 하백은 북방에 있는데, 북방은 수레가 많고 배가 적기 때문에 제주는 하백과 함께 수거水車를 타고 출유出遊한다. 〈구가〉에 묘사된 제사 의식은 월나라의 풍속이 초나라의 풍속보다 많다. "초인은 귀신을 받들고 월인은 기를 받들었다 楚人鬼而越人禨"[137]고 하는데, 초나라와 월나라의 풍속은 모두 음사淫祀를 좋아했다. 그러나 월나라 무巫의 신통력은 초나라 무보다 뛰어나 귀신을 나타나게 할 수 있었다. 한나라 무제武帝 때에 월인越人 용지勇之가 말하기를 "월인은 귀신에게 제사드리는 풍속이 있는데, 그들의 사당에는 모두 귀신이 출현하여 여러 차례 감응이 있었다 粤人俗鬼, 而其祠皆見鬼, 數有效"[138]고 하였다. 〈구가〉에 나오는 신과 귀신은 태일太一을 제외하고는 모두 볼 수 있을 뿐 아니라 사람과 교감한다. 사명司命은 태일의 관료이자 그 지역의 초신楚神으로, 소리는 들을 수 있지만 모습은 볼 수 없는데 한대까지도 초인 출신의 군신들은 여전히 그렇게 믿었다.[139] 그러나 〈구가〉에서는 사명은 볼 수 있을 뿐 아니라 "미인이 마당에 가득 모인 그 중에서도, 유독 나하고만 눈이 맞았지 滿堂兮美人, 忽獨與余兮目成" 하는 식으로 사람들 속을 오가고 머물고 한다. 굴원은 월인이 신에게 제사하여 신을 보고, 귀신에게 제사하여 귀신이 나타나는 모습에 따라 〈소사명少司命〉을 쓴 것이 분명하다.

다섯째, 〈구가〉에는 초인이 숭배한 봉鳳은 나오지 않고, 월인이 숭배한 용龍이 자주 등장한다. 굴원의 작품 중에[140] 봉은 14회 나타나는데, 만약 봉의 변종인 비렴飛廉과 지조鷙鳥를 포함한다면 모두 17회 등장한다. 그러나 〈구가〉에는 전혀 나오지 않는다. 용은 17회 나타나는데 용과 동류인 규虬·리螭·교蛟를 포함시키면 모두 23회 등장하며, 〈구가〉에만도 9회 등장한다. 이는 아마도 굴원이 의식적으로 월인이 숭배하는 것을 따르고 월인들의 심리를 헤아렸기 때문일 것이다. 그리고 그는 성공했다. 〈상군〉과 〈상부인〉 두 편은 월인의 풍속에 따라 월인이 숭배한 신을 묘사하였는데, 형식과 내용이 더할 나위 없이 잘 어우러진다. 또 〈구가〉에서도 신과 신, 신과 인간의 관계에 대한 묘사가 유난히 아름답고 부드러워 감동적이다.

체재의 발전 과정을 살펴보면 4자구를 위주로 한 〈구장九章〉의 〈귤송橘頌〉은 《시경》의 〈주남〉과 〈소남〉에 가까워, 굴원의 현전 작품 가운데 가장 먼저 창작된 것인 듯하다. 또 〈구가〉는 월인의 가요에 가까워 굴원의 초기 작품으로 보인다. 초사는 초문화의 총체와 마찬가지로 만이와 화하가 한데 어울려 만들어진 결과이다. 다시 말해 월인의 가요와 〈주남〉·〈소남〉의 시가 한데 어울려 만들어진 것이다.

초인 자신의 민가는 만이와 화하의 시가가 어울려 변화하는 과정 속에서 적어도 체재면에 있어서는 그다지 큰 역할을 하지 못했던 것으로 짐작된다. 춘추 시대에서 전국 시대로 접어들 무렵의 믿을 만한 초나라 가요로는 《논어·미자微子》에 실려 있는 〈접여가接輿歌〉뿐이다.

봉이여 봉이여

어찌하여 덕이 쇠하였는가
지나간 것은 어쩔 수 없다지만
오는 일은 그래도 좇을 수 있나니
말지어다 말지어다
지금 정치 좇는 것은 위태로우리

鳳兮鳳兮, 何德之衰.
往者不可見, 來者猶可追.
已而已而, 今之從政者殆而.

　이는 접여 接輿가 일부러 공자가 듣도록 즉흥적으로 지어 노래한 것으로, 구법과 압운법이 나중의 초사와는 상당한 차이를 보인다.
　초인은 초사의 창작 과정에서 촉매 역할을 담당한 것 이외에는 체재보다 주로 정신 방면에서 기여하였는데, 그것은 바로 낭만주의 정신이었다. 굴원의 공헌은 문학사에 있어서 획기적 의미를 지닌다.
　굴원은 고결한 지조, 교묘하고 고운 창작력, 넓은 견문, 자유로운 상상력, 그리고 변함 없는 개혁 정신을 지니고서 마치 장주가 우언을 구사하였던 것처럼 많은 신화, 전설과 역사적 사실, 천지·일월·풍운·우레·눈비·산천·귀신·용봉龍鳳·현사와 미인·꽃과 향초 등을 조화롭게 운용하여 독특한 경지를 만들어 냈다. 그 장엄함은 고산대해로도 비유할 수 없고, 그 괴탄함은 귀신으로도 비유할 수 없으며, 그 아름다움은 절세가인으로도 비유하기 부족하다. 서사·기유紀遊·서정·언지言志가 모두 변화무쌍하고 자유분방하여 보는 이로 하여금 거듭 감탄을 자아내게 한다. 〈이소〉에 묘사된 것을 살펴보자.

네 마리 용이 끄는 갈매기 수레 타고
세상 먼지 떨쳐내며 하늘로 올라가네
아침에 수레 모아 순임금 뵈옵고
저녁에 곤륜산에 닿아
신령님 문에서 잠시 쉬려 했더니
뉘엿뉘엿 날은 벌써 저무려 하네

희화에게 저 해를 천천히 가게 하여
해지는 엄자산에 못 닿게 하고
드넓은 천지 아득히 먼 길을
오르며 내리며 어진 이 찾아보리
함지에서 말에 물을 먹이고
부상 아래 고삐를 매어두고서
약목을 잘라 해를 쫓아보내고
잠시 서성이며 다시 노니네
망서를 앞세워 길잡이하고
비렴은 뒤에서 달리게 하니
난새와 봉황은 날 호위하는데
차비가 덜 되었노라 뇌신이 아뢰네
봉황을 저 높이 오르게 하여
밤낮을 쉬지 않고 달려가는데
어디서 돌개바람 모였다 흩어지며
무지개 구름 달고 맞으러 오네
우르르 모였다간 흩어지는 꼴들
어지러이 상하로 오르내리네
천제를 뵈오려 문을 열라니
수문장은 귀먹었나 바라만 보네
해는 어둑어둑 떨어지려는데
난초 묶어 든 채로 하염없이 서 있네
어지러운 세상 분별이 없어
아름다운 것들을 시샘들하네
날이 새면 저 맑은 백수를 건너
낭풍산에 올라 말 매고 쉬렸는데
가다가 돌아보며 흐르는 눈물
아! 이 산에도 미인은 없다네

馴玉虯以乘鷖兮, 溘埃風余上征.
朝發軔於蒼梧兮, 夕余至乎縣圃.

欲少留此靈刷瑣兮, 日忽忽其將暮.
吾令羲和弭節兮, 望崦嵫而勿迫.
路漫漫其脩遠兮, 吾將上下而求索.
飲余馬於咸池兮, 總余轡乎扶桑.
折若木以拂日兮, 聊逍遙以相羊.
前望舒使先驅兮, 後飛廉使奔屬.
鸞皇爲余先戒兮, 雷師告余以未具.
吾令鳳鳥飛騰兮, 繼之以日夜.
飄風屯其相離兮, 帥雲霓而來御.
紛總總其離合兮, 斑陸離其上下.
吾令帝閽開關兮, 倚閶闔而望予.
時曖曖其將罷兮, 結幽蘭而延佇,
世溷濁而不分兮, 好蔽美而嫉妬.
朝吾將濟於白水兮, 登閬風而緤馬.
忽反顧以流涕兮, 哀高丘之無女.

〈천문天問〉은 특이한 시가로 굴원의 해박한 지식과 비판 태도, 그리고 창조 정신을 엿볼 수 있다. 작자는 "아득히 먼 태곳적 遂古之初"에서부터 의문을 제기하여 초나라 영윤 공자 문文의 사적에 이르기까지 모두 1백 70여 가지의 의문을 제기하는데, 대답은 단 하나도 없어 깊이 생각해 보게 만든다.

당시 남방의 학문과 사려 깊은 학자들은 우주의 신비에 대하여 큰 관심을 보였다. 장주는 일찍이 다음과 같이 말했다.

남쪽 땅에 황료라는 기인이 있었는데 하늘이 무너지지 않고 땅이 꺼지지 않는 까닭, 비바람과 우렛소리가 일어나는 까닭을 물었다…….
南方有奇人焉, 曰黃繚, 問天地所以不墜不陷·風雨雷霆之故……[141]

비슷한 문제가 굴원의 필치 아래 이르러서는 미묘한 운치가 흘러넘치게 되었다.

하늘은 둥글고 아홉 층이라니
누가 이것을 설계했을까?
대관절 이건 누구의 공로이며
누가 처음으로 만들었을까?
수레 굴대 줄은 어디다 동여맸고
하늘을 고인 기둥 중심은 어딘지?
여덟 기둥은 어디에 닿아 있고
동남쪽 기둥은 어째서 기울었나?
아홉 층계 하늘의 경계는
어디서부터 어디로 이어졌나?
너른 천지에 모퉁이도 많아
그 많은 수를 누가 알런가!
하늘과 땅은 어디서 합쳐지며
십이진은 어떻게 나눴을까?
해와 달은 어디에 속해 있고
뭇별들은 어디에 붙어 있는 걸까?
아침에 해가 탕곡에서 나와
몽수가에서 잠자는데
아침부터 밤까지 가는 그 길은
그 거리가 몇 리나 되는지?
어인 덕이 있길래 저 달은
죽었다가는 되살아나는 걸까?
무얼 얻기에 저 토끼는
달의 뱃속에 들어가 살까?
圓則九重, 孰營度之.
惟玆何功, 孰初作之.
斡維焉繫, 天極焉加.
八柱何當, 東南何虧.
九天之際, 安放安屬.
隅隈多有, 誰知其數.

天何所沓, 十二焉兮.
日月安屬, 列星安陳.
出自湯谷, 次于蒙汜.
自明及晦, 所行幾里.
夜光何德, 死則又育.
厥利維何, 而顧菟在腹

〈천문〉은 문文·사史의 보고로 천문·지리·신화·역사·민속에 관련된 귀한 자료들이 실려 있다. 남방의 소수 민족, 특히 묘족苗族은 지금까지도 〈천문〉과 유사한 민가를 가지고 있다. 묘족의 〈고가古歌〉는 천지개벽, 인류의 기원, 민족의 이동 등에 관한 신화와 전설을 담고서 며칠 동안을 노래할 수 있는데, 문학 예술인들의 채록과 정리를 거쳤음에도 8천여 행에 달한다. 묘족의 〈고가〉가 〈천문〉과 다른 점은 의문을 제기하고 여기에 대답을 한다는 점이다. 이러한 민간 문학의 형태는 상고 시대의 '남이南夷'142)에 근원을 두었을 가능성이 있다. 어쩌면 굴원은 일찍이 남이의 풍속을 접하고, 여기에서 영감을 얻어 〈천문〉을 쓰게 되었는지도 모른다.

유협은 《문심조룡·신사神思》에서 "조용히 생각을 돌리면 천년의 시간을 뛰어넘고, 천천히 얼굴을 움직이면 만리의 먼 곳도 내다볼 수 있다 寂然凝慮, 思接千載. 悄焉動容, 視通萬里"고 하였고, 육기陸機는 〈문부文賦〉에서 "정기는 팔극을 달리고 마음은 만인에 노닌다……. 순식간에 고금을 살피고 한순간에 사해를 어루만진다 精鶩八極, 心遊萬仞……. 觀古今於須臾, 撫四海於一瞬"고 하였다. 이는 모두 문학 작품에 있어서의 구상을 언급한 말이다. 굴원의 경우는 구상이 여기에 머무르지 않는다. 사상 또한 마찬가지이다. 작품 속에서 그는 온 세상을 유력하고 하늘에 올라가 고제古帝에게 진언하고 신과 이야기를 나누는 천년의 사람이며 만리의 나그네이다. 동양에서 낭만주의의 꽃은 굴원의 작품 속에서 더할 수 없이 아름답게 활짝 피었다.

《문심조룡·변소辨騷》에서의 초사에 대한 비평은 대체로 타당성이 있다. 한 단락을 예로 들면 다음과 같다.

초사는 하·상·주 3대의 체재를 본받고 전국 시대의 기풍이 섞인 것으로 《시경》의 이단이자 사부의 정화이다. 그 근본이 되는 골격과 거기에 붙은 근육과 살을 보면 비록 경서의 사상을 넣어서 살펴본다 하더라도 독자적인 당당한 표현으로 이루어진 것이다. 때문에 〈이소〉와 〈구장〉은 명랑하고도 고운 가운데 비애를 드러내고, 〈구가〉와 〈구변〉은 화려한 문장 속에 상심을 부쳤다. 〈원유〉와 〈천문〉은 기괴한 내용 가운데 교묘한 재치가 엿보이고, 〈초혼〉과 〈대초〉는 곱고 아름다우며 수사가 화려하다는 특징을 지닌다. 〈복거〉는 자유분방한 언론의 극치를 대표했고, 〈어부〉는 홀로 자신의 길을 가는 재기를 말한 것이다. 따라서 그 기백은 지나간 모든 것을 넘어서고, 문장은 현재의 실정에 절실한 것이다. 놀라운 수사와 절묘한 아름다움은 무엇으로도 비견되기 어려울 것이다.

楚辭者, 體憲於三代, 而風雜於戰國, 乃雅頌之博徒, 辭賦之英傑也. 觀其骨鯁所樹, 肌膚所附, 雖取熔經旨, 亦自鑄偉辭. 故騷經九章, 郎麗以哀志, 九歌九辨, 靡妙以傷情, 遠遊天問, 瑰詭而慧巧, 招魂大招, 耀艶而采華, 卜居標放言之旨, 漁父寄獨往之才. 故能氣往轢古, 辭來切今, 驚采絶艶, 難與幷能矣.[143]

굴원은 초나라의 흥망이 자신에게 달렸다고 여기고, 죽는 날까지 올바른 방법과 정직한 행동으로 충성과 지혜를 다했다. 문학가로서의 굴원이든 애국자로서의 굴원이든 우리는 사마천이 굴원의 전을 지으면서 "설령 해와 달과 더불어 빛을 다툰대도 부족함이 없으리라 雖與日月爭光可也"[144]고 한 말을 수긍할 수 있을 것이다.

8. 문자와 서화

문헌 기록에 따르면, 붓은 진秦나라 때 몽염蒙恬[145]이 처음 만든 것이라고 한다. 1940년대에 이르러서야 비로소 이런 전통적 견해가 결코 옳지 않다는 것이 밝혀졌다.

1942년 장사시 자탄고 1호 고분에서 붓으로 쓴 것임이 틀림없는 백서 1점이 출토되었다. 이 고분은 전국 중기의 초나라 고분이다. 따라서 몽염 이

전에 이미 붓이 존재했음을 알 수 있다. 그러나 이는 간접적인 증거일 뿐으로 전통적인 견해를 근본적으로 뒤엎기에는 미흡하다.

1953년 장사 앙천호仰天湖 25호 고분에서 죽간 43매가 출토되었는데, 이역시 붓으로 쓴 것임이 확실하다. 이 역시 전국 중기의 초나라 고분이다. 이듬해인 1954년에는 역시 전국 중기의 초나라 고분인 장사 좌가공산左家公山 15호 고분에서 좋은 토끼털로 만든 붓의 실물이 나왔다. 이리하여 몽염이 처음 붓을 만들었다는 전통적 견해는 저절로 무너지게 되었다.

그후 1957년에 역시 전국 중기의 신양信陽 장대관 1호 고분에서 문구갑 1점이 출토되었는데, 붓을 비롯하여 소형의 동제 톱·끌·칼이 들어 있었다. 이 4종의 문구는 선진 시대의 '문방사보'라고 할 수 있다.

붓의 출현은 한바탕 서사書寫 혁명을 가져왔다. 붓이 만들어지기 이전에는 칼로 갑골에 글자를 새기거나 진흙으로 틀을 만들어 글자를 새긴 다음 다시 주조하여 명문을 만들었다. 나중에는 나뭇조각과 대쪽에 글자를 새기거나 더 단단하고 날카로운 철제 칼로 동기에 새겨넣었다. 어느 경우이든 상당히 힘이 들었다. 일단 붓이 만들어지자 이것에 먹물을 찍어 대쪽에 글씨를 쓰거나〔竹簡〕 견직물에 쓰기도〔帛書〕 하였는데, 물론 다른 데에도 쓸 수 있었다. 아무튼 상당히 수고를 덜 수 있게 되었다. 붓으로 글씨를 쓰는 것은 굵게 쓸 수도 가늘게 쓸 수도 있으며, 모나게 쓸 수도 둥글게 쓸수도 있는 등 대단히 편리하여 이로부터 문자체의 발달이 촉진되었다.

붓의 출현은 예술 혁명을 가져오기도 하였다. 붓이 만들어지기 이전에는 조각은 많았지만 회화는 극히 드물었다. 고대 중국의 회화 도구는 고대 구라파의 회화 도구와는 달리 붓이 주가 되었다. 칠기에 그려져 있는 도안은 모두 붓을 사용하여 채칠彩漆이나 채분彩粉을 찍어서, 그리고 칠하여 구성한 것이다. 벽화를 그린 도구 역시 붓이다. 특히 백화帛畵의 경우는 붓을 사용하지 않고는 그릴 수가 없다.

현존 자료에 의하면 붓은 아마도 초인들이 처음 만든 것으로 보인다.

자 체

현재 발견된 전국 시대의 문자 가운데 가장 다수를 차지하는 것은 초문

자이다. 이미 발견된 전국 시대의 초문자는 2만 자를 넘는데, 그 가운데 절
대 다수가 시기적으로 초문화의 전성기에 해당된다.

명문은 당시에도 여전히 존재하였으며, 오히려 사용 범위가 확대되어 예
기·악기·병기 이외에도 부절符節·화폐·새인璽印·양기量器 등 기타 청
동기에 널리 사용되었다. 전국 초기 명문의 자체는 이전 시기의 길고 구불
구불한 작풍을 그대로 이어받았으나, 전국 중기로 접어들어서는 반듯해지
는 경향을 보여 백서와 죽간에 나타나는 자체에 근접하였다. 죽간의 자체
는 편평한 경향을 보이며 필획은 간략해지기도 하고 복잡해지기도 하였다.
전국 초기에서 중기까지 자체 변천의 몇 가지 예를 살펴보면 다음과 같다.

	전국 초기		전국 중기	
陽		(楚王酓章鐘)		(鄂君啓節)
惟		(楚王酓章鐘)		(子彈庫帛書)
自		(楚王酓章鐘)		(子彈庫帛書)
之		(楚王酓章鐘)		(子彈庫帛書)
西		(楚王酓章鐘)		(子彈庫帛書)

선진 시대의 문자는 이형異形이 많다. 나라마다 시대마다 지역마다 서로
달랐고, 심지어 사람에 따라 다르기도 하였는데 초나라가 특히 심했다.

초나라에는 약간의 독창적인 문자가 있었다. 예를 들어 '𡘋' 자는 의비
전蟻鼻錢에 보이고, '散' 자는 강릉 망산의 초나라 죽간에 보인다. '室' 자는
백서와 금문의 명문에 보이고, '室' 자는 죽간에 주로 나타나며 명문에서
도 가끔 발견된다. 이런 부류의 글자는 다른 나라에서는 보이지 않고, 그
전대나 후대에도 보이지 않아 매우 해독하기 어렵다. 예를 들어 자탄고 백
서에 '九州不室' 이라는 구절이 나오는데 '室' 자를 해독하지 못하여 한동안
이를 해석하지 못했다. 뇌고돈 1호 고분의 편종과 편경의 명문에서도 이
글자가 발견되었는데, 고문자 학자들의 거듭된 연구를 거쳐 비로소 이것이
'평坪' 자임이 밝혀졌다.

초문자의 필획은 흔히 중원의 글자와 서로 커다란 차이를 보인다. 몇 가
지 예를 들면 다음과 같다.

	중원문자	초문자
金		
室		
集		
乘		

초문자는 짜임새 또한 중원의 문자와 다른 점이 적지 않다. 몇 가지 예를 들면 다음과 같다.

	중원문자	초문자
平		
歲		
關		

동음자를 이용하여 가차한 글자는 동주 시기의 여러 나라에서는 흔히 발견된다. 오래 되어 습관이 됨에 따라 어떤 글자는 원래의 글자가 있음에도 불구하고 잘 사용하지 않고, 거꾸로 동음자가 본래의 글자를 대체하기도 하였다. 가차자가 널리 쓰인 것은 초나라 죽간이 가장 두드러진다.[146] 초문자의 가차자 가운데 어떤 것들은 중원에서 볼 수 없는 것으로, 예를 들면 다음과 같은 것들이 있다.

- 胃 : 백서와 죽간에 모두 나타난다. '謂' 또는 '畏'의 가차자이다.
- 뮤: 죽간에 나타난다. '盂'의 가차자이다.
- 烖: 죽간에 나타난다. '災'의 가차자이다.
- 墬: 죽간에 나타난다. '城'으로 '成'의 가차자이다.

초문자는 통상 중원에서 통행되던 기존의 규칙을 따르지 않고 간화하기도 하고 번화하기도 하였다. 예를 들어 '정貞'자의 경우는 중원의 명문에는 '貞'으로 되어 있으나 초나라 기물의 명문에는 '貞'으로 번화되었고, 죽

간에는 '旨'으로 간화되었다. 초나라 죽간의 문자는 통상 간화의 경향을
보인다. '기其'자의 경우는 '亓'로 썼다. 그러나 '병진丙辰'을 '甬晉'으로
쓴 경우처럼 번화된 것도 있다.

　초나라 지역은 출토 지역에 따라 자형이 조금씩 다른 경우가 많다. 예를
들면 다음과 같다.

	장사長沙	강릉江陵	신양新陽
馬			
玉			
四			
衣			
黃			
鐶			

　이 글자들은 자체가 지역에 따라 다르다. 차이가 심한 경우는 형부와 성
부가 모두 다르다. 예를 들어 '보簠'자의 경우에 신양에서 발견된 죽간에
는 '笑'로 되어 "'죽竹'을 따르고 부성夫聲인데" 강릉에서 나온 죽간에는
'匠'로 되어 "'혜匸'를 따르고 고성古聲이다." 따라서 한 나라 안에서도 언
어상에 이음異音이 문자상에 이형異形이 나타나는 현상을 면치 못했음을
알 수 있다.

　동일 지역에서 출토된 초나라 죽간도 그 자형이 전혀 변화가 없는 것은
아니다. 뿐만 아니라 한 글자에 두 개, 심지어 세 개의 이체자가 있는 경우
도 있다. 예를 들면 다음과 같다.

	초간楚簡		
長			(江陵楚簡)
炎			(江陵楚簡)
無			(江陵楚簡)

智			(長沙楚簡)
也			(新陽楚簡)
是			(新陽楚簡)

이는 사람에 따라 달라진 것들이다.

자체가 여러 가지 변화와 차이가 있다 하더라도 초문자는 중원문자와 같은 계통에 속한다.

예서隸書는 전통적인 견해로는 진秦나라 때 만들어져 사용되었다고 한다. 그러나 발굴된 고고 자료는 전국 시대에 이미 고예古隸가 존재하였고, 진예秦隸와 한예漢隸는 고예에서 발전된 것임을 증명한다.[147] 특히 주의할 만한 것은 예서의 형격形格·가식架式·파세波勢·도법挑法 등이 전국 시대 초나라 죽간에 쓰인 문자에 이미 초보적 형태가 나타난 점이다. 예를 들어 강릉에서 발견된 초나라 죽간에는 '을乙'이 'こ'로 씌어져 있는데 필획 끝이 이미 눈에 띄게 파세를 지니며, '월月'은 'ヲ'로 씌어져 오른쪽 아래의 필획이 도법을 보여 준다. '내內'는 'ㅊ'로 되어 있는데 마지막 두 획이 파세와 도법을 대략적으로 갖추고 있다. 곽말약郭沫若은 전국 시대 초나라 백서에 씌인 문자는 "자체가 간략하고 형태가 편평하여 후세의 예서에 접근하였다"[148]고 하였다.

백화와 벽화

초나라 회화로는 백화帛畫와 벽화壁畫를 비롯하여 목기와 죽기에 그린 채칠화彩漆畫와 채분화彩粉畫가 있다. 그러나 목기와 죽기에 그린 그림은 모두 부가적인 장식으로 도안이 대부분을 차지하는데, 이는 본장 제3절에서 간략하게 소개한 바 있다. 명실상부하게 후세 수묵화의 초보적 형태라고 할 수 있는 것은 백화와 벽화이다.

현재 실물이 발견된 선진 시대의 백화는 초나라의 작품 두 폭뿐이다. 선진 시대의 벽화 역시 문헌 기록에 따르면 초나라의 작품이다.

두 폭의 백화 가운데 하나는 인물용봉백화人物龍鳳帛畫로 1949년 2월 장사 진가대산陳家大山의 초나라 고분에서 출토된 것이고, 다른 하나는 인물어룡백화人物御龍帛畵로 1942년에 백서가 출토된 적이 있는 장사 자탄고 1호 초나라 고분에서 1973년 5월에 출토된 것이다. 이 2기의 고분은 모두 전국 중기에 해당된다.

인물용봉백화(사진 18, 그림 35 참조)는 완전하게 보존되어 있는 화폭의 가장자리를 기준으로 할 때 길이가 31센티미터이고 폭이 22.5센티미터이다. 아랫부분의 한가운데에서 오른쪽으로 치우친 부분에 쪽을 틀어올리고, 늘씬한 허리에 너른 소매 폭넓은 치마를 입고 옆으로 서서 손을 모아 기도하는 부인의 모습이 그려져 있다. 윗부분의 한가운데는 봉 한 마리가 그려져 있고, 왼쪽에는 용 한 마리가 그려져 있는데 서로 싸우는 형상을 하고 있다.[149]

〔그림 35〕 인물용봉백화

인물어룡백화는 견직의 화폭을 기준으로 할 때 길이가 37.5센티미터이고, 폭이 28센티미터이다. 한가운데에는 속발束髮에 높은 관을 쓰고, 큰 도포에 검을 차고 옆으로 서서 고삐를 잡고 용을 부리는 한 남자가 그려져 있다. 용은 머리를 치켜들고 꼬리를 말고 있는 것이 마치 '을乙' 자형의 용주龍舟 모양이다. 사람의 위쪽 구석에는 화개華盖〔日傘〕가 그려져 있고, 용의 아랫배 밑에는 발〔足〕 모양의 무언가가 그려져 있으며, 윗배 아래에는 헤엄치고 있는 물고기 한 마리가 그려져 있다. 또 용의 꼬리 위에는 머리를 치켜들고 우뚝 선 학 한 마리가 길게 울음을 우는 듯한 모습을 하고 있다.[150]

자탄고 1호 고분의 묘주는 유골을 살펴본 결과 중년의 남자로 백화 속에 그려져 있는 남자의 모습과 부합되고, 진가대산 초나라 고분의 묘주는 무덤 속에 병기가 부장되어 있지 않은 것으로 미루어 여자인 것으로 추측된다. 이 2기의 무덤은 모두 1관1곽으로 묘주가 모두 사士 계층에 속하는 귀족임을 알 수 있다.

두 폭의 백화는 사자死者의 신분을 나타내는 데 쓰일 뿐인 명정銘旌과는 성격이 다르다. 또 두 그림의 주제는 서로 전혀 다르다. 인물용봉백화 속의 용과 봉은 투쟁의 형상이 잘 나타나 있는데, 마치 착하고 아름다운 봉이 악하고 추한 용을 물리치고 묘주가 저승에서 편안히 지낼 수 있도록 보살펴 주기를 기원하는 뜻이 담겨져 있는 듯하다. 그러나 인물어룡백화의 경우는 그림 속의 화개가 하늘을 상징하고 헤엄치는 물고기가 땅을 가리키는 것일 수 있다 하더라도, 사람이 용의 등 위에 서 있고 물 위를 가는 용은 승천의 형세가 보이지 않는다. 때문에 묘주가 저승에서도 인간 세상에서와 마찬가지로 평온하고 즐겁다는 것을 나타낸 것일 뿐인 듯하다.

백화는 백묘白描를 위주로 하나 부분적으로 채색을 더한 경우도 있다. 비록 그 표현 수법에 있어서 개별적 형상의 온전성을 추구하여 사물이 서로 가려지지 않도록 하고, 또 비례성을 그다지 추구하지 않는다는 원시 회화의 특징을 지니고 있기는 하지만 동기에 새겨진 문양이나 칠기의 채색화에 비해서는 상당한 발전을 보인다. 선이 유창하고 세밀한 부분은 더러 생동감 있는 필치를 보인다. 여자를 그린 경우는 기색과 자태가 우아하고, 남자를 그린 경우는 기개가 넉넉하여 화공이 상당한 솜씨를 갖추었음을 알 수 있다. 구상이 특이하고 착상이 참신한 것은 초나라 예술의 전통적인 작풍이다. 이 두 폭의 백화는 초기 중국화의 쌍벽이라 할 수 있다.

왕일王逸이 언급한 바에 따르면 초나라에는 벽화가 있었다. 왕일의 《초사장구楚辭章句·천문天問》에는 다음과 같은 기록이 있다.

〈천문〉은 굴원이 지은 것이다……. 굴원은 추방당한 후 우울한 마음에 수심에 휩싸여 산천을 이리저리 방황하였다. 하늘을 우러러 한탄하고 하소연하다가, 초나라 선왕의 종묘와 공경의 사당에 그려져 있는 특이하고 괴상한 천지·산천·신령과 고대 성현과 괴물의 사적을 보게 되었다. 그리하여 여기저기를 유랑하다 피곤하면 그 아래 쉬면서 고개 들어 그림을 보고, 이에 그 벽에 글을 써서 탄식하고 질문함으로써 분노를 삭이고 수심을 풀었다. 초나라 사람들이 굴원을 애석하게 여겨 함께 그 글을 옮겨 적었기 때문에 글의 뜻이 조리가 없다고 한다.

天問者, 屈原之所作也……. 屈原放逐, 憂心愁悴. 彷徨川澤, 經歷陵陸. 嗟號昊旻, 仰天歎息. 見楚有先王之廟及公卿祠堂, 圖畵天地山川神靈, 奇瑋譎詭, 及古聖賢怪物行事. 周流罷倦, 休息其下. 仰見圖畵, 因書其壁, 呵而問之, 而渫憤懣, 舒瀉愁思. 楚人哀惜屈原, 因共論述, 故其文義不次序云爾.

왕일의 견해는 물론 근거가 있을 것이다. 그러나 이제껏 초나라 선왕의 종묘와 공경의 사당의 깨어진 기왓장 하나 발견되지 않았다. 때문에 앞서 이야기한 대형의 벽화에 대해서는 고찰할 방법이 없다.

소형 벽화의 경우는 발견된 적이 있다. 천성관 1호 고분에 있는 벽화를 예로 들어 보자. 화면은 '田'자 모양으로 짜여져 있고, 오색의 마름모꼴 무늬, 새털구름 무늬, 세모꼴 꽃잎 모양의 구름 무늬로 문門을 그려 놓았다. 또 다른 초나라 고분에서는 목제의 가문假門이 발견된 적이 있다. '田'자 모양의 구도로, 어떤 가문에는 한 쌍의 철제 문고리가 달려 있기도 하다. 천성관 1호 고분에는 7개의 묘실이 있는데 묘실과 묘실은 원래 서로 통할 수 없게 되어 있으나, 그림 속의 문을 통하여 서로 통할 수 있다는 것을 상징적으로 나타낸다. 묘주는 봉군의 한 사람으로 만약 사후에 사당을 세웠다면, 그 속에는 다양하고 괴이한 대형 벽화가 있었을지도 모른다.

9. 음악과 무용

굴원의 〈구가九歌〉에 묘사된 민간 사신祀神의 장면에는 남방 초나라의 짙은 향토적 분위기가 곳곳에 배어난다.

사신의 의식은 처음부터 끝까지 악대의 반주 아래 노래와 춤을 동반한다. 당시 초나라는 명절이 되면 도회지에서 시골 마을까지 다투듯 노래와 춤을 즐겨 그 떠들썩한 분위기를 가히 짐작해 볼 수 있다. 무당과 박수 가운데는 분명 뛰어난 용모와 재주를 겸비한 자들이 있었고, 이때는 그들이 재주를 내보일 수 있는 절호의 기회였다.

민간에서 사신의 의식에 사용한 악기는 〈구가〉의 기록에 따르면 북〔鼓〕이 주가 되었다. 분장을 하고 무대에 오른 무녀는 느려졌다 빨라졌다 하는 북소리에 맞추어 목청 돋워 노래를 부르고 소매를 휘날리며 춤을 춘다. 파장이 임박하고 흥이 가라앉기 직전에 〈구가〉의 미성尾聲 〈예혼禮魂〉에 묘사된 것처럼

> 제사 의식 갖춰 놓고 북을 둥둥 치면
> 파초를 건네 주며 번갈아 춤을 추다
> 고운 무녀 슬그머니 옷소매를 거두고
> 成禮兮會鼓, 傳芭兮代舞, 姱女倡兮容與.

판을 거둔다. 그밖에 다른 악기로는 〈구가〉에는 종鐘·경磬·슬瑟·우竽·지篪·배소排簫(參差) 등이 기록되어 있다. 이는 소규모의 악대로 궁정의 대규모 악대에 비할 수는 없지만, 오음五音의 넉넉함은 신과 인간의 마음을 만족시키기에 손색이 없다.

남방의 음은 가볍고 단조로워 북방의 음이 무겁고 복잡한 것과는 다르다. 따라서 초인이 만든 노래는 중후한 감은 부족한 반면, 맑고 상쾌한 감은 풍부하였을 것이다. 민간에서는 속곡俗曲을 즐겨 불렀는데, 속곡은 대체로 지역과 민족에 따라 다르다. 《문선文選》에 실려 있는 송옥宋玉의 〈대초왕문對楚王問〉에 "초나라 영도에서 어떤 떠돌이 악사가 〈하리下里〉와

〈파인巴人〉이라는 속곡을 노래하자, 성안 사람들 가운데 모여들어 화답하여 노래한 자가 수천 명이나 되었다 客有歌於郢中者, 其始曰下里巴人, 國中屬而和者數千人"고 하였다. 〈하리〉는 영도에서 불리던 초나라 노래인 듯하고, 〈파인〉은 영도에 전해진 파巴 땅의 노래로 보인다. "성안 사람들 가운데 화답한 자가 수천 명이나 되었다"는 것은 좀 과장인 듯하지만, 당시 초나라 풍속이 노래 부르기를 좋아하였던 것은 분명하다. 그렇지 않았다면 송옥이 노래로 비유를 삼지는 않았을 것이다.

무녀의 춤추는 자태가 어떤 모습이었는지 꼬집어 설명하기는 매우 어렵다. 〈구가〉에는 '너울너울 偃蹇' 하고 '구불구불 連蜷' 하다고 묘사하여 곡선미와 율동미가 풍부하였던 듯하다. 동기와 칠기에 그려진 모습, 예를 들어 상해 박물관에 소장되어 있는 각문연락화상타배刻紋燕樂畵象橢梧에 그려진 무인舞人의 형상을 통해 보면 초나라의 무인은 소매가 길고 몸을 구부리는 두 가지 특징이 나타나 확실히 '너울너울' 하고 '구불구불' 하다고 할 수 있다.

여성에 대한 초인의 미적 기준은 "골격이 가냘프면서도 살결이 풍만하고 豐肉微骨" "날씬한 허리에 빼어난 목 小腰秀頸"[151)]이었다. 이런 몸매와 자태로 춤추면서 "즐거운 빛을 띠고 아득히 흘겨보며, 물결 같은 눈빛으로 추파를 던지니 娭光眇視, 目曾波些"[152)] "그 즐거움에 구경꾼들이 돌아갈 줄 모르는 觀者憺兮忘歸"[153)] 것은 너무도 당연했을 것이다. 호북성 가무단이 창작하여 공연한 편종 악무에서 출연자가 초나라 무곡을 모방하여 만든 〈삼도만三道彎〉의 자세가 이것과 거의 흡사하다 하겠다.

이 시기 초나라에 실제로 있었던 악기의 종류는 〈구가〉에 기록된 것과 대체로 일치한다. 신양·강릉·장사·수주 등지의 전국 시대 초중기 초나라 고분과 증나라 고분에서 나온 악기로는 편종·편경·고鼓·슬瑟·금琴·우竽·지篪·배소排簫 등이 있다. 여기서는 먼저 고·슬·금·우·지·배소를 소개하고 난 다음 편종과 편경에 대해 언급한다.

고鼓는 나무 공명통에 가죽면이 씌워져 있는데, 대나무 못으로 가죽면을 공명통의 양쪽 가장자리에 둘러 고정시켰다. 고는 다음의 네 종류로 나누어진다.

첫째, 현고懸鼓이다. 현고는 대개 호좌입봉현고虎座立鳳懸鼓이며, 더러

용좌입봉현고龍座立鳳懸鼓도 있다. 호좌입봉현고가 전형적인 초나라 양식의 현고이다. 현고는 천성관 1호 고분에서 나온 것처럼 넓고 편평한 모양을 하고 있다. 고는 지름은 70센티미터를 넘는 반면, 두께는 10여 센티미터에 지나지 않는다. 고의 몸통에는 세 개의 동제 고리가 달려 있는데, 마주한 두 개는 각각 띠로 두 개의 봉수鳳首를 연결하고, 그 사이에 끼여 있는 다른 하나는 띠로 두 마리 봉의 꼬리에 연결되었다. 고는 옆으로 세워 양쪽 모두를 두드릴 수 있다. 뇌고돈 1호 고분에서 나온 것 역시 세 개의 동제 고리가 있다. 그러나 호좌虎座·용좌龍座·입봉立鳳이 발견되지 않아 일반적인 현고로 보인다. 악주시의 전국 시대 초나라 고분에서 발굴된 특수한 호좌봉가고虎座鳳架鼓는 좌대와 시렁이 도제陶製의 것으로 다른 지방에서는 이제껏 발견된 적이 없는 것이다.

둘째, 수고手鼓이다. 수고는 대부분 손잡이가 있으나 더러 없는 것도 있다. 지름은 현고의 2분의 1 내지 3분의 1 정도에 지나지 않는다. 넓고 편평한 모양의 것은 초나라 고분에서 발견되고, 두툼한 것은 증나라 고분에서 발견된다.

셋째, 건고建鼓이다. 건고는 뇌고돈 1호 고분에서 발견된 1점뿐이다. 가죽면의 직경은 약 80센티미터이고, 공명통의 두께는 약 1미터이다. 옆으로 세워지고, 가늘고 긴 목주木柱가 몸체를 꿰뚫고 있으며, 목주 아랫부분은 좌대에 끼워져 있다. 좌대의 높이는 약 50센티미터이고, 직경은 약 80센티미터이며, 수십 마리의 동으로 만든 용이 뒤엉켜 있다.

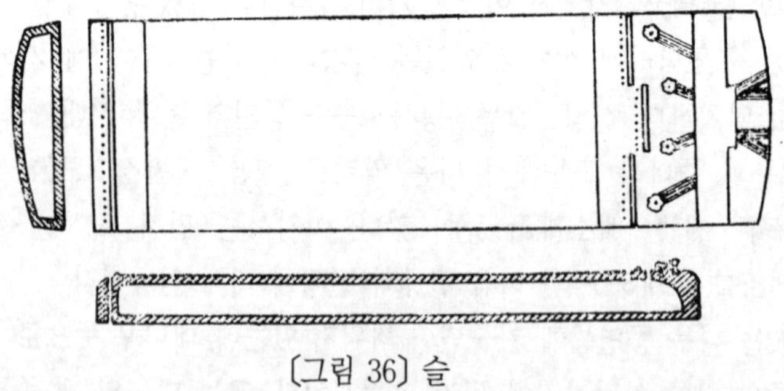

〔그림 36〕 슬

넷째, 녹고鹿鼓이다. 녹고는 목록木鹿의 옆구리에 끼워져 있다. 유난히 작아 노리개에 지나지 않을 뿐 실제로 사용된 악기는 아닌 것으로 판단된다.

슬瑟은 이 시기 중형 이상 규모의 초나라 고분에서 비교적 많이 발견되며 23현금, 24현금, 25현금이 있다. (그림 36 참조) 천성관 1호 고분에서 출토된 5점 가운데는 23현슬이 1점이고, 24현슬과 25현슬이 각각 2점씩이다. 뇌고돈 1호 고분에서 나온 12점은 모두 25현슬로 모두 길이가 1.69미터, 넓이가 0.42미터, 높이가 0.19미터 정도이다. 슬은 크기에 따라 두 종류로 나누어진다. 대슬大瑟은 흔히 보이나 소슬小瑟은 보기 어렵다. 유성교瀏城橋 1호 고분과 장대관 1호 고분에서 각각 1점씩 출토된 소슬은 길이가 서로 비슷하여 모두 1미터 내지 이보다 약간 긴 정도이다. 유성교에서 나온 것은 24현슬이고, 장대관에서 발견된 것은 현의 수를 알 수 없다.

금琴은 현재 3점이 발견되었는데, 그 중 10현금이 2점이고 5현금이 1점이다. (그림 37 참조) 뇌고돈 1호 고분에서 출토된 10현금(사진 19 참조)은 길이가 67센티미터로 현과 현 사이가 비교적 좁고 악산岳山이 무척 낮으며, 이동식 저판底板이 금면琴面과 어울려 공명통을 이루고, 금면의 중간 부분이 약간 오목하게 들어가 빠르고 복잡한 연주를 하기에는 곤란하다.[154] 이는 아직 실물이 발견되지 않은 선진 시대 중원의 금과는 다를 수도 있다. 장사 오五·우郵 3호 고분에서도 10현금이 하나 나왔는데, 길이가 79센티미터이고 모양과 구조는 상술한 10현금과 일치한다. 5현금은 뇌고돈 1호 고분에서 나왔는데, 길이가 115센티미터이고 대단히 좁아 머리 부분과 꼬리 부분의 넓이는 각각 7센티미터와 5.5센티미터에 불과하다. 줄감개와 차조막이를 단 흔적이 보이지 않아 일단 금이라고 해두지만, 실제로는 축筑이거나 또는 문헌에 기록되어 있지 않은 어떤 다른 악기일 가능성도 있다.[155] (사진 20 참조)

우竽 역시 초나라 고분에서 몇몇 실물이 출토되었다. 유성교 1호 고분에서 출토된 2개는 각각 10관管으로 되어 있는데 명기明器일 수도 있다. 천성관 1호 고분에서 출토된 6개는 각각 14개의 관이 있고, 뇌고돈 1호 고분에서 나온 5개는 관의 수가 12개, 14개, 18개 등으로 다양하다.

두斗는 조롱박을 이용하여 만들었는데, 어떤 것은 취구 부위를 별도로 나무로 만들어 붙인 것도 있다. 명기로 사용된 듯한 2개는 나무를 새겨 조롱박 모양의 두를 만들었는데, 이는 특수한 경우이다. 발굴 보고서에는 우를 생笙이라고 했지만, 《초사》에 기록된 악기와 대조해 보면 사실 우라고

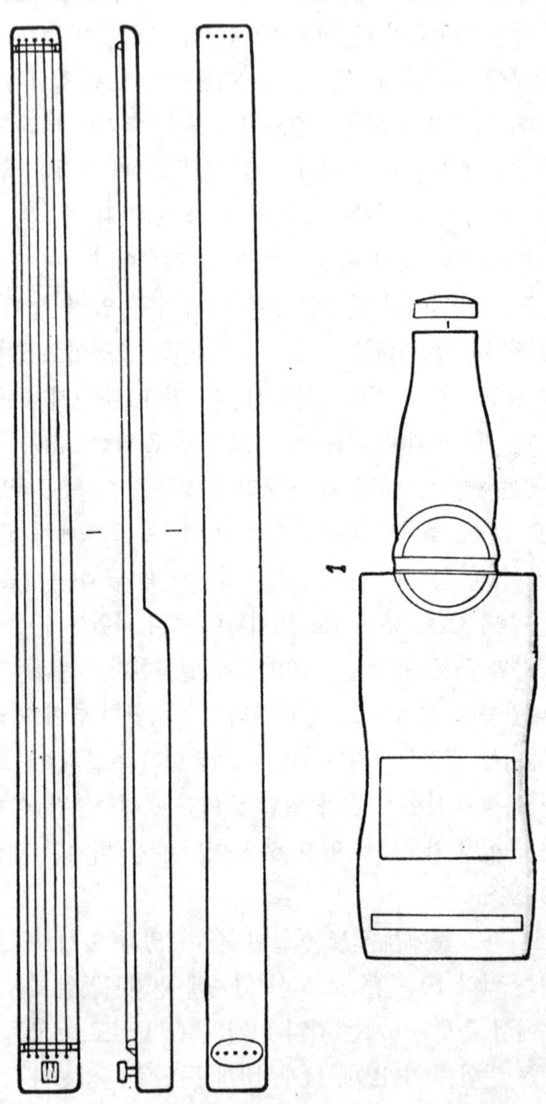

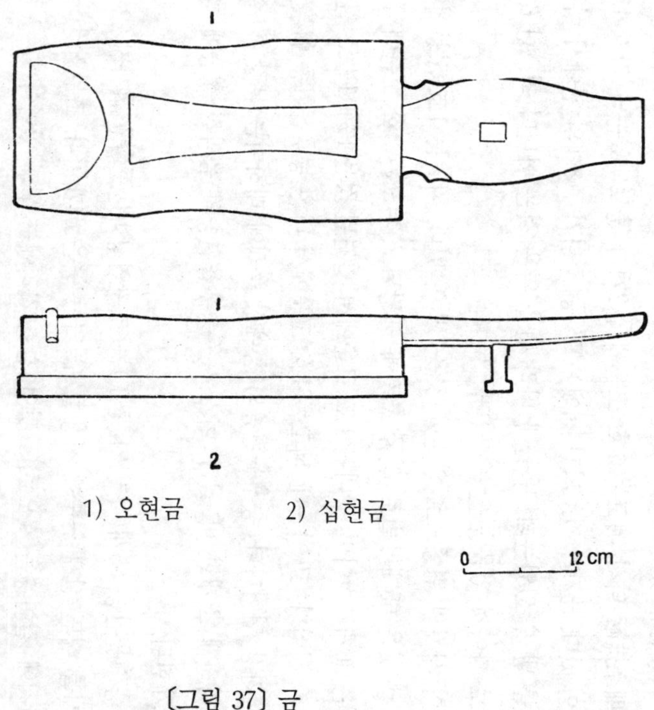

[그림 37] 금

하는 것이 옳다.

황관簧管은 두 줄로 배열되어 있는데 모양과 구조가 우와 동일하다.

지篪는 2점이 발견되었는데, 모두 뇌고돈 1호 고분에서 발견되었다. 죽관竹管으로 만든 것은 7개의 구멍이 있다. 그러나 양끝에 위치한 취공吹孔과 출음공出晉孔은 위로 나 있고, 5개의 지공指孔은 옆으로 나 있어 적笛과 동일한 것 같지만 사실은 다르다.

배소排簫 역시 뇌고돈 1호 고분에서 2개가 출토되었는데 각각 13개의 관이 있다. 물기가 건조되기 전에는 그 중 하나가 7-8개의 관에서 아직 소리를 낼 수 있었는데, "음률에 따라 관을 엮은 것은 아니며 최소한 6성 음계로 짜여져 있음을 알 수 있다."[156]

이 시기의 편종으로 완전한 것은 3벌이 있다. 뇌고돈 1호 고분에서 출토된 것은 65개 1벌로 전국 초기에 해당되고, 뇌고돈 2호 고분에서 나온 것은 36개 1벌이며, 장대관 1호 고분에서 발견된 것은 13개 1벌로 전국 중기의 것이다. 그 가운데 뇌고돈 1호 고분에서 나온 증후을편종曾侯乙編鐘이 가장 뛰어나다. 증후을편종의 공예상 특징에 대하여는 본장 제1절에서 간략하게 소개한 바 있다. 여기서는 증후을편종의 음악적 성능에 대하여 소개한다.

증후을편종 65개(사진 21 참조)는 초왕염장박楚王酓章鎛(사진 22 참조) 1개를 빼면 실제 연주에 사용될 수 있는 종은 64개이다. 초왕염장박은 매장시에 걸어넣은 것으로, 그것이 걸린 자리에는 원래 있어야 할 용종甬鐘 대우大芋 1개를 떼어 버린 것으로 보인다.[157] 위쪽 틀 뉴종鈕鐘의 2조와 3조는 원래는 가운데 틀에 걸려 있던 것으로 나중에 무슨 이유에서인가 위쪽 틀로 옮겨졌을 가능성이 있는데, 수음隧晉이 궁宮이고 고방음鼓旁晉이 치徵인 종 하나가 빠졌다.[158] 따라서 증후을이 생전에 실제로 연주에 사용했던 종은 어쩌면 64개를 넘어설지도 모른다.

종의 횡단면은 합와형合瓦形으로 중원의 구제舊制와 일치하는데, 주변에 이랑 모양의 돌기를 깎아두어 종성鐘聲을 신속하게 쇠감할 수 있다. 증후을편종 복제연구소의 각종 검사와 측정 결과에 따르면, 종신鐘身의 주석 함량은 13-16퍼센트 정도로 《주례·동관고공기》에 "쇠 가운데 놋쇠가 6분의 1을 차지하는 것을 종정의 품수라고 한다 六分其金而錫居其一, 謂之鐘

鼎之齊"는 기록과 부합된다. 또 주석 함량이 13퍼센트를 밑돌 경우는 음색이 날카롭고 단조로우며, 16퍼센트를 넘어설 경우는 종체가 충격에 깨지기 쉽고, 13-16퍼센트 사이일 경우는 음색이 중후하고 넉넉하며 종체 또한 충격에 쉽게 깨지지 않는다는 것이 실험 결과 입증되었다. 또 납의 함량이 지나치게 낮으면 종성의 쇠감이 더디고 지나치게 높으면 음색이 나빠진다. 실제 측정에서 납 함량이 1-3퍼센트인 경우는 종성의 쇠감이 비교적 빠르고 음색 또한 그런 대로 나빠지지 않았다. 담금질과 설담금질을 통해 편종의 음 주파수를 조절할 수 있음이 분석 결과 밝혀졌다.

종은 두 가지 주된 진동 방식이 있다. 하나는 정대칭 진동으로 레이저 홀로그래피 영상에서 피치 곡선이 측고음側鼓音(鼓旁音) 부위를 통과하고, 다른 하나는 반대칭 진동으로 피치 곡선이 정고음正鼓音(隧部) 부위를 통과한다. 따라서 하나하나의 종은 모두 쌍음雙音 타악기임을 알 수 있다. 구라파와 인도의 동종銅鐘은 횡단면이 모두 정원형正圓形으로 종성의 쇠감이 더딜 뿐 아니라 하나의 종은 하나의 음만을 낼 수 있으며, 종의 수효에 관계 없이 모두 절주 악기의 역할을 할 뿐이다. 그러나 중국의 편종은 서주 중기에 출현한 이래 합와형을 기본 형태로 하며 선율 악기로도 사용할 수 있다.[159]

증후을편종의 45개 용종은 전체 음역이 5개의 8도 음정에 걸쳐 있다. 오늘날의 피아노와 비교하여 양단兩段 평균 각각 8도 음정 하나씩이 적을 뿐이다. 중심 음역 부분은 약 3개의 8도 음정 범위 내에서 12개 반음이 나란히 갖추어져 있다. 따라서 증후을편종은 지금까지 알려진 세계 최초의 12개 반음계 체계를 갖춘 조율 악기임이 입증된다. 전체 음역의 기본 골격은 5음 · 6음에서 7음의 음계로 짜여져 있으며, 오늘날의 C장조에 해당되는 '고선姑洗'[160]을 기본 음조로 하여 B♭음은 조금 높게 치우친 반면 B음은 낮게 기울었다. 비록 12궁에서 완전한 7음계를 취할 수는 없다 하더라도 선궁旋宮 능력이 6궁 이상에 달해 화성법, 다성부 음악, 조바꿈 등의 수법을 사용하여 만든 음악의 연주가 가능함이 시험 연주 결과 입증되었다.[161]

편경은 늘 편종과 함께 발굴된다. 이 시기의 초나라 고분과 증나라 고분에서도 약간의 실물이 발견되었는데, 뇌고돈 1호 고분에서 출토된 것이 가장 상태가 좋다. 유감스럽게도 이 편경은 비록 32매이기는 하나 도굴시에

쏟아져 내린 흙과 돌더미에 맞아 파손되기도 하고, 또 오랫동안 물기에 부식되어 이미 가루가 되어 버리기도 하여 현재는 9매만이 완전하게 보존되어 있다. 동시에 발견된 것으로 청동 경가磬架와 칠목漆木 경갑磬匣이 있다. 32매의 경은 당초에는 상틀과 하틀로 나뉘어 경가에 매달려 있었다. 경갑에는 41매의 경을 넣어둘 수 있는 1에서 41까지의 번호가 붙은 41개의 홈이 파여 있는데, 이는 발견된 경보다 9개가 많다. 그러나 경갑 속에 경은 없어서 남는 9매는 예비용으로 무덤에 넣지 않았을 수도 있다.

증후을편종과 증후을편경에는 모두 명문이 있다. 편종에는 모두 2천 8백여 자의 명문이 있고, 편경에는 6백여 자가 남아 있다. 종가鐘架의 장부와 도리, 그리고 부속품 및 경갑에 쓰인 것을 더하면 모두 4천여 자에 달한다. 편종과 편경의 명문은 그 내용이 서로 통하며, 선진 시대 음률학의 진귀한 자료이다.

"음률학의 관점에서 살펴보면 증후을편종과 증후을편경의 명문은, 증나라 궁정 악공들이 각 제후국의 음악을 연주하기 위하여 준비한 음악 이론에 관한 비망록과 좋은 대조를 이룬다. 그 가운데 언급된 음계, 조식調式, 율려명, 계명, 변음명, 선궁법, 음표, 음역 용어 등은 선진 시대에 음악학이 전반적으로 높은 수준에 이르렀음을 보여 준다."[162]

명문에는 증나라 · 초나라 · 주나라 · 진晉나라 · 제나라 등과 신申 땅의 율려명 · 계명 · 변음명의 대응 관계가 열거되어 있다. 율려명은 28개로[163] 그 가운데 구전舊傳의 12율려명은 8개만 보이며, 위치도 완전히 부합되지는 않는다. 이 28개 율려명은 증나라와 초나라의 것이 각각 11개씩이고, 주나라와 진나라의 것이 각각 2개씩이며, 제나라와 신 땅의 것이 각각 1개씩이다. 초나라의 율려명이 가장 기이한데, 구전의 율려명과 대응시켜 보면 전혀 일치되지 않는다. 증나라의 율려명은 5개가 구전의 율려명과 일치한다. 이른바 구전 율려명은 《국어 · 주어하周語下》에 영인伶人 주구州鳩가 주나라 경왕景王의 물음에 답한 것에 나온다. 따라서 증나라의 율려명은 주나라의 율려명에 근원하였음을 알 수 있다. 초나라의 경우는, 처음에는 주나라의 율려명에 근거하였다 하더라도 곳곳에 색다른 면이 나타난다. 증나라는 초나라의 부용국으로 초나라에 완전히 둘러싸여 있었다. 따라서 설령 증후을이라는 사람의 음악학 수준이 초나라의 누구보다 높았다 하더라도 초나라의 음악학 수준 역시 증나라와 서로 비슷했을 것이다.

오음의 순서는 주나라는 구전의 궁宮·상商·각角·치徵·우羽로 《주례》와 《여씨춘추》의 기록과 같다. 그러나 〈증후을편종〉의 명문에는 《관자·지원地員》과 《회남자·천문훈天文訓》처럼 액客(徵)·우羿(羽)·궁宮·상商·각角이다. 여기에도 남북 문화의 차이가 나타난다. 제나라는 비록 북방에 위치했지만 국토가 동쪽으로 치우쳤고, 백성들이 대부분 이족夷族이었기 때문에 어떤 면에서는 실제 남방과 가까웠다. 《관자》는 《한서·예문지藝文志》에서 "도가의 유파 道家之流"로 분류되었고, 《회남자》는 서한 시대 도가의 대표적 저작이다. 초나라의 오음 순서 역시 치徵·우羽·궁宮·상商·각角이었을 것이다.

상술한 초나라와 증나라의 고분에서 나온 악기는 〈구가〉에 기록된 것보다 금琴 1종이 많을 뿐이다. 어쩌면 금과 축筑 2종이 더 많다고 할 수 있다. 발견된 금과 축 3부 가운데 2부가 뇌고돈 1호 고분에서 출토되었고, 묘주가 희성의 증후을이라는 사실은 금과 축은 초인에게서 유행하지 않았음을 보여 주는 것이다. 본서의 제3장 제6절에서 언급하였듯이 금의 명수인 백아伯牙는 초나라 국적의 진인晉人이었을 수 있다. 초인은 평소 금곡琴曲을 듣지 못했기에 백아는 지음知音을 찾기가 무척 어려웠기 때문이다. 따라서 대대로 악윤樂尹 가문의 출신인 종자기鍾子期가 죽은 다음에 "더 이상 금곡을 이해할 수 있는 사람이 없음 無足復爲鼓琴者"을 깨닫게 되었다. 출토된 실물을 통해 보면 〈구가〉에 기록된 초나라 악기는 상당히 갖추어져 있음이 증명된다.

뇌고돈 1호 고분에는 주관主棺을 제외하고도 21구의 배관陪棺이 있다. 이는 순장된 여인들의 관으로 모두 증후을의 여악女樂이었던 것으로 추정된다. 이외에도 개의 유골이 들어 있는 구관狗棺 1구가 나왔다. 증후을이라는 임금은 생전에 음악과 여자·사냥에 빠져 있었음에 틀림없다. 이처럼 많은 악기와 대규모 악대는 임금만이 누릴 수 있었음은 물론이다. 평민들이 어찌 그것을 함께 하였겠는가.

초나라 임금의 궁정 악무는 증후을에 비해 훨씬 성대했을 것이다. 《초사·초혼》과 〈대초〉에는 초왕의 궁정 악무를 묘사하였다. 먼저 〈초혼〉에 묘사된 것을 살펴보면 다음과 같다.

안주 고루 차려 놓고 주연이 한창인데
당 아래 벌여선 여악의 주악 소리
편종을 벌여 놓고 북을 둥둥 울리며
〈섭강〉·〈채릉〉·〈양하〉의
새로 지은 노랫가락 부른다네
　　·················

여덟씩 두 줄로 벌여 선 무희들
일제히 정나라 춤을 추네
낚싯대 엇갈리듯 치마를 돌리더니
옷자락을 손에 잡고 천천히 내려오네
생황 비파 세차게 한창을 얼렀는데
숨막히게 몰아치는 둥당당 북소리에
쩌렁쩌렁 흔들려 궁전 뜰이 놀라네
이윽고 맑은 소리 〈격초〉를 뽑으며
오와 채의 민요가 한데 어울리고
〈대려〉의 부드러운 소리 뒤따라 나서네
　　·················

종틀이 흔들리게 편종을 땅땅 치고
개오동 비파줄 퉁기어 울리네
肴羞未通, 女樂羅些.
陳鐘按鼓, 造新歌些.
涉江采菱, 發揚荷些.
　　·················

二八齊容, 起鄭舞些.
衽若交竿, 撫案下些.
竽瑟狂會, 搷鳴鼓些.
宮庭震驚, 發激楚些.
吳歈蔡謳, 奏大呂些.
　　·················

鏗鐘搖簴, 揳提梓瑟些.

또 〈대초〉에는 다음과 같이 노래하였다.

대·진·정·위 네 나라
생황이 한데 울려 퍼지고
복희씨의 〈가변〉이랑
초나라 〈노상〉의 노래에
〈양아〉를 구성지게 노래하는데
조나라 퉁소 불어 선창하누나
혼이여 가지 말고 어서 돌아와
〈공상〉의 비파 소리 함께 들으세
두 줄로 늘어선 열여섯 가희들
시와 부 아악을 서로 맞추는데
편종을 두드리고 경쇠를 고르며
사람의 마음을 흥겹게 하네
네 나라 노래를 다투듯 연주하는
지극한 그 소리 한없이 꺾는 가락
혼이여 가지 말고 어서 돌아와
온갖 좋은 노래 들어나 보게
代秦鄭衛, 鳴竽張只.
伏戲駕辯, 楚勞商只.
謳和揚阿, 趙簫倡只.
魂乎歸徠, 定空桑只.
二八接武, 投詩賦只.
叩鐘調磬, 娛人亂只.
四上競氣, 極聲變只.
魂乎歸徠, 聽歌譔只.

〈섭강涉江〉〈채릉采菱〉〈양하揚荷〉(揚阿)는 수향水鄕의 정취가 물씬 풍겨 초나라의 악곡임에 틀림없다. 〈가변駕辯〉〈노상勞商〉 역시 초나라 악곡일 것이다. 일설에 〈가변〉은 슬곡瑟曲이고, 〈노상〉은 〈이소離騷〉라고도 하나 확실한 증거는 없다. 〈격초激楚〉는 초나라 궁정 악무에서의 지위가 후세 당나라 현종玄宗 천보天寶 연간의 〈예상우의霓裳羽衣〉[164]에 못지 않다. "쩌렁쩌렁 흔들려 궁전 뜰이 놀라는" 원인은 음악 소리가 웅장하였기 때문인지, 아니면 《문선》에 실려 있는 송옥의 〈대초왕문〉에서의 표현처럼 "곡조가 고조되어 其曲彌高" "상조와 우조의 악곡에 〈유치〉를 엇섞었기 引商刻羽, 雜以流徵" 때문인지는 알 수 없다. 〈초혼〉에는 또

> 〈격초〉를 노래하던 미녀의 쪽진 머리
> 유난히 아름다워 맨 먼저 눈에 띠네
> 激楚之結, 獨秀先些.

라고 노래하여, 〈격초〉를 노래하던 여악의 머리 맵시가 당시 유난히 유행했었음을 알 수 있다.

과거에는 예禮와 악樂은 "서로 어울려 쓰이던 相須爲用" 것이어서 "예는 음악이 수반되지 않으면 행해지지 않고, 음악은 예를 갖추지 않으면 연주하지 않았다. 禮非樂不行, 樂非禮不擧"[165] 초문화의 전성기에 이르러서는 "예가 무너짐으로써 음악이 어지러워지는 禮崩樂壞" 형세를 피할 수 없게 되었다. 그리하여 악무는 더 이상 신을 봉사의 주된 대상으로 삼지 않게 되었다. 귀족에게는 사람이 중심이 되고, 평민에게는 신과 인간이 함께 즐기게 되었다. 전국 초기 이후로는 경쾌하고 활발한 타악·현악·관악이 날로 성행하여 '금성옥진金聲玉振,' 즉 음악의 집대성으로 일컬어지던 편종과 편경은 빛을 잃게 되었다. 초나라의 타악기·현악기·관악기는 장식이 화려하였는데, 심지어 경석磬石에도 채색을 더해 그런 변화를 생생하게 보여준다.

남방과 북방의 악무는 이제껏 물줄기가 합쳐진 적이 없는 경수涇水와 위수渭水마냥 그렇게 전혀 관계가 없는 것은 아니다. 남북의 악무는 각자 자신의 기풍을 발전시키는 동시에 서로 교류하고 융합되었다. 장강 중류와 하류의 악무 역시 이와 같다. 〈초혼〉과 〈대초〉에서 언급한 "정나라의 악무 鄭舞" "오나라의 가요 吳歈" "채나라의 민가 蔡謳" "조나라의 음악 趙簫"과 대代·진秦·정鄭·위衛의 악곡 역시 모두가 초인이 받아들인 이국

과 이민족의 악무이다. 그 이전에는 일찍이 노나라의 악사樂師가 초나라로 도망 온 적이 있었다. 노나라에는 공자와 대략 같은 시기에 8명의 궁정 악사가 있었는데, 그 가운데 두 사람이 초나라로 망명했다. 한 사람은 이름이 간干으로 일찍이 음악으로 노나라 임금 아반亞飯을 보필한 적이 있었기 때문에 '아반간亞飯干'으로 불리었고, 또 한 사람은 이름이 무武로 소고小鼓를 잘 놀렸기 때문에 '파도무播鼗武'로 불렸다.[166] 그들은 초나라 궁정 악무의 발전에 적극적인 역할을 하였을 것으로 보인다. 그러나 손잡이가 달린 초나라 소고의 경우, 이것이 파도무가 전한 것인지는 알 수 없다.

초나라에도 '대무지악大武之樂'[167]이 있었다. 《좌전·장공莊公 28년》에 영윤 공자 원元이 "만을 추었다 振萬"고 기록하였는데, '만萬'은 '대무지악'의 다른 이름이다. 1960년 호북성 형문현荊門縣의 전국 시대 초나라 고분에서 출토된 '대무변병大武開兵'이라는 명문 4자가 적힌 동척銅戚은[168] '대무지악'을 추는 데 사용되었던 도구로 보인다. 이 동척은 대략 파식巴式의 과戈와 유사하다. 그 정면과 후면에 동일한 모양의 도안이 주조되어 있는데, 모두 머리 위에 긴 날개깃으로 관을 장식한 신인神人이 양쪽 귀에 뱀을 감고 왼손에는 한 마리 용을 오른손에는 머리가 둘 달린 괴수를 잡고 왼발로는 달을 오른발로는 해를 밟고 있다. 그리고 가랑이 아래에는 또 용 한 마리가 있다. 이런 도안은 초나라 기물에서는 보이지 않는다. 게다가 같은 고분에서 파식의 검이 출토되어 묘주가 파인巴人임을 알려 준다. 주변에 있는 4기의 동시기 초나라 고분은 출토된 유물로 보아 묘주가 초인일 것으로 추측된다. 초나라는 본래 파인과 초인이 함께 거처하였는데, 이 5기의 고분 또한 그 증거이다. 대무지악은 주나라 무왕武王이 상商을 정벌하고 나서 만든 것이다. 무왕이 주紂를 칠 때 촉인蜀人들이 원정에 참가했던 사실은 《상서·목서牧誓》에 나온다. 촉인 가운데는 파인도 섞여 있었을 것이다. 《화양국지華陽國志·파지巴志》에는 다음과 같이 기록하였다.

주나라 무왕이 주를 정벌할 때 사실 파촉 군사의 도움을 얻었다…… 파인의 군사들은 용맹하고 정예로웠다. 그들이 가무를 울리며 기세를 올리자 앞장섰던 은나라 군사들이 무기를 내던졌다.
周武王伐紂, 實得巴蜀之師…… 巴師勇銳, 歌舞以凌, 殷人前徒倒戈.

대무지악은 파인의 악무를 본떠 만든 것으로 보인다. 《후한서·남만서남이열전南蠻西南夷列傳》에는 파인의 지파인 판순만板楯蠻에 대하여 "그들은 가무를 좋아하는 풍속이 있었다. 고조가 그 가무를 보고 '이는 무왕이 주를 정벌한 노래이다'라고 하였다 俗喜歌舞, 高祖觀之, 曰; 此武王伐紂之歌也"고 기록하였다. 또 《예기·명당위明堂位》에는 "붉은 방패에 옥도끼를 들고, 면류관을 쓰고 대무지악을 춘다 朱干玉戚, 冕而舞大武"고 하였다. 대무지악의 연출에는 방패와 도끼가 사용되었음을 알 수 있다. 여기에서 방패는 곧 판순만의 방패이고, 도끼는 옥척玉戚 또는 동척銅戚이다. 파인이 대무지악을 연출한 것은 그들의 장기를 살린 것이다.

유위초兪偉超는 '대무변병大武開兵'이라는 명문이 씌어진 동척이 파인의 기물이라고 단정하고,[169] 마승원馬承源은 초나라의 기물이라고 단정하였다.[170] 이는 잘못된 견해는 아니지만 보다 정확히 말하면 초나라 국적을 가진 파인의 기물이다. 초인은 다른 민족 문화의 진취적 요소를 받아들이기 좋아했다. 대무지악 역시 한 가지 실례이다.

10. 민간 습속과 신앙

초문화 전성기의 초인은 초문화 성장기에 살았던 선조들과 비교하여 심리적 바탕은 변함이 없었지만, 생활 수준과 사회 기풍은 다를 수밖에 없었다.

초인의 일상 생활

《초사》를 펼쳐 보면, 한편으로는 〈초혼〉과 〈대초〉에 묘사된 "뜻하고 원하는 대로 만족을 얻고 逞志究欲" "평생토록 즐거움을 추구하는 窮身永樂"가 하면, 다른 한편 〈이소〉와 〈구장〉에 토로되었듯이 "백성들의 생활상의 많은 어려움 民生之多難"을 볼 수 있다. 초인은 이렇듯 부귀와 빈천이 한데 뒤섞여 극명하게 대비되는 사회 속에서 살아갔다. 일찍이 초나라의 우수한 전통이던 민본 사상은 이때에 이르러 희미해지고 말았다.

진秦나라의 대량조大良造 백기白起가 "수만 명의 군사를 이끌고 초나라에 침략하여 언鄢과 영郢을 함락한 다음, 그곳의 종묘를 불태우고 동으로 경릉竟陵까지 진격하자 초인들은 놀라 동쪽으로 달아나 서쪽으로 나올 엄두를 내지 못했다. 率數萬之衆入楚, 拔鄢郢, 焚其廟, 東至竟陵, 楚人震恐, 東徙而不敢西向" 진나라 소왕昭王이 백기에게 "적은 군사로 많은 군사를 쳐서 무찌름이 마치 신과 같다 以寡擊衆, 取勝如神"고 칭찬하자, 백기는 분명한 어조로 다음과 같이 대답하였다.

당시 초나라 왕은 자기 나라가 크다는 것을 믿고 정사를 돌보지 않아 신하들이 서로 배척하며 공을 다투었습니다. 그리하여 아첨하는 자는 중용되고 충신들은 배척되었으며, 민심은 돌아서고 성지마저 수리되지 못했습니다. 나라에 충신이 없고 방비마저 허술했기 때문에 소장이 군사를 이끌고 깊숙이 진격해 많은 성과 고을을 합병하였습니다. 이에 다리를 무너뜨리고 전선을 불태우고 백성들을 장악하여 들판의 곡식을 차지함으로써 군량을 충분하게 확보할 수 있었습니다. 당시 진나라 군졸들은 군중을 집으로 여겼고 장수들은 그들의 부모가 되어 보살피니, 서로 약속하지도 꾀하지도 않았음에도 서로 화합하고 신뢰하여 몸과 마음을 합하여 죽더라도 물러서지 않게 되었습니다. 반면 초나라 군사들은 자기 땅에서 싸우면서도 모두 자기 집을 그리워하고 제각각 달아날 궁리만 하였지 맞서 싸우려는 자는 한 사람도 없었습니다. 이 때문에 공을 세우게 된 것입니다.

是時楚王恃其國大, 不恤其政. 而群臣相妬以功, 諂諛用事, 良臣斥疎, 百姓心離, 城池不修. 既無良臣, 又無守備, 故起所以得引兵深入, 多倍城邑, 發梁焚舟以專民, 以掠於郊野, 以足軍食. 當此之時, 秦中士卒以軍中爲家, 將帥爲父母, 不約而親, 不謀而信, 一心同功, 死不旋踵. 楚人自戰其地, 咸顧其家, 各有散心, 莫有鬪志. 是以能有功也.[171]

이러한 사회에 직면한 굴원은 자연히 분노하여 시속時俗의 혼탁함과 교활해짐을 꾸짖었다.

그러나 초나라 사회에는 다른 측면이 존재했는데, 그것은 바로 굴원이 미련을 버리지 못했던 '국가의 안녕 州土之平樂'과 '민족의 문화 江介之遺

風'였다.

백기가 거론한 '투지鬪志'를 놓고 말한다면, 초나라 왕이 "국정을 돌보지 않음"으로 말미암아 "충신들이 배척되고 민심이 돌아선" 초나라 군사의 사기는 확실히 전보다 떨어졌다. 그러나 언과 영도가 함락될 무렵의 참혹한 싸움터에서 초인은 죽을 수도 달아날 수도 없었지만, 그래도 적에게 아첨하여 영화를 구했다는 이야기는 없다. 기원전 278년 이후 강릉 일대의 초나라 고분은 거의 자취를 감추었다. 이는 그 지역의 초인이 진인秦人에게 협조하기를 거부하고 여기저기로 달아나 버렸음을 의미한다. 백기가 영도를 함락함에 따라 초나라가 도읍을 진陳으로 옮긴 이후, 강남의 초인은 분연히 일어나 진나라의 통치에 항거하였는데, 이는 진나라가 육국을 평정하는 과정 속에서 보기 드문 것이었다. 초나라 왕은 설령 어리석은 인물이었을지라도 나라의 운명을 자신의 안위보다 훨씬 중요하게 여겼다. 회왕懷王이 바로 그러했다. 그는 진나라에 들어가 기만당하고 타국에서 객사할 위기에 처하면서도 나라를 버리려고는 하지 않았다. 이 때문에 그는 수 대에 걸쳐 초인의 너그러운 용서와 연민을 받았고, 진나라 말기에 봉기한 초인이 옹립한 초군楚君까지도 그대로 회왕懷王이라고 칭하게 되었다. 나라가 존망에 처했을 때, 초인은 몰아치는 바람 속의 질긴 풀과 같았다. 그들의 뜨거운 애국심은 후세 중국 민족에게 더할 수 없는 소중한 정신적 유산을 남겨 주었다.

다음에서는 이들 장렬한 초인의 평범하면서도 화려해 보이는 일상 생활을 소개한다.

경제의 번영은 초인의 복식을 바꾸어 놓았다. 초인의 복식을 연구하기 위하여 현재 이용할 수 있는 자료는 네 가지가 있다. 첫째는 문헌 기록이고, 둘째는 동기에 나타나는 각문인상刻紋人像을 비롯하여 칠기에 나타나는 채회인상彩繪人像, 백화 속의 묵화인상墨畵人像이다. 셋째는 목용木俑이고, 넷째는 복식의 실물이다. 이 가운데 특히 중요한 것은 복식의 실물이다.

초인의 복장은 형태에 따라 다음과 같은 네 종류로 나누어진다.

의

의衣는 단의短衣〔소매 짧은 상의〕로, 두 종류로 나눌 수 있다.

하나는 옷깃이 엇갈리고, 오른쪽으로 여미며 옷자락이 곧다. 이는 초나라
의 평민·농노·노예의 평상복으로, 귀족도 평상복으로 착용할 수 있었다.
《사기·유경숙손통열전劉敬叔孫通列傳》에 숙손통이 초나라 식의 단의로
바꿔 입고 고조高祖 유방劉邦을 알현하자, 고조가 기뻐하였다고 하였다.[172]
이런 단의는 일찍이 초나라 일대에서 유행하였으며 진대秦代에 이르러 생
긴 것은 아니다. 웅전신熊傳新은 장대관 1호 고분에서 출토된 칠슬漆瑟에
단의를 입은 사람이 그려져 있는데, 자세히 살펴보았으나 옷깃과 옷섶의
모양은 알 수 없었다고 한다.[173] 마산 1호 고분에서 발견된 협의夾衣는 형
태가 분명한데 바로 이런 종류의 단의이다.

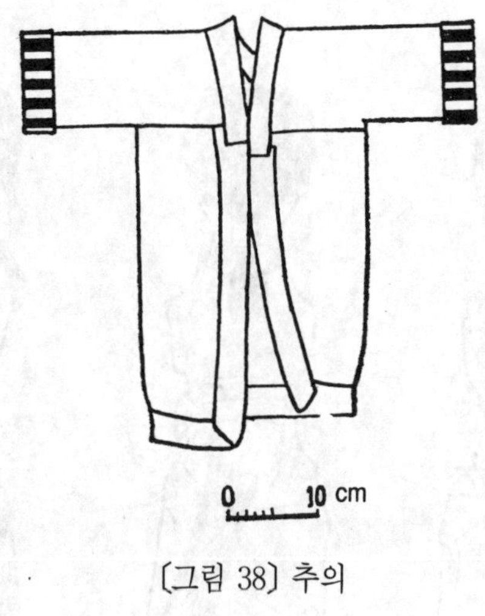

〔그림 38〕 추의

다른 하나는 옷깃이 있고, 옷섶이 마주하며 옷자락이 곧다. 마산 1호 고
분에서 실물 1점이 발견되었는데 대바구니에 담겨 있었으며, 겉에 '추의楸
衣'라고 적은 표지가 달려 있었다. (그림 38 참조) 이 추의는 전적으로 장
례용으로 만든 것으로 세밀한 가공을 거치지는 않았으나 나름대로 모양새
를 갖추고 있다. 길이는 45.5센티미터이고 소매길이는 52센티미터이며, 소
매넓이는 10.7센티미터이고 허리넓이는 26센티미터이다. 여름철의 간이복
으로 적합할 것 같다.

포

　포袍는 장의長衣〔소매 긴 상의〕로 단의보다 더 유행하였으며, 역시 두 종류로 나눌 수 있다.

　하나는 옷깃이 엇갈리고, 오른쪽으로 여미며 옷자락이 굽은 것이다. 초나라 평민과 노예의 평상복으로 귀족도 착용했는지는 알 수 없다. 손기孫機가 이런 장의는 《예기》에 '심의深衣'[174]라 한 것이라고 하였는데,[175] 매우 정확한 견해이다. 목용의 몸체에 그리거나 입혀 놓은 것이 바로 심의이다. (그림 39 참조) 심의의 주요한 특색은 "옷섶을 이어서 단을 마주 당기는 續衽鉤邊"[176] 것으로, 즉 굽은 옷자락을 겹쳐서 몸체를 바짝 감싸면서도 행동에 지장이 없다는 장점이 있다.

〔그림 39〕 채회착의목용

다른 하나는 옷깃이 엇갈리고, 오른쪽으로 여미며 옷자락이 곧은 것으로 귀족들의 평상복이다. 마산 1호 고분에서 나온 11점의 포의袍衣 가운데 옷자락이 굽은 것은 단 하나도 없다. (그림 40 참조) 장사의 초나라 고분에서 출토된 백화에 그려져 있는 두 귀족 남녀도 모두 옷자락이 곧은 포를 입고 있다. 그러나 그림을 그린 사람이 선의 은근하면서도 유창한 멋을 살

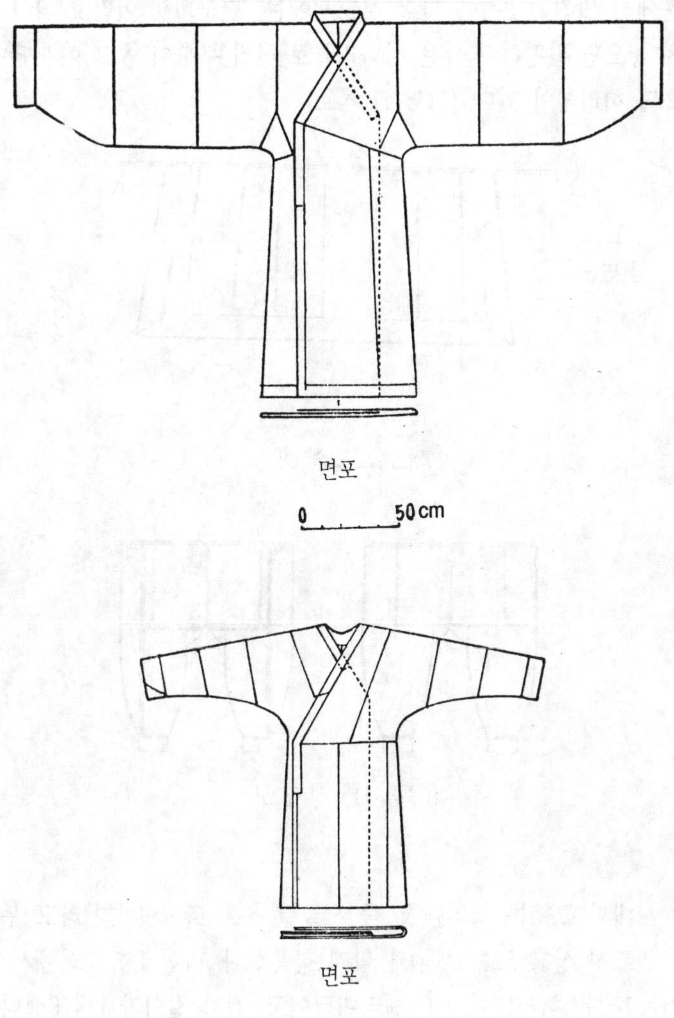

〔그림 40〕 직거포

리고자 그림 속 인물이 입은 포를 상당히 회오리치게 그려 놓아 옷자락이
굽은 것으로 오해하는 결과를 초래하였다.

상

의와 서로 독립된 상裳은 지금은 위군圍裙〔앞치마〕이라고 부른다. 상은
선진 시대에는 신분에 관계 없이 남녀노소 누구나 입을 수 있었다. 마산 1
호 고분에서 발견된 2점은 발굴 보고서에는 '단군單裙'이라고 되어 있는
데, 펼쳐 놓으면 편평하고 낮은 사다리꼴로 허리 부분이 좁고 아랫단이 약
간 넓으며 허리끈이 있다. (그림 41 참조)

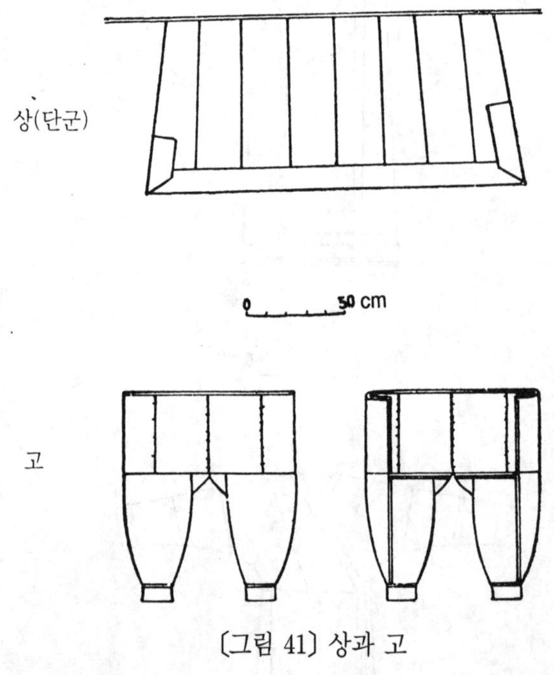

〔그림 41〕 상과 고

고

선진 시대의 고袴는 경의脛衣, 즉 오늘날 투고套袴〔덧바지〕라고 부르는
것으로 반드시 상裳 또는 포袍와 함께 착용한다. 마산 1호 고분에서 나온
면고綿袴 1점은 허리넓이가 95센티미터이고, 전체 길이가 1백16센티미터
이다. (그림 41 참조)

이상 네 종류의 복장은 초나라 죽간에 몇 가지 특수한 명칭이 보이는데, 우리가 사용하는 명칭은 선진 시대에는 자못 통용되던 것이다.

옷감으로는 사직·마직·견직과 모피 등이 있었을 것으로 추측되지만, 현재 발견된 실물은 모두 소형의 귀족 여자 무덤 한 곳에서 나온 사직품과 견직품만 있을 뿐 마직품과 모피류는 보이지 않는다. 의衣·포袍·상裳·고袴는 모두 단單·협裌·면綿으로 구분되어 있었을 것으로 짐작되나 아직 모든 두가 발견되지는 않았다.

초인들은 남녀를 불문하고 모두 요대를 착용했다. 인물 화상, 인물 문양, 목용을 통해 보면 모두 허리가 날씬하다고 할 수 있다. 날씬한 허리는 북방 사람과는 다른 초인의 특징이다. 하북성 평산현平山縣 중산왕릉中山王陵에서 출토된 인형동등좌人形銅燈座에 그려진 인물상은 심의深衣를 입었지만 요대를 차지 않았고, 산서성 후마시侯馬市에서 발견된 조趙나라의 도기 조각에 그려진 인물상 역시 심의를 입었지만 허리가 실팍하다. 산동성 옛 임치臨淄 땅의 제齊나라 고분에서 나온 칠반漆盤에 그려진 인물상은 여자는 허리가 날씬하지만 남자는 허리가 굵다.

초나라의 성년 남자들은 모두 '초관楚冠' 또는 '남관南冠'이라는 관을 썼다. 현재 알려진 초나라 관은 다음의 세 가지가 있다. (그림 42 참조)

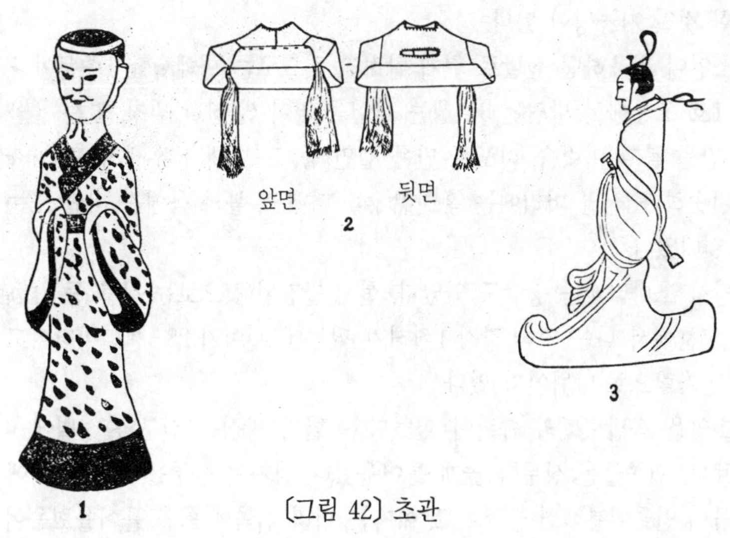

〔그림 42〕 초관

첫째, 편원관扁圓冠이다. 편원관은 남자 목용에서 보인다. 형태는 간단하여 평민 남자와 노예들이 착용하였던 것으로 추측된다.

둘째, 철원관凸圓冠이다. 철원관은 마산 1호 고분에서 실물 1점이 출토되었다. 겉면과 속면은 견직을 사용했고, 테두리는 명주로 만들었다. 윗부분이 볼록 튀어나오고, 그 한가운데에 큰 구멍이 있다. 뒷부분에는 가로로 꿰맨 자리가 있고, 한가운데에 양쪽으로 작은 구멍 하나씩이 있다. 뒷부분의 안쪽 옆에는 갓끈으로 보이는 두 개의 띠가 달려 있다. 초나라 여자들은 통상 관을 쓰지 않았기 때문에 이런 관은 아마도 중년 이상의 여자들이 바람과 추위를 막기 위하여 착용한 것으로 보인다. 마산 1호 고분의 묘주는 가발을 사용하여 그녀가 치장과 미용에 관심을 기울였음을 짐작할 수 있다.

셋째, 절운관切雲冠이다. 절운관은 자탄고 1호 고분에서 출토된 인물어룡백화人物御龍帛畵에 보이는 것으로, 귀족 남자들이 썼던 것으로 보인다. 아랫부분은 속발한 머리를 덮고 중간 부분은 머리를 검속檢束하고 윗부분은 말려 있는 형태이며, 아랫부분의 앞쪽 끝에는 'T' 자형의 장식물이 달려 있고 아랫부분 양옆으로는 갓끈이 달려 있다. '절운切雲'이라는 이름은 굴원의 〈구장·섭강涉江〉에 "구름을 자를 듯 우뚝한 관을 쓰고 冠切雲之崔嵬"라고 노래한 것에 나온다. 전국 후기에 초인의 '장관長冠'은 절운관에서 변화한 것일 가능성이 있다.

초인이 착용하던 신발로 현재 알려진 것으로는 마혜麻鞋 1종뿐이다. 마산 1호 고분에서 발견된 3켤레는 삼실을 엮어 짠 신발 밑창, 가는 풀을 엮어 만든 볼과 머릿속, 마포로 만든 겉면 등 그 형태가 후세의 포혜布鞋와 엇비슷하다. 신발 머리에는 흑칠黑漆을 더했고, 볼과 목에는 비단 또는 깁을 덧대었다.

당시 초나라에는 장갑도 있었다. 현재 발견된 것으로는 강릉 등점藤店 1호 고분에서 나온 가죽 장갑 1켤레가 있는데, 길이가 28.5센티미터이고 다섯 손가락으로 나뉘어져 있다.

초인은 속발束髮의 습관이 있었다. 속발의 방식은 신분과 성별에 따라 다르다. 귀족들은 상투를 높게 틀어올렸다. 남자는 상투를 정수리 위에 세웠음이 인물어룡백화에 보이고, 여자는 머리 뒤쪽에 쪽을 틀어올렸음이 인물용봉백화에 나타난다. 남자의 속발에 사용된 도구는 무엇인지 알 수 없고, 여자는 수건을 사용하여 머리를 묶었다. 마산 1호 고분에서 나온 관은 앞이 높고 뒤가 낮은데 꼭대기 부분에 난 큰 구멍은 묶은 머리를 꺼내는 곳이고, 뒷부분의 두 개의 작은 구멍은 고정핀 또는 비녀를 꽂는 곳임을 알 수 있다. 남자 목용은 정수리에 편원모扁圓帽가 바짝 붙어 씌워져 있고 뒤로 늘어뜨린 머리가 없어 그 머리 묶음이 편평함을 알 수 있는데, 아마도 평민 이하 남자의 머리 모양인 듯하다. 또 여자 목용은 뒤로 늘어뜨린 머리를 목덜미 아래로 늘어뜨려 띠로 묶었는데, 아마도 평민 이하 여자의 머리 모양인 듯하다.

이른 새벽에 머리를 감는 것은 초인의 습관이었던 듯하다. 〈이소〉에 "아침에 유반에서 머리를 감네 朝濯髮乎洧盤"라 하고, 〈원유〉에 "아침에 탕곡에서 머리를 감네 朝濯髮乎湯谷"라고 한 것은 초인의 습관에 비추어 쓴 것으로 보인다. 지금도 남방의 일부 소수 민족의 여인들은 이른 새벽에 개울물에 머리를 감는 습관이 남아 있다. 초나라의 귀족들은 집 안에서 하인 하녀들이 대신 해주었을 것이므로 새벽에 머리를 감으러 개울로 갈 필요는 없었을 것이다.

관련 자료를 통해 보면 초인은 채의彩衣를 즐겨 입었다. 때문에 심지어 일부 남녀 목용에도 채의가 그려져 있거나 입혀져 있다. 동시에 초인은 장신구 차기를 좋아했다. 일부 여자 목용에는 많은 옥장신구가 그려져 있다. 아름다움을 추구하는 기풍이 거의 모든 귀족 가문에 침투해 있었음을 알 수 있다. 평상시에 마포 옷을 입는 것이 고작이었을 하층 평민·농노·생산 노예들은 물론 예외였을 것이다.

음식에 있어서 초인들은 다음과 같은 것을 즐겼다.

첫째, 맵고 시고 단맛을 좋아했다. 〈초혼〉에 "장국에 짜고 시고 맵고 단 것을 한데 섞어 大苦鹹酸, 辛甘行些"라고 한 것이 하나의 증거이다.

둘째, 향기롭고 정갈한 맛의 음료를 좋아했다. 〈구가·동황태일東皇太一〉에 "계주와 산초술을 제단에 차려 놓고 奠桂酒兮椒漿"라고 한 것이 하나의 증거이다.

셋째, 식물성 식품으로 고량菰梁·저순苴蓴·호루蒿蔞를 상품으로 쳤다는 것이 〈대초〉에 나온다.

넷째, 동물성 식품으로 고니·물오리·기러기·왜가리·메추리·참새·거북·자라 등을 상품으로 쳤다는 사실이 〈초혼〉과 〈이소〉에 나온다.

다섯째, 귀족들은 여름철에 빙주氷酒를 즐겨 마셨다. 〈초혼〉에 "찌꺼기 걸러내고 얼음 띄운 시원한 그 청주 挫糟凍飮, 酎淸凉些"라 하고, 〈대초〉에 "풍겨 오는 맑은 향에 얼음 띄운 술 淸馨凍飮"이라고 한 것이 문헌상의 증거이고, 뇌고돈 1호 고분에서 출토된 '빙주감氷酒鑒'이 실물 증거이다.

당시의 초인은 다른 방면에서도 일반적으로 생활 여건이 개선되었고, 귀족들의 경우는 더욱 그러하였다.

상탑床榻〔침상〕의 경우, 장대관 1호 고분에서 나온 육퇴탑식상六腿榻式床 1점은 정교한 조각과 회화가 있는 목제품이다. 길이는 2.182미터이고 너비는 1.39미터이며, 전체높이는 0.613미터이고 다리높이는 0.19미터이다. 정교하게 만든 난간이 사방 주위로 만들어져 있는데, 좌우 양쪽으로 오르내리는 자리가 있다. 《전국책戰國策·제책齊策》에는 맹상군孟嘗君이 초나라에 들렀을 때 초나라 왕이 그에게 '상상象床'을 선물하였다고 기록되어 있다. '상상'은 상아로 장식된 침상으로 장대관에서 출토된 것보다 훨씬 화려했을 것이다.

침구의 경우, 마산 1호 고분에서 나온 금衾〔이불〕 3채 가운데 1채는 정방형에 가깝고 다른 두 채는 장방형이다. 겉감은 무늬를 놓은 명주 또는 자수를 놓은 견직이고, 안감은 흰 생견으로 견직을 속에 넣었다. 오늘날의 이불과는 달리 대부분 윗가장자리의 가운데에 너비 40센티미터 가량의 오목한 부위가 있는데, 양쪽 어깨의 바람을 막기 좋도록 만든 것으로 짐작된다. (그림 43 참조)

초인은 살아서는 넉넉하게 봉양하고, 죽은 다음에는 성대하게 장사 지냈다. 때문에 상층 귀족의 묘는 모두 봉분이 높고 크다. 기남성紀南城 주위에는 이처럼 큰 무덤 8백여 기가 남아 있는데, 그 가운데 직경이 40미터

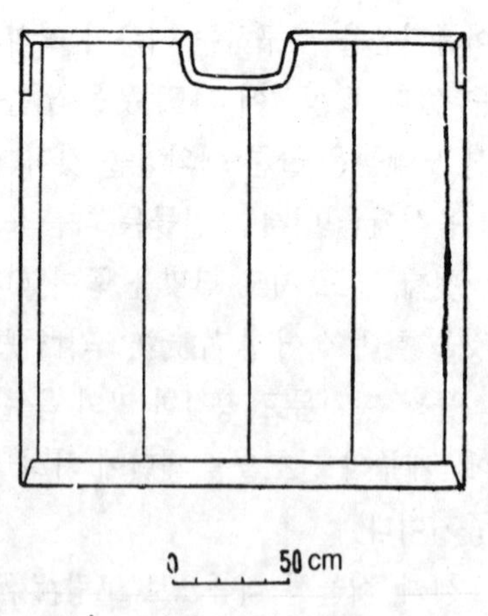

〔그림 43〕 금

높이가 6미터를 넘는 것만도 40여 기에 달한다. 그외 다른 지방에서도 봉분이 큰 초나라 무덤들이 발견되었다. 초나라 귀족의 후장 풍속은 춘추 시대보다는 전국 시대에 이르러 훨씬 성행하였다. 하사 2호 춘추 시대 고분과 천성관 1호, 장대관 1호, 뇌고돈 1호 등 3기의 전국 시대 고분을 비교해 보면 그 대략을 알 수 있다. 하사 2호 고분은 영윤의 무덤으로 묘실 면적이 35평방미터에 달한다. 도굴당한 적이 없는 이 고분에서 출토된 동기는 전족箭簇 따위의 세세한 것을 포함하여 모두 1백50여 점에 달한다. 천성관 1호 고분은 봉군의 무덤으로 묘실 면적이 60평방미터에 가깝다. 도굴당한 적이 있어서 부장품의 태반이 없어졌는데도 출토된 동기가 1백70여 점에 달한다. 이밖에도 마함馬銜과 마표馬鑣류가 8백여 점에 달하며 전족 따위는 헤아릴 수 없을 정도이다. 장대관 1호 고분은 자세히 살펴보면 규모가 봉군의 무덤과 대등한데, 현실의 면적이 천성관 1호 고분보다 약간 크다. 도굴당한 흔적은 없지만 부장된 동기는 적은 편이다. 뇌고돈 1호 고분은 증후曾侯의 무덤으로 묘실 면적이 1백90여 평방제곱미터에 달하며 도굴당한 흔적은 없다. 이 고분은 출토된 동기의 수효가 단일 무덤으로는 최다 기록을 세웠다. 동기 이외의 부장품, 예를 들어 칠기 따위는 춘추 시대 초나라 고분에서는 무척 적으나 전국 시대 초나라 고분에서는 비교적 많이 발견된다. 만약 이것도 함께 계산에 넣어 대등한 등급의 무덤과 비교한다면, 매 기基 전국 시대 무덤에서 출토된 기물의 수량은 춘추 시대의 것보다 몇 배 많다. 뇌고돈 1호 고분은 증曾나라 고분이기는 하지만 후장의 규모는 아마 동급의 초나라 고분과 비슷할 것이다.

요컨대 초문화의 전성기에 있어서 귀족의 사치 풍조는 생전과 사후를 막론하고 날로 더해 가는 추세였다. 선왕들이 온갖 어려움을 겪으며 나라를 일구던 시대와 지난날 현인賢人들이 검소하고 청렴한 생활을 하였던 시대는 다시 오지 않게 되었다.

〈초혼〉과 〈대초〉에서 작자는 궁정 생활의 호사스러움이 극에 달했음에도 오히려 감탄과 칭송의 어투로 이를 치켜세우고 있다. 마지막에 선정과 성덕을 언급함으로써 유종의 미를 거둘 뿐이다. 작자가 누구이든 그 역시 시속을 헤어날 수 없었음이 분명하다.

언鄢과 영郢이 진나라에 함락당하기 전, 장신莊辛은 초나라 경양왕頃襄

王에게 이렇게 경고하였다.

폐하께서는 좌우에 주후와 하후를 거느리고, 수레 뒤에는 언릉군과 수릉군이 따르며, 오로지 즐거움과 사치를 일삼을 뿐 국정을 돌보지 않으시니 영도는 필시 위험에 빠지게 될 것입니다.
君王左州侯, 右夏侯, 輦從鄢陵君壽陵君, 專淫逸侈靡, 不顧國政, 郢都必危矣.[177)

불행히도 장신의 말은 적중하고 말았다.

초인의 특수한 신앙

초인의 신앙은 여러 가지 요인으로 말미암아 시대에 따라 변화하였다. 비록 배일拜日·숭화崇火·존봉尊鳳의 전통을 기초로 하였지만, 새로운 환경에 적응하고 새로운 조류에 영합하기 위하여 늘 내용과 형식을 바꾸었다.
전제군주제가 강화되고 천문 지식이 증가됨에 따라 하늘에서 가장 존귀한 '상황上皇'이 출현하게 되었다. 이 '상황'이 바로 '태을太乙'(太一)이다. 태을의 사당은 동쪽에 있었기 때문에 '동황태일東皇太一'로도 불린다.
본장 제5절에서 지적하였듯이 초문화의 전성기에 있어서 초나라 천문학은 이미 역사서에 기록될 정도로 발전하였다. 28수가 북두성을 사방으로 둘러싸고, 북두성은 천극성天極星을 싸고돈다. 당시 천극성 중 가장 밝은 별은 오늘날의 북극성이 아니라 《논어》에서 '북신北辰'이라고 한 후세의 제성帝星이다. 별이 총총한 밤하늘에서 이 별은 사방을 감독하고 통제하는 위치에 있다. 초인은 상황이 이 별에 머무른다고 여겼다. 이 별은 근방에 있는 20여 개의 별과 함께 이어져 한나라 때에 '자궁紫宮'으로 불리던 '천궁자미天宮紫微'를 구성한다. 상황을 태을太乙로도 부르기 때문에 '자미'는 '태미太微'로도 불린다. 《초사·원유》에

천궁 문지기에게 빗장 열라 했더니
천문 열어 놓고 나를 기다리네

풍륭을 불러다 길 안내하라 하고
태미궁이 어딨는지 찾도록 하네
중양에서 멈추어 제궁에 들렀다가
순시성에 가서는 청도궁을 둘러보고
命天閽其開關兮, 排閶闔而望予.
召豐隆使先導兮, 問大微之所居.
集重陽入帝宮兮, 造旬始而觀淸都.

라고 노래하여, 작자가 상상 속에서 자궁을 방문하는 장면을 묘사하였다. 태을이 태미에 거처하고 있는 것은 초나라 왕이 영도에 있는 것과 같다.

이 태을은 나중에 나타나서 윗자리를 차지한 새로운 신으로 초인은 한동안 그의 형상을 제대로 알지 못했다. 마침 그때 도가학파가 형성되어 태을은 무형無形이며 음양陰陽을 생성하였다고 생각했다. 이 때문에 초인은 더욱 태을에게 어떤 형상을 부여할 방법이 없게 되었다. 태을은 양의兩儀를 낳았고, 그 자신은 태의太儀가 된다. 《초사·원유》에는 앞서 인용한 마지막 구절을 이어서 "이른 아침 나는 태의에서 길 떠나…… 朝發軔於太儀兮……"라고 하였는데, 이는 작자가 상상 속에서 천궁天宮을 떠나려 함을 표현한 것이다.

송옥宋玉의 작품으로 전해지는 《문선》의 〈고당부高唐賦〉에는 "순색 희생 마련하여 선실에서 축문 읽고, 신들에게 제주 올려 태일에게 복 빈다네 進純犧, 禱璇室, 醮諸神, 禮太一"라고 하였다. 초인에게 있어서 태을은 뭇신 가운데 가장 존귀한 존재였음을 알 수 있다.

태을의 출현은 일신日神인 염제炎帝가 자리를 내놓게 만들었다. 〈구가〉에 태을을 '동황東皇'으로 불렀고 일신을 '동군東君'이라 하였는데, 호칭이 직분과 걸맞다.

근래 일부 학자는 태을을 하늘에서 가장 존귀한 신으로 받들고, 그가 자궁에 거처했다고 하는 것은 모두 서한 때부터 비롯된 것이라고 한다. 사실 서한 시기는 전국 시대와 시기적으로 상당히 가깝다. 뿐만 아니라 서한의 군신群臣은 태반이 초인이었기 때문에 태을에 대한 신앙이 전국 시대의 초인으로부터 계승되었던 것으로 보인다. 그들은 태을에 대하여 비

록 덧보탠 구석이 있기는 하지만 의도적이었다고 할 수는 없다. 전국 시
대에 도가 사상이 전파된 곳에는 반드시 태을이 존재하였는데, 이 때문에
남방에서는 북방과는 달리 태을을 지존무상의 신으로 존중하게 되었다.
　서한 시기에 태을에게 수사를 보탠 것으로는 《회남자》가 으뜸이다. 《회
남자·본경훈本經訓》에는 다음과 같이 말했다.

　　태일은 천지를 손아귀에 넣고 산천을 통제하고, 음양을 총괄하고 사시를
　조절하며, 온 천지를 다스린다. 그리하여 온 세상을 감싸고 드러내고 비추
　고 인도하여 온 무리가 사사로운 애증을 갖지 않게 한다. 장구벌레가 꿈틀
　대고 날게 되는 것조차도 태일의 덕을 우러러 생겨나는 것이다.
　　太一者, 牢籠天地, 彈壓山川, 含吐陰陽, 伸曳四時, 紀綱八極, 經緯六合. 覆
　露照導, 普汜無私. 蠉飛蠕動, 莫不仰德而生.

　초인과 화하가 동화됨에 따라 전욱顓頊은 지극히 존귀한 고제古帝가 되
었고, 축융祝融은 상대적으로 뒤처지게 되었다. 《초사·원유》에는 "우리 선
조 고양씨는 아득한 옛분이시니, 나는 장차 뉘에게로 가야만 하랴 高陽邈
以遠兮, 余將焉所程"라고 하였다. 그러나 글을 끝맺을 무렵에 작자는 다시
전욱을 찾았다.

　　재갈 고삐 늦추고 나는 듯 달려가서
　　멀리 하늘 끝 북극문에 닿았네
　　북해에서 앞달리던 질풍을 앞질러
　　얼어붙은 그곳에서 전욱을 따르네
　　舒幷節以馳騖兮, 逴絶垠乎寒門.
　　軼迅風於淸源兮, 從顓頊乎增氷.

　축융은 여전히 대신大神이기는 하지만 더 이상 시조의 신분은 아니며,
〈원유〉의 작자가 상상 속에서 그에게 호령할 수 있게 되었다. "축융이 경계
하며 행인을 비켜 놓고 祝融戒而蹕御兮"에서 축융은 이미 작자의 시종이
되어 버렸다.

태을과 전욱에 대한 신앙은 귀족 계층과 지식 계층 사이에 주로 퍼져 있었다. 일반적인 초인은 태을과 전욱에 대해 여전히 낯설었던 것 같다. 그들이 제사를 받들었던 대상은 우선은 염제와 대등한 위치에 있었던 일신日神 동군東君이었고, 그 다음으로 축융과 동렬에 있던 뇌신雷神 운중군雲中君이었다. 천성관 1호 고분에서 나온 죽간에 기록된 '운군雲君'은 아마도 운중군일 것이다. 〈구가〉에 나오는 여러 신 가운데 동군과 운중군의 형상이 가장 장대하고 아름답다.

일신이나 뇌신보다 지위가 조금 낮은 것이 사명司命이다. '사명'이라는 명칭은 천성관 1호 고분의 죽간에도 나오는데, 〈구가〉의 경우에는 대사명大司命과 소사명小司命으로 나누어져 있다. 사명은 인간의 수명을 맡아 보았기 때문에 초인은 공손히 그에 대한 제사를 받들었다. 〈구가〉에 묘사된 사명과 인간과의 관계는 다가갈 듯 멀어질 듯 가까워질 듯 서먹해질 듯 대단히 미묘하다.

이밖에도 초인이 신봉하던 신은 적지 않은데 다음과 같은 세 부류로 나눌 수 있다.

첫째, 초인이 섬긴 신으로 풍백風伯·우사雨師·일어日御·월어月御·산신山神·수신水神·여신厲神·사화司禍·지우地宇·토백土伯·동성부인東城夫人 등이다. 풍백은 비렴飛廉, 우사는 평호萍號, 일어는 희화羲和, 월어는 망서望舒이다. 산신은 산귀山鬼로, 여신은 상귀殤鬼로 각각 불리기도 한다. 토백은 명부冥府의 주재자이다. 이들은 모두 《초사》에 나온다. 수신은 천성관 1호 고분의 죽간에 기록된 '대수大水'와 유사하다. 사화·지우·동성부인 역시 천성관 1호 고분의 죽간에 나오지만 그 신성神性은 알 수 없다. 자탄고 고분에서 나온 백서에 열두 달과 서로 배합하여 그려진 기이한 신상神像 역시 초인의 신이다.

둘째, 북방 제하에서 섬긴 신으로 고신高辛·헌원軒轅·해약海若·하백河伯(馮夷)·낙빈雒嬪(宓妃) 등이다. 이들 역시 《초사》에 두루 나타난다.

셋째, 남방 이월夷越이 섬긴 신으로 복희伏戲·여와女媧·상군湘君·상부인湘夫人 등이다. 역시 《초사》에 모두 나온다. 복희와 여와는 서남방 만복蠻濮이 섬긴 신이고, 상군과 상부인은 상수湘水 유역의 양월揚越이 섬긴 신이다. 그리고 《초사·원유》에 실려 있는 '상령湘靈'은 상군과 상부인을 가리키는 것으로 보인다.

상술한 여러 종류의 신은 서로 어긋나거나 충돌하지 않고 조화를 이루면서 초인의 머릿속에 자리했다. 초인은 마치 맹상군孟嘗君이 자기를 찾아오는 사람들을 모두 맞아들여 정성껏 식객으로 대접하였던 것처럼 그렇게 그들을 잘 섬겼다. 초인은 다민족 국가를 건설한 동시에 여러 민족의 신앙을 포용하였다. 이는 마치 바다가 작은 개울물도 마다 않기 때문에 그 성대함을 이룰 수 있는 것과 같다고 하겠다.

초인은 신앙이 독특하고 복잡하였기 때문에 역대로 황당하고 괴탄하다는 비난을 받아 왔다. 그러나 사실 그것은 초인에 대한 잘못된 인식이다. 만약 관중關中의 진인秦人이나 중원의 송인宋人과 비교한다면 초인이 황당하고 괴탄하기 짝이 없었다고 할 수는 없다. 진나라 혜문왕惠文王이 돌에 새긴 〈저초문詛楚文〉은 적어도 3편이 있는데, 초나라 회왕懷王을 저주한 나머지 무함巫咸·대침궐추大沈厥湫·아타亞駝 등 세 신령에게 각각 진나라를 도와 초나라를 제압해 줄 것을 기원하였다. 또 송나라 강왕康王은 천하의 귀신을 위엄으로 복종시키고자 하늘을 향해 활을 쏘고 땅을 매질하고 제후의 동상을 만들어 그 코를 두들겼다. 그러나 초인은 주술로 남을 제압하는 이와 같은 방법은 쓰지 않았다. 또 동남쪽의 월인越人이나 서남쪽의 복인濮人과 비교해 보면 월인은 문신을 하여 재앙을 피하고, 이빨을 뚫어서 길상을 나타내 보였고, 복인은 남의 목을 베어 복을 구하였다. 그러나 초인은 이처럼 자해나 남을 해치는 방법은 쓰지 않았다. 초인이 신령에 대처하는 방법은 악무와 제물이었고, 여기에 점복이 더해졌을 뿐이다. 아무튼 그들은 천상과 명부에는 기괴한 형상을 한 많은 신령들이 있다고 믿었다. 그렇지만 그들과 관계가 밀접했던 신령들은 모두 상상에 의지해 사람의 형상으로 만들어졌고, 나아가 모두 미남미녀로 만들었다. 예를 들어 굴원의 필단 아래에서는 산도깨비도 미인이 되었고, 송옥의 필단 아래에서는 무산巫山의 신녀神女가 마침내는 초나라 임금과 운우의 정을 나누게 되었다. 바로 초인이 신을 미남미녀로 만들었기 때문에 장의張儀는 초나라 회왕에게 다음과 같은 말을 한 적이 있다.

저 정나라와 주나라 여인들이 얼굴에 잔뜩 분칠을 하고, 대묵으로 눈썹

을 그리고서 마을 어귀에 서 있으면 모르는 사람들은 그를 보고 신이 내려
온 줄 압니다.

彼鄭周之女, 粉白墨黑, 立於衢閭, 非知而見之者, 以爲神.[178]

비교하여 말한다면 무巫를 숭상함에 있어서 송인은 대체로 요사한 기운
이 감돌고, 월인과 복인은 괴이한 기운이 많았던 반면 초인은 오히려 인
정미가 넉넉하였다고 할 수 있다. 〈구가〉에서는 신과 인간의 사이가 어떻
게나 친밀한지 때로는 지나칠 정도로 스스럼이 없기도 하다. 이는 바로 인
정미가 충만한 것이다.

초인의 기본적 신앙과 관련된 풍조는 붉은색을 숭상하고〔尙赤〕, 동쪽을
숭상하고〔尙東〕, 왼쪽을 숭상하고〔尙左〕, 봉을 숭배하고〔尊鳳〕, 용을 무시하
고〔貶龍〕, 호랑이를 천시하는〔賤虎〕 것 등으로 이전과 다를 바가 없었다.
당시 초나라 귀족 계층 내부에는 소수 민족이 차지하는 비중이 약간 커졌
다. 따라서 몇몇 문헌 자료와 출토된 일부 유물을 통해 보면 마치 앞서 언
급한 풍조가 구체적으로 드러나지는 않는 듯하다. 예를 들어 《신서新序·
잡사雜事》에는 "섭공이던 공자 고가 용을 좋아하여 갈고리로 용을 그리고
끌로 용을 파 온 집 안에 무늬를 아로새겨 용을 그려 놓았다 葉公子高好
龍, 鉤以寫龍, 鑿以寫龍, 屋室雕文以寫龍"고 기술하였다. 이를 통해 보면 초
인은 용을 존숭한 것 같다. 그러나 사실은 그렇지 않다. 섭공이던 공자 고
는 심윤술沈尹戌의 아들인 심제량沈諸梁이다. 심沈으로 성씨를 삼는 집안
은 초나라 국적을 지닌 번인番人이다. 번인은 월인의 지파이다. 그들은 용
을 존숭하는 풍속을 지니고 있었다. 따라서 심제량이 용을 좋아한 것은 자
기 민족의 전통적 신앙에서 나온 것이므로 당연한 일이다. 또 천성관 1호
고분에서 출토된 좌병座屛 5점의 경우는 모두 용이 조각되어 있어 마치 초
인이 용을 존숭하였다는 하나의 증거가 되는 듯하지만, 이 또한 사실과 다
르다. 묘주인 저양군邸陽君 번승番剩은 초나라 국적을 지닌 번인의 후손인
귀족으로 어쩌면 공이 높고 지위가 높은 섭공葉公의 후손일 가능성도 있
다. 고유의 풍속에 따라 자연스럽게 용을 존숭한 것이다.

영도 부근에 있는 큰 무덤 가운데 묘주가 초인인 경우는 대체로 영도의
서쪽인 팔령산八嶺山 일대에 자리잡고 있다. 초나라 풍속에 동쪽을 숭상하

였기 때문에 팔령산 일대에 매장한 것이다. 동쪽으로 향한 묘문墓門은 영도와 서로 마주하고 있다. 천성관 1호 고분의 경우는 이와 달리 묘터가 영도 동쪽에 위치하였고, 묘문이 남쪽을 향해 있다. 따라서 묘주가 미성芈姓의 초인이 아님을 알 수 있다. 용을 새긴 5점의 좌병은 섭공이 용을 좋아했다는 증거는 되지만, 결코 초인의 풍속을 대표하는 것은 아니다. 또 뇌고돈 1호 고분에서 나온 칠회관漆繪棺은 유난히 용 무늬 장식이 많으며, 용의 형상 또한 쌍두룡雙頭龍·삼두룡三頭龍·오두룡五頭龍 등 매우 괴이하다. 이 역시 묘주가 미성의 초인이 아니라 희성姬姓의 증인曾人이기 때문이다. 묘갱·묘실·장식葬式·부장품을 통해 보면 증나라 풍속은 초나라와 다른 특징이 상당히 많다. 전국 초기에 증문화는 초문화에 속하기는 하였지만 증문화가 초문화와 같았던 것은 아니다.

초문화는 하나의 넓고 큰 계통으로 그 속에 들어 있는 다원적 요소는 때때로 서로 다른 기풍을 표현해 내었다. 그렇지 않았다면 초문화를 이루지는 못했을 것이다.

제5장
쇠퇴기와 전화기의 초문화

초나라는 진현陳縣(지금의 하남성 淮陽縣)으로 도읍을 옮긴 후 나라의 형세가 날로 기울었다. 경양왕頃襄王에서 4대 후의 부추負芻에 이르는 약 반세기 동안은 초문화의 쇠퇴기이다.

고열왕考烈王 10년(기원전 253년)에 거양鉅陽(지금의 안휘성 阜陽縣 북쪽)으로 도읍을 옮기고, 22년(기원전 241년)에는 다시 수춘壽春(지금의 안휘성 壽縣)으로 도읍을 옮겼다. 초나라는 회수 중류에 의탁한 채 저물어 가는 형세를 모면하려 애쓰는 한편 장강 이남의 초인은 여러 해에 걸쳐 항진抗秦 투쟁을 전개하였다. 따라서 이 시기의 초나라 문물은 주로 지금의 안휘성 경내에서 출토되며, 그 다음으로 호남성 경내를 비롯한 하남성 동부 및 강소성 중부 일대에서 발견된다.

부추 5년(기원전 223년)에 초나라는 진나라에게 멸망당했다. 이때로부터 한나라 무제武帝 전기에 이르는 1세기 남짓한 기간은 초문화가 한문화漢文化로 전화된 시기이다.

1. 쇠퇴기의 초문화

초나라의 새 도읍이 된 진현은 진陳나라의 옛 도읍지로, 초나라의 옛 도읍이던 영성郢城보다 훨씬 작았다. 온갖 고초를 겪으며 이곳까지 도망쳐 온 경양왕과 그의 신하·백성들은 미처 정신을 차릴 겨를도 없이 당장 성의 방비를 굳건히 해야 하는 시급한 문제에 부딪쳤다.

하남성 박물관은 1980년 회양현淮陽縣 소재지에서 조사와 발굴을 실시하여, 이곳이 바로 옛날 초나라의 진영陳郢(郢陳이라고도 함)임을 입증하였다. 이 성은 최초 진陳나라가 멸망되기 전에 축조되어 초나라에 병합된 이후 두 차례에 걸쳐 증축된 적이 있다. 제1차 증축은 대략 초나라 혜왕惠王 때의 일로 본래의 성벽을 1.5-2미터로 폭을 넓히고 1.5미터 가량 더 높였다. 터를 다지고 쌓은 것이 다소 무질서하고 엉성하여 공사의 질이 좀 떨어지는데, 이는 그것이 동북 변방에 위치한 일개 현성縣城에 지나지 않았기 때문이다. 제2차 증축은 경양왕 때로 폭을 4.4미터로 넓히고, 높이를 1미터 남짓 더 올렸다. 견고하게 하기 위해 다진 흙에 횡목을 심으로 넣었는데, 횡목 하나의 길이는 2-3미터이고 직경은 0.16-0.31미터이다. 횡목은 4단으로 나뉘며 위아래 두 단 사이의 거리는 0.5-1미터이고, 좌우로 이어진 횡목 사이의 거리는 0.4-0.6미터이다. 따라서 성 전체에는 약 4-6만 개의 횡목이 소요된 것으로 추산되어 공사 규모가 컸음을 알 수 있다.[1]

옛 도읍이 함락된 것을 거울삼아 초인은 새 도읍의 성벽 쌓는 방법을 바꿔야만 했을 것이다. 이는 초인의 공황 심리를 보여 주는 동시에, 초인이 아직도 얕잡아 볼 수 없는 실력을 지니고 있었음을 보여 준다.

큰 국토를 잃어버린 초나라의 경제는 심각한 타격을 받았다. 가장 손실이 컸던 사직·자수·옻칠 분야는 이로부터 그대로 주저앉고 말았다. 전국 후기의 초나라 고분에서는 상등품의 사직품·자수품·칠기를 찾아볼 수 없다. 반면 손실이 비교적 적었던 것은 야금 분야로 이는 다음의 두 가지 원인이 있다.

첫째, 초나라가 '강동 15읍江東十五邑'을 수복하여[2] 동록산銅綠山 일대의 동 생산 근거지를 확보하였다는 점이다.

둘째, 오吳와 월越 지구에서 동과 석錫이 풍부하게 생산되었고, 또 오월 지방의 장인들이 일찍부터 제련과 주조에 뛰어난 솜씨를 지니고 있었다는 점이다.

회양懷陽 평량대平粮臺에 있는 20여 기의 초나라 고분군에서 대량의 동기와 철기가 발견되었다. "청동기는 기물 본체의 바탕이 상당히 얇아서 동기의 제작 기법상 상온常溫 가공 기술을 보유하였음을 보여 주며, 철제 족정足鼎과 철제 노시弩矢가 있는 것은 철이 동을 대신하였음을 반증한다. 출토된 청동검은 광택이 눈부시고 칼끝이 유난히 날카로우며 경도硬度와 인도韌度가 적당할 뿐 아니라 부식 방지에도 주의를 기울여, 당시 청동 병기의 제작 기법이 한층 성숙되었음을 보여 준다. 금이나 은이 상감된 동제 모矛·노기弩機·준樽·대구帶鉤의 수량이 점차 많아지는 추세를 보이는 것은 상감 기술이 한층 성숙되었음을 반영한다."[3]

수현壽縣 이가고퇴李家孤堆의 초나라 유왕릉幽王陵은 세 차례 도굴당했음에도 1933-1938년 사이에 대단히 많은 동기가 출토되었다. 그 가운데 명문이 있는 것만도 30점이 넘는다. 명문을 통하여 이들 청동기는 원대장을 비롯한 대장장이들과 주물공이 함께 만든 것으로, 기물의 주인은 염긍酓肯(考烈王 熊元)과 염함酓戚(幽王 熊悍)임을 알 수 있다. 세밀한 기교의 무늬 장식이나 투각은 없지만 다룬 솜씨가 빈틈없이 정교하고 난숙하다. 뿐만 아니라 형태에 있어서도 정족鼎足이 튼튼하고 정체鼎體가 우람한 등 여러 가지 특색이 있어 여전히 대국의 기질을 간직하고 있다. 그 가운데 초나라 임금의 '염긍정酓肯鼎'은 자연스럽고 큰 아가리에 비스듬한 벽면, 평평한 바닥, 바깥쪽으로 말렸으면서도 평평함에 가까운 부이附耳, 높은 편이면서도 튼튼해 보이는 정족 등 자못 새로운 면모를 갖추고 있다.

초나라 기물의 기풍은 다양한 가운데 부차적 기풍에 주된 기풍과 어울려 주된 기풍을 돋보이게 만든다. 주된 기풍이든 부차적 기풍이든 한결같이 새로움과 특이함을 추구하였는데, 이것이 바로 초나라 기물에 담긴 정신이다. 앞서 기술한 정족이 튼튼하고 정체가 우람한 부류는 성장하는 과정에 있으면서도 여전히 부차적 기풍을 대표하는 것이다. 가장 주된 기풍은 여전히 부드러우면서도 연약하지 않고 화려하면서도 저속하지 않은 아름다움이다. 아름다운 기풍을 가장 구체적으로 나타낼 수 있는 기물은 초문화의 성장기에는 예기로 대표되고, 전성기에는 악기와 잡기로 대표된다. 그러나 초문화 쇠퇴기에는 병기가 이를 대표한다. 이러한 변화의 추세는 시대적 조류를 반영한다.

유왕릉을 제외한 나머지 초나라 고분에서 출토되는 청동기는 병기가 다수를 차지하고 예기와 악기는 무척 드물다. 이는 전쟁이 잦아지고 격렬해지면서, 병기의 소모가 지나치게 커지고 원료의 공급이 부족하여 예기와 악기를 만들 여력이 없게 된 데서 비롯된 것으로 보인다. 그러나 병기의 품질은 변함 없이 매우 높다. 하남성 낙양시에서 1974년에 출토된 번양지금검繁陽之金劍 1점은 길이가 45센티미터 너비가 3.9센티미터이며, 칼등의 두께는 1센티미터 쌍날의 넓이는 8.2센티미터이다. 출토 당시 검경劍莖 끝부분에 배열되어 있던 크고 작은 12알의 진주는 검수의 장식으로 보인다. 칼집 어귀에는 쌍구 부조한 변형 수면 무늬가 장식되어 있고, 황동을 상감한 '번양지금繁陽之金'이라는 명문 네 글자가 문각서蚊脚書[4]로 씌어져 있다. 낙양 박물관은 이 검을 전국 후기의 초나라 기물로 감정하였다.[5] 이는 현재 발견된 초나라 검 가운데 가장 정교하고 아름다운 것이다.

당시의 초나라 철제 검 또한 훌륭하다. 초나라가 진현으로 천도한 지 20년쯤 지날 무렵 진秦나라 소왕昭王이 범수范雎에게 이렇게 말했다.

내가 듣자 하니 초나라는 철검은 예리하나 광대의 재주는 보잘것 없다고 하오. 철검이 예리하다는 것은 군사들이 용맹하다는 것이고, 광대의 재주가 보잘것 없다는 것은 사려가 깊은 것이오. 나는 초나라가 그 깊은 사려로 용사들을 이끌고 우리 나라를 해칠까 염려스럽소.
吾聞楚之鐵劍利而倡優拙. 夫鐵劍利則士勇, 倡優拙則思慮遠. 夫以遠思慮而御勇士, 吾恐楚之圖秦也.[6]

군비 경쟁에서 초인은 뒤처지지 않았다. 초나라의 군신이 모두 무위도식했다고 하지만 자세히 살펴보면 꼭 그렇지도 않다.

초나라의 금화金貨는 판형版形과 병형餠形 두 종류가 있다. 금판金版은 '영원郢爰'이라는 인문印文이 다수를 차지하고, 그밖에 '진원陳爰'·'격원隔爰'·'노금盧金'·'전鄟'·'도旬'·'초秒' 등의 인문이 있다. 금병金餠의 경우는 인문이 없다. 이들 금화는 주로 전국 후기에 주조되었기 때문에 안휘성 일대에서 가장 많이 출토된다. 금병은 거북을 본떴고, 동제 비의전鼻蟻錢은 조개를 본떴는데, 거북 껍질과 조개 껍질은 모두 상고 시대의 화폐였다. 금병은 절단하여 '마제금馬蹄金'을 만든 것이 있는데 발견된 실물은 많지 않다. 작고 편평한 금병은 눌러서 금판으로 만들 수 있으며, 크고 울룩불룩한 금병은 녹여서 금판으로 만들 수 있다. 압인된 원화爰貨 하나의 무게는 10그램 내지 25그램 정도이고, 금판의 통째 무게는 약 2백50그램이다.

금화의 갑작스러운 증가는 초나라의 황금 생산량이 급속도로 증가하였음을 나타낸다. 황금의 출처에 대하여 《한비자·내저설상內儲說上》에는 "형남 지방, 여수 중류 지역에서 황금이 산출된다 荊南之地, 麗水之中生金"고 하였는데, '형남荊南'이 먼저 언급된 것으로 보아 '여수麗水'는 '예수澧水'를 가리키는 것인 듯하다. 또 《관자·경중갑輕重甲》에 "초나라는 여수와 한수 일대의 황금을 소유하였다 楚有汝漢之黃金"고 하였다. 전국 시대 후기에 이르면 한수와 여수 일대는 이미 초나라의 땅이 아니었다. 한편 《사기·화식열전貨殖列傳》에는 "예장에서 황금이 생산된다 豫章出黃金"고 하였다. 예장豫章은 전국 후기의 초나라 땅에 속한다. 초나라가 갑자기 황금을 대량으로 생산하게 된 것은 재정적 위기에 대한 타개책과 관계된 것으로 보인다. 《한비자·내저설상》에 초나라는 개인의 황금 채취를 법률로 엄격하게 금지하였다고 하여 황금 생산을 관방에서 독점하였음을 알 수 있다.

초나라에는 또 은화가 있었다. 수량은 무척 적지만 금화와 마찬가지로 다른 나라에서는 볼 수 없는 것이다. 현재 발견된 실물은 18점뿐으로 1974년 하남성 부구현扶溝縣의 구시가지에서 발견되었다. 이 은화들은 모두 포폐布幣로 공수포空首布와 실수포實首布가 있다. 단短·중中·장長 세 가지로 나뉘는데, 개당 무게는 1백30여 그램에서 2백 그램 정도로 일정하지 않다. 중원의 동화를 본뜬 형태로 금화보다 늦게 나왔다.

동화는 여전히 민간에서 통용되었다. 조개 모양의 비의전 이외에도 뒷면에 '십화十貨' 또는 '당근當釿'이라고 적힌 포폐와 앞뒤 어느 한쪽에 '사주四朱'라고 적힌 환전圜錢과 방전方錢이 출현하였다. 조개 모양이 아닌 이들 동폐는 보기 드문 것이다. 이런 것들은 지방의 조폐 기관에서 중원과 관중의 화폐를 본떠 만든 것이다.

초나라가 진읍으로 천도한 이후 화폐는 눈에 띄게 늘어나, 초나라가 비록 풍전등화 같은 운명에 처해 있기는 하였지만 상업은 오히려 갈수록 번창하였음을 알 수 있다. 당시 다른 6국의 상업 역시 번창하였다. 경제적 발달은 정치적·군사적 투쟁을 촉발시킴으로써 자연 발로적 힘에 의한 통일로의 길을 열어 놓고 있었다.

도량형의 완비는 상업의 번영과 상응하는 것이다. 초나라 유왕릉에서 출토된 초나라 동척銅尺 1점은 길이가 22.5센티미터로 호남성 장사시에서 발견된 길이 23센티미터의 동척과 유사하다.

안휘성 봉대현鳳臺縣과 회남시淮南市에서 수집된 초나라의 동제 양기量器 2점은, 각각 용수량이 1천1백10입방센티미터로 유왕릉에서 나온 용수량 1천80입방센티미터의 대형 동량銅量과 비슷하다. 유왕릉에서는 또 소형 동량 1점이 출토되었는데 용수량이 2백 입방센티미터이다.

봉대현에서 수집된 동제 겹마범砝碼范은 1회에 저울 추 10개를 주조할 수 있는데, 큰 것에서 작은 것까지 다섯 개씩을 한 틀로 하여 매틀마다 크기와 무게가 비슷한 저울추 2개씩을 주조할 수 있다. 안휘성 박물관의 발굴 관계자들이 살펴본 바에 따르면, 주조된 저울추는 구형球形으로 추측되어 전국 중기 이전의 환형環形과는 형태가 다르다. 수현壽縣에서 출토된 동형銅衡 2점은 눈금의 간격이 일정치 않은 저울대이다. 당시 초나라의 1근은 실중량이 종전과 마찬가지로 약 2백50그램이었다.

많은 초나라 귀족들이 왕실을 따라 회수 중류로 모여들어 대대적으로 토목 공사를 일으킴으로써 그 지역 전와磚瓦 생산 기술이 차츰 발달하였다. 초나라의 수춘성壽春城이 함락될 무렵에는 판와板瓦·통와筒瓦·반와당半瓦當·공심전空心磚·대방전大方磚 등이 모두 만들어졌다.

원와당圓瓦當은 대개 구름 무늬나 봉 무늬를 장식하여 이전의 무문와당無紋瓦當에 비해 발전되었다. 반와당은 원와당을 갈라서 만든 것이다. 공심전은 길이가 6-70센티미터이고 너비가 30센티미터 정도이며 두께가 15-20센티미터 정도로, 네잎 무늬와 구름 무늬를 비롯하여 그밖의 각종 기하학적 무늬로 장식하였다. 대방전은 땅을 포장하는 데 쓰였다.

얼마전 안휘성 고고연구소는 수현의 백가대자柏家臺子에서 전국 후기의 건축터 한 곳을 발견하였는데, 그 면적이 수천 평방미터에 달하고 출토된 벽돌과 기와의 형태가 크고 장식 무늬가 아름다워 초나라의 궁터였을 가능성이 있다고 추정하였다.

하남성과 안휘성 경내에서 발견된 초나라의 옥기玉器는 상당히 많다. 그 가운데 전통적인 벽璧·황璜·관管 이외에도 10여 종의 동물 옥조玉雕가 발견되었다. 수현에서 출토된 마형馬形에 가까운 용형龍形의 옥패玉佩는 조형과 조각 기법이 모두 일품이다. 이 옥패를 보면 춘추 말기에 왕손어王孫圉가 진인晉人에게 '백형白珩' 같은 옥은 놀랄 만큼 아름답기는 하지만 초인은 보물로 여기지 않는다고 한 말을 떠올리지 않을 수 없다. 그러나 세월이 흘러 전국 후기에 이르러 초나라 귀족들은 이미 이런 아름다움에 빠져 버리고 말았다.

당시의 여러 나라에서, 심지어 한 나라 안에서도 귀족들이 사치를 다투는 기풍이 조성되었다. 조趙나라 평원군平原君이 초나라 춘신군春申君에게 사람을 보내자, 춘신군은 그를 상등의 객관에 머물게 하였는데 "평원군이 보낸 사신이 초나라 사람들에게 뽐내고자 대모로 만든 잠을 찌고 주옥으로 칼집을 장식하고 춘신군의 식객들에게 인사를 청했다. 이때 춘신군의 식객 3천여 명 가운데 상객들은 모두 진주로 꾸민 신발을 신고서 그를 맞이하니, 조나라 사신이 크게 부끄러워하였다. 趙使欲誇楚, 爲玳瑁簪, 刀劍室以珠玉飾之, 請命春申君客. 春申君客三千餘人, 其上客皆躡珠履以見趙使, 趙使大慙"7)

주珠와 옥玉 가운데 초나라에는 진주가 많고 옥은 적었다. 그리고 중원 여러 나라의 옥기는 양과 질에서 모두 초나라보다 나았다. 작은 중산국中山國조차도 그 왕릉에서 나온 옥기의 정품이 초나라를 능가한다. 그러나 초나라는 강과 바다를 끼고 있어서 진주가 많았고, 품질 또한 우수했다. 번양지금검에 장식된 진주는, 낙양 박물관의 감정에 따르면 조개류의 진주 주머니에서 생성된 무핵 진주로 큰 것은 지름이 1.1센티미터이고 작은 것은 0.4센티미터이며 매끄럽고 투명하다. 춘신군의 상객들이 진주로 신발을 장식하고 수백 수천 명이 우르르 몰려 나가자 조나라의 사신이 그것을 보고 부끄러워한 것은 당연하다.

춘신군 황헐黃歇은 고열왕 원년(기원전 262년)으로부터 25년간 초나라의 상국相國을 지냈다. 전기 15년은 회수 이북의 12개 현을 봉지로 삼았고, 나중 10년은 자청하여 강동江東으로 봉지를 바꿔 받았다. 춘신군은 재화를 모으고 문객을 초치하여 "이름은 상국이었지만, 실제로는 초나라 임금과 다를 바 없었다. 雖名相國, 實楚王也"8) 춘신군이 통치함에 따라 강동은 점차 사람들이 모여들어 문물이 번화한 지역으로 탈바꿈하게 되었다. 후일 진秦나라 말기에 봉기한 초인 가운데는 강동 출신이 적지 않았다.

춘신군은 요행히 그가 재상의 지위에 있을 당시 남쪽으로는 장강의 험고함과 면애黽隘의 요새지가 있었고, 서쪽으로는 한韓나라와 위魏나라의 완충 지대가 있었으며, 북쪽으로는 조趙나라가 바람막이가 되었다. 또 동북쪽으로는 노魯나라를 멸망시키고 제齊나라와 대치하고, 동남쪽으로는 오나라와 월나라를 구슬려 후원자로 삼았다. 때문에 20여 년간에 걸쳐서 초나라의 국세는 오히려 안정되었다고 한다. 그러나 진나라의 부단한 동진과 한나라와 위나라의 지속적 쇠퇴는 초나라에 대한 진나라의 위협을 나날이 가중시켰다.

당시 제나라의 도읍 임치臨淄의 직하稷下는 활발한 학술의 중심으로 국적이 다른 유명 학자들이 그곳에서 강학하고 있었다. 제나라 임금은 큰 길가에 커다란 공관을 짓고 그들을 예우하였다. 당시 조나라 사람 순경荀卿 역시 직하에 유학하고 있었는데, 그는 거기에서 "가장 나이 많은 선생이었고 最爲老師" "세 차례나 좨주가 되었다. 三爲祭酒"[9) 순경은 나중에 모함을 받아 제나라를 떠나 초나라로 가서 춘신군의 요청에 따라 난릉령蘭陵令이 되었으며, 아울러 학문을 강론하고 저술 활동을 계속하였다. 초나라의 상채上蔡 사람 이사李斯는 원래 낮은 벼슬아치로 순경에게서 학문을 닦고 나중에 진秦나라에 들어가 재상이 되었다.

전국 후기에 학자들은 천하 통일의 방법을 모색하여, 자기의 고국을 염두에 두는 경우는 무척 드물었다. 때문에 학파의 남북 구분은 이전처럼 그렇게 분명하지 않게 되었다. 북방에서는 도가학설을 막지 않았고, 남방에서는 유가학설을 배척하지 않았다. 법가학설은 북방에서 성행하였지만 남방의 초나라에서도 일찍이 전국 중기에 오기吳起가 변법을 주도한 적이 있었다. 학술 사상의 남북 합류는 천하 통일의 요구를 반영한 것이자 천하 통일의 과정을 촉진한 것이다.

순경의 학술은 중국의 통일에 중요한 역할을 하였는데, 그는 북방에서 태어나고 성장하여 학문을 완성했고 남방에서 저술을 남기고 생을 마감했다.

순경은 혼탁해진 세상의 정치에 망국의 난군이 잇달아 나와 성인의 대도를 배워 시행하려고는 않고, 무술에 미혹되어 길흉의 조짐을 믿으며, 속된 학자들은 작은 것에 구속되고, 장주와 같은 무리가 황당무계한 말로 풍속을 어지럽히는 것을 미워하였다.

荀卿嫉濁世之政, 亡國亂君相屬, 不遂大道而營於巫祝, 信禨祥, 鄙儒小拘, 如莊周等又猾稽亂俗.[10)

순경이 미워한 혼탁한 세상의 정치는 물론 초나라의 정치에만 국한되지
는 않지만, 초나라의 정치 역시 필연적으로 그 속에 포함된다. 춘신군이 죽
자 순경은 난릉령을 그만둔 다음, 그대로 난릉에 정착하여 살았다. 순경이
지은 문장은 후인들이 모아서 《순자荀子》라 하였다. 물론 남방의 학술을 대
표하는 저작으로는 볼 수 없다.

한편 철학에 있어서는 남북 사이에 여전히 미묘한 차이가 존재하였으며,
문학의 경우에는 그 차이가 비교적 두드러졌다. 먼저 철학에 대해 언급하
고자 한다.

전국 후기에 '황로지학黃老之學'이 일어났는데, 기본적으로 북방의 황로
지학은 도가와 법가의 통일이며, 남방의 황로지학은 도가와 유가의 통일
이다.

북방의 황로지학은 제나라에서 기원하여 직하학파와 관계가 있는데, 그
전수 관계는 《사기·악의전찬樂毅傳贊》에 나타난다.

악신공은 황제와 노자의 학술을 배웠다. 그의 본래 스승은 하상장인이라
고 하는데, 그가 누구에게서 학문을 전수받았는지는 알 수 없다. 하상장인
은 안기생을 가르치고, 안기생은 모흡을 가르쳤으며, 모흡은 악하공을 가르
치고, 악하공은 악신공을 가르쳤다. 악신공은 개공을 가르치고, 개공은 제나
라의 고밀·교서에서 가르쳐 한나라의 상국인 조참의 스승이 되었다.

樂臣公學黃帝老子, 其本師號曰河上丈人, 不知其所出. 河上丈人教安期生,
安其生教毛翕公, 毛翕公教樂瑕公, 樂瑕公教樂臣公, 樂臣公教蓋公, 蓋公教於
齊高密膠西, 爲曹相國師.

북방 황로지학의 문헌은 이미 오래 전에 없어졌다. 다행스러운 것은 10
여 년 전 장사 마왕퇴馬王堆 3호 한나라 고분에서 출토된 백서 《경법經法》
《십육경十六經》《칭稱》《도원道原》에서 그 학설을 개략적으로나마 살필 수
있다는 점이다. 여기에서는 언급하지 않겠다.

남방 황로지학은 《장자·천도天道》 등에 보인다. 대략을 기술하면 다음
과 같다.

《장자》 33편 가운데 '노담老聃'은 47회, '노자'는 22회, '노래자老萊子'

는 3회 나타나 모두 72회 보인다. '황제黃帝'는 모두 34회 나오는데, 《장자·내편內篇》 7편에는 단 2회 나올 뿐이다. 따라서 장자의 철학이 후기에는 황로지학으로 변화해 감을 알 수 있다. 문제는 글자에 있는 것이 아니라 내용에 달려 있음은 물론이다.

《장자·천도》에는 다음과 같이 말하였다.

> 그러므로 대도에 밝은 사람은 먼저 하늘의 도를 밝힌 뒤에 도덕을 그 다음으로 하였고, 도덕이 밝혀지고 나면 인의를 그 다음으로 하였으며, 인의가 밝혀지고 나면 분수를 그 다음으로 하였고, 분수가 밝혀지고 나면 형명을 그 다음으로 하였다. 형명이 밝혀지고 나면 인임을 그 다음으로 하였고, 인임이 밝혀지고 나면 원성을 그 다음으로 하였으며, 원성이 밝혀지고 나면 시비를 그 다음으로 하였고, 시비가 밝혀지고 나면 상벌을 그 다음으로 하였다.
>
> 是故古之明大道者, 先明天而道德次之, 道德已明而仁義次之, 仁義已明而分守次之, 分守已明而形名次之, 形名已明而因任次之, 因任已明而原省次之, 原省已明而是非次之, 是非已明而賞罰次之.

이 아홉 개의 단계는 실제로 세 가지 순서에 따라 도가·유가·법가로 안배할 수 있는데, 도가가 유가 앞에 있고 유가가 법가 앞에 있다.

또 《장자·천하天下》에는 다음과 같이 말하였다.

> 도의 근본에서 떠나지 않는 사람을 천인이라 하고, 도의 정수에서 떠나지 않는 사람을 신인이라 하며, 도의 순진에서 떠나지 않는 사람을 지인이라고 한다. 또 하늘로 근원을 삼고 덕을 근본으로 삼으며, 도를 문으로 삼고 변화에서 조짐을 보는 이를 성인이라고 한다. 그리고 인으로 은혜를 삼고, 의로 도리를 삼고, 예로 행동 규범을 삼고, 악으로 조화를 삼아 온화하며 지혜롭고 어진 사람을 군자라고 한다. 그래서 법률로 질서를 세우고 명칭으로 징표를 삼으며, 비교하고 참고하여 시험하고 고찰하여 시비를 결정하니 그 정연함은 마치 숫자를 1, 2, 3, 4로 늘어 놓은 듯 분명하다. 조정의 모든 관리는 이로써 서열이 정해진다.

不離於宗, 謂之天人, 不離於精, 謂之神人, 不離於眞, 謂之至人. 以天爲宗, 以德爲本, 以道爲門, 兆於變化, 謂之聖人. 以仁爲恩, 以義爲理, 以禮爲行, 以樂爲和, 熏然慈仁, 謂之君子. 以法爲分, 以名爲表, 以參爲驗, 以稽爲決, 其數一二三四是也, 百官以此相齒.

역시 도가→유가→법가의 순서로 안배되어 있다.

《장자·각의刻意》에서는 다섯 부류의 '좋아하는 것'을 논술하였는데, 역시 유가가 법가의 앞에 위치한다. 그 문장은 싣지 않는다.

도가로 유가와 법가를 통괄할 경우에는 유가가 법가의 앞에 위치하지만, 전적으로 대도의 순서만을 언급한다면 한결같이 유가에 귀속된다. 예를 들어 《장자·천도》에는 다음과 같이 언급하였다.

임금이 앞서고 신하가 뒤따르며, 아버지가 앞서고 자식이 뒤따르며, 형이 앞서고 아우가 뒤따르며, 어른이 앞서고 젊은이가 뒤따른다. 또 남자가 앞서고 여자가 뒤따르며, 지아비가 앞서고 지어미가 뒤따르니, 존귀한 이가 앞서고 비천한 자가 뒤따르는 것은 천지의 운행이다. 그러므로 성인은 이 형상을 본떴다. 하늘이 높고 땅이 낮은 것은 신명의 위치요, 봄과 여름이 앞서고 가을과 겨울이 뒤따르는 것은 사시의 차례이다. 만물이 생성되고 변화할 때 싹이 돋거나 싹이 땅 속에 숨어 있고 무성하거나 시들어 버림의 차등이 있는 것은 변화의 흐름이다. 천지는 지극히 신묘하여 높고 낮으며 앞서고 뒤떨어지는 차례가 있거늘, 하물며 사람의 도에 있어서야 어떠하겠는가? 종묘에서는 족친을 존중하고, 조정에서는 지위를 존중하며, 향당에서는 나이를 존중하고, 행사에서는 어진 이를 존중하는 것이 대도의 차례이다. 도를 말하면서 그 차례를 세우지 않으면 그것은 도가 아니며, 도를 말하면서 그것이 도가 아니면 어떻게 그 도를 취할 것인가?

君先而臣從, 父先而子從, 兄先而弟從, 長先而少從, 男先而女從, 夫先而婦從, 夫尊卑先後, 天地之行也, 故聖人取象焉. 天尊地卑, 神明之位也. 春夏先, 秋冬後, 四時之序也. 萬物化作, 萌區有狀, 盛衰之殺, 變化之流也. 夫天地至神, 而有尊卑先後之序, 而況人道乎. 宗廟尚親, 朝廷尚尊, 鄕黨尚齒, 行事尚賢, 大道之序也. 語道而非其序者, 非其道也. 語道而非其道者, 安取道.

또 《장자·천운天運》에는 "인에서 도를 빌고 의에 기탁한다 假道於仁, 托宿於義"고 하였고, 《장자·천지天地》에는 "남을 사랑하고 사물을 이롭게 하는 것을 인이라 한다 愛人利物之謂仁"고 하여 논의한 내용 모두가 유학의 요지 아닌 것이 없다.

이러한 내용은 바로 사마담司馬談이 말한 "유가와 묵가의 장점을 채용하고 명가와 법가의 요지를 흡수한 采儒墨之善, 撮名法之要"[11] 도가, 즉 황로지학의 요소를 구비한 것이다. 그들은 남방의 황로지학이다. 당시의 철학은 이상 서술한 바와 같다.

극변하는 시대 상황 아래에서 임금이 좋아하는 것과 학자들이 숭상한 것은 형이상학에 있지 않고 형이하학에 있었으며, 도덕에 있지 않고 공리功利에 있었다. 황제와 노자를 근본으로 하는 학자는 대체로 형명刑名과 법술法術을 좋아한다. 남방의 황로지학은 기실 북방의 황로지학을 능가하기 어렵다.

당시의 문학은 이미 전성기에서 쇠퇴기로 접어들어 북방에서는 전문적 문학 창작이 거의 사라졌지만, 남방의 경우는 그래도 초사楚辭가 명맥을 유지하고 있었다.

《사기·굴원가생열전屈原賈生列傳》에 "굴원이 죽고 난 뒤에 초나라에는 송옥·당륵·경차 같은 사람들이 있었는데, 모두 사부를 좋아하여 이름을 떨쳤다 屈原旣死之後, 楚有宋玉唐勒景差之徒者, 皆好辭而以賦見稱"고 하였다. 당륵唐勒은 성명 이외에는 전혀 알려져 있지 않다. 경차景差는 송옥宋玉과 같은 시기의 사람인 것 같으나 믿을 만한 작품은 아직까지 발견되지 않았다. 일설에 〈대초大招〉는 경차가 지은 것이라고도 하는데, 이는 왕일王逸이 주를 달면서 논란이 생긴 것이다.[12] 왕일의 《초사장구·대초》에 "〈대초〉는 굴원의 작품이다. 혹자는 경차라고도 하나 명확하게 밝힐 수는 없을 듯하다 大招者, 屈原之所作也. 或曰景差, 疑不能明也"고 하였다. 세상에 전해지는 송옥의 작품은 공인된 〈구변九辯〉을 비롯하여 《초사장구》에 수록된 진위 여부를 판별하기 어려운 1편, 《문선文選》에 수록된 5편, 《고문원古文苑》에 수록된 위작임이 분명한 6편이 있다.[13] 〈구변〉만을 논한다면 송옥은 선진 시대 문단의 대미를 장식하기에 손색이 없다.

송옥은 초문화 전성기의 말엽과 쇠퇴기 초엽에 창작 활동을 하였다. 〈구변)을 통해 보면 송옥은 굴원을 흠모하였다. 송옥은 굴원의 뜻을 애도하고 굴원의 문장을 사모하여, 굴원의 일부 시구를 습용하기에 이르렀다. 그 역시 혼탁한 세상에 분노하고 무너져 가는 기풍을 미워하여 "곤궁함에 처해서도 고상한 뜻을 지키려 處窮而守高"하였지만, "노하면서도 다투지 않고 怒而不爭" "지조가 우뚝하여 홀로 실천한 特立獨行" 굴원에는 비교되지 못한다. 〈구변〉의 주요한 예술적 성과는 '차경서정借景抒情,' 즉 경물에 대한 묘사를 빌려 자신의 감정을 드러내는 본보기를 만들어 "유사한 것을 끌어다 비유하고, 사물에 사건을 부치는 取譬引類, 托事於物" 전통적인 수법에서 한 걸음 크게 발전하였다는 점이다. 주희朱熹가 수장首章으로 내세운 단락을 살펴보면 다음과 같다.

슬프구나 소슬한 가을 기운이여
초목은 떨어져 가지만 앙상한데
구슬픈 마음 안고 먼 길을 떠나려
언덕 올라 강을 굽어 영영 이별하노라
한없이 높은 하늘 티없이 맑디맑고
잔잔한 가을 물은 빗물마냥 맑은데
슬픔에 하도 겨워 흐느끼며 탄식하니
을씨년한 찬 기운이 사람을 얼싸안네
설움에 넋 앗기고 한 많게 떠나가네
옛사람 이별하고 새사람에 나는 가네
가난하고 고된 선비 모든 것 빼앗기고
언제나 원망으로 울분만이 가득한
벗도 없는 외톨박이 나그네 신세를
한없이 한없이 가여워 나는 우네
제비는 푸득푸득 가노라 하직하고
매미는 고요 속에 소리마저 감추었고
기러기는 기럭기럭 남에서 오는데
곤계가 울어대는 처량한 소리
밤마다 혼자서 뜬눈으로 밝히는데

밤새 우는 귀뚜라미 그 소리가 더욱 섧네
세월은 바삐 흘러 중년을 넘었건만
이제토록 이룬 일 하나 없고나
非哉秋之爲氣也, 蕭瑟兮草木搖落而變衰.
憭慄兮若在遠行, 登山臨水兮送將歸.
泬寥兮天高而氣淸, 寂寥兮收潦而水淸.
憯悽增欷兮, 薄寒之中人.
愴怳懭悢, 去故而就新.
坎廩兮貧士失職, 而志不平.
廓落兮羇旅而無友生, 惆悵兮而私自憐.
燕翩翩其辭歸兮, 蟬寂漠而無聲.
雁廱廱而南遊兮, 鵾鷄啁哳而悲鳴.
獨申旦而不寐兮, 哀蟋蟀之宵征.
時亹亹而過中兮, 蹇淹留而無成.

　굴원은 이미 봄날에 대한 애상과 가을에 대한 비애를 노래하는 선하를
열었다. 그는 〈이소〉에서 다음과 같이 노래하였다.

　　쉬지를 않고 세월은 흘러
　　봄은 어디로 가을이 대신 와
　　초목이 시들고 우수수 낙엽 지니
　　아! 고운 임 그냥 늙겠네
　　日月忽其不淹兮, 春與秋其代序.
　　惟草木之零落兮, 恐美人之遲暮.

　송옥의 독창은 모방을 통한 섬세하고도 정치로운 묘사, 감정과 경물의
융합, 열렬한 분위기, 청신한 의경으로 독자의 심금을 울리는 데 있다.
　초나라가 동북 방향으로 확장됨에 따라 초사 역시 이를 따라 전파되는
추세를 보였다. 《사기·자객열전刺客列傳》에 연燕나라 태자가 형가荊軻를
역수易水가에서 전별할 때, 형가는 이렇게 노래하였다.

바람은 쓸쓸하고 역수는 차가운데

장사 이제 가면 영영 돌아오지 않으리

風蕭蕭兮易水寒, 壯士一去兮不復還.

형가는 위衛나라 사람이고, 위나라는 초나라에 가까웠다. 따라서 형가는 아마도 남음南音〔초나라 노래〕을 듣고 배워 초사를 지을 줄 알았을 것이다.

한비韓非와 이사李斯는 모두 순경荀卿의 문하 제자이다. 《사기·노자한비열전》에 한비는 "글재주가 뛰어났다 善著書"고 하였는데, 이사는 그 자신이 한비만 못하다고 생각했다. 《한비자韓非子》를 읽어보면 사마천의 이러한 기술이 잘못된 것이 아님을 알 수 있다. 그러나 만약 문학적 문장을 논한다면 반대로 한비가 이사에 미치지 못한다. 이사의 〈간축객서諫逐客書〉는 논변이 웅장하고 호방하며 문채가 화려하여 전국 후기의 가장 뛰어난 산문이다. 한비는 한나라 사람이고, 이사는 초나라 사람이다. 초인의 문학적 소양은 확실히 북방 여러 나라 사람들보다 뛰어났다.

춘추 시대에 초나라의 인재로 진晉나라에 등용된 사람이 있었다. 또 전국 시대에는 초나라 사람으로 진秦나라에 등용된 사람이 나타났다. 이사는 진나라 시황始皇을 보필하여 중국을 통일하는 대업을 실현하였으니 그 공은 영원히 전해질 것이다. 그러나 초인으로 이사 같은 자는 극히 드물다. 초나라의 남공南公은 "초나라는 비록 몇 사람 남지 않았지만 필시 진나라를 멸망시키리라 楚雖三戶, 亡秦必楚"[14]고 하였다. 이것이 초인의 진심이자 참모습이다.

초나라가 멸망할 무렵, 그 문화는 국경을 넘어 먼 곳으로 전파되었다. 정鼎·돈敦·호壺·검劍·과戈·모矛가 출토된 강서성 신건현新建縣 창읍昌邑의 전국 시대 고분, 초나라 양식의 검과 모가 발굴된 광동성 사회현四會縣 오단산烏旦山의 전국 시대 고분, 초나라 양식의 제량호提梁壺와 검이 발견된 광동성 조경시肇慶市 북령송산北嶺松山의 전국 시대 고분, 초나라 양식의 검·과·모가 나온 광서장족자치구 서평락현西平樂縣 은산령銀山嶺의 전국 시대 고분은 모두 초문화가 상강湘江 유역으로부터 감강贛江 유역에 이르렀고, 영북嶺北으로부터 영남嶺南에 전파되어 이미 백월百越 지구까지 깊이 들어갔음을 의미한다. 또 초나라 양식의 검이 출토된 사천성 성도시 양자산羊子山의 전국 시대 고분과 소지사정邵之飤鼎이 발굴된 사천성 신도현新都縣 마가馬家의 전국 시대 고분은, 초문화가 장강을 거슬러 파지巴地를 지나 촉지蜀地까지 전파되었음을 보여 준다. 장교莊蹻의 후예는 전왕滇王이 되었는데, 이는 전滇과 초나라 사이에도 사람과 문화가 서로 교류하였음을 의미한다. 《사기·서남이열전西南夷列傳》에 "진나라가 제후국을 멸망시키자 오직 초나라의 후예만이 전왕으로 남아 있었다 秦滅諸侯, 唯楚苗裔尙有滇王" 하고, 사마천은 "초나라의 선조는 천록을 지녔던가? 楚之先豈有天祿哉"라고 기록하였다.

2. 전화기의 초문화

진秦나라는 통일을 추구하는 간절한 마음에서 초문화에 대하여 배타적 태도를 취하였다. 더욱이 강릉 일대에서[15] 진나라는 초문화에 대하여 말살 정책을 시행하였다. 1961년부터 1981년까지 강릉에서 발굴된 고분 가운데 초나라 고분은 8백여 기인 반면, 진나라 고분과 진말한초의 고분은 겨우 20여 기에 불과하다. 진나라 고분의 묘제墓制, 장식葬式, 부장품의 종류와 조합 등은 초나라의 것과 전혀 다르다.[16]

진나라가 초문화를 배척했다는 것은 그들이 초문화의 모든 성과를 거부했다는 의미는 결코 아니다. 《사기·진시황본기秦始皇本紀》에는 다음과 같이 기록하였다.

진나라는 제후를 멸망시킬 때마다 즉시 함양 북쪽의 산비탈에 그 나라의 궁실을 본떠 지었다. 남쪽으로는 위수가 흘러 옹문 동쪽에서 경수·위수에까지 이르렀고, 전옥 사이에는 구름다리와 회랑이 이어졌으며, 제후들로부터 노획한 미인과 악기가 그곳을 메웠다.

秦每破諸侯, 寫放其宮室, 作之咸陽北阪上. 南臨渭, 自雍門以東至涇渭, 殿屋復道周閣相屬, 所得諸侯美人鐘鼓以充入之.

그 가운데는 초나라 양식의 궁전과 초나라로부터 약탈한 미인과 악기도 포함되어 있었을 것이다. 진시황이 관동關東 여러 제후국의 문화에서 받아들이려고 하였던 것은, 주로 이사의 〈간축객서諫逐客書〉에서 지적된 "후궁을 장식하고 후궁을 채우며 마음을 즐겁게 하고 이목을 기쁘게 하는 것 所以飾後宮, 充下陳, 娛心意, 悅耳目者"이었다.

"초인은 보배 덩어리인 강산을 진나라 사람들에게 넘겨 주었다. 그러나 얼마쯤 지나 그들은 거꾸로 진나라 사람들의 손아귀에서 통일된 천하를 빼앗아 한나라를 건립하였다."[17]

진나라 말기 민중 봉기를 일으킨 주역은 초인이었다. 그들은 진나라의 초문화에 대한 배척과 말살 정책에 분노하여 초문화의 옛 영화를 회복하려는 뜨거운 열기가 일시에 솟아올랐다.

봉기를 일으킨 초인이 사용했던 영윤令尹·사마司馬·막오莫敖·상주국上柱國·정리廷理·견인鋗人·연윤連尹 등의 관명은 모두 과거 초나라에 있던 것들이다.

유방劉邦은 정치적 필요에서 적색을 숭상하던 초나라의 전통적 풍속을 이용하여 스스로 적제자赤帝子라 칭탁하고, 적제자가 백제자白帝子를 베었다는 기이한 이야기를 조작해 냈다.

《사기·역서曆書》에는 유방이 한나라의 임금 자리에 즉위한 후 "10월을 세수로 삼고 붉은색을 숭상했다 以十月爲年首, 而色上赤"고 기록하였다. 10월을 세수歲首로 삼은 것은 초나라의 역법이고, 붉은색을 숭상한 것은 초인의 풍속이다.

유방의 군대는 한결같이 항우項羽의 군대처럼 '붉은 기치 赤幟'를 사용했다.

《사기·항우본기項羽本紀》에 따르면 홍문鴻門의 연회에서 "항왕인 항우와 항백이 동쪽을 향해 앉고, 아부 범증이 남쪽을 향해 앉았다. 패공 유방은 북쪽을 향해 앉았으며, 장량은 서쪽으로 향해 시중을 들었다 項王項伯東向坐, 亞父南向坐, 沛公北向坐, 張良西向侍"고 하였다. 모두 다섯 사람으로, 그 가운데 네 사람은 초인이고 장량만이 한인韓人이다. 자리의 순서는 초나라 풍속대로 배정되었는데, 항우와 항백이 동향으로 가장 높은 자리에 앉고, 아부는 남향으로 그 다음 자리에 앉았으며, 패공은 북향으로 하석에 자리잡았고, 장량은 서향하여 시중을 들면서 말석에 앉았다. 사마천의 사건 기술은 흔히 평이한 가운데 정묘함이 돋보인다. 여기서는 초나라의 풍속에 따라 자리를 안배한 사실을 대략 밝힘으로써 한 글자의 포폄도 가하지 않고서도 항우의 교만하고 방자한 태도와 패공의 나약하고 비굴한 실정을 묘사하고 있다.

유방은 초나라 옷차림을 좋아하였다. 때문에 숙손통叔孫通은 장포長袍를 벗고 단의短衣로 갈아입도록 하여 유방의 환심을 살 수 있었다. 또 유방은 초관楚冠을 좋아했다. 당시의 초관은 대나무 속을 옻칠하여 연이은 좁고 긴 판자로, 유방은 정장亭長 노릇을 할 때 가정 형편이 넉넉지 못해 대나무 껍질로 만든 초관을 썼다.

항우는 초나라의 노래를 좋아했다. 《사기 · 항우본기》에 "우리는 미인을 늘 데리고 다녔고, 항상 추라는 명마를 탔다 有美人名虞, 常幸從, 駿馬名騅, 常騎之"고 기록하고 있다. 해하垓下에서 포위되었을 때 항우는 스스로 노랫말을 지어 비통한 심정을 노래하였다.

　　태산도 뿌리 뽑을 힘 세상 뒤덮을 기개 있다만
　　시세 불리하니 오추마도 가려 않네
　　오추마 멈춰 서면 난 어쩌란 말이냐
　　우야! 우야! 내 너를 어찌하랴!"
　　力拔山兮氣蓋世, 時不利兮騅不逝,
　　騅不逝兮可奈何, 虞兮虞兮奈若何.

항우가 몇 차례 되풀이 노래하자 이윽고 우미인이 화답하였다.

유방 역시 초나라 노래를 좋아하였다. 《사기 · 고조본기高祖本紀》에 따르면, 그는 경포黥布의 반군을 진압하고 고향 패현沛縣에 들러 "친구, 마을 어른, 젊은이들을 모두 불러 모아 마음껏 술을 마시고는 悉召故人父老子弟縱酒" 직접 노랫말을 지어 이렇게 노래하였다.

　　큰바람 일어나니 구름이 흩어지네
　　위엄을 천하에 떨치고 고향에 돌아왔건만

어찌해야 맹수 같은 용사를 얻어 세상을 지킬까
大風起兮雲飛揚, 威加海內兮歸故鄕, 安得猛士兮守四方.

항우는 귀족 출신이고, 유방은 평민 출신이다. 그러나 모두 초사를 지을 줄 알아서 초인들은 신분에 관계 없이 보편적으로 초사를 좋아하였음을 알 수 있다. 한나라 때의 '방중악房中樂' [18]은 곡조명은 주대의 것이지만, 곡조는 오히려 남음南音에 속한다. 《한서·예악지禮樂志》에는 "고조는 초나라 노래를 즐겼다. 때문에 '방중악'이 초나라의 노래였다 高祖樂楚聲, 故房中樂楚聲也"고 기록하고 있다.

소하蕭何가 맡아 지은 미앙궁未央宮은 정전이 남쪽을 향하기는 하였으나 동궐과 북궐만 있고 서궐과 남궐이 없어 초나라의 풍속에 따라 설계된 것으로 보인다.

아무튼 이처럼 초인은 진인秦人과는 다르다. 그들은 타국 심지어 이민족의 문화에 대하여도 두루 수용하여 축적하였다. 한나라의 행정 구역과 문무 백관은 시기적으로 가까운 진나라의 직제를 계승한 것이 많고, 시기적으로 먼 초나라의 제도를 이어받은 것은 적다. 진나라 말기에 봉기한 초인들이 사용한 초나라식의 관직명은 태반이 없어졌다.

민간의 상황을 살펴보자. 곽덕유郭德維의 연구에 따르면, 장례 풍속의 경우에 서한 전기의 무덤은 초나라 무덤과 유사한 요소가 적고 진나라 무덤과 유사한 요소가 많다. 관의 형태, 관 내부의 장렴裝斂과 포점鋪墊은 초나라 풍속과는 거리가 멀고 진나라 풍속과 가까운 편이다. 부장품에 있어서는 도기의 기본 조합이 초나라 고분의 경우는 정鼎·돈敦·호壺 또는 정·보簠·호壺에 초호鐎壺·반盤·이匜·두豆·관罐이 더해지는 반면, 진나라 고분의 경우는 부釜·우盂·증甑·옹瓮·관罐·호壺가 발견되어 초나라 고분과는 판이하고 진나라 고분과는 대체로 유사하다. 서한 전기의 고분에서는 흔히 창倉·조竈·부釜·우盂·증甑·옹瓮·관罐·호壺가 발견되어, 초나라 고분과는 현저하게 다르고 진나라 고분과는 대체로 유사하다. 또 칠목기漆木器의 경우는 서한 전기 고분은 그 종류가 진나라 고분보다 많으며, 형태와 문양은 진나라 고분과 대략 비슷하다. 그러나 초나라 고분에서 흔히 발견되는 진묘수鎭墓獸나 '호좌비조虎座飛鳥' 따위는 없다. 또 병기의 경우는 초나라 고분에서는 대단히 많이 출토되는 반면, 진나라 고분에서는 발견되는 것이 극히 드물고 서한 전기 고분에서도 거의 찾아볼 수 없다.[19]

장사 마왕퇴馬王堆 1, 2, 3호 고분 역시 서한 전기의 것이다. 그러나 장례 풍속은 일반적인 서한 전기 고분과는 차이가 있는데, 초나라 기풍이 강하고 진나라 기풍이 약하다. 그 이유는 다음과 같다. 묘주의 선조는 번군番君에게 예속되어 있었다. 번군은 장강 중류에서 하류에 가까운 지역의 월인越人에게 예속되었고, 진나라 때에는 진나라에 협조하였다. 그후 진나라 말기에 이르러 진나라에 반항하여 그 추종자들이 한왕漢王을 따라 관중에 들어가 공을 세웠고, 또 그 후예들은 경포黥布를 유인하여 살해하는데 공을 세우는 등 한나라 황실에 대해 각별히 충성하고 순종하였다. 따라서 그들은 그 세력과 지위가 오랫동안 안정되어 자신들의 옛 관습을 지킬 수 있었다.

서한 전기에 경제가 미처 회복되지 않았을 당시에 전쟁을 멈추고 민생을 안정시키는 것은 당연하였다. 이 때문에 도가의 황로사상黃老思想이 묘당에서 성행하였다. 마왕퇴 3호 고분에서 나온 백서 28점은 그 가운데《황제서黃帝書》4편,《노자》갑본甲本과 을본乙本이 중요한 자리를 차지하여, 당시 장사 일대가 그런 대로 많은 초나라 풍속을 보존하였을 뿐 아니라 초나라 학술을 비교적 많이 계승하였음을 알 수 있다. 묘주는 황로지학黃老之學을 유난히 좋아하였는데, 이는 당시 조정의 사상적 경향과 부합된다. 더욱이 이 시기 한나라는 진나라가 학술에 대하여 전제를 행하였던 전철을 거울삼아 무척 자유로운 문화 정책을 채택하여 황제와 노자를 숭상하는 동시에 기타 학파의 전파도 허용하였다. 이학근李學勤은 다음과 같은 비교 고찰을 한 적이 있다.

마왕퇴 3호 고분의 묘주는 한나라 문제文帝 12년에 묻혔고, 안휘성 부향현阜陽縣 쌍고퇴雙古堆 1호 고분의 묘주는 문제 15년에 죽어 시간적으로 3년의 차이가 날 뿐이다. 그러나 앞의 무덤에서 나온 백서는 도가의 학술을 주로 하고, 뒤의 무덤에서 나온 죽간은 오히려 유가의 학술을 주로 한다.[20]

이는 상당한 시사를 줄 뿐 아니라 설득력을 지니고 있다. 마왕퇴 백서의 내용이 황로지학 일파의 학설에만 한정되지 않았다는 것에 주의한다면 서한 전기의 학술사상이 개방적이고 활발했음을 알 수 있다. 황실 내에서도 마찬가지였다. 무제는 유가학술에 치우쳤고, 두태후竇太后는 도가학술에 경도되었다.

한나라 무제가 동중서董仲舒의 건의를 받아들여 유가학술만을 존중함에 따라 문화 정책은 비로소 경색되었다. 더욱이 무제가 추숭한 유가학술은 선진의 유가학술과는 달라서 그 속에 적지 않은 선진 시대 법가학술의 요소를 포함하고 있다. 청정과 무위를 주장한 도가의 학술만이 확실히 조정의 환영을 받지 못하게 되었다.

역법과 복색에 있어서도 무제는 초인의 관습을 그대로 따르지는 않았다. 태초太初 원년(기원전 104년)에 역법을 고쳐 정월을 세수로 삼고, 복색은 황색을 으뜸으로 규정하였다. 정월을 세수로 정한 것은 고조가 전국 시대 초나라의 역법에 따라 10월을 세수로 삼았던 종래의 역법을 바꾼 것이다. 황색을 복색의 으뜸으로 삼은 것은 초인이 적색을 숭상하던 종래의 습속을 바꾼 것이다.

무제가 유가학술만을 중시하고 역법을 고치고 복색을 개정한 때로부터 독자적 체계를 지닌 초문화는 더 이상 존재하지 않게 되었다.

이는 물론 초문화의 개성이 이로부터 사라졌음을 의미하는 것은 결코 아니다. 기실 초문화가 기타 지역 문화와 더불어 지역적 개성 위에 전국적 공통성이 덧씌워진 한문화漢文化로 바뀐 것이다. 초문화의 일부 개성은 이미 한문화의 공통성의 일부분을 이루게 되었다.

무제는 그 자신조차도 정신에서 습관까지, 마음에서 언행까지 초문화에 부합되는 전통을 적지 않게 지니고 있었다. 예를 들어 한나라가 태일太一을 숭배한 것은 무제 때가 가장 심했다. 그러나 태일은 초인이 하늘에서 가장 존귀하게 숭배한 신이다. 한나라가 무격巫覡과 제사를 좋아한 것도 무제 때가 가장 심했는데, 이 역시 초인의 풍속이다. 무제 때 만든 건장궁建章宮의 중전 꼭대기에는 구리로 만든 큰 봉 한 마리가 세워져 있었고, 동궐인 봉궐鳳闕의 꼭대기에도 구리로 만든 큰 봉 한 마리가 세워져 있었다. 비렴관飛廉觀 역시 무제 때 만든 것으로 비렴은 풍신風神으로 봉의 일종이다. "몸이 사슴 같고, 머리는 주작과 같으며, 뿔이 있고, 뱀의 꼬리에 무늬는 표범 같다. 무제가 구리로 주조하여 지붕에 세우게 하고 '비렴관'이라 이름하였다. 身似鹿, 頭如雀, 有角, 而蛇尾, 文如豹, 武帝命以銅鑄置觀上, 因以爲名"[21] 무제가 봉을 존숭한 것도 초인의 옛 풍속에서 나온 것이다.

무제는 하동河東으로 거동하여 후토后土에 제사하고 흥을 타서 〈추풍사 秋風辭〉를 지었다. 〈추풍사〉는 본고장의 초사로 그 가운데 몇몇 구절은 세 상에 전해 내려오던 초사 작품 가운데 뛰어난 구절을 변용한 것이다. 예를 들어 첫째 구절의 "가을 바람 일어나니 흰 구름 흩어지고 秋風起兮白雲 飛"는 고조의 〈대풍가大風歌〉를 본떴고, 둘째 구절의 "우수수 낙엽 질 제 기러기 돌아가네 草木黃落兮雁南歸"는 송옥의 〈구변九辯〉을 모방하였다. 또 셋째와 넷째 구절의 "빼어난 난초랑 향기로운 국화 보고, 하 그리운 임 잊을 길 없네 蘭有秀兮菊有芳, 懷佳人兮不能忘"는 〈구가九歌·상부인湘夫 人〉의 "원수 가의 구릿대랑 예수의 난초 보고, 임인가 여겼어도 차마 말 못 하는데 沅有芷兮澧有蘭, 思公子兮未敢言"에서 탈태되어 나온 것이다. 무제 는 부부漢賦를 즐겨 읊었는데, 한부漢賦는 초사에서 변화하여 나온 것이다.

무제가 정월을 세수로 규정한 것은 사실상 초나라의 풍속에 완전히 위 배되는 것은 아니다. 왜냐하면 초나라 관방에서는 10월을 세수로 하였지 만, 민간에서 사용한 춘하추동의 절기는 과거 하夏나라 역법에 근거하였기 때문이다.

무제가 황색을 으뜸의 복색으로 규정한 것 역시 초인의 전통을 철저하 게 버린 것은 아니었다. 한나라 민간에서는 여전히 적색을 한가漢家의 상 징으로 삼았다. 《한서·오행지五行志》에 "성제 때의 가요에 또 '……계수 나무에 꽃 피었지만 열매 맺지 않았는데, 섬참새가 그 마루에 둥지 트네 ……'라고 노래하였다. 계수나무는 적색으로 한나라의 상징이다 成帝時歌 謠又曰; ……桂樹華不實, 黃雀巢其顚……. 桂, 赤色, 漢家象"고 하였다. 왕 망王莽은 한나라 황제를 폐위하고 자립하여 황색을 새 나라의 상징으로 삼았는데, 섬참새〔黃雀〕가 계수나무 마루에 둥지를 튼 것은 왕씨王氏가 유 씨劉氏를 대신할 조짐이라고 생각하였다. 그는 일찍이 〈보황시적寶黃廝赤〉 이라는 글을 내려 자신은 황색 옷을 입고, 낭종관郎從官에게는 모두 진홍 색 옷을 입게 하였다. 한나라를 중흥시킨 광무제光武帝는 이를 거울삼아 단호하게 명을 내려 적색을 숭상하는 전통을 회복시켰다. 한대의 영물로는 주작朱雀이 있고, 상서로는 주초朱草가 있었으며, 통후通侯는 붉은 수레〔朱

輪〕를 탔고, 사절使節은 붉은 깃발〔赤幟〕을 사용하였다. 또 구석九錫은 주나라 제도를 계승하여 동궁彤弓·동시彤矢·주월朱鉞·주호朱戶 따위가 있었으며, 궁중에는 주정朱庭과 주지朱墀 등이 있었다. 이 모두는 한나라가 숭상한 색상이 사실상 초나라의 옛 습속을 바꾸지 않았음을 의미하는 것이다.

초나라의 풍속은 왼쪽을 숭상한다. 《사기·여태후본기呂太后本紀》에 태위太尉 주발周勃이 여씨呂氏를 죽이려고 하자 "군중에 행군령을 내려 '여씨를 우단으로 하고, 유씨를 좌단으로 하라'고 하였다 行令軍中曰; 爲呂氏右袒, 爲劉氏左袒"고 기록하였다. 이 사건은 한나라 초기에 민간에서는 여전히 왼쪽을 숭상하였음을 보여 준다. 그러나 한나라의 관제는 우右를 높이고 좌左를 낮추었는데, 강직降職을 좌천左遷이라고 하는 것은 바로 서한 시대로부터 시작된 것이다.

초나라의 풍속에서는 동향으로 앉는 것을 높게 여겼는데, 한나라의 풍속 역시 마찬가지였다. 《한서·왕존전王尊傳》에 기록된 서한 말기의 일화를 예로 들면 성제成帝 때에 왕존이 승상 광형匡衡과 어사대부 장담張譚을 작질이 비교적 낮은 '포동향석布東鄕席'으로 쫓도록 상주 탄핵하면서, 그들이 "낮은 자리에 있는 자를 높은 자리로 끌어올려 앉혀서 使下坐上" "조정의 작질을 문란케 했다 亂朝廷爵秩之位"고 질책하였다. 또 《한서·누호전樓護傳》에는 왕망 때 성도 후상侯商의 아들이던 읍보邑父가 누호를 섬겨 "당시 빈객을 청했는데 ……누호만이 동향하여 정좌하였다 時請召賓客, ……護獨東鄕正坐"고 하였다. 당시에도 여전히 동향으로 앉는 것을 존중했음을 알 수 있다.

번거롭기는 하지만 한문화 속에서는 더 많은 초문화의 요소를 찾아낼 수 있다. 예를 들어 왕연수王延壽의 〈노령광전부魯靈光殿賦〉에는 노령광전에 그려진 벽화를 다음과 같이 묘사하였다.

하늘과 땅을 그린 속에
온갖 만물이 널려 있도다
잡물들은 기괴하고
산신과 바다의 신들

그 형상을 그려서
단청을 가득 채웠다
　……………

아득한 옛날 천지개벽을 그려
세상의 시초까지 올라갔도다
다섯 마리 용은 날개를 잇대었고
인황은 머리가 아홉이라
복희씨는 비늘 돋은 몸뚱이요
여와는 뱀의 몸뚱이로다
　………………

멀리 삼후에 미치니
요비가 주상을 미혹하도다
충신과 효자
열사와 정녀
현명하고 어리석은 자의 흥망 성쇠가
모두 실려 있도다
圖畵天地, 品類群生.
雜物奇怪, 山神海靈.
寫載其狀, 托之丹靑.
　………………

上紀開闢, 邃古之初.
五龍比翼, 人皇九頭
伏羲鱗身, 女媧蛇軀.
　………………

上及三后, 瑤妃亂主.
忠臣孝子, 烈士貞女.
賢愚成敗, 靡不載敍.

　노령광전의 벽화는 분명 초나라 선왕의 종묘와 공경의 묘당에 그려진 벽
화와 같은 궤에서 나온 것으로 보이는데, 초문화의 기괴한 기풍과 색채를

그대로 간직하고 있다.

그러나 개별적 요소는 전체적 계통이 아니다. 전체적 계통에 있어서 한 나라의 제도는 진나라와 초나라의 제도를 두루 지녔다고 할 수 있다. 또 한나라는 패도와 왕도를 혼용하였다. 결국 한문화는 남북의 문화를 한데 용해하여 만들어진 것이라고 하겠다.

황하와 장강은 각각 동으로 흐르면서 서로 만나지 않는다. 그러나 황하 유역에서 일어난 북방 문화와 장강 유역에서 발생한 남방 문화는 이와 달리 서로 교류하고 본보기로 삼으면서 발전을 촉진하였다. 중앙 집권적 통일 국가에서 초문화로 대표되는 남방 문화는, 마침내 북방 문화에 동화 융합됨으로써 더욱 수준 높고 폭넓은 한문화를 이룩하였다. 초문화에 있어서 이는 하나의 이상적인 종점이다. 이로부터 중국은 진정으로 황제와 염제가 모두 존숭받고, 용龍과 봉鳳이 모두 상서가 되는 시대로 접어들게 되었다.

부 록

1. 楚世系表

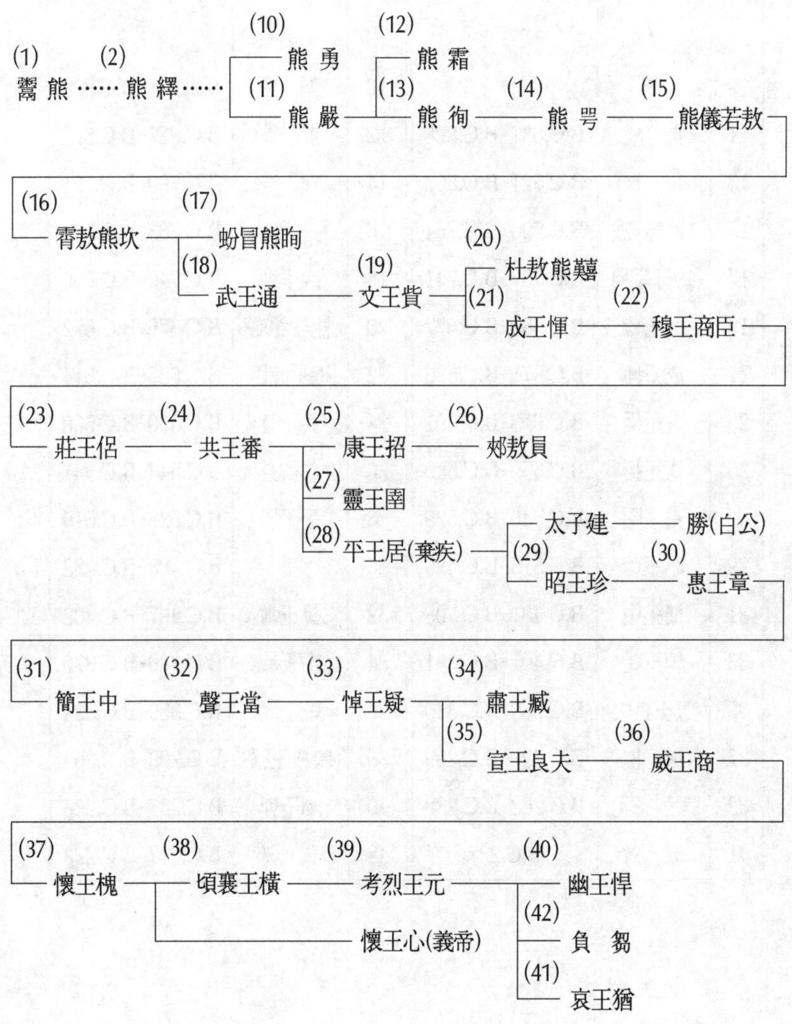

2. 楚王在位表

1	鬻　熊	? - ?	2	熊繹	? - ?
3	?	? - ?	4	?	? - ?
5	?	? - ?	6	?	? - ?
7	?	? - ?	8	?	? - ?
9	?	? - ?	10	熊　勇	B.C.848-B.C.838
11	熊　嚴	B.C.837-B.C.828	12	熊　霜	B.C.827-B.C.822
13	熊　徇	B.C.821-B.C.800	14	熊　咢	B.C.799-B.C.791
15	熊儀若敖	B.C.790-B.C.764	16	霄敖熊坎	B.C.763-B.C.758
17	蚡冒熊眴	B.C.757-B.C.741	18	武王通	B.C.740-B.C.690
19	文王貲	B.C.689-B.C.677	20	杜敖熊囏	B.C.676-B.C.672
21	成王惲	B.C.671-B.C.626	22	穆王商臣	B.C.625-B.C.614
23	莊王侶	B.C.613-B.C.591	24	共王審	B.C.590-B.C.560
25	康王招	B.C.559-B.C.545	26	郟敖員	B.C.544-B.C.541
27	靈王圍	B.C.540-B.C.529	28	平王居	B.C.528-B.C.516
29	昭王珍	B.C.515-B.C.489	30	惠王章	B.C.488-B.C.432
31	簡王中	B.C.431-B.C.408	32	聲王當	B.C.407-B.C.402
33	悼王疑	B.C.401-B.C.381	34	肅王臧	B.C.380-B.C.370
35	宣王良夫	B.C.369-B.C.340	36	威王商	B.C.339-B.C.329
37	懷王槐	B.C.328-B.C.299	38	頃襄王橫	B.C.298-B.C.263
39	考烈王元	B.C.262-B.C.238	40	幽王悍	B.C.237-B.C.228
41	哀　猶	B.C.227	42	負　芻	B.C.227-B.C.223

3. 西周·春秋戰國時代 大事 年表

年 代			주요 사건
B.C. 11C	西周 前期	武 王	周나라 건국. 鎬京에 도읍함.
		成 王	東征.
			周 왕조의 기반을 확립함.
		康 王	왕조의 안정을 다짐.
	西周 中期	昭 王	南征 후, 귀로에 漢水에서 죽음.
		穆 王	南夷를 정벌하고 북방 犬戎을 정벌함.
			형벌 제도를 정비함.
		共 王	관제 및 儀典을 정비함.
			왕조의 세력이 쇠퇴하여 황하 유역에 한정됨.
B.C. 841	西周 後期	厲 王	榮夷公을 친임해 이익을 독점, 귀족의 반감을 초래함.
		共和元	厲王이 추방되어 체로 망명함.
			公伯和가 정권을 장악함.
827		宣王元	중앙 집권책을 시행함. 제후의 이반이 시작됨.
779		幽王 3	褒似를 황후로 삼아 왕실이 문란해짐.
			제후들이 완전히 이반함.
771		11	申后의 부친 申侯가 견융과 함께 유왕을 시해함.
			西周 멸망.
770	春秋 前期	平王元	宜臼 즉위. 成周로 천도함.
			秦 襄公에게 宗周의 땅을 줌.
750		21	秦 文公이 西戎을 치고 岐西를 점령함.
722		49	魯 隱公 元年(《春秋》의 기록이 시작된 해).
710		桓王 10	鄭伯과 薺侯가 楚의 북진에 대비함.
			이후 楚의 북진은 점차 강해짐.
707		13	桓王이 薺·衛를 연합해 鄭을 쳤으나 실패함.
704		16	楚 武王이 남방 제후를 沈鹿에 회합하고, 隨를 침.
685		莊王 12	齊 桓公 즉위하여 管仲을 등용하여 국정을 정돈함.
678		僖王 4	曲의 武公이 晉 緡侯를 시해하고 晉侯에 오름.
667		惠王 10	齊 桓公이 周王으로부터 覇者로 인정받음.
661		16	晉이 耿·霍·魏를 치고 大夫 趙夙을 耿에, 畢萬을 魏에 각각 封함.
651		襄王元	齊 桓公과 諸侯가 蔡丘에서 회맹하고 패업을 달성함.

638		14	宋 襄公이 泓에서 楚에 패하여 覇者가 되는 데 실패.
636		16	晉 文公이 즉위함.
635		17	晉 文公이 周 왕실의 내란을 평정함.
632		20	晉 文公이 城濮에서 楚를 격파하고, 踐土에서 제후와 회맹하여 패자가 됨.
629		23	晉이 五軍을 설치함.
627		25	秦 穆公이 晉 襄公과 효에서 싸워 패배함으로써 동진이 저지됨.
623		29	楚가 江을 멸망시킴. 秦 穆公이 西戎을 치고 서방의 패자가 됨.
606	春秋 中期	定王元	楚 莊王이 陸渾의 戎을 치고, 洛陽 부근에서 周 왕실 九鼎의 大小輕重을 물음.
597		10	楚가 鄭의 도읍을 포위함. 이때 구원 온 晉 景公과 楚 莊王이 邲에서 會戰하여 楚가 승리함.
594		3	魯 宣公 15년, 최초로 私田에 과세함.
590		17	魯에서 丘甲의 법제를 마련함.
589		18	齊가 魯를 공격하여 구원온 晉에 대패함.
588		19	晉이 大軍을 창설함.
585		簡王元	吳王 壽夢이 처음으로 周 王室에 입조함. 晉이 新田으로 천도함.
579		7	宋의 大夫 華元이 晉·楚의 화평을 이룩함.
575		11	晉이 鄢陵에서 楚를 크게 격파함.
551		靈王 21	魯에서 孔子가 출생함.
546		26	宋의 大夫 向戍이 晉·楚·魯·衛·鄭의 大夫와 宋에서 화평의 맹약을 가짐.
538		景王 7	鄭의 子産이 丘賦制를 만들어 시행함.
536		9	鄭 子産이 成文法을 만들어 鼎에 銘文으로 주조함. 子産의 개혁 정치가 계속됨.
524		21	周 景王이 大錢을 주조함.
517	春秋 後期	敬王 3	魯의 昭公이 三桓氏에게 패배하여 齊로 망명함. 孔子가 齊나라에 外遊함.
506		14	吳王 闔閭와 楚가 柏擧에서 會戰하여 吳가 승리함.
505		15	魯의 季孫氏의 陽虎가 魯의 정권을 장악함.
496		24	吳와 越이 橋李에서 회전하여 越이 승리함. 吳王 闔閭가 사망하고 夫差가 자리를 이음.
494		26	吳王 夫差가 越王 句踐을 포위하여 항복을 받음.
484		36	吳王 夫差가 艾陵에서 齊를 격파함.
483		37	魯 哀公 12年, 田賦法을 시행함.

482	春秋後期	38	吳王 夫差가 黃池에서 제후와 회맹하고 맹주가 됨.
481		39	(《春秋》의 기록이 끝남)
479		41	孔子가 세상을 떠남.
473		元王 3	吳王 夫差가 越王 句踐에게 패배하고 자결함. 이로써 吳가 멸망함.
468		貞定元	越이 瑯邪로 천도함. 越이 최전성기를 구가함.
453		16	晉의 3大夫 韓·魏·趙가 분리 독립함.
447		22	楚가 蔡를 멸망시킴.
445		24	魏의 文侯가 즉위함. 魏가 강성해지기 시작함.
403	戰國前期	威烈23	韓·魏·趙 3국이 周 왕실의 인준을 받음. 戰國時代 개막.
386		安王16	齊 大夫 田和가 국권을 탈취하여 제후로 인정받음.
375		烈王元	韓이 鄭을 멸망시키고 鄭으로 천도함.
361		顯王 8	魏 惠王이 安邑에서 大梁으로 천도함.
359		10	秦 孝公이 商鞅을 등용하여 변법을 단행함.
353	戰國中期	16	魏가 桂陵에서 齊에 대패함. 이로부터 齊가 강성해지기 시작함.
350		19	秦이 咸陽으로 천도하고 縣制를 시행함. 商鞅의 제2차 변법이 시행되고, 이로부터 秦이 강성해지기 시작함.
336		33	秦이 처음으로 ‘錢法’을 시행함.
334		35	魏 惠王과 齊 威王이 徐州에서 회합함.
333		36	楚가 徐州에서 齊를 대파함.
318		愼靚 3	韓·魏·趙·燕·楚가 合縱하여 秦을 쳤으나 실패함.
307		赧王 8	趙 武靈王이 胡服騎射를 채용하여 軍制를 개혁함.
306		9	趙 武靈王이 北邊經略을 시작함.
299		16	楚 懷王이 秦에 사로잡혀 죽음.
288		27	齊가 東帝, 秦이 西帝라 칭함.
286		29	魏가 舊都 安邑을 秦에 할양함. 齊가 宋을 멸망시킴.
284	戰國後期	31	燕·秦·韓·魏·趙·楚가 合縱하여 齊를 공격하여, 燕의 樂毅가 臨淄에 입성함.
278		37	秦의 白起가 楚都 郢을 함락함. 이에 楚는 陳邑으로 천도함.
260		55	秦이 長平에서 趙를 대파하고 趙軍 40만 명을 생매장함.
257		58	魏의 信陵君이 邯鄲에서 秦軍을 격파함.
256		59	楚가 魯를 멸망시킴.

249	(秦)		秦이 西周를 멸망시키고 周 赧王이 세상을 떠남.
			秦에서 呂不韋가 相國이 됨.
	莊襄元		秦이 東周를 멸망시킴.
241	政 6		楚가 壽春으로 천도함.
			衛가 野王으로 천도함.
233		14	韓非가 秦에 구류되어 자살함.
230	戰	17	秦의 內史인 騰이 韓을 멸망시킴.
228	國	19	秦의 王翦이 趙를 멸망시킴. 趙의 公子 嘉가 代로 도망하여 代王으로 자립함.
227	後 期	20	燕 太子 丹이 자객 荊軻를 보내 秦王 살해를 기도하였으나 미수에 그침.
226		21	秦이 燕都 薊를 함락함. 燕王 喜는 遼東으로 달아남.
225		22	秦將 王賁이 魏를 멸망시킴.
223		24	秦이 王翦을 보내 楚都 壽春을 함락함. 楚 멸망.
222		25	秦이 王賁을 보내 燕과 代를 멸망시킴.
221		26	秦의 王賁이 燕에서부터 齊를 쳐서 멸망시킴.
			秦이 중국을 통일하고 秦王 政이 始皇帝라 칭함.

주 석

한국어판 서문

1) ‘海中地’는 필자가 中國 고대에 유행한 관점에 근거하여 설정한 개념으로, 〈地中海 與 ‘海中地’〉(《江漢論壇》, 1988年 第3期)에서 상세히 언급한 바 있다.
2) 〈古代希臘文化與楚文化比較硏究論綱〉(《江漢論壇》, 1990年 第4期) 참조.
3) 《楚文化誌》(湖北人民出版社, 1988年).

제1장 초문화의 연원

1) 〔역주〕 삼묘三苗: 堯·舜 시대에 長江·淮水·荊州 일대(지금의 湖南省·湖北省·江 西省 일대)에 자리잡고 있던 蠻族으로 四凶의 하나로 간주되었다. 《書經·堯典》에 "竄三 苗于三危"라 하고, 蔡沈의 傳에 "三苗, 國名, 在江南荊揚之間"이라 하였다. 또 《左傳·昭公 元年》에는 "虞有三苗, 夏有觀扈"라 하고, 《國語·楚語下》에는 "其後三苗復九黎之德"이라 하였으며, 《荀子·成相》에는 "禹勞心力, 堯有德, 于戈不用, 三苗服"이라 하였다.
2) 〔역주〕 구려九黎: 少昊 때의 諸侯로 나중의 三苗氏를 가리킨다. 종족이 번잡하였기 때문에 九黎라고 불렸으며, 三苗라고도 한다. 《國語·楚語下》에 "及少皞之衰也, 九黎亂德, 民神雜糅, 不可方物"이라 하고 韋昭의 注에 "九黎, 黎氏之九人也"라 하였다.
3) 〔역주〕 대계大溪 문화: 신석기 시대 문화의 하나로 仰韶 文化의 중·후기에 해당되 며, 四川省 巫山 大溪에서 유적이 발견됨에 따라 大溪 文化로 불리게 되었다. 주로 四川省 鄂州 三峽·鄂州 서남부 및 湘水 북부 일대에 분포하며, 흔히 발견되는 기물로는 圈足盤· 斜壁碗·子母口碗·曲腹杯·直筒形陶瓶 및 鼎·豆·簋·罐 등이 있는데, 그 가운데 直筒 形陶瓶이 가장 전형적인 기물이며, 彩繪로는 紅底黑彩와 黑底朱彩가 있고, 平行線·橫人 字紋·波浪紋 등의 장식 무늬가 사용되었다. 石器는 대부분 打制의 것이 주종을 이룬다.
4) 〔역주〕 굴가령屈家嶺 문화: 신석기 시대 문화의 하나로 지금으로부터 약 5천 년 전 에 해당된다. 1954년 湖北省 京山縣 屈家嶺에서 처음 발견되어 붙여진 이름으로 鄂州 서 북부와 豫州 서남부 일대에 주로 분포한다. 초기의 도기는 흑색의 것이 다수를 차지하나, 후기의 경우는 회색의 것이 다수를 차지하며 모두 손으로 만든 것이다. 흔히 볼 수 있는 기 물로는 鼎·豆·杯·罐·碗 등이 있으며, 그 가운데 三足器와 圈足器는 상당한 수준까지 발달하였다. 주요한 장식 무늬로는 弦紋·葉形紋·旋紋·平行方格紋 등이 있다.
5) 〔역주〕 축융팔성祝融八姓: 《國語·鄭語》의 韋昭 注에 따르면 己姓·董姓·彭姓·禿 姓·妘姓·曹姓·斟姓·羋姓이다.
6) 李學勤, 〈談祝融八姓〉, 《江漢論壇》, 1980年 第2期.
7) 〔역주〕 原著에는 "夫黎爲高辛氏火正, 以淳燿敦大天明帝德……"이라고 인용되었는데, 原著에 인용된 문장 가운데 〈天明帝德〉의 ‘帝’는 ‘地’의 誤記이다.
8) 〔역주〕 세차歲差: 춘분점이 黃道上을 東에서 西로 해마다 50초 가량 이동하는 현상 을 가리킨다.
9) 張正明·騰壬生·張勝琳, 〈鳳鬪龍虎圖像考釋〉, 《江漢考古》 1984年 第1期.
10) 〔역주〕 《尹文子·大道上》: "楚人擔山雉者, 路人問何鳥也. 擔雉者欺之曰; 鳳凰也. 路

人曰; 我聞有鳳凰, 今直見之, 汝販之乎. 曰; 然. 則十金. 弗與. 請加倍, 乃與之. 將欲獻楚王. 經宿而鳥死. 路人不遑惜金, 惟恨不得以獻楚王. 國人傳之, 咸以爲眞鳳凰, 貴, 欲以獻之. 遂聞楚王. 王感其欲獻于己, 召而厚賜之, 過于買鳥之金十倍."

11) 進隱者는 《史記·楚世家》에는 伍擧라고 하고, 《韓非子·喩老》와 《呂氏春秋·重言》에는 成公賈라고 하며, 《新序》 卷2에는 士慶이라고 하였다. 간언을 받은 자는 위에 열거한 네 종의 문헌에 모두 楚 莊王이라고 하였다. 《史記·滑稽列傳》의 기록이 독특한데, 淳于髡이 齊 威王에게 진언한 것이라 하였다. 〈골계열전〉의 記事는 오류가 많아서 후인이 보충한 것이다. 楚 莊王 사후 2백34년이 지나 齊 威王이 즉위하였는데, 〈골계열전〉에서는 초장왕이 제 위왕보다 1백여 년 후라고 하였으니 그 설이 이처럼 사실과 어긋난다. 순우곤이 제 위왕에게 進諫하였다는 설은 신빙성이 없는 듯하다.

12) 胡厚宣, 〈甲骨文商族鳥圖騰的遺蹟〉, 《歷史論叢》, 中華書局, 1964年.

13) 瑤姬는 炎帝(赤帝)의 딸이다. 《文選》에 수록된 〈高唐賦〉 注에 인용된 《襄陽耆舊傳》 참조. 요희가 夏禹의 治水를 도왔다는 것은 《太平廣記》 卷56에 인용된 《墉城集仙錄》 참조.

14) 〔역주〕《文選》 卷19 〈高唐賦〉 李善 注: "襄陽耆舊傳曰, 赤帝女曰姚姬, 未行而卒, 葬於巫山之陽, 故曰巫山之女. 楚懷王遊於高唐, 晝寢夢見, 與神遇, 自稱是巫山之女, 王因幸之, 遂爲置觀於巫山之南, 號爲朝雲. 後至襄王時, 復遊高唐."
《太平廣記》 卷56 〈雲華夫人〉: "雲華夫人, 王母第十三女, 太眞王夫人之妹也. 名瑤姬……時大禹理水, 駐山下, 大風卒至, 崖振谷隕不可制. 因與夫人相値. 拜而求助, 卽勅侍女, 授禹策召鬼神之書……助禹斷石疏波, 決塞導厄, 以循其類. 禹拜而謝焉……."

15) 〔역주〕《尙書·胤征》: "羲和廢厥職, 酒荒于厥邑."

16) 〔역주〕 용산龍山 문화: 1928년 山東省 歷城縣(지금의 章丘縣) 龍山鎭 城子崖에서 처음 발견되었으며, 신석기 시대 후기에 해당된다. 黃河 중·하류에 분포되어 있으며, 지역에 따라 山東 龍山 文化·河南 龍山 文化·陝西 龍山 文化의 세 유형으로 나뉜다.

17) 蘇秉琦, 〈從楚文化探索中提出的問題〉, 《江漢考古》 1982年 第1期.

제2장 맹아기의 초문화

1) 熊繹이 자리잡았던 丹陽에 대하여는 張正明·喩宗漢의 최근 논문에서 상세하게 논하였으므로, 여기에서는 자세히 인용하지 않는다.

2) 陳全方, 〈陝西岐山鳳雛村西周甲骨文槪論〉, 《古文字研究論文集》, 四川人民出版社, 1982年.

3) 商承祚의 〈壽春新出土楚王鼎考釋〉(《國風》 第4卷 第3期)에 "熊은 喩紐에 속하고, 酓은 影紐에 속하는데, 옛날에는 淸濁을 가리지 않았으므로 음이 서로 가깝다 熊讀入喩紐, 酓讀入影紐, 古讀淸濁不分, 于聲至近"고 하였다.

4) 〔역주〕 도부桃符: 옛날 夏曆 新年의 避邪門飾의 하나로 전국의 많은 지방에서 유행하였다. 해마다 정월 초하루가 되는 날 민간에서는 神荼와 鬱壘 두 神을 그리거나 두 신의 이름을 쓴 桃板을 문에 걸어 놓고 이로써 악귀를 쫓고 재앙을 막는 데서 이러한 명칭이 생기게 되었다. 黃帝가 처음 만든 것이라고 전하는데, 《山海經》에 "於時黃帝乃作禮, 以時驅之, 立大桃人, 門戶畫神荼鬱壘與虎, 懸葦以御凶"이라고 기록되어 있다. 전국 시대에 이러한 풍속이 있었는데, 당시 中原 일대에서는 정월 초하루가 되면 집집마다 복을 빌고 재앙을 물리치는 呪文을 새겨 걸어 놓았다고 한다. 그후 五代 後蜀 때에 이르러 桃板 위에 聯語를 써놓게 되었다. 이에 대하여는 《荊楚歲時記》를 비롯하여 《宋史·蜀世家》《歲時

廣記》《燕京歲時記》 등에 관련 기록이 보인다.

5) 〔역주〕 포검蒲劍: 中原과 江南 일대에서 漢族들이 행하던 피사 의식의 하나로 매년 端午節에 菖蒲를 문 위에 걸어두면 재앙을 물리칠 수 있다고 여겼다. 창포의 모양이 마치 劍과 같다고 하여 생긴 이름이다. 淸代 富察敦崇의 《燕京歲時記》에 "端午日, 用菖蒲艾子揷 於門旁, 以禳不祥, 亦古者艾虎蒲劍之遺意"라고 하였다.

6) 〔역주〕 애호艾虎: 蒲劍과 마찬가지의 것으로 역시 중원과 강남 일대에서 유행한 피 사 의식의 하나로 宋 陳元靚의 《歲時廣記》卷21에 《歲時雜記》를 인용하여 "端午以艾爲虎 形, 至有如黑豆大者, 或剪彩爲小虎, 粘艾葉以戴之"라 하였다.

7) 雎山이라는 명칭은 《墨子·非攻下》에 처음 나온다. "옛날 楚의 熊麗가 처음으로 雎 山 일대에 封해졌다…… 昔者楚熊麗始封此雎山之間……"('雎' 자는 畢沅의 校訂을 따름)고 하였으며, 후세에는 楂山·祖山·沮山·主山 등으로 불렀다. '雎'는 '楂'와 통하는데, 이 산에서는 지금도 산사나무와 다래가 많이 산출된다. 雎水는 《左傳·定公 4년》에 처음 보 인다. 楚 昭王이 도읍을 버리고 달아날 때 "저수를 건넜다 涉雎"고 하였는데, 그 상류가 雎 山에 가깝기 때문에 얻어진 이름이다.

8) 〔역주〕 화하華夏: 漢族의 옛 명칭으로 諸夏라고도 한다. 원시 공동체 후기(기원전 21 세기 경)에 黃河 유역으로 이동한 각 씨족 부락이 陝西 지방 부락 연맹의 수장이던 黃帝 에게 통일되어 華夏族의 역사적 기초를 닦았다. 기원전 21세기에서 기원전 770년에 이르 기까지 夏·商·周 3대를 거치며, 황하 중류에 夏人·商人·周人과 기타 부락이 오랜 기 간 동안 잡거하면서 차츰 형성되고 발전하였으며, 춘추 전국 시대에 이르러 각 제후들이 서로 겸병하여 齊·秦·晉·燕·楚 등 대국들이 사방에서 각 민족을 결집하는 중심이 되 자 화하족과 다른 민족간에 접촉과 융합이 넓어지고 빈번해졌다. 秦·漢 무렵에 이르러서 는 화하족을 중심으로 한 통일된 다민족의 중앙 집권제의 국가를 건설하게 되었고, 한대 이후로는 차츰 '漢族'으로 불리게 되었다.

9) 佟柱臣은 〈中國新石器時代文化三個接觸地帶論〉(《史前研究》 1985年 第2期)에서 이 지역을 중국 신석기 시대 문화의 두번째 접촉 지대로 보았다.

10) 〔역주〕 앙소仰韶 문화: 1921년 河南省 澠池縣 仰韶村에서 최초로 발견되었으며, 황 하 중·하류에 분포되어 있다. 지금으로부터 약 6,7천 년 전인 신석기 시대 중기 문화에 속하며, 용산 문화에 비해 시기적으로 빠르다. 생산 도구는 磨制石器를 위주로 打制石器도 일부를 차지한다. 지역적 분포가 넓고, 그 시기가 길어서 각 유적지의 차이에 따라 半坡 類型·廟底溝 類型·後岡 類型·大司空村 類型·西王村 類型·大河村 類型·馬家窯 類型 으로 나뉜다.

11) 荊山 동쪽에 있는 銅鑛은 1950년대까지도 채광되었으며, 형산 동쪽 蠻河의 남쪽은 옛날 소금 산지로 지금까지도 鹽池라는 지명이 남아 있다.

12) 張正明, 〈'鬻熊爲文王之師' 解辨誤〉, 《江漢論壇》, 1983年 第9期.
   張正明, 〈讀評鬻熊爲火師說有感〉, 《江漢論壇》, 1984年 第3期.

13) 竺可楨, 〈論以歲差定尙書堯典四仲中星之年代〉, 《科學》, 1926年 第11卷 第12期.

14) 《新序》卷4.

15) 〔역주〕 복복濮: 고대의 族名. 원래 江漢 지구에 거주하였으며, 漢·魏 이래로 興右郡(지 금의 雲南省) 서남쪽 1천 리 밖으로 이주하였다. 각 부락간에 통일되지 않아서 각각 首長 을 두었음. 그 부락 가운데 尾濮·木綿濮·文面濮·赤口濮 등 여러 부족이 있었기 때문에 百濮이라고도 불렀다.

16) 〔역주〕 파巴: 지금의 四川省 巴縣에 위치하였던 周代 제후국의 하나이다. 진나라 이

후에 巴郡으로 개편되었다.

17) 〔역주〕양월揚越: 고대 揚州 지방(지금의 廣東省 일대)에 위치하였던 남쪽 越族의 일파이다.《史記》의 기록에 따르면 秦나라 때 桂林郡·南海郡·象郡으로 개편되었다고 한다.

18) 〔역주〕발아撥牙: 고대의 오래 된 풍속의 하나로 '鑿齒'라고도 한다. 전통적인 신념 내지는 동기에서 비롯하여 젊은 남녀들의 일정 부위의 건강한 치아를 뽑게 한 풍속으로 고대 百越의 각 민족과 高山族·壯族·傣族 등에게서 널리 유행하였다. 撥牙의 풍속은 成年·婚姻과 관계를 지니며, 더러는 장식적 의미를 지니기도 하였다. 三國 吳朝 沈瑩의《臨海士異物志》에는 高山族 先民의 혼인과 관련된 撥牙의 풍속에 대하여 "甲家有女, 乙家有男, 仍委父母, 往就之居, 作夫妻, 同牢而食. 女已嫁, 皆缺去前上一齒"라고 기술하고 있다. 오늘날 布朗族·傣族의 婚期에 이른 젊은 남녀들이 서로 染齒하는 풍속은 바로 발아 풍속의 남은 흔적으로 볼 수 있다.《博物志》《通典》《新唐書》를 비롯하여 元·明·淸代의 문헌 가운데 이에 대한 기록이 남아 있다.

19) 〔역주〕엽두獵頭: '獵首'라고도 한다. 과거 雅美人을 제외한 기타 高山族에게서 성행하던 제사 풍속으로 台灣에서 유행하였으며, 그밖에 중국 雲南省의 佤族을 비롯하여 인도차이나 반도·인도네시아·미크로네시아·아메리카·아프리카 등지의 일부 민족들 사이에서 이러한 풍속이 있었다. 종족간의 복수, 신에 대한 제사 및 武勇을 과시하기 위하여 다른 민족의 머리를 잘라 오는 행위로 고산족 선민들의 엽두의 풍속은 그 기원이 상당히 오래 된 것으로 전해지며, 엽두의 시기와 진행 방식 등은 종족에 따라 다소 차이를 보이기도 한다. 대략적인 모습을 살펴보면 다음과 같다. 엽두의 시기는 일정치 않으나 阿美人의 경우는 부락회의를 통하여 결정하고, 泰雅人과 排灣人은 酋長의 윤허를 받은 다음 실행에 옮길 수 있었다. 엽두가 결정되면 3~5명 혹은 10명으로 獵頭隊를 조직하고, 출발 전에 夢卜·鳥占 등의 방식으로 길흉을 점치는데, 이때 凶兆가 나타나면 일을 연기하거나 취소한다. 목표한 엽두의 지점에 이르면 촌락으로 들어가 머리를 베어 오거나 풀숲에 매복하였다가 행인의 목을 베는데, 이때 만약 엽두대원 가운데 사상자가 발생하면 엽두의 성공 여부에 관계 없이 이 엽두는 실패한 것으로 간주되었다. 엽두의 풍속은 다음과 같은 몇 가지 의미를 지니고 있다. 첫째, 복수의 의무를 이행한다는 것이다. 둘째, 신 또는 조상에게 제물을 올림으로써 자손의 번성을 기원한다. 셋째, 武勇 精神을 발양하는 것으로 성년이 되어 文身을 할 자격을 얻게 되었다는 표지를 삼는다. 넷째, 訟事의 시비 곡직을 가리는 것으로 조상의 신령에게 시비를 가려 줄 것을 청한다는 의미가 담겨져 있다. 乾隆 34년 (1769년) 阿里山 通事이던 吳鳳이 鄒人들의 엽두 풍속을 없애기 위하여 殺身成仁한 이야기는 널리 알려져 있다. 이후 이러한 풍속은 차츰 줄어들었고, 1930년대 이후에는 완전히 사라지게 되었다.

20) 王勁·林邦存,〈房縣七里河遺址發掘的主要收穫〉,《江漢考古》, 1984年 第3期. 고대에는 撥牙의 풍속이 널리 유행하였는데, 중국 동남 지방에서 특히 유행하였다. 중남 지방과 서남 지방에도 이런 풍속이 있었는데 이는 주로 고대 越人의 풍속이었던 것으로 보인다. 獵頭의 풍속은 대부분 동남아와 대양주에서 보이는데, 중국 서남 지방과 대만 등지에 전파된 것은 고대 濮人의 풍속으로 짐작된다. 七里河 유적지에서 발굴된 고대 獵頭의 풍속은 현재 알려져 있는 엽두에 관한 자료 가운데 가장 북쪽에 위치한 것으로 관심을 모으고 있다. 이 유적지의 주체는 고대 월인의 영향을 받은 고대 복인일 것으로 추정된다.

21) 揚越의 '揚'은 과거에는 揚州를 가리킨다고 해석하였으나, 이는 옳지 않다. 양월은 荊州에 위치하여 양주와는 무관하다.

22) 鄂은 東鄂과 西鄂 둘로 나누어진다. 동악은 지금의 湖北省 鄂州市에 해당되고, 서악

은 지금의 河南省 南陽地區이다. 《史記·楚世家》를 살펴보면 웅거가 세 아들을 왕으로 세운 것이 기록되어 있는데, "모두 장강 유역 초만 땅에 봉해졌다 皆在江上楚蠻之地"고 하였다. 가운데아들 紅이 鄂王이다. 서악은 장강에서 멀리 떨어져 있어 熊渠가 미칠 수 있는 지역이 결코 아니며, 동악은 바로 장강 유역에 있었다.

23) 張正明·劉玉堂, 〈大冶銅綠山古銅壙的國屬〉, 《楚史論叢》〔初集〕, 湖北人民出版社, 1984年.

24) 《史記·楚世家》의 張守節 〈正義〉에, 宋均이 '樂緯'에 注한 것을 인용하여 "熊渠의 嫡子 熊摯가 惡疾이 있어 후계가 되지 못하고 夔에 별거하면서 楚의 附庸이 되었다. 후에 王命으로 夔子라 하였다 熊渠嫡嗣曰熊摯, 有惡疾, 不得爲後, 別居於夔, 爲楚附庸, 後王命曰夔子也"고 하였다. 《左傳·僖公 26年》에 "夔子가 祝融과 鬻熊에 제사 지내지 않자 楚人이 제사를 지내라고 권했다. 이에 기자는 '우리 先王 熊摯께서 병이 있었는데 鬼神이 赦免하지 아니하여 夔에 숨어 살았다. 내가 이 때문에 楚를 잃었는데 무슨 면목으로 제사를 드리겠는가?' 라고 대답하였다 夔子不祀祝融與鬻熊, 楚人讓之. 對曰: 我先王熊摯有疾, 鬼神弗赦, 而自竄於夔. 吾是以失楚, 又何祀焉"고 하였는데, 이는 宋均의 설에 근거한 것이다. 《사기·초세가》에 의하면 康은 毋康이라 하고, 紅은 摯紅이라 하며, 摯應은 執疵라고 한다. 《國語·鄭語》에 "半姓夔越"이라는 구절이 있는데, 논자들은 대부분 半姓의 夔와 半姓의 越이 있다고 여긴다. 半姓의 夔는 바로 熊摯와 그의 후사인 夔이며, 半姓의 越은 子虛·烏有 같은 가공의 인물이다. "半姓夔越"이라는 말은 半姓의 夔子國 越章王과 그의 후사를 가리키는 것인 듯하다. 夔는 지금의 湖北省 秭歸縣이다.

25) 張正明, 〈先秦的民族結構·民族關係和民族思想〉, 《民族研究》, 1983年 第3期.

26) 高應勤·王光鎬, 〈當陽趙家湖楚墓的分類與分期〉, 《中國考古學會第二次年會論文集》 (1980年), 文物出版社, 1982年.

27) 〔역주〕《禮記·檀弓上》과 《禮記·喪大記》에는 天子의 棺槨은 四重, 諸侯는 三重, 大夫는 二重, 士는 一重으로 규정되어 있다. 천자의 경우, 몸이 닿는 棺을 椑라고 하여 물소의 가죽으로 棺木을 감싸며, 두번째의 것을 杝라고 부르는데 椴木을 사용한다. 겉의 두 겹은 모두 梓木을 사용하여 만드는데 안쪽의 것을 屬이라 하고, 바깥의 것을 大棺이라고 부른다. 제왕과 왕후의 관곽은 대부분 梓木을 사용하여 만들기 때문에 '梓宮' 이라고 부른다. 상고 시대의 귀족들은 일반적으로 '有棺有槨' 이었으나, 《論語·先進》에 孔子의 아들 孔鯉가 죽었을 때 '有棺而無槨' 이라고 한 것으로 보아 槨은 일반인들이 반드시 구비할 수 있었던 것은 아니었음을 알 수 있다.

28) 〔역주〕 國人은 《周禮·天官·冢宰》의 "體國經野" 孔穎達 疏에 "國, 謂城中也"라 하였으며, 또 《禮記·曲禮上》의 "入國而問俗" 鄭玄 注에 "國, 城中也"라 하였다. 또 野人에 대하여는 《論語·先進》의 "先進於禮樂, 野人也" 朱熹 集註에 "野人, 謂郊外之民"이라고 풀이하였다.

29) 張勝琳·張正明, 〈上古墓葬頭向與民族關係〉, 《南方民族研究集刊》, 中南民族學院, 1985年 第2期.

제3장 성장기의 초문화

1) 石泉, 〈湖北宜城楚皇遺址初考〉, 《江漢學報》, 1963年 第2期.
   張正明, 〈楚都辨〉, 《江漢論壇》, 1982年 第4期.
2) 〔역주〕《左傳·宣公 3年》: "楚子伐陸渾之戎, 遂至於洛, 觀兵于周疆. 定公使王孫滿勞楚

子, 楚子問鼎之大小輕重焉. 對曰; 在德不, 不在鼎. 昔, 夏之方有德也, 遠方圖物, 貢金九牧, 鑄
鼎象物, 百物而爲之備, 使民知神姦. 故民入川澤山林, 不逢不若, 螭魅罔兩, 莫能逢之. 用能協
于上下, 以乘天休. 桀有昏德, 鼎遷于商, 載祀六百. 商討暴虐, 鼎遷於周. 德之休明, 雖小重也,
其姦回昏亂, 雖大輕也. 天祚明德, 有所底止. 成王定鼎于郟鄏, 卜世卅, 卜年七百, 天所命也. 今
周德雖衰, 天命未改. 鼎之輕重, 未可問也."

3) 《國語·鄭語》.

4) K. Marx, 《摩爾根〈古代社會〉一書摘要》, 人民出版社, 1965年, p.38.

5) 〔역주〕이사里社: '社'는 고대의 지역 단위의 하나이다.《管子·乘馬》에 "方六里, 名
之曰社"라 하고,《左傳·昭公 25年》에 "請致千社"라 하였는데, 杜預의 注에 "二十五家爲
社"라고 하였다.

6) K. Marx, 《馬克思恩格斯全集》〔第12卷〕, 人民出版社, 1962年, p.757.

7) 張正明,〈楚國社會性質管窺〉,《楚史論叢》〔初集〕, 湖北人民出版社, 1984年.
    張正明,〈春秋楚國庶民淺析〉,《江漢論壇》1984年 第8期.

8) 《左傳·閔公 元年》.

9) 《左傳·定公 10年》.

10) 《左傳·襄公 13年》과《國語·楚語上》에는 "남방 오랑캐를 달래고 정벌하여 제하에
미치도록 교화한다 撫征南海,訓及諸夏"고 기록되어 있다.

11) 張正明,〈先秦的民族結構·民族關係和民族思想〉,《民族研究》, 1982年 第5期.

12) 西周 후기 이후의 湖北의 曾나라, 즉 隨나라에 대하여는 李學勤의〈曾國之謎〉(《光明
日報》1978年 10月4日)와〈論漢淮間的春秋靑銅器〉(《文物》1980年 第1期) 참고.

13) 蘇秉琦,〈從楚文化探索中提出的問題〉,《江漢考古》, 1982年 第1期.

14) 〔역주〕규규: 고대의 水器 또는 酒器의 일종으로 황하 유역과 장강 유역의 신석기 시
대 유적에서 발굴되며, 그 가운데 大汶口 文化에서 출토된 것이 시기적으로 가장 빠르다.

15) 〔역주〕가규: 고대의 溫酒器의 일종. 모양이 爵과 유사하나 약간 큰 편이다. 商代에
성행하였다.

16) 俞偉超,〈先楚與三苗文化的考古學推測〉,《文物》, 1980年 第10期.

17) 王勁,〈楚文化淵源初探〉,《中國考古學會二次年會論文集》, 文物出版社, 1982年.
    郭德維,《江陵楚墓論述》,《考古學報》, 1982年 第2期.

18) 丁穎,〈江漢平原新石器時代紅燒土中的稻穀殼考查〉,《考古學報》, 1959年 第4期.

19) 《左傳·宣公 11年》에 楚人 申叔時가 "소를 끌고서 남의 밭을 지나간다 牽牛以蹊人
之田"고 하였는데, 몇몇 학자들은 이 소가 밭갈이 소라고 추측한다. 그러나 추측은 사실을
대신할 수 없다. 초나라 康王 때 太宰 伯州犁라는 사람이 있었는데, 몇몇 학자들은 이름
중의 '犁' 자가 당시 초나라에서 이미 犁耕을 하였음을 나타낸다고 말한다. 사실 백주리는
晉나라 사람으로 이는 晉나라식 이름이다. 설령 그가 나중에 초나라로 달아났다 하더라도
州犁라는 이름을 가지고서 초나라의 농사에 대하여 추론할 수는 없다. 초나라 강왕 때 실
제로 犁라는 이름을 가진 초나라 사람이 있었다. 바로 大夫 師祁犁로《左傳·襄公 24年》에
보이며, 師祁는 성이고 犁는 이름이다. 그러나 이 '犁' 자에 근거하여 당시 초나라에서 이
미 犁耕을 행했다고 말할 수는 없다. 고대에는 '犁'와 '黎' 두 글자가 통용되어, 楚人의 시
조인 '黎'가《左傳·昭公 29年》에는 '犁'로 되어 있다. 그러나 이 '犁' 자에 근거하여 최초
로 祝融이 犁耕을 했다고 할 수는 없다. 아직까지 초나라의 보습이 발굴된 적이 없다.

20) 河南省 淅川縣 下寺의 춘추 시대 초나라 고분에서 동제 괭이와 낫이 출토되었고, 湖
北省 襄樊市 山灣의 춘추 시대 초나라 고분에서 동제 도끼와 낫이 출토되었다.

21) 《左傳·文公 16年》.

22) 《左傳·宣公 11年》에 〈蔿艾獵〉이 나오는데 杜預의 注에 孫叔敖, 즉 蔿敖라고 하였으며, 孔潁達의 疏에는 《世本》을 인용하여 蔿艾獵은 형이고 蔿敖는 아우라고 하였다. 《左傳·宣公 12年》에 蔿敖·孫叔敖·孫叔이 모두 나오는데, 문장의 의미를 세밀하게 음미해 보면 한 사람으로 보인다. 위애렵에게는 蔿子馮이라는 令尹을 지낸 아들이 있었고, 위자풍에게는 公子 圍(초나라 靈王)에게 살해당한 司馬를 지낸 蔿掩이라는 아들이 있었다. 위자풍과 위엄이 손숙오의 손자라고 한 어떤 문헌도 없으며, 다만 손숙오의 자손이 寢邑을 祿田으로 받아 9세 동안 혜택을 받았다는 기록만 있다. 따라서 손숙오와 위오는 동일 인물이며, 위오와 위애렵은 다른 사람임을 알 수 있다. 위오는 영윤을 지낸 후에 '蔿'로 성씨를 삼은 듯하다. 죽은 다음에는 그의 자식이 寢邑에 봉해져 楚人들이 비로소 孫叔이라고 불렀다. '寢' 과 '孫'은 음이 비슷하여 아마도 손숙오의 '孫'은 寢邑의 '寢'인 듯하다.

23) 周永珍, 〈曾國與曾國銅器〉, 《考古》, 1980年 第5期.
　　田海峰, 〈湖北棗陽縣又發現曾國銅器〉, 《江漢考古》, 1983年 第3期.
　　李學勤, 〈曾侯戈小考〉, 《江漢考古》, 1984年 第4期.

24) 吳銘生, 〈從考古發現談湖南古越族的槪貌〉, 《江漢考古》, 1983年 第4期.
　　高至喜, 〈論湖南出土的西周銅器〉, 《江漢考古》, 1984年 第3期.
　　湖南省博物館·湖南省東江水電站文物考古隊, 〈資興舊市春秋墓〉, 《湖南考古輯刊》〔第1集〕, 1982年.
　　湖南省博物館, 〈長沙縣出土春秋時期越族靑銅器〉, 《湖南考古輯刊》〔第2集〕, 1984年.
　　何介鈞, 〈湖南商周時期古文化的分區探索〉, 《湖南考古輯刊》〔第2集〕, 1984年.

25) 張潮, 〈古越族文化初探〉, 《江漢考古》, 1984年 第4期.
　　黃石市博物館, 〈大冶古文化遺址考古調查〉, 《江漢考古》, 1984年 第4期.
　　咸寧地區博物館·陽新縣博物館, 《陽新和尙擂遺址調查簡報》, 《江漢考古》, 1984年 第4期.
　　湖北省博物館·廣濟縣文化館, 〈廣濟發現一批周代甬鐘〉, 《江漢考古》, 1984年 第4期.
　　王善才, 〈湖北浠水·英山東周遺址調查簡報〉, 《考古》, 1963年 第2期.
　　武漢市文官處, 〈武昌縣濔·湖泗古文化遺址調查〉, 《江漢考古》, 1984年 第1期.
　　黃石市博物館, 〈大冶上羅村遺址試掘〉, 《江漢考古》, 1983年 第4期.

26) 지리적 개념으로서의 荊은 商·周 양대에는 남쪽과 서쪽으로 뻗어 나가는 추세를 보였다. 荊地는 商朝의 남방에 위치하였는데, 殷人이 南進함에 따라 그들이 느낀 荊地는 북쪽으로는 축소되고 남쪽으로는 신장되었다. 楚人은 荊人 가운데 가장 서쪽에 치우쳐 있던 일파로 그들 자신은 '楚' 라 하고, '荊' 이라고는 하지 않았다. 다만 諸夏의 입장에서 보면 荊楚라고 混稱 내지 連稱할 수 있는 것이다. 동쪽에 위치한 吳·越 두 나라가 中原에서 명성을 떨치고, 서쪽에 위치한 초나라가 점차 강성해진 다음에 周人들이 느끼는 荊地는 동쪽으로는 축소되고 서쪽으로는 확장되었다. 주나라 太王의 아들인 太伯이 오나라로 달아났는데, 《史記·吳太伯世家》에는 "荊蠻으로 달아났다 奔荊蠻"고 하였다. 그러나 오·월 두 나라가 각각 기본적으로 국제 정치 무대에 등장한 후에는 누구도 그들을 형만이라고 부르지 않게 되었다. '荊蠻' 이라는 것은 실제 두 가지 의미를 지니고 있다. 첫째, 蠻 과 같은 荊人으로, 楚人 역시 그 속에 포함된다. 《國語·晉語八》에 "楚는 荊蠻이다 楚爲荊蠻"고 하였다. 둘째, 荊地의 蠻人으로, 楚人을 포괄하지 않으며 吳越·揚越과 荊地의 다른 소수민족만을 가리킨다.

27) 黃陂縣文化館·孝感地區博物館·湖北省博物館, 〈湖北黃陂魯臺山兩周遺址與墓葬〉, 《江漢考古》, 1982年 第2期.

28) 陳賢一, 〈黃陂魯臺山西周文化剖析〉, 《江漢考古》, 1982年 第2期.

29) 〔역주〕 도철饕餮 무늬: 饕餮은 탐욕이 많고 사람을 잡아먹는다는 고대 전설상의 惡獸로, 도철의 머리 모양과 유사한 장식 무늬를 도철 무늬라고 한다. 獸面 무늬라고도 한다. 商·周 시기의 기물에 있어서 주요한 장식 무늬의 하나로 대부분 구름 우레 무늬와 어우러져 있다.

30) 〔역주〕 기夔 무늬: 夔는 용같이 생긴 한 발 달린 짐승으로 일설에는 도깨비라고도 한다. 夔龍 무늬라고도 부르는데, 夔 무늬라는 명칭은 宋代에 생겨난 이래 지금까지 사용되고 있다. 商代와 西周 전기에 유행하였으며, 대체로 器物의 頸部와 腹部에 주로 사용되었다.

31) 劉啓益, 〈黃陂魯臺山M30與西周康王時期銅器墓〉, 《江漢考古》, 1984年 第1期.

32) 〔역주〕 잉기媵器: 시집 가는 여자에게 딸려보내는 器物을 가리킨다.

33) 王光鎬, 〈黃陂魯臺山西周遺存國屬初論〉, 《江漢考古》, 1983年 第4期.

34) 塗高潮, 〈略談魯臺山東周墓〉, 《江漢考古》, 1982年 第2期.

35) 《左傳·僖公 18年》.

36) 〔역주〕 구헌九獻: 고대의 飮食禮法의 하나로 主人이 賓客에게 아홉 차례 술을 따라서 권하는 것을 말한다. 《周禮·秋官·大行人》에 '饗禮九獻'이라 하였는데, 同注에 "九獻者, 主酌獻賓, 賓酌主人, 主人酬賓, 酬後更八獻, 是謂九獻"이라 하였다.

37) 張劍, 〈從河南淅川春秋楚墓的發掘談對楚文化的認識〉, 《文物》, 1980年 第10期.
　　北京大學歷史系考古研究室商周組, 《商周考古》〔第4章 第3節 2〕, 文物出版社, 1979年.

38) 楊權喜, 〈襄陽山灣出土的鄀國和鄧國銅器〉, 《江漢考古》, 1983年 第1期.

39) 張劍, 〈從河南淅川春秋楚墓的發掘談對楚文化的認識〉, 《文物》, 1980年 第10期.
　　北京大學歷史系考古教研室商周組, 《商周考古》〔第4章 第3節 2〕, 文物出版社, 1979年.

40) 張正明, 〈楚國社會性質管窺尾注〉, 《楚史論叢》〔初集〕, 湖北人民出版社, 1984年.

41) 郭沫若, 《兩周金文大系考釋·作册大齋》, 科學出版社, 1958年.

42) 《史記·楚世家》.

43) 夏鼐·殷瑋璋, 〈湖北銅綠山古銅礦〉, 《考古學報》, 1982年 第1期.
　　中國社會科學院考古研究所實驗室, 〈湖北大冶銅綠山古煉銅爐的熱釋光年代〉, 《考古》, 1981年 第6期.

44) 《黃石文博簡訊》〔第18期〕, 1985年 7月.

45) 銅綠山考古發掘隊, 〈湖北銅綠山春秋戰國古礦井遺址發掘簡報〉, 《文物》, 1975年 第2期.
　　黃石市博物館, 〈湖北銅綠山春秋時期煉銅遺址發掘簡報〉, 《文物》, 1981年 第8期.
　　中國社會科學院考古研究所銅綠山工作隊, 〈湖北銅綠山東周銅礦遺址發掘〉, 《考古》, 1981年 第1期.
　　銅綠山工作隊, 〈湖北銅綠山古銅礦再次發掘-東周煉銅爐的發掘和煉銅模擬實驗〉, 《考古》, 1982年 第1期.
　　夏鼐·殷瑋璋, 〈湖北銅綠山古銅礦〉, 《考古學報》, 1982年 第1期.
　　盧本珊·華覺明, 〈銅綠山春秋煉銅竪爐的復原研究〉, 《文物》, 1981年 第8期.
　　周保權, 〈試論銅綠山古銅礦的生産水平〉, 《江漢考古》, 1984年 第4期.

46) 同治 《大冶縣志》 卷2 〈山川志〉

47) 喀左縣文化館·朝陽地區博物館·遼寧省博物館, 〈遼寧省喀左縣山灣子出土商周靑銅器〉, 《文物》, 1977年 第12期.

48) 郭沫若, 〈尾敖殷銘考釋〉, 《考古》, 1973年 第2期.

49) 《左傳·僖公 20年》.

50) 1979年 湖北省 隨縣 季氏梁에서 출토된 銅戈 2점 가운데 하나는 "曾나라가 工尹 季怡를 크게 공격하였다…… 曾大攻(工)尹季怡……"는 銘文이 있고, 다른 하나에는 "주나라 왕실의 후손 계이…… 周王孫季怡……"라고 한 銘文이 있다. 隨縣博物館, 〈湖北隨縣城郊發現春秋墓葬和銅器〉(《文物》1980年 第1期)를 참조할 것.

51) 丹江庫區文物發掘隊, 〈河南省淅川縣下寺春秋楚墓〉, 《文物》1980年 第10期.

   張劍, 〈從河南淅川春秋楚墓的發掘談對楚文化的認識〉, 《文物》 1980年 第10期.

   河南省博物館·淅川縣文管會·南陽地區文管會, 〈河南淅川縣下寺一號墓發掘簡報〉, 《考古》, 1981年 第2期.

   湯文興, 〈淅川下寺一號墓靑銅器的鑄造技術〉, 《考古》, 1981年 第2期.

52) 李零, 〈楚叔之孫佣究竟是誰〉, 《中原文物》, 1981年 第4期.

53) 蔿는 遠과 같다. 蔿賈는 字가 伯嬴으로 叔이라 부를 수 없다. 蔿氏는 蚡冒의 후예이고, 분모는 霄敖의 嫡嗣로 아우 熊通이 있었는데 역시 叔이라고 불릴 수 없다. 아마도 楚叔은 분모의 아들인 蔿章을 가리키는 것인 듯하다. 위장은 《左傳·桓公 6年》에 나타난다. 《通志·氏族略》에 "蔿章은 蔿 땅을 食邑으로 삼았기 때문에 蔿氏라고 하였다 蔿章食邑於蔿, 故以命氏"고 하였다. 위장에게는 熊通에게 살해당한 형이 있었는데 叔이라고 할 수 있다.

 54) 李志偉, 〈曾侯乙編鐘及尊·尊座鑄造方法新探〉, 《楚史論叢》〔初集〕, 湖北人民出版社, 1984年.

55) 《南齊書·文惠太子傳》에 "建元元年…… 襄陽의 어떤 도굴범이 楚王의 陵이라고 전해지는 고분을 도굴하여 玉으로 만든 나막신, 옥으로 만든 병풍 따위의 엄청난 보물을 손에 넣었다…… 建元元年…… 襄陽有盜發古塚者, 相傳云是楚王塚, 大獲寶物玉屐·玉屏風……"고 하였는데, 이 고분에서 출토된 문물로 지금 전해지는 것이 없기 때문에, 이것이 초나라 임금의 고분인지는 판단하기 어려우며, 이것이 춘추 시대 초나라 임금의 고분이라고 단정하기는 더욱 어렵다.

56) 高崇文, 〈東周楚式鼎形態分析〉, 《江漢考古》, 1983年 第1期.

57) 湖北省博物館, 〈襄陽山灣東周墓發掘報告〉〔楊權喜 執筆〕, 《江漢考古》, 1983年 第2期 및 주 51) 참조.

58) 程欣人·劉彬徽, 〈古盞小議〉, 《江漢考古》, 1983年 第1期.

59) 陳奇猷, 《呂氏春秋校釋》卷19.

60) 《吳越春秋》卷2 및 《越絶書·外傳》.

61) 喩宗漢, 〈吳師入郢之戰有關問題探討〉, 《楚史論叢》〔初集〕, 湖北人民出版社, 1984年.

62) 〈河南出土一套我國音質最好的銅編鐘和一件珍貴的石排簫〉, 《人民日報》, 1979年 4月 6日.

63) 《考古》, 1981年 第2期 p.125.

64) 黃翔鵬, 〈先秦編鐘音階結構的斷代研究〉, 《江漢考古》, 1982年 第2期.

65) 〔역주〕《左傳·莊公 28年》에 "縣門不閉, 楚言而出, 子元曰; 鄭有人焉"이라 하였는데, 杜預는 이에 대하여 "縣門, 施於內城門. 鄭示楚以閑暇, 故不閉城門, 出兵而效楚言, 故子元畏之, 不敢進"이라고 하였다. 따라서 楚言을 말한 주체는 정나라 사람으로, 정나라 사람 가운데 초언을 말하는 자가 있었기 때문에 公子 元이 이를 경계한 것으로 보아야 할 것이나, 著者는 여기에서 이를 인용하면서 그 주체를 초나라의 公子 元으로 보아 논의를 전개하고 있다.

66) 《左傳·宣公 12年》.

67) 陳士林, 〈彝文ꢙ與楚語於兎〉, 《中國民族古文字研究》第2集.

68) 劉彬徽, 〈楚國有銘銅器編年槪述〉, 《古文字研究》〔第9輯〕, 中華書局, 1984年.

69) 阮元, 《積古齋鐘鼎彝器款識》 卷3.
　　吳大澂, 《愙齋集古錄》 卷2.

70) 〔역주〕 中國歷史博物館에서 편찬한 《簡明中國文物辭典》(福州: 福州人民出版社, 1991年)에 따르면 〈王子午鼎〉은 1979년 河南省 淅川縣 下寺 2號 고분에서 발견된 청동제의 調理器이다. 王子 午는 초나라 莊王의 아들인 公子 庚으로 康王 때에 令尹을 역임하고 강왕 8년(기원전 552년)에 죽었다.

71) 伍士謙, 〈王子午鼎王孫亝鐘銘文考釋〉, 《古文字研究》〔第9輯〕, 中華書局, 1984年.

72) 〔역주〕 충서蟲書·조서鳥書: 蟲書와 鳥書는 篆書의 變體로 兵器에 混用되었기 때문에 흔히 합쳐서 鳥蟲書로 불린다. 《說文解字·序》에는 "所以書幡信也"라고 하였다. 후대 漢代의 瓦當과 印文에서도 왕왕 발견된다.

73) 銘文에는 "楚王孫魚之用"이라 되어 있다. 石志廉, 〈楚王孫魚銅戈〉, 《文物》, 1963年 第3期 참조.

74) 郭沫若, 《兩周金文辭大系考釋·初序》, 科學出版社, 1957年.

75) 《胡小石論文集》, 上海古籍出版社, 1982年.

76) 《左傳·襄公 18年》.

77) 《左傳·僖公 28年》.

78) 《左傳·昭公 23年》.

79) 《淮南子·泰族訓》.

80) 《左傳·定公 4年》.

81) 《國語·楚語下》.

82) 《國語·楚語下》.

83) 《國語·楚語下》.

84) 《呂氏春秋·勿躬》.

85) 《論語·子路》.

86) 《晏子春秋·內篇·諫上》.

87) 《左傳·哀公 6年》.

88) 《左傳·昭公 13年》.

89) 嚴可均 輯本, 《太平御覽》 卷526 및 卷735 再引用.

90) 《左傳·哀公 6年》.

91) 《左傳·昭公 17年》.

92) 《左傳·昭公 13年》.

93) 《禮記·表記》.

94) 《左傳·桓公 11年》.

95) 《左傳·昭公 13年》.

96) 《左傳·定公 5年》.

97) 《呂氏春秋·行論》.

98) 《史記·貨殖列傳》.

99) 《論衡·率性》.

100) 《淮南子·泰族訓》과 《新書·耳痺》에는 "十龍의 鐘을 망가뜨렸다 毀十龍之鐘"고 되어 있다.

101) 張正明·劉玉堂, 〈從楚人尙鐘看鐘氏的由來〉, 《江漢論壇》, 1985年 第6期.

102) 《左傳·成公 9年》.

103) 〔역주〕해치관獬豸冠: 獬豸는 부정한 사람을 보면 뿔로 받는다는 전설적인 神獸로 해태라고도 한다. 獬豸冠은 즉 해치의 가죽으로 만든 관으로 줄여서 獬冠이라고 부른다.

104) 〔역주〕표석豹舄: 표범 가죽으로 만든 신발이다.

105) 《說苑》卷18에 "王子 建이 성을 빠져 나가 城父로 부임하던 중 成公乾과 함께 疇 한 가운데 이르러서는 建이 '이걸 뭐라고 합니까?' 라 물으니, 성공 건은 '疇라고 한다' 고 대답하였다. '疇라는 것이 무엇하는 겁니까?' 하고 되묻자, '麻를 심는 곳이다' 라고 대답하였다. '麻라는 것이 무엇입니까?' 라고 물으니 '옷을 만드는 것이다' 고 대답하였다 王子建出守于城父, 與成公乾遇于疇中, 問曰; 是何也. 成公乾曰; 疇也. 疇也者何也. 曰; 所以爲麻也. 麻也者何也. 曰; 所以爲衣也"는 기록이 있다.

106) 《左傳·宣公 12年》.

107) 《左傳·襄公 18年》.

108) 《左傳·成公 2年》.

109) 《國語·楚語上》.

110) 《新書·退讓》.

111) 《國語·楚語上》.

112) 《左傳·成公 12年》.

113) 《左傳·襄公 21年》.

114) 《左傳·昭公 元年》.

115) 《國語·吳語》.

116) 《左傳·昭公 23年》.

117) 董說, 《七國考》卷8에 인용된 桓譚, 《新論》.

118) 《左傳·宣公 4年》.

119) 《左傳·僖公 22年》.

120) 《左傳·定公 5年》.

121) 李學勤, 〈論江淮間的春秋靑銅器〉, 《文物》, 1980年 第1期.

122) 安徽省文化局文物工作隊, 〈安徽舒城出土的銅器〉, 《考古》, 1964年 第10期
　　　懷寧縣文物管理所, 〈安徽懷寧出土春秋靑銅器〉, 《文物》, 1983年 第11期.

123) 安徽省文物工作隊, 〈安徽舒城九里墩春秋墓〉, 《考古學報》, 1982年 第2期.

124) 〈壽縣蔡侯墓出土遺物〉, 《考古學專刊乙種第五號》, 科學出版社, 1956年.

125) 關百益, 《新鄭古器圖錄》, 商務印書館, 1928年
　　　郭寶鈞, 《商周銅器群綜合硏究·春秋中期銅器群》, 文物出版社, 1981年.

126) 河南省博物館新鄭工作站·新鄭縣文化館, 〈河南新鄭鄭韓故城的鑽探和發掘〉, 《文物資料叢刊》, 1980年 第3期.

127) 高崇文, 〈東周楚式鼎形態分析〉, 《江漢考古》, 1983年 第1期.

128) 李學勤, 〈從新出靑銅器看長江下游文化的發展〉, 《文物》, 1980年 第8期.

129) 江蘇省文物管理委員會·南京博物院, 〈江蘇六合程橋東周墓〉, 《考古》, 1965年 第3期.

130) 《左傳·襄公 31年》.

131) 《左傳·成公 2年》.

제4장 전성기의 초문화

1) 《史記·楚世家》에는 오나라 군사가 "番邑을 빼앗았다 取番"고 기록되어 있으며, 《左傳·定公 6年》에는 "潘邑의 公臣을 사로잡았다 獲潘子臣"고 기록되어 있다. '番'은 아마도 '潘'으로 '潘'은 '瀋'과 모양이 비슷하고, '瀋'은 '沈'과 음이 같아서 '番'과 '潘'은 모두 '沈'으로 가차하여 적은 듯하다. 李學勤, 〈論漢淮間的春秋靑銅器〉(《文物》, 1980年 第1期) 참조.

2) 《左傳·定公 6年》에 초나라가 "都으로 郢을 옮겼다 遷郢於都"고 기록되어 있어서, 都은 초나라의 도읍이 된 다음에 郢으로 불렸음을 알 수 있다.

3) 《史記·楚世家》에 초인들이 "북으로 옮겨 가 都에 도읍하였다 北徙都郢"고 기록되어 있는데, 이는 아마도 司馬遷이 郢이 이미 남으로 옮겨져 있었음을 몰랐기 때문에 초인들이 國都를 郡나라의 故都로 옮겨 갔다고 여겼을 수 있다. 都都는 郢都의 북쪽에 위치하였으며, 都邑은 郢都의 남쪽에 위치하였다.

4) 《左傳·哀公 4年》에 "吳나라 군사가 沶江을 거쳐 郢都로 진입했다 吳將沶江入郢"라고 하였는데, 당시는 초나라 昭王 25년이었다. 沶江을 통해 郢都로 들어갈 수 있었다면, 아마도 지금의 湖北省 江陵縣에 위치했던 紀南城인 것으로 보인다. 이를 통하여 초나라 昭王 24年 이전에 郢都가 이미 紀南城으로 천도하였음을 알 수 있다.

5) 당시의 초나라는 郢을 도읍으로 삼은 외에 陪都인 鄢이 있었다. 鄢은 초나라 昭王 11년 이전의 영도로 鄢나라의 옛 땅에 위치하여 생긴 이름이다. 후대 사람들은 郢을 '紀郢'이라 부르고, 鄢을 '鄢郢'이라 불렀다. 《戰國策》에서 '鄢'과 '郢'이라 한 것은 '鄢'과 '郢' 두 개의 都城을 가리키는 것이다. 이밖에 초나라에는 또 '藃郢'이 있었는데 江陵 天星觀 1호 고분에서 출토된 竹簡에 "秦客公孫紻聞王於芽郢之歲"라 하고, 鄂君啓節의 銘文에 "王居於藃郢之遊宮"이라 기록되어 있다. 藃郢은 아마도 郊郢인 듯하며, 그 지역은 지금의 宜城과 鍾祥 사이로 초나라 임금의 行宮이 있었을 것으로 추측된다.

6) 《左傳·昭公 元年》.

7) 〔역주〕 오령五嶺: 통상 越城·都虎·萌渚·騎田·大庾의 다섯 嶺을 가리킨다. 이 다섯 嶺은 중국 華南 南嶺山脈의 주체를 이루면서 湘·贛과 越·桂 등지의 변경을 이룬다. 일설에는 五嶺은 大庾·始安·臨賀·桂陽·揭陽의 다섯 嶺을 가리킨다고도 한다. 《漢書·張耳傳》注에 인용된 裴淵의 《廣州記》 참조.

8) 澧水는 洞庭湖로 들어가는 곳으로 紀南城에서 약 1백여 킬로미터 거리이며, 수륙 교통이 편리하다. 따라서 초인은 장강을 건너 남으로 내려가 처음 도착한 곳이 동정호 서쪽이고, 조금 뒤 동정호의 동쪽에 도착하였다. 동정호의 서쪽에 있는 초나라 고분은 가장 이른 것이 춘추 시대 중기에 해당되며, 동정호의 동쪽에 있는 것은 춘추 전국 시대의 교체기에 해당된다. 초인들이 동정호 남쪽에 이른 시기 역시 대략 춘추 시대에서 전국 시대로 접어들 무렵이며, 이후 계속 南進하여 서쪽 변방으로는 沅水 유역·巴人 지역을 개척하여 黔中郡을 설치하였으며, 동쪽 변방으로는 湘水 유역·揚越 지역을 개척하여 江南의 여러 縣을 설치하였다. 초인들이 전국 시대 초기와 중기에 걸쳐 나아간 湖南 지역은 남북으로는 洞庭과 蒼梧 사이이고, 동서로는 沅水와 湘水 사이이다. 屈原의 〈九歌〉와 〈湘君〉에 "沅水·湘水 물결 일지 않도록, 長江이 고요히 흐르도록 하소서 令沅湘兮無波, 使江水兮安流"라고 노래한 것은 바로 남하한 초인들의 기대이자 바람이다. 沅水 유역에서는 이 시기에 속하는 약간의 楚墓와 巴墓가 발견되었는데, 현재 발견된 것 가운데 가장 남쪽에 위치한 것은 黔陽縣에 위치하고 있다. 湘水 유역에서는 이 시기에 속하는 楚墓와 越

墓가 다수 발견되었는데, 현재 발견된 것 가운데 가장 남쪽의 것은 資興縣에 위치하고 있다. 湘水 하류에 위치한 長沙 일대에는 楚墓가 특히 밀집되어 있다.

9) 〔역주〕 광상鑛床(mineral deposit): 일정한 지질의 작용 아래에서 지각의 일정한 地段 내에 형성되어 채광하여 이용할 수 있는 광물질의 집합체를 가리킨다. 경제와 기술의 발달에 따라 광상의 범위도 부단히 확대되어 금속 원료를 채취하는 광상을 금속 광상이라 하고, 비금속 원료를 채취하는 광상을 비금속 광상이라 한다.

10) 湖北省博物館, 〈楚都紀南城的勘査與發掘(下)〉, 《考古學報》, 1982年 第4期.

11) 華覺明·郭德維, 〈曾侯乙墓靑銅器群的鑄焊技術和失蠟法〉, 《文物》, 1979年 第7期.

12) 華覺明, 〈曾侯乙編鐘及簨簴構件的冶鑄技術〉, 《江漢考古》, 1981年 第1期.

13) 華覺明·郭德維, 〈曾侯乙墓靑銅器群的鑄焊技術和失蠟法〉, 《文物》, 1979年 第7期.

14) 華覺明·郭德維, 〈曾侯乙墓靑銅器群的鑄焊技術和失蠟法〉, 《文物》, 1979年 第7期.

15) 〔역주〕 월왕구천검越王句踐劍: 1965년 湖北省 江陵縣 望山 1號 고분에서 출토되었다. 청동제 병기로 全長 55.7센티미터, 폭 4.6센티미터, 자루길이 8.4센티미터이다. 越王 句踐(鳩淺)이 만들어 사용했던 검으로 구리·주석·아연의 합금으로 만들어졌다.

16) 〔역주〕 오왕광검吳王光劍: 1964년 山西省 原平에서 출토된 것과 1974년 安徽省 廬江에서 출토된 것, 1978년 안휘성 南陵에서 출토된 것이 있다. 吳王 光은 吳王 闔閭로 이 검들은 합려가 오의 왕이던 시기, 즉 기원전 514년-496년에 만들어진 것으로 추정된다.

17) 〔역주〕 오왕부차검吳王夫差劍: 1976년 河南省 輝縣에서 발견된 것과 1976년 湖南省 陽蔡坡 12호 고분에서 출토된 것이 있다.

18) 李伯謙, 〈中原地區東周銅劍淵源試探〉, 《文物》, 1982年 第1期.

19) 荊州地區博物館, 《江陵雨臺山楚墓》, 文物出版社, 1984年.

20) 荊州地區博物館, 〈江陵天星觀一號楚墓〉, 《考古學報》, 1982年 第1期.

21) 〈越王劍的質子X熒光非眞空分析〉, 《復旦大學學報》〔自然科學版〕, 1979年 第11期.

22) 后德俊, 〈越王句踐劍不銹之謎〉, 《江漢考古》, 1980年 第1期.

23) С. И 로진커, 潘孟陶(譯), 〈論中國與阿爾泰部落的古代關係〉, 《考古學報》, 1957年 第2期.

24) 雷從雲, 〈楚式鏡的類型與分期〉, 《江漢考古》, 1982年 第2期.
　　杜迺松, 〈戰國銅鏡初探〉, 《故宮博物院院刊》, 1984年 第1期.

25) 程如峰, 〈從山字鏡談楚伐中山〉, 《江淮論壇》, 1981年 第6期.

26) 〔역주〕 명기明器: 고대 副葬의 용도로 사용된 상징적 기물이다. 대나무·나무·陶土 등을 사용하여 실물의 모형을 만들어 사용하였다. 《禮記·檀弓上》에 "其曰明器, 神明之也" 라고 하였다. 商代에는 王公·貴族 등의 매장시 殉葬을 하는 이외에 '祭器'라고 하는 많은 실용적 가치가 있는 기물을 부장하였는데, 明器 制度는 殉葬 制度와 祭器 制度에서 한 걸음 발전한 것이다. 宋代 이후에는 이를 '冥器'라고 불렀는데, 宋 趙彦衛의 《雲麓漫鈔》에 "今之以紙爲之, 謂之冥器"라고 한다.

27) 〔역주〕 반리蟠螭 무늬: 동물 무늬에 속하는 청동기 장식 무늬의 하나이다. 줄여서 '반蟠 무늬'라고도 한다. 춘추 전국 시대에 유행하였으며, 그 모습은 '螭'라고 하는 전설 상의 無角龍으로 아가리를 벌리고 꼬리를 말고 있는 형상이다. 기물의 頸部와 腹部에 주로 장식되는데 반리 무늬와 반리 무늬가 서로 어울리는 형식으로 장식된다.

28) 劉彬徽, 〈江陵楚墓出土龍鳳紋銅尊〉, 《江漢論壇》, 1980年 第6期.

29) 郭寶鈞, 《商周銅器群綜合硏究》, 文物出版社, 1981年.

30) 黃展岳, 〈試論楚國鐵器〉, 《湖南考古輯刊》, 第2集, 岳麓書社, 1984年.

31) 黃展岳, 〈試論楚國鐵器〉, 《湖南考古輯刊》, 第2集, 岳麓書社, 1984年.
華覺明, 〈漢魏高強度鑄鐵的探討〉, 《自然科學史研究》, 第1卷 第1期, 1982年.

32) 〔역주〕《史記·楚世家》에 "平王十年, ……初, 吳之邊邑卑梁與楚邊邑鍾離小童爭桑, 兩家交怒相攻, 災卑梁人. 卑梁大夫怒, 發邑兵攻鍾離. 楚王聞之怒, 發國兵災卑梁. 吳王聞之大怒, 亦發兵, 使公子光因建母家攻楚, 遂災鍾離居巢. 楚乃恐而城郢"이라 하였다.

33) 荊州博物館, 《江陵馬山一號楚墓》, 文物出版社, 1985年.

34) 熊傳新, 〈楚國的絲織業〉, 《江漢論壇》, 1982年 第8期.

35) 陳娟娟, 〈兩件有絲織品花紋印痕的商代文物〉, 《文物》, 1979年 第12期.
陳維稷(主編), 〈中國紡織科學技術史·古代部分〉, 科學出版社, 1984年.

36) 張振林, 〈緙絲史的珍貴資料〉, 《中山大學學報》, 1980年 第1期.

37) 石志廉, 〈戰國古璽考釋十種〉, 《中國歷史博物館館刊》, 1980年 第2期.

38) 熊傳新, 〈長沙新發現的戰國絲織物〉, 《文物》, 1975年 第2期.

39) 李也貞·張宏源·盧連成·趙承澤, 〈有關西周絲織和刺繡的重要發現〉, 《文物》, 1976年 第4期.

40) 《莊子·徐無鬼》.

41) 高至喜, 〈記長沙·常德出土弩機的戰國墓: 兼談有關弩機·弓矢的幾個問題〉, 《文物》, 1964年 第6期.

42) 宋兆麟·何其耀, 〈從小數民族的木弩看弩的起源〉, 《考古》, 1980年 第1期.

43) 荊州地區博物館, 《江陵雨臺山楚墓》, 文物出版社, 1984年.

44) 陳躍鈞·阮文清, 〈鎮墓獸略考〉, 《江漢考古》, 1983年 第3期.

45) 陳躍鈞·阮文清, 〈鎮墓獸略考〉, 《江漢考古》, 1983年 第3期.

46) 〔역주〕《楚辭·招魂》의 '參目'에 대하여 王逸의 《楚辭章句》에는 "言土伯之頭其貌如虎, 而有三目, 身又肥大狀如牛也"라 하였다.

47) 張正明·滕壬生·張勝琳, 〈鳳闘龍虎圖像考釋〉, 《江漢考古》, 1984年 第1期.

48) 郭沫若, 《殷周青銅器銘文研究·說戟》, 科學出版社, 1961年.

49) 曹金柱, 〈中國古代的漆樹地理分布〉, 《陝西生漆》, 1979年 第3期.
后德俊, 〈漆源之鄉話楚漆〉, 《春秋》, 1985年 第5期.

50) 沈福文(主編), 《中國髹漆工藝美術簡史》, 人民美術出版社, 1964年.

51) 〔역주〕요기料器: 채색 유리로 만든 기물이다. 고대 중국에서는 이를 '琉璃' 또는 '玻璃'라고 불렀으며, 근세에 이르러 料器라고 부르게 되었다. 일반적인 유리와 비교하여 아연의 함량이 높고 용해점이 낮으며, 색채가 선명하고 화려하다는 특징이 있다. 전국 시대 고분 속에서 이미 발견되고 元末明初에 이르기까지 상당히 유행하다가 淸代에 들어서면서 대대적으로 발전하였다.

52) 高至喜, 〈從長沙楚墓看春秋戰國時期當地經濟文化的發展〉, 《中國考古學會第二次年會論文集》, 文物出版社, 1982年.

53) 高至喜, 〈從長沙楚墓看春秋戰國時期當地經濟文化的發展〉, 《中國考古學會第二次年會論文集》, 文物出版社, 1982年.

54) 《史記·貨殖列傳》.

55) 湖北省博物館, 〈楚都紀南城的勘查與發掘〉, 《考古學報》, 1982年 第3·4期.

56) 〔역주〕일본의 동양사학자 宮崎市定은 고대 중국의 성곽에 대하여 다음과 같이 언급한 바 있다. "……고대의 聚落은 홍수 또는 적의 습격에 대비하여 그 주위에 장벽을 둘러 自衛했는데, 이것을 城이라고 불렀다. 城이란 글자는 그 字形처럼 흙(土)을 채운(盛) 것

이고, 그 목적은 오로지 방위에 있었으므로 지킨다는 의미가 있으며, 같은 목적을 가진 방패(干)와 합쳐서 干城이란 숙어도 생겼다. 후에 인구가 증가하자 민중은 성에서 내려와 그 기슭에 살고, 성내에는 신전이라든가 혹은 군주 등 특별한 계층의 사람들이 사는 구역이 되었다. 그러나 일조 유사시에는 모든 민중이 성에 농성하여 방위전에 노력했다. 성 아래의 일반 거주지는 민중의 생활이 향상되자 다시 그 주위에 장벽을 설치하여 지키고, 이것을 郭이라 불렀다. 郭에는 둘러싼다는 의미가 있지만 방어라는 의미는 포함되지 않는다. 곽은 방형으로 건조되는 수가 많았고, 그 방위에 따라 東郭·北郭 등이라 불렸는데 그 말은 동시에 그 곽이 둘러싸고 있는 거주 지역도 가리키는 이름이 되었다. 말하자면 '內城外郭式'이라고도 불러야 할 도시가 발생한 것이다. 전쟁 때에 강적의 침공을 만나면 郭은 용이하게 공략되어서 시민은 성내로 도망쳐 들어가지 않으면 안 되었다. 春秋 시대의 기록에 이 사실을 기록하여 곽에 들어갔다고 한 예가 많이 보인다. 그러나 적의 습격에 의하여 곽내가 겁략당하는 것은 시민의 財力이 진전함과 더불어 그 경제적 타격이 심각하게 느껴지게끔 한다. 그래서 각국은 다투어 외곽의 보강에 힘써 그 가운데는 2,30미터나 달하는 견고한 장벽도 축조되었다. 여기에 곽은 방위의 제일선이 되고, 곧 곽도 성이라 부르게 되었다. 동시에 내성의 방위 시설이 소홀해져 있어도 없는 것 같은 상태가 되고, 최후에는 소멸해 버린다. 여기에 이르러 성이란 실은 곽인 것이고, 이곳을 점령당해 버리면 도시 전체가 함락된 것으로 되는 것이다……." 자세한 내용은 曹秉漢 編譯,《中國史》(서울: 역민사, 1983 초판) pp.67-68 참조.

57) [역주] 고대에는 성벽을 쌓을 때 상당한 기간 동안 벽돌을 사용하지 않고 흙을 다져서(築土) 벽을 쌓았는데, 이를 '版築'이라고 부른다.

58) 네 종류 우물의 수는 모두 더하면 2백55개가 되어 〈楚都紀南城的勘查與發掘〉에 기록된 2백56개보다 하나가 부족하여 약간 착오가 있는 듯하다.

59)《太平御覽》卷776.

60)《史記·貨殖列傳》

61) 于省吾는 '陛'를 '陞'로 풀이하고, 아울러 '襄陵'은 '襄陞'라 해야 한다고 주장하였는데, 자세한 내용은 그의 〈鄂君啓節考釋〉(《考古》1963年 第8期)에 실려 있다.

62) 于省吾, 〈鄂君啓節考釋〉,《考古》, 1963年 第8期.

63)《史記·循吏列傳》.

64) 趙德馨, 〈楚國金屬貨幣幣形〉,《江漢論壇》, 1983年 第5期.

65) 湖北省博物館, 〈宜昌前坪戰國兩漢墓〉,《考古學報》, 1976年 第2期.

66) 荊州地區博物館, 〈湖北江陵首次發現郢爰〉,《考古》, 1972年 第3期.

67) 商承祚,《長沙古物聞見記·陳序》, 金陵大學 中國文化研究所, 1939年.

68) [역주] 명폐冥幣: 장례시 副葬의 용도로 만든 화폐이다.

69) 湖北省文物局文物工作隊, 〈湖北江陵三座楚墓出土大批重要文物〉,《文物》, 1966年 第5期.

70) 高至喜, 〈湖南楚墓中出土的天平與砝碼〉,《考古》, 1972年 第4期.

71) 丘光明, 〈試論戰國衡制〉,《考古》, 1982年 第5期.

72) '甘氏' 란과 '石氏' 란의 星名과 순서는《漢書·天文志》에 나타나며, '漆箱' 란의 星名은 시계 방향으로 배열되어 있는데, 여기에 실은 순서는 원그림의 순서와 같다.

73) 夏鼐, 〈從宣化遼墓的星圖論二十八宿和黃道十二宮〉,《考古學報》, 1976年 第2期.

74) [역주] 4상四象: 東方 青龍·北方 玄武·西方 白虎·南方 朱雀을 가리키는데, 이는 중국 고대에 하늘의 사방 星象을 나타내는 것이다. 매 7宿가 각각 하나의 동물 형상과 연계되어 전체 28宿를 이룬다.

75) 〔역주〕《개원점경開元占經》: 唐代 瞿縣悉達이 지은 천문학 저작으로 정식 명칭은 《大唐開元占經》이다 천문 용어에 대한 풀이로부터 우주 이론, 日月 및 五星의 行度, 28宿의 상호 거리, 石氏·甘氏·巫咸 3인의 星官 명칭·度數 등을 비롯한 다양한 천문·星象 등과 관련된 占語를 싣고 있다. 그밖에 唐代 이전의 천문 및 曆法·讖緯 관련 자료를 다수 보존하고 있다.

76) 〔역주〕단알單閼: 《爾雅·釋天》에 "太歲在卯曰單閼"이라 하였다.

77) 〔역주〕섭제격攝提格: 太歲星이 寅의 방위에 있는 것을 이른다. 《爾雅·釋天》에 "太歲在寅曰攝提格"이라 하였다.

78) 〈科學史上的一個錯案應予糾正: 我國戰國時期天文學家甘德已發現木星的三號衛星, 比伽利略和麥依耳的發現最早出近兩千年〉, 《光明日報》, 1981年 4月 7日.

79) 李學勤, 〈論楚帛書中的天象〉, 《湖南考古輯刊》〔第1集〕, 岳麓書社, 1982年.

80) 何幼琦, 〈論楚國之曆〉, 《江漢論壇》, 1985年 第10期.

81) 曾憲通, 〈楚月名新探〉, 《中山大學學報》〔哲學社會科學版〕, 1980年 第1期.

82) 張正明, 〈先秦的民族結構·民族關係和民族思想〉, 《民族研究》, 1983年 第5期.

83) 張正明, 〈荊楚族源通議〉, 《中南民族學院學報》, 1984年 第1期.

84) 《鶡子》葉本 卷1.

85) 《鶡子》葉本 卷1.

86) 《鶡子》葉本 卷1.

87) 《老子》傅奕本 第49章.

88) 《鶡子》葉本 卷1.

89) 예를 들면 《左傳·襄公 25년》에 "志'에 이르기를…… 志有之……"이라 하였는데, 杜預의 注에 "志'는 고대의 서적이다 志, 古書也"라 하였다.

90) 《莊子·天地》에 "記'에 이르기를…… 記曰……"이라 하였는데, 陸德明의 釋文에 "記는 책 이름이다 記, 書名也"라고 하였다.

91) 《老子》傅奕本 제41장.

92) 《新書·修政語下》.

93) 《老子》傅奕本 제42장.

94) 《老子》傅奕本 제25장.

95) 張湛의 注에 "必有折也"라 하였다.

96) "常勝之道"는 《列子·力命》에 나오는 말이다.

97) 《史記·老子韓非列傳》.

98) 《史記·老子韓非列傳》.

99) 《史記·仲尼弟子列傳》.

100) 《史記·老子韓非列傳》.

101) 《史記·老子韓非列傳》 裴駰의 〈集解〉에 徐廣의 말을 인용하여 "실제로는 119년이다 實百一十九年"라고 하였다.

102) 汪中, 《述學·補遺》.

103) 《老子》傅奕本 제1장.

104) 《老子》傅奕本 제40장.

105) 《老子》傅奕本 제41장.

106) 《老子》傅奕本 제14장.

107) 《老子》傅奕本 제14장.

108) 《老子》傅奕本 제32장.

109) G. W. F. Hegel, 《哲學史講演錄》, 商務印書館, 1983年, p.195.

110) 〔역주〕'理一分殊'라는 말은 宋代 理學家의 용어로 宋 張載 〈西銘〉의 "乾爲父, 坤爲母……民, 吾同胞, 物吾與也. 夫君者, 吾父母宗子"라는 말에 程頤가 "〈西銘〉明理一分殊"라고 덧붙인 데서 비롯되었다.

111) 《老子》傅奕本 제51장.

112) 《老子》傅奕本 제19장.

113) 《老子》傅奕本 제38장.

114) 〔역주〕추구芻狗: 짚을 묶어서 개의 형상을 만든 것이다. 《三國志·魏志·周宣傳》注에 "芻狗, 結草爲狗以解厭也"라 하였다.

115) 《老子》傅奕本 제5장.

116) 〔역주〕《莊子·天運》: "夫芻狗之未陳也, 盛以篋衍, 巾以文繡, 尸祝齋戒以將之. 及其已陳也, 行者踐其首脊, 蘇者取而爨之而已……"

117) 《老子》傅奕本 제27장.

118) 《老子》傅奕本 제62장.

119) 《老子》傅奕本 제43장.

120) 〔역주〕육기六氣: 天地의 여섯 가지 기운, 곧 陰·陽·風·雨·晦·明을 가리킨다. 일설에는 天·地·春·夏·秋·冬을 가리킨다고도 하고, 陰陽의 여섯 가지 기운, 곧 寒·暑·燥·濕·風·雨를 가리키는 것이라고도 한다. 이밖에도 또 사람의 여섯 가지 기질, 즉 好·惡·喜·怒·哀·樂을 가리키기도 한다.

121) 《莊子·人間世》.

122) 〔역주〕《墨子·經上》에 "辯爭彼也, 辯勝當也"라 하였다.

123) 《老子》傅奕本 제1장.

124) 《文心雕龍·物色》.

125) 〔역주〕북명지어北冥之魚: 《莊子·逍遙遊》에 "北冥有魚, 其名爲鯤. 鯤之大, 不知其幾千里也. 化而爲鳥, 其名爲鵬. 鵬之背, 不知其幾千里也……"라 하였다.

126) 〔역주〕와각지국蝸角之國: 《莊子·則陽》에 "有國於蝸之左角者, 曰觸氏. 有國於蝸之右角者, 曰蠻氏. 時相與爭地而戰, 伏尸數萬, 逐北旬有五日而後反"이라 하였다.

127) 〔역주〕대춘大椿·명령冥靈: 《莊子·逍遙遊》에 "上古有大椿者以八千歲爲春, 八千歲爲秋, 而彭祖乃今已久特聞"이라 하고, 《列子·湯問》에도 "上古有大椿者以八千歲爲春, 八千歲爲秋"라 하였다. 또 《莊子·逍遙遊》에 "楚之南有冥靈者"라 하고, 《列子·湯問》에 "荊之南有冥靈者, 以五百歲爲春, 五百歲爲秋"라 하였다.

128) 〔역주〕혜고蟪蛄·조균朝菌: 《莊子·逍遙遊》에 "朝菌不知晦朔, 蟪蛄不知春秋, 此小年也"라 하였으며, 《列子·湯問》에는 "朽壤之上有菌芝者生於朝死於晦"라 하였다.

129) 〔역주〕칠성七聖: 黃帝·方明·昌寓·張若·諮朋·昆閽·滑稽의 일곱 성인을 가리킨다. 《莊子·徐無鬼》에 "黃帝將見大隗乎具茨之山, 方明爲御, 昌寓驂乘, 張若·諮朋前馬, 昆閽·滑稽後車, 至於襄城之野, 七聖皆迷, 無所問途"라 하였다.

130) 〔역주〕사자四子: 王倪·齧缺·被衣·許由 네 사람을 가리킨다. 《莊子·逍遙遊》에 "堯治天下之民, 平海內之政, 往見四子邈姑之山, 汾水之陽"이라 하였다.

131) 王國維, 《靜庵文集續編·屈子文學之精神》.

132) 魯迅, 《漢文學史綱要》.

133) 程千帆, 〈先唐文學源流論略: 詩三百篇與楚詞第一〉, 《武漢師範學院學報》, 1981年 第

1期.

134) 韋慶穩, 〈試論百越民族的語言〉, 《百越民族史論集》, 社會科學出版社, 1982.

135) 朱熹, 《楚辭集注‧九歌‧湘夫人》.

136) 王逸, 《楚辭章句‧九歌》.

137) 《列子‧說符》와 《呂氏春秋‧異寶》에 "荊人은 귀신을 두려워하였고, 월인은 機를 믿었다 荊人畏鬼而越人信機"(畢沅의 校本에는 '機'를 '禨'로 하였음)고 기록되어 있고, 《淮南子‧人間訓》에는 "荊人은 鬼하고 越人은 機를 받들었다 荊人鬼, 越人禨"고 기록되어 있다.

138) 《漢書‧郊祀志下》.

139) 《漢書‧郊祀志上》.

140) 〈離騷〉‧〈九歌〉‧〈九章〉‧〈天問〉‧〈遠遊〉‧〈招魂〉‧〈大招〉를 포괄하나, 그 가운데는 굴원이 직접 짓지 않은 작품이 있을 수 있다.

141) 《莊子‧天下》.

142) 〔역주〕 남이南夷: 남방의 蠻族.

143) '憲'‧'雜'‧'經旨'‧'九辨'‧'靡妙'‧'慧巧'‧'大招'‧'采華'는 모두 孫蜀丞이 唐人의 寫本殘卷을 校正한 것을 따르고, 范文蘭의 《文心雕龍注》(人民文學出版社, 1958)를 참고하였다.

144) 《史記‧屈原賈生列傳》.

145) 〔역주〕 몽염蒙恬: 秦나라의 장수로 始皇 때 북으로 戎狄을 내쫓고 黃河 이남을 탈취하였으며, 長城을 축조하는 등 많은 戰功을 세웠으나 시황이 죽은 다음 趙高에게 핍박을 받자 스스로 목숨을 끊었다. 《史記‧蒙恬列傳》에 전이 실려 있다. 몽염이 붓을 창시했다는 것에 대한 언급은 《古今注》와 《問答釋疑》 등에 실려 있으나, 《陔餘叢考‧造筆不始於蒙恬》에서는 몽염이 붓을 만들었다는 설에 대하여 고문헌의 기록을 예시하며 조목조목 반박하였다.

146) 馬國權, 〈戰國楚竹簡文字略說〉, 《古文字研究》〔第3輯〕, 中華書局, 1980.

147) 〔역주〕 예서隸書: 篆書가 簡化되어 만들어진 字體의 일종으로 '佐書' 또는 '史書'라고도 불린다. 크게 '秦隸'와 '漢隸'로 나뉘며, 서법 특징상 구분되는 八分이 있다. 秦代에 만들어져 漢‧魏年間에 널리 통용되었으며, 魏晉 시기에는 楷書를 隸書라고 부르기도 하였다. 일반적으로는 秦隸를 '古隸'라고 부른다.

148) 郭沫若, 〈古代文字之辨證的發展〉, 《考古》, 1972年 第3期.

149) 熊傳新, 〈對照新舊摹本談楚國人物龍鳳帛畵〉, 《江漢論壇》, 1981年 第1期.

150) 湖南省博物館, 〈新發現的長沙戰國楚墓帛畵〉, 《文物》, 1973年 第7期.
　　　《長沙楚墓帛畵》, 文物出版社, 1973年.

151) 《楚辭‧大招》.

152) 《楚辭‧招魂》.

153) 《楚辭‧九歌‧東君》.

154) 王迪‧顧國寶, 〈漫談五弦琴和十弦琴〉, 《音樂研究》, 1981年 第1期.

155) 黃翔鵬, 〈先秦音樂文化的光輝創造: 曾侯乙墓的古樂器〉, 《文物》, 1979年 第7期.

156) 黃翔鵬, 〈先秦音樂文化的光輝創造: 曾侯乙墓的古樂器〉, 《文物》, 1979年 第7期.

157) 湖北省博物館, 〈隨縣曾侯乙墓鐘磬銘文釋文〉, 《音樂研究》, 1981年 第1期.

158) 譚維四‧馮光生, 〈關於曾侯乙墓編鐘鈕鐘音樂性能的淺見〉, 《音樂研究》, 1981年 第1期.

159) 湖北省博物館, 〈經多學科研究曾侯乙編鐘複製已基本成功〉, 《江漢考古》, 1981年 第1期.
　　　華覺明, 〈曾侯乙編鐘及簨簴構件的冶鑄技術〉, 《江漢考古》, 1981年 第1期.

　　賈隴生(等 9人),〈用激光全息技術研究曾侯乙編鐘的振動模式〉,《江漢考古》, 1981年 第
　1期.

160) 〔역주〕 고선姑洗: 古樂 12律의 第5律.《史記·律書》에 "姑洗者, 言萬物洗生"이라고
하였다. 古樂 12律은 중국 고대의 定音法으로 第1律부터 第12律까지의 명칭은 黃鐘·大
呂·太簇·夾鐘·姑洗·仲呂·蕤賓·林鐘·蕤則·南呂·無射·應鐘이다.

161) 黃翔鵬,〈先秦音樂文化的光輝創造: 曾侯乙墓的古樂器〉,《文物》, 1979年 第7期.
　　　王湘,〈曾侯乙墓編鐘音律的探討〉,《音樂研究》, 1981年 第1期.

162) 黃翔鵬,〈曾侯乙鐘磬銘文樂學體系初探〉,《音樂研究》, 1981年 第1期.

163) 李純一은 〈曾侯乙編鐘銘文考索〉(《音樂研究》 1981年 第1期)에서 29개로 보았다.

164) 〔역주〕 예상우의霓裳羽衣: 唐代 宮廷 樂舞의 하나로 梨園의 法部에서 연주하던 大
曲. 霓裳羽衣曲·霓裳羽衣舞 등으로 불리며, 줄여서 霓裳이라고도 한다. 開元 年間에 中
西涼節度使 楊敬述이 만든 것으로 최초 명칭은 '婆羅門曲'이었으나, 후에 玄宗의 潤色과
制辭를 거쳐 '霓裳羽衣'로 改稱하였다고 전한다.

165)《通志·樂略》.

166)《論語·微子》.

167) 〔역주〕 대무지악大武之樂: 周代 六舞의 하나로 '武'라고 약칭한다. 周나라 武王이
殷나라의 紂를 정벌한 武功을 表演한 樂舞로 周代에 宗廟祭禮樂으로 사용되었다.《呂氏
春秋·仲夏紀·古樂》의 기록에 따르면 周公 旦이 만들었다고 한다. 최초 出兵부터 주나라
天子의 성덕에 대한 칭송까지 모두 여섯 부분으로 이루어져 있다.

168) 王毓彤,《荊門出土的一件銅戈〉,《文物》, 1963年 第1期.

169) 兪偉超,〈大武開兵銅戚與巴人的大武舞〉,《考古》, 1963年 第3期.

170) 馬承源,〈關於大武戚的銘文及圖像〉,《考古》, 1963年 第10期.

171)《戰國策·中山策》.

172) 〔역주〕《史記·劉敬叔孫通列傳》에 "叔孫通儒服, 漢王憎之, 乃變其服, 服短衣, 楚製, 漢
王喜"라 하였다.

173) 熊傳新,〈長沙出土楚服飾淺析〉,《湖南考古輯刊》〔第2集〕, 岳麓書社, 1984年.

174) 〔역주〕 심의深衣: 중국 고대 남자 制服의 하나이다.《禮記·深衣》注에 "連衣裳而純
之以采也"라 하였다.

175) 孫機〈深衣與楚服〉,《考古與文物》, 1982年 第1期.

176)《禮記·深衣》.

177)《戰國策·楚策》.

178)《戰國策·楚策》.

제5장 쇠퇴기와 전화기의 초문화

1) 曹桂岑,〈楚都陳城考〉,《中原文物》, 1981年 特刊.

2)《史記·楚世家》.

3) 曹桂岑,〈楚都陳城考〉,《中原文物》, 1981年 特刊.

4) 〔역주〕 문각서蚊脚書: 書體의 하나로 모양이 마치 모기다리 같다고 하여 생긴 명칭
이다. 唐 韋續의《墨藪·五十六種書》에 "蚊脚書者, 尙書詔版也. 其字灰纖垂下, 有似蚊脚"이
라 하였다.

5) 洛陽博物館,〈河南洛陽出土繁陽之金劍〉,《考古》, 1980年 第6期.

6) 《史記·范雎蔡澤列傳》.

7) 《史記·春申君列傳》.

8) 《史記·春申君列傳》.

9) 《史記·孟子荀卿列傳》.

10) 《史記·孟子荀卿列傳》.

11) 《史記·太史公自序》.

12) 〔역주〕〈大招〉의 작자에 대하여 宋 朱熹는 《楚辭集註》에서 "今以宋玉大小言賦考之, 則凡差語皆平淡醇古, 意亦深靖間退, 不爲詞人墨客浮誇艷逸之態. 然後此篇決爲差作無疑也"라 하여 景差가 지은 것이라 하고, 林雲銘은 《楚辭燈》에서 다섯 가지 이유를 들어 屈原의 작품이라고 하였으며, 游天恩은 《楚辭槪論》에서 秦 이후의 어떤 無名詩人의 擬作이라고 보는 등 논란이 많다. 자세한 것은 游天恩의 《楚辭槪論》(臺北: 臺灣商務印書館 1969) pp.187-198 참조.

13) 〔역주〕 현재 宋玉의 작품으로 전해 오는 《楚辭》 작품은 《楚辭章句》에 수록된 〈九辯〉·〈招魂〉을 비롯하여, 《文選》에 실려 있는 〈風賦〉·〈高唐賦〉·〈神女賦〉·〈登徒子好色賦〉의 4편(原書에 5편이라고 한 것은 착오로 보임)과 《古文苑》에 실려 있는 〈笛賦〉·〈大言賦〉·〈小言賦〉·〈諷賦〉·〈釣賦〉·〈舞賦〉의 6편이 있다.

14) 《史記·項羽本紀》.

15) 雲夢 睡虎地에서 발견된 秦나라 竹簡은 당시 秦나라가 이미 江陵을 소유하여 隷南郡을 지배하였음을 증명한다.

16) 郭德維, 〈江陵楚墓論述〉, 《考古學報》 1982年 第2期.
　　郭德維, 〈從江陵古墓葬看楚制·秦制·漢制的關係〉, 《楚史論叢》〔初集〕, 湖北人民出版社, 1984年.

17) 張正明, 〈先秦的民族結構·民族關係和民族思想〉, 《民族研究》, 1983年 第5期.

18) 〔역주〕 방중악房中樂: 周代에 처음 만들어진 宮廷音樂으로 연회시에 사용되었다. 《儀禮·燕禮》에 "若與四方之賓燕, 有房中之樂"이라 하였다.

19) 郭德維, 〈從江陵古墓葬看楚制·秦制·漢制的關係〉, 《楚史論叢》〔初集〕, 湖北人民出版社, 1984年.

20) 李學勤, 《馬王堆帛書與鶡冠子》, 《江漢考古》, 1983年 第2期.

21) 《三輔黃圖》 卷5 〈飛廉觀〉의 晉灼 注.

역자 후기

본서에서 다루고 있는 '초문화楚文化'는 중국의 선진先秦 시대에 남방의 '초楚' 지역, 즉 장강長江과 한수漢水 일대에서 발생하여 번영하였던 고대 지역 문화와 민족 문화를 가리키는 개념이다. 따라서 오늘날 문화지리학의 관점에서 호북성湖北省과 호남성湖南省 일대를 문화 구역으로 하는 지역 문화인 '형초荊楚 문화'와는 다소 구별된다.

초문화는 선진 시대에 북방의 중원中原 문화와는 다른 문화적 배경과 연원을 지니고서 형성되어 오월吳越 문화·파촉巴蜀 문화와 더불어 남방 문화의 주류를 이루었다. 그러나 역사적 환경의 변화에 따라 초문화는 차츰 화하華夏의 중원 문화와 교류 융합하게 되었고, 한대漢代에 이르러서는 마침내 중원 문화에 융합되어 한문화漢文化로 전화轉化되기에 이르렀다. 그리하여 초문화는 오랜 세월 동안 사람들의 뇌리에서 그 존재조차 잊혀져 있었다. 그러나 최근 50여 년 동안 고대 초문화 지역에 대한 고고학적 발굴이 진행된 결과, 그 찬란했던 면모를 다시 세상 사람들 앞에 드러내게 되었다.

본서는 근래의 초문화 관련 고고학적 발굴 성과와 기존의 문헌 자료를 근거로 고대 초문화의 면모를 복원함으로써 상당 부분 공백으로 남아 있던 선진 시대 남방 문화사의 공백을 메워 주는 최초의 초문화 통사이다. 여기에는 장정명張正明을 비롯한 각 분야의 전문가 5명이 공동으로 집필에 참여하였다.

대표저자인 장정명은 호북성 사회과학원의 연구원·교수·고문이자 호북성 초국역사문화학회楚國歷史文化學會 상무부이사장 등의 직책을 맡고 있는 초문화 분야의 권위자로, 본서 이외에도 《초문화지楚文化誌》《초사논총楚史論叢》《초학논총楚學論叢》 등을 책임 편찬하였다. 특히 본서와 더불어 호북인민출판사湖北人民出版社에서 출간된 《초문화지楚文化誌》는 초문화를 분야별로 나누어 그 내용과 변천을 소개한 개론 성격의 책으로, 본서의 자매편이라고 일컬을 만하다.

본서는 1987년 8월 상해고적출판사上海古籍出版社에서 처음 출간된 《초문화사楚文化史》를 완역한 것이다. 초판본의 오류에 대하여는 역자가 본서의 번역에 처음 착수하였을 당시에는 저자가 손으로 써보낸 교정일람표에 근거하였으나, 후에 1996년 3월에 출간된 제4판을 입수함에 따라 교정된 내용을 재검토할 수 있었다.

역자가 본서의 번역에 착수한 것은 1993년의 일이다. 당시 초벌 번역은 이내 마쳤으나 이런저런 사정으로 묵혀두었다가, 이제 짧지 않은 세월이 지나 기억 속으로 묻혀 버릴 듯하던 원고가 책으로 묶여 세상 바람을 쐬게 되었다. 실로 설렘과 두려움이 엇갈린다.

최근 반세기에 걸친 조사와 발굴을 통하여 비로소 선진 문화사의 공백을 메워 나가는, 아직도 낯설기 그지없는 '초문화'에 대하여 다수의 분야별 전문가가 분담 저술한 노작을 당시의 역사와 문화 전반에 대한 깊은 이해마저 부족한 역자가 제대로 감당하기란 기실 너무 벅찬 일임에 틀림없다. 때문에 이를 우리말로 옮기는 작업은 장정명 선생이 한국어판 서문에서도 지적하였듯이, 그야말로 상당한 노력과 정신적 소모가 요구되었다. 역자로서는 최대한 분발하고 노력하였지만, 오류는 적지 않을 것이다. 질정을 바란다. 다만 이 역서가 중국의 고대 문화를 살핌에 있어서 북방 중원 문화 중심의 틀에서 벗어나 시야를 넓히는 데 도움이 된다면, 역자로서는 더없는 영광이겠다.

역자의 모습을 내내 묵묵히 참고 지켜봐 주시는 분들께 감사드린다.

2002년 5월 1일   남종진

남종진(南宗鎭)
건국대 중문과, 성균관대 중문과 석사 및 박사 과정 졸업
문학박사, 민족문화추진회 국역연수원 졸업
중국 섬서사대(陝西師大) 문학연구소 객원연구원
현재 한국체육대 사회체육과, 성균관대 어문학부, 건국대 인문학부 강사
논문:〈鯀禹治水 神話 變遷考〉〈중국 전통 墓道文의 본질과 기술 원리〉
〈중국 고대 인물전의 개념 정의와 분류의 문제〉등
編·譯書:《지혜의 샘을 찾아서》《중국 풍속기행》등

문예신서
72

楚文化史

초판발행 : 2002년 6월 20일

지은이 : 張正明

옮긴이 : 南宗鎭

펴낸이 : 辛成大

펴낸곳 : 東文選
제10-64호, 78. 12. 16 등록
110-300 서울 종로구 관훈동 74
전화 : 737-2795

편집설계 : 韓仁淑 李娅旻

ISBN 89-8038-099-2 94910
ISBN 89-8038-000-3(문예신서)

【東文選 現代新書】

1	21세기를 위한 새로운 엘리트	FORESEEN 연구소 / 김경현	7,000원
2	의지, 의무, 자유 — 주제별 논술	L. 밀러 / 이대희	6,000원
3	사유의 패배	A. 핑켈크로트 / 주태환	7,000원
4	문학이론	J. 컬러 / 이은경 · 임옥희	7,000원
5	불교란 무엇인가	D. 키언 / 고길환	6,000원
6	유대교란 무엇인가	N. 솔로몬 / 최창모	6,000원
7	20세기 프랑스철학	E. 매슈스 / 김종갑	8,000원
8	강의에 대한 강의	P. 부르디외 / 현택수	6,000원
9	텔레비전에 대하여	P. 부르디외 / 현택수	7,000원
10	고고학이란 무엇인가	P. 반 / 박범수	근간
11	우리는 무엇을 아는가	T. 나겔 / 오영미	5,000원
12	에쁘롱 — 니체의 문체들	J. 데리다 / 김다은	7,000원
13	히스테리 사례분석	S. 프로이트 / 태혜숙	7,000원
14	사랑의 지혜	A. 핑켈크로트 / 권유현	6,000원
15	일반미학	R. 카이유와 / 이경자	6,000원
16	본다는 것의 의미	J. 버거 / 박범수	10,000원
17	일본영화사	M. 테시에 / 최은미	7,000원
18	청소년을 위한 철학교실	A. 자카르 / 장혜영	7,000원
19	미술사학 입문	M. 포인턴 / 박범수	8,000원
20	클래식	M. 비어드 · J. 헨더슨 / 박범수	6,000원
21	정치란 무엇인가	K. 미노그 / 이정철	6,000원
22	이미지의 폭력	O. 몽젱 / 이은민	8,000원
23	청소년을 위한 경제학교실	J. C. 드루엥 / 조은미	6,000원
24	순진함의 유혹 〔메디시스賞 수상작〕	P. 브뤼크네르 / 김웅권	9,000원
25	청소년을 위한 이야기 경제학	A. 푸르상 / 이은민	8,000원
26	부르디외 사회학 입문	P. 보네위츠 / 문경자	7,000원
27	돈은 하늘에서 떨어지지 않는다	K. 아른트 / 유영미	6,000원
28	상상력의 세계사	R. 보이아 / 김웅권	9,000원
29	지식을 교환하는 새로운 기술	A. 벵토릴라 外 / 김혜경	6,000원
30	니체 읽기	R. 비어즈워스 / 김웅권	6,000원
31	노동, 교환, 기술 — 주제별 논술	B. 데코사 / 신은영	6,000원
32	미국만들기	R. 로티 / 임옥희	근간
33	연극의 이해	A. 쿠프리 / 장혜영	8,000원
34	라틴문학의 이해	J. 가야르 / 김교신	8,000원
35	여성적 가치의 선택	FORESEEN연구소 / 문신원	7,000원
36	동양과 서양 사이	L. 이리가라이 / 이은민	7,000원
37	영화와 문학	R. 리처드슨 / 이형식	8,000원
38	분류하기의 유혹 — 생각하기와 조직하기	G. 비뇨 / 임기대	7,000원
39	사실주의 문학의 이해	G. 라루 / 조성애	8,000원
40	윤리학 — 악에 대한 의식에 관하여	A. 바디우 / 이종영	7,000원
41	흙과 재 〔소설〕	A. 라히미 / 김주경	6,000원

84 조와(弔蛙)	金敎臣 / 노치준·민혜숙	8,000원
85 역사적 관점에서 본 시네마	J. -L. 뢰트라 / 곽노경	근간
86 욕망에 대하여	M. 슈벨 / 서민원	8,000원
87 산다는 것의 의미·1—여분의 행복	P. 쌍소 / 김주경	7,000원
88 철학 연습	M. 아롱델-로오 / 최은영	8,000원
89 삶의 기쁨들	D. 노게 / 이은민	6,000원
90 이탈리아영화사	L. 스키파노 / 이주현	8,000원
91 한국문화론	趙興胤	10,000원
92 현대연극미학	M. -A. 샤르보니에 / 홍지화	8,000원
93 느리게 산다는 것의 의미·2	P. 쌍소 / 김주경	7,000원
94 진정한 모럴은 모럴을 비웃는다	A. 에슈고엔 / 김웅권	8,000원
95 한국종교문화론	趙興胤	10,000원
96 근원적 열정	L. 이리가라이 / 박정오	9,000원
97 라캉, 주체 개념의 형성	B. 오질비 / 김 석	9,000원
98 미국식 사회 모델	J. 바이스 / 김종명	7,000원
99 소쉬르와 언어과학	P. 가데 / 김용숙·임정혜	10,000원
100 철학적 기본 개념	R. 페르버 / 조국현	8,000원
101 철학자들의 동물원	A. L. 브라-쇼파르 / 문신원	근간
102 글렌 굴드, 피아노 솔로	M. 슈나이더 / 이창실	7,000원
103 문학비평에서의 실험	C. S. 루이스 / 허 종	근간
104 코뿔소 〔희곡〕	E. 이오네스코 / 박형섭	8,000원
105 제7의 봉인—시놉시스 비평연구	E. 그랑조르주 / 이은민	근간
106 쥘과 짐—시놉시스 비평연구	C. 르 베르 / 이은민	근간
107 경제, 거대한 사탄인가?	P. -N. 지로 / 김교신	근간
108 딸에게 들려 주는 작은 철학	R. 시몬 셰퍼 / 안상원	7,000원
109 도덕에 관한 에세이	C. 로슈·J. -J. 바레르 / 고수현	6,000원
110 프랑스 고전비극	B. 클레망 / 송민숙	근간
111 고전수사학	G. 위딩 / 박성철	근간
112 유토피아	T. 파코 / 조성애	근간
113 쥐비알	A. 자르댕 / 김남주	7,000원
114 증오에 대하여	J. 아순 / 김승철	근간
115 개인—주체철학에 대한 고찰	A. 르노 / 장정아	근간
116 이슬람이란 무엇인가	M. 루스벤 / 최생열	근간
117 간추린 서양철학사·상	A. 케니 / 이영주	근간
118 간추린 서양철학사·하	A. 케니 / 이영주	근간
119 느리게 산다는 것의 의미·3	P. 쌍소 / 김주경	근간
120 문학과 정치사상	P. 페티티에 / 이종민	근간
121 하느님의 가장 아름다운 이야기	A. 보테르 外 / 주태환	근간
122 시민 교육	P. 카니베즈 / 박주원	근간

【東文選 文藝新書】

| 1 저주받은 詩人들 | A. 뻬이르 / 최수철·김종호 | 개정근간 |

2	민속문화론서설	沈雨晟	40,000원
3	인형극의 기술	A. 훼도토프 / 沈雨晟	8,000원
4	전위연극론	J. 로스 에반스 / 沈雨晟	12,000원
5	남사당패연구	沈雨晟	10,000원
6	현대영미희곡선(전4권)	N. 코워드 外 / 李辰洙	절판
7	행위예술	L. 골드버그 / 沈雨晟	절판
8	문예미학	蔡 儀 / 姜慶鎬	절판
9	神의 起源	何 新 / 洪 熹	16,000원
10	중국예술정신	徐復觀 / 權德周 外	24,000원
11	中國古代書史	錢存訓 / 金允子	14,000원
12	이미지 — 시각과 미디어	J. 버거 / 편집부	12,000원
13	연극의 역사	P. 하트놀 / 沈雨晟	절판
14	詩 論	朱光潛 / 鄭相泓	9,000원
15	탄트라	A. 무케르지 / 金龜山	10,000원
16	조선민족무용기본	최승희	15,000원
17	몽고문화사	D. 마이달 / 金龜山	8,000원
18	신화 미술 제사	張光直 / 李 徹	10,000원
19	아시아 무용의 인류학	宮尾慈良 / 沈雨晟	절판
20	아시아 민족음악순례	藤井知昭 / 沈雨晟	5,000원
21	華夏美學	李澤厚 / 權 瑚	15,000원
22	道	張立文 / 權 瑚	18,000원
23	朝鮮의 占卜과 豫言	村山智順 / 金禧慶	15,000원
24	원시미술	L. 아담 / 金仁煥	16,000원
25	朝鮮民俗誌	秋葉隆 / 沈雨晟	12,000원
26	神話의 이미지	J. 캠벨 / 扈承喜	근간
27	原始佛敎	中村元 / 鄭泰爀	8,000원
28	朝鮮女俗考	李能和 / 金尙憶	24,000원
29	朝鮮解語花史(조선기생사)	李能和 / 李在崑	25,000원
30	조선창극사	鄭魯湜	7,000원
31	동양회화미학	崔炳植	9,000원
32	性과 결혼의 민족학	和田正平 / 沈雨晟	9,000원
33	農漁俗談辭典	宋在璇	12,000원
34	朝鮮의 鬼神	村山智順 / 金禧慶	12,000원
35	道敎와 中國文化	葛兆光 / 沈揆昊	15,000원
36	禪宗과 中國文化	葛兆光 / 鄭相泓・任炳權	8,000원
37	오페라의 역사	L. 오레이 / 류연희	절판
38	인도종교미술	A. 무케르지 / 崔炳植	14,000원
39	힌두교의 그림언어	안넬리제 外 / 全在星	9,000원
40	중국고대사회	許進雄 / 洪 熹	22,000원
41	중국문화개론	李宗桂 / 李宰碩	15,000원
42	龍鳳文化源流	王大有 / 林東錫	17,000원
43	甲骨學通論	王宇信 / 李宰碩	근간

44	朝鮮巫俗考	李能和 / 李在崑	20,000원
45	미술과 페미니즘	N. 부루드 外 / 扈承喜	9,000원
46	아프리카미술	P. 윌레뜨 / 崔炳植	절판
47	美의 歷程	李澤厚 / 尹壽榮	22,000원
48	曼茶羅의 神들	立川武藏 / 金龜山	19,000원
49	朝鮮歲時記	洪錫謨 外/李錫浩	30,000원
50	하 상	蘇曉康 外 / 洪 熹	절판
51	武藝圖譜通志 實技解題	正 祖 / 沈雨晟 · 金光錫	15,000원
52	古文字學첫걸음	李學勤 / 河永三	14,000원
53	體育美學	胡小明 / 閔永淑	10,000원
54	아시아 美術의 再發見	崔炳植	9,000원
55	曆과 占의 科學	永田久 / 沈雨晟	8,000원
56	中國小學史	胡奇光 / 李宰碩	20,000원
57	中國甲骨學史	吳浩坤 外 / 梁東淑	35,000원
58	꿈의 철학	劉文英 / 河永三	22,000원
59	女神들의 인도	立川武藏 / 金龜山	19,000원
60	性의 역사	J. L. 플랑드렝 / 편집부	18,000원
61	쉬르섹슈얼리티	W. 챠드윅 / 편집부	10,000원
62	여성속담사전	宋在璇	18,000원
63	박재서희곡선	朴栽緖	10,000원
64	東北民族源流	孫進己 / 林東錫	13,000원
65	朝鮮巫俗의 研究(상 · 하)	赤松智城 · 秋葉隆 / 沈雨晟	28,000원
66	中國文學 속의 孤獨感	斯波六郎 / 尹壽榮	8,000원
67	한국사회주의 연극운동사	李康列	8,000원
68	스포츠인류학	K. 블랑챠드 外 / 박기동 外	12,000원
69	리조복식도감	리팔찬	절판
70	娼 婦	A. 꼬르벵 / 李宗旼	22,000원
71	조선민요연구	高晶玉	30,000원
72	楚文化史	張正明 / 南宗鎭	26,000원
73	시간, 욕망, 그리고 공포	A. 코르뱅 / 변기찬	18,000원
74	本國劍	金光錫	40,000원
75	노트와 반노트	E. 이오네스코 / 박형섭	절판
76	朝鮮美術史研究	尹喜淳	7,000원
77	拳法要訣	金光錫	10,000원
78	艸衣選集	艸衣意恂 / 林鍾旭	14,000원
79	漢語音韻學講義	董少文 / 林東錫	10,000원
80	이오네스코 연극미학	C. 위베르 / 박형섭	9,000원
81	중국문자훈고학사전	全廣鎭 편역	15,000원
82	상말속담사전	宋在璇	10,000원
83	書法論叢	沈尹默 / 郭魯鳳	8,000원
84	침실의 문화사	P. 디비 / 편집부	9,000원
85	禮의 精神	柳 肅 / 洪 熹	20,000원

86 조선공예개관	日本民芸協會 편 / 沈雨晟	30,000원
87 性愛의 社會史	J. 솔레 / 李宗旼	18,000원
88 러시아미술사	A. I. 조토프 / 이건수	16,000원
89 中國書藝論文選	郭魯鳳 選譯	25,000원
90 朝鮮美術史	關野貞 / 沈雨晟	근간
91 美術版 탄트라	P. 로슨 / 편집부	8,000원
92 군달리니	A. 무케르지 / 편집부	9,000원
93 카마수트라	바짜야나 / 鄭泰爀	10,000원
94 중국언어학총론	J. 노먼 / 全廣鎭	18,000원
95 運氣學說	任應秋 / 李宰碩	8,000원
96 동물속담사전	宋在璇	20,000원
97 자본주의의 아비투스	P. 부르디외 / 최종철	6,000원
98 宗敎學入門	F. 막스 뮐러 / 金龜山	10,000원
99 변 화	P. 바츨라빅크 外 / 박인철	10,000원
100 우리나라 민속놀이	沈雨晟	15,000원
101 歌訣(중국역대명언경구집)	李宰碩 편역	20,000원
102 아니마와 아니무스	A. 융 / 박해순	8,000원
103 나, 너, 우리	L. 이리가라이 / 박정오	10,000원
104 베케트연극론	M. 푸크레 / 박형섭	8,000원
105 포르노그래피	A. 드워킨 / 유혜련	12,000원
106 셸 링	M. 하이데거 / 최상욱	12,000원
107 프랑수아 비용	宋 勉	18,000원
108 중국서예 80제	郭魯鳳 편역	16,000원
109 性과 미디어	W. B. 키 / 박해순	12,000원
110 中國正史朝鮮列國傳(전2권)	金聲九 편역	120,000원
111 질병의 기원	T. 매큐언 / 서 일 · 박종연	12,000원
112 과학과 젠더	E. F. 켈러 / 민경숙 · 이현주	10,000원
113 물질문명 · 경제 · 자본주의	F. 브로델 / 이문숙 外	절판
114 이탈리아인 태고의 지혜	G. 비코 / 李源斗	8,000원
115 中國武俠史	陳 山 / 姜鳳求	18,000원
116 공포의 권력	J. 크리스테바 / 서민원	23,000원
117 주색잡기속담사전	宋在璇	15,000원
118 죽음 앞에 선 인간(상 · 하)	P. 아리에스 / 劉仙子	각권 8,000원
119 철학에 대하여	L. 알튀세르 / 서관모 · 백승욱	12,000원
120 다른 곳	J. 데리다 / 김다은 · 이혜지	10,000원
121 문학비평방법론	D. 베르제 外 / 민혜숙	12,000원
122 자기의 테크놀로지	M. 푸코 / 이희원	16,000원
123 새로운 학문	G. 비코 / 李源斗	22,000원
124 천재와 광기	P. 브르노 / 김웅권	13,000원
125 중국은사문화	馬 華 · 陳正宏 / 강경범 · 천현경	12,000원
126 푸코와 페미니즘	C. 라마자노글루 外 / 최 영 外	16,000원
127 역사주의	P. 해밀턴 / 임옥희	12,000원

128	中國書藝美學	宋 民 / 郭魯鳳	16,000원
129	죽음의 역사	P. 아리에스 / 이종민	18,000원
130	돈속담사전	宋在璇 편	15,000원
131	동양극장과 연극인들	김영무	15,000원
132	生育神과 性巫術	宋兆麟 / 洪熹	20,000원
133	미학의 핵심	M. M. 이턴 / 유호전	14,000원
134	전사와 농민	J. 뒤비 / 최생열	18,000원
135	여성의 상태	N. 에니크 / 서민원	22,000원
136	중세의 지식인들	J. 르 고프 / 최애리	18,000원
137	구조주의의 역사(전4권)	F. 도스 / 이봉지 外	각권 13,000원
138	글쓰기의 문제해결전략	L. 플라워 / 원진숙·황정현	20,000원
139	음식속담사전	宋在璇 편	16,000원
140	고전수필개론	權 瑚	16,000원
141	예술의 규칙	P. 부르디외 / 하태환	23,000원
142	"사회를 보호해야 한다"	M. 푸코 / 박정자	20,000원
143	페미니즘사전	L. 터틀 / 호승희·유혜련	26,000원
144	여성심벌사전	B. G. 워커 / 정소영	근간
145	모데르니테 모데르니테	H. 메쇼닉 / 김다은	20,000원
146	눈물의 역사	A. 벵상뷔포 / 이자경	18,000원
147	모더니티입문	H. 르페브르 / 이종민	24,000원
148	재생산	P. 부르디외 / 이상호	18,000원
149	종교철학의 핵심	W. J. 웨인라이트 / 김희수	18,000원
150	기호와 몽상	A. 시몽 / 박형섭	22,000원
151	융분석비평사전	A. 새뮤얼 外 / 민혜숙	16,000원
152	운보 김기창 예술론연구	최병식	14,000원
153	시적 언어의 혁명	J. 크리스테바 / 김인환	20,000원
154	예술의 위기	Y. 미쇼 / 하태환	15,000원
155	프랑스사회사	G. 뒤프 / 박 단	16,000원
156	중국문예심리학사	劉偉林 / 沈揆昊	30,000원
157	무지카 프라티카	M. 캐넌 / 김혜중	25,000원
158	불교산책	鄭泰爀	20,000원
159	인간과 죽음	E. 모랭 / 김명숙	23,000원
160	地中海(전5권)	F. 브로델 / 李宗旼	근간
161	漢語文字學史	黃德實·陳秉新 / 河永三	24,000원
162	글쓰기와 차이	J. 데리다 / 남수인	28,000원
163	朝鮮神事誌	李能和 / 李在崑	근간
164	영국제국주의	S. C. 스미스 / 이태숙·김종원	16,000원
165	영화서술학	A. 고드로·F. 조스트 / 송지연	17,000원
166	미학사전	사사키 겐이치 / 민주식	근간
167	하나이지 않은 성	L. 이리가라이 / 이은민	18,000원
168	中國歷代書論	郭魯鳳 譯註	8,000원
169	요가수트라	鄭泰爀	15,000원

東文選 文藝新書 47

美의 歷程

李澤厚 지음 / 尹壽榮 옮김

　본서는 제목 그대로 미의 역정을 그 주내용으로 삼고 있다. 이 책을 통하여 독자들은 미의 여행을 떠나게 된다. 이 책을 읽어가는 동안 독자들은 서서히 중국이라는 전설의 나라, 신비의 나라가 간직하고 있는 미의 세계를 순례하게 된다. 그 순례의 과정은 아득한 원시시대로부터 시작하여, 수많은 길고 먼 길들을 거쳐 마침내 명·청시대라는 역사시기로서의 마지막 단계에까지 이르게 된다. 독자들은 이 여정을 통하여 부지불식간에 중국이 지니는 미의 세계에 대하여, 그 핵심과 깊이를 파악하게 된다. 이 여행의 안내는 현대 중국의 유명한 미학자 가운데 한 사람인 이택후가 담당한다. 그리하여 이 책을 다 읽고 나면 우리 모든 독자들은 안내자 이택후에게 감사함을 느끼게 될 것이다. 적어도 역자의 경험은 그러하다.

　이 책은 분명히 말하여 좋은 책이다. 이 책은 중국미학이란 무엇인가? 그 세계는 어떠한가?라고 질문하는 독자에게 명쾌하게 답변을 제시해 줄 것이다. 이 책은 중국미학의 어떤 전문 분야에 대하여 깊이 있게 천착하는 성격의 것이 아니다. 이 책은 차라리 중국미학에 있어서 역자와 같은 문외한을 위하여 만들어진 책이라 해야 할 것이다. 그러나 이 책을 다 읽고 나면 독자는 적어도 중국미학에 대한 상당 수준의 높은 식견을 지닐 수 있게 될 것이다.

東文選 文藝新書 18

신화, 미술, 제사

張光直 지음
李　徹 옮김

신화·예술·정치를 통해서 본 중국 고대 문명의 기원과 그 특징.

　아득한 고대로부터 현재에 이르기까지 중국 문명은 전세계 문명의 체계 중 어떠한 지위를 차지하고 있을까? 그것의 가치는 어디에 있으며, 그 특징은 무엇인가? 이 모든 것은 지금도 변화하고 있는 문화환경 속에 처해 있는 사람들이 생각지 않을 수 없는 문제이다. 본서의 저자는 이에 대해 특수한 각도에서 우리에게 명확한 해답을 제시해 준다. 아울러 그는 중국 문명의 기원이 되는 관건은 정치적 권위의 흥기와 발전에 있다고 보면서 이러한 정치 권력은 주로 도덕·종교, 희귀한 자원의 독점 등의 수단으로 취득하는데, 그 중 가장 중요한 것은 하늘과 땅, 인간과 신을 소통시켜 주는 수단의 독점이라고 피력하면서 세심한 논증을 하였다.

　저자는 고대 중국에서 정치적 권위를 획득하는 데 있어 필수불가결한 조건들로서 씨족·제사·예술·문자·도덕적 권위·무력·재력 등을 나열하고, 그것들의 내용 및 상관관계를 추적하고 있다. 그 서술방식이 간결명료하고 긴밀히 연결되어 있어 어느 한 구절도 그냥 지나칠 수 없으며, 곳곳에서 저자의 참신한 견해를 만날 수 있게 된다. 특히 제4장에서 청동기 위에 새겨진 동물 문양과 정치 권위 및 종교 행위와의 관계를 설명한 부분은 가히 독보적인 견해라고 할 수 있다.

東文選 文藝新書 9

神의 起源

何 新 지음
洪 熹 옮김

　문화란 단층이나 돌연변이를 낳지 않는다. 따라서 중국의 상고시대에 대한 연구는 신화의 바른 해석에서부터 시작되어야 하며, 그 방법은 고고학·인류학·민속학·민족학은 물론 언어학까지 총동원되어야 한다. 그래야만 과학적 접근을 통한 인간 삶의 본연의 모습을 오늘에 적용할 수 있기 때문이다.

　중국의 소장학자 何新이 쓴 《神의 起源》은 문자의 훈고와 언어 연구를 기초로 한 실증적 방법과 많은 문헌 고고자료를 토대로 중국 상고의 태양신 숭배를 중심으로 중국의 원시신화, 종교 및 기본적 철학 관념의 기원을 계통적으로 거슬러 올라가 탐구하고 있다.

　'뿌리를 찾는 책'이라는 저자의 말처럼 이 책은 중국 고대 신화계통에 대한 심층구조의 탐색을 통하여 중국 전통문화의 뿌리가 되는 곳을 찾아보려 하고 있다. 즉 본래의 모습을 찾되 단절되거나 편린에 그친 현상의 나열이 아님을 강조한 것이다.

　이 때문에 그는 이 책의 체제도 우선 총 20여 장으로 나누고 있다. 그 속에는 원시신화 연구의 방법론과 자신의 입장을 밝힌 十字紋樣과 太陽神 부분을 포함하고, 민족문제와 황제, 혼인과 생식, 龍과 鳳에 대한 재해석, 지리와 우주에 대한 인식, 음양논리의 발생, 숫자와 五行의 문제 등을 고대문자와 언어를 과학적으로 분석하여 근거로 제시했으며, 여러 문헌의 기록도 철저히 재조명해 현대적 해석에 이용하고 있다.

　그외에도 원시문자와 각종 문양 및 와당의 무늬 등 삽화자료는 물론, 세계 여러 곳의 동굴 벽화까지도 최대한 동원하고 있다. 특히 도표와 도식·지도까지 내세워 신화와 원시사회의 연관관계를 밝힌 점은 아주 새로운 구조적 분석이라 할 수 있다. 이렇게 하여 그는 일반적 서술 위주의 학술문장이 자칫 범하기 쉬운 '가시적 근거의 결핍'을 극복하고 있다.

東文選 文藝新書 132

生育神과 性巫術

宋兆麟

洪 熹 옮김

인류 사회의 발전은 기본적으로 두 갈래의 큰 줄기가 있다.

하나는 물질적 생산으로 산식문화(産食文化)라 하고, 다른 하나는 사람의 생산으로 생육문화(生育文化)라 한다. 본서는 중국의 생육문화, 즉 연애·결혼·가정·임신과 생육·교육은 물론 더 나아가 생육에 대한 각종 신앙, 이를테면 생육신화·생육신·성기신앙·예속·자식기원 무속 등 생육신앙을 탐색한 연구서이다.

한국과 중국은 고대로부터 오늘날까지 유구한 역사적 관계를 가지고 있다. 특히 민속문화에 있어서는 많은 공통점과 차이점이 있다. 그럼에도 불구하고 그동안 이 방면의 학문적 교류가 거의 단절되어 왔다.

본서의 저자인 송죠린 교수는 오랫동안 고대사·고고학·민족학에 종사한 중요한 학자로서 직접 현장에 나가 1차 자료를 수집한 연후에 그것을 역사문헌·고고학 발견과 결합시키고, 많은 학문 분야와 비교연구하여 중국의 생육문화의 발전 맥락 및 그 역사적 위상을 탐색하고 있다.

본서는 중국의 생육문화를 살피는 것은 물론 우리의 생육문화 탐구에 많은 공헌을 할 것임에 틀림없다. 또한 우리의 민속학·민족학의 연구 방향과 시야의 폭을 넓혀 줄 것이다.